文 化 中 国 ： 传 承 与 汇 通　丛书主编：叶隽

报人群体与组织生长：
以清末《中外日报》为中心

林盼　著

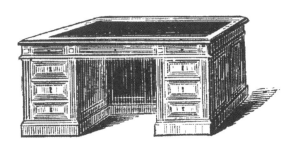

海峡出版发行集团｜福建教育出版社
THE STRAITS PUBLISHING & DISTRIBUTING GROUP

图书在版编目（CIP）数据

报人群体与组织生长：以清末《中外日报》为中心/
林盼著. —福州：福建教育出版社，2023.10
（文化中国：传承与汇通/叶隽主编）
ISBN 978-7-5334-9653-1

Ⅰ.①报… Ⅱ.①林… Ⅲ.①报刊－新闻事业史－研
究－中国－清后期 Ⅳ.①G219.295.2

中国国家版本馆 CIP 数据核字（2023）第 066360 号

文化中国：传承与汇通

丛书主编：叶隽

Baoren Qunti Yu Zuzhi Shengzhang：Yi Qingmo《Zhongwai Ribao》Wei Zhongxin

报人群体与组织生长：以清末《中外日报》为中心

林盼 著

出版发行	**福建教育出版社**
	（福州市梦山路 27 号 邮编：350025 网址：www.fep.com.cn
	编辑部电话：0591-83779615 83727542
	发行部电话：0591-83721876 87115073 010-62024258）
出 版 人	江金辉
印 刷	福建新华联合印务集团有限公司
	（福州市晋安区福兴大道 42 号 邮编：350014）
开 本	710 毫米×1000 毫米 1/16
印 张	22
字 数	313 千字
插 页	2
版 次	2023 年 10 月第 1 版 2023 年 10 月第 1 次印刷
书 号	ISBN 978-7-5334-9653-1
定 价	58.00 元

如发现本书印装质量问题，请向本社出版科（电话：0591-83726019）调换。

总 序

叶 隽

作为世界文明的核心文化体之一，中国之崛起于世界，并非仅仅如撒切尔夫人所言"今天的中国出口的是电视机，而不是思想"（China today exports televisions not ideas. [①]），中国文化源远流长，更具有备受世界一流精英景仰慕重的元思维资源，后者同样参与哺育了西方文化和知识传统的构建。所以，按照瑞典科学家汉尼斯·阿尔文（Alfvén，Hannes Olof Gosta，1908—1995）在1988年巴黎举行的"面对21世纪：威胁与承诺"诺贝尔奖获得者国际会议上（Promesses et menaces à l'aube du XXIe siècle-Conférence des Lauréats du prix Nobel à Paris，18—21 janvier 1988）所言："如果人类要在21世纪生存下去，必须回头2500年，去汲取孔子的智慧。"这种说法或略显夸张，但确实表明了西方学者对中国文化和智慧的文明史整体价值的认知度。遗憾的是，中国文化自近代以来因西方坚船利炮之来而历经坎坷，五四新文化运动虽有开创之功，但也难辞重创传统

---

① Thatcher，Margaret. *Statecraft*：*Strategies for a changing world*. London：Harper Collins Publishers，2002. p. 179.

之责。故此，中国现代文化之构建大业远未完成，后来者任重道远；而西方尤其以美国为主导的世界文明也同样步履蹒跚，世界文明正面临"全球航行大海，谁家执灯未来"之困局。

在全球化时代背景下，对于正处于或崛起、或复兴、或形成中的现代中国来说，在经济强势崛起、政治步入中心的同时，文化的发展如何入流乃至引流，其实不仅涉及自身，而且关乎世界。一方面，在全球化时代，理解人类各种不同类型文化的整体形成过程至关重要，因为这涉及文明发展的关键所在。而文化史的研究，正是将文化作为一个完整的体系，考察其产生、发展的整体历程，将事物作为一种历史过程进行研究。另一方面，作为东方世界的核心文化，中国文化当然不仅居于中心，而且具有关键性意义。但我们这里不仅要关注"中国文化"，更主张一个拓展了的"文化中国"概念，唐君毅这样说："若问中国在哪里？就在诸位的生命里。我们每一个人，皆有资格代表中国，毫无惭愧。要说认同，即要先认同于自己个人心中之中华民族，与中国文化生命。"[①] 这里指向的，应该就是"文化中国"，这是一个超越性的概念，即超越了具体政权、国族的层次，而指向一种更具有理念共识的符号标志，在某种意义上或许接近宗教，但又不是。

就这个概念的具体界定而言，杜维明的看法颇有代表性，他认为："中国不仅是经济实体、政治结构、社会组织，同时是一个文化理念。"所以，他将"文化中国"的概念界定为三层"意义世界"，即：华人所组织的社会，包括中国、新加坡，也包括这些地区的少数民族；散布世界各地的华人社会；和中国无血亲关系但和中国文化有缘的世界各阶层人士，包

---

① 《海外中国知识分子对当前时代之态度》，载唐君毅：《说中华民族之花果飘零》，台北：三民书局，1974年，第103页。

括学术界、媒体、企业、宗教、政府及民间机构。[①] 这是一个很有层次递进感的概念界定，具有继续讨论的基本参考价值，在我看来，"文化中国"就是一个通向"世界中心"的桥梁，同时也不妨视为相应的学术范式、思想范式、实践范式，"文化中国"具有多层次的内涵，"它既是中国文化向外传播、交流可以倚重的特殊文化符号意象，也是用以说明中华文明在世界文化和全球文明大格局中重要地位的标示性概念，同时也是连接海内外华人以及一切对中国和中国文化抱有好感或兴趣的异族有识之士的精神纽带"。[②] 更重要的是，可以在一个更为开阔的世界语境中来为"文化中国"定位，具体言之，就是既关注到本土-外来的"华人"视线，也同时深掘外来-本土的"外人"线索，这其中又可分为若干层次：即汉学家中国、汉语中国、文化中国。汉学家乃以专门研究中国为志业（职业）者，这批人物虽然数量不多，但在高端文化交往中常居于枢纽位置，经典著作常经由他们翻译转介；通汉语且知中国者，这又是一个不同的层次，譬如较为专门的汉语译者就是一种值得注意的群体，这些人中还包括如传教士、外交官、记者、学者等，他们由各种因缘而学习汉语或从事与中国相关的职业，从而对中国颇有了解，在各个层面都可能具有中国与外部世界的桥梁功用；"文化中国"的概念则铺展到更为广大的外国人士，其中既有第一流的精英人物，如歌德、席勒等既不通汉语，又未亲历中国，但却对中国知识与文化抱有极大兴趣，并能引为资源、发为创造，在世界知识谱系中铭刻文化中国的意义；也有大量的普通常人，如 18 世纪欧洲社会中普遍的"中国热"，譬如《道德经》德译本是各种外文译本中最多的，其译者中既

---

① 杜维明：《"文化中国"精神资源的开发》，载郑文龙编：《杜维明学术文化随笔》，北京：中国青年出版社，1999 年，第 63—64 页。

② 涂可国、赵迎芳：《文化现实与文化建构——中国社会文化研究》，济南：山东人民出版社，2017 年，第 21 页。参考沈庆利：《溯梦"唯美中国"——华文文学与"文化中国"》，成都：巴蜀书社，2018 年。

有名家，也有大量的常人，他们对中国的了解虽然难免道听途说，或是经由其他语言辗转译介，甚至受到西方媒体的片面影响，但对中国仍葆有兴趣，这部分是世界性的中国文化的巨大存在感所在。

所以，文化中国之存在及其亲密接触，乃是世界共和的一个必备要素。知识者（普遍意义）的文化中国，更是具有深刻的世界理想共和国的建构意义。故此，本套丛书既推传承，亦重汇通，希望在纵横两个维度上同时考察"文化中国"的形成史，并努力使之进入现代世界心灵的建构过程中。

借用尼采的论断，所谓"精神三变"（Drei Verwandlungen）之"骆驼—狮子—婴儿"来比拟中国文化精神成长的三阶段：第一阶段，内在于华夏，周秦时代由《易经》到儒道诸子，冲击力是"百家争鸣"，其核心是"儒道二元结构"的基本形成，鼎盛标志是到汉代的"罢黜百家，独尊儒术"，但其实是"二化为三"，"外儒内法"的成型同时似也即意味着此一结构的消解开始与新结构的酝酿；第二阶段，内在于东方，冲击力是汉唐时代各种宗教入华，其核心是佛教西来，以宋代理学的形成为鼎盛标志，其实质则为"外儒内佛"，但同时开始新一轮的消解与重组过程；第三阶段，内在于世界，冲击力是宋元以降的西人东来与海外留学，其核心是西教、西学（现代学术）冲击，以现代新儒家的形成为标志，其思路在于"以西济儒"（但此处之儒也非单纯纯粹之儒，而是援佛入儒之后的儒）。必须指出的是，现代新儒家的体系建构远未完成，也未能形成一整套应对西学冲击的完整文化方略。由此而中国融入世界，所开辟的新一轮的文化整合创生，仍在过程之中。

本丛书既关注作为高深知识的"文化史"面相，同时又努力兼及更为开阔的"文化互动史"图景，尤其希望能借助侨易思维，在全球史境的整体框架下，努力在一种联通的维度中体现文化、观念与思想的张力，要知道，"知识传播是文明进步过程中不可或缺的环节，是推动人类社会发展的重要助力"，在这样一种全球史的整体视野中，考察人类文明的形成和社会的进步，则可别出手眼。故此，在这样一个动与常的互动维度中来考察中国与外部世界的关系，在全球史进程、东西二元格局的框架中来理解中外交流、中国之世界、世界之中国的互动；同时努力具备世界理念，将其他若干核心文明体的起落兴衰线索及其外部互动纳入视域，诸如希腊文明兴起及其东方语境、中世纪阿拉伯文化的复兴及其西学翻译运动、文艺复兴与启蒙运动的东方资源等，这样使得对中国文化世界影响的论述更具质感和比较文明史意义。当然，我们念兹在兹的，则是在这样一种立体系统的全球格局里，现代中国是如何形成的，尤其是在世界文明空间中占据怎样的文化中国地位，形成如何的文化中国影响，如此则对理解"中国梦"的概念无疑深有助益。当然这里的中国也有大中华的概念隐含于内，因为说到底中国梦也是华夏梦，也是华夏文明通向世界，开启普遍范式的立体之道。

尽管外界由金融资本、强势权力、异化江湖而引发的噪音早已甚嚣尘上，但本丛书仍希望能集腋成裘、脚踏实地、循序渐进，尊重知识的内在伦理，遵循学术的基本规律，积跬步以求致千里，积细流以汇入江海。一方面，我们将积极推出本土作者的精品力作，希望能在一个较为融通的维度上呈现出中国知识体系重建的"可能范式"；另一方面也希望适当引介海外对于中国文化史与文化关系史的系统研究，尤其是较为经典的著作。假以时日，或可对现时代之文化建设略有补益。

2023 年 3 月 6 日

目　录

序 言

邹振环

　　忝居复旦大学博导，前后指导了近30位博士，但来自复旦大学历史系本科的考生屈指可数，林盼是其中之一。本科时期，他就显示出很强的批判意识和质疑能力，记得在我开设的"明清以来中西文化交流"的课程中，期中他提交了一篇书评，对当时国内风头很健的一位专家的大著，在资料和观点上都提出了异常尖锐的批评，这在本科生中非常难得，给我留下了很深的印象。之后他又选我作为他学士论文的导师，完成了题为《维新变法运动的宣传与新思想新文化的传播——〈无锡白话报〉的文本分析》，作为本科论文已然可见其独创性。我以为他一定会是史学界的可造之才，但是，他的学术深造之路似乎并不一帆风顺。

　　2006年，林盼本科毕业那年，没有获得本系硕士生的推荐名额，一气之下他报考了南京大学历史系，硕士期间转到了明清江南经济史的研究，硕士论文以明清时期苏北地区官营—民营经济之间的消长、竞争与依附关系为例，探讨帝制时代国家的官僚体制对于民间商业活动造成的影响。后来他在一篇题为《"学术变道"的痛与快乐》文章中，谈到自己从博士到博士后，以及入职后学术生涯的几经"变道"，其实他的学术"变道"，最早应该是从本科到硕士阶段就开始了。命运注定，他的学术人生就是要在不同专业和学科里不断地"变道"。

　　硕士期间，林盼追随导师范金民教授受到严格的学术训练，为了撰写硕士论文，他查阅了相关地方志40多部、地方文献100多种、时人文集

60 多种，并参阅了各种宫中档案。由于资料储备较多，12 万字的硕士论文，颇受南京大学历史系专家的好评。记得范金民教授一次还非常疑惑地问我，像林盼那样优秀的本科生，在复旦怎么会没有硕士生的推荐资格呢？我一时无语。我相信他会在明清江南经济和社会史的研究领域做出出色的成绩。

硕士毕业的 2009 年，林盼来复旦找我，说还是愿意报考我的博士。其时复旦大学研究生招生制度正在酝酿改革，我透露给他信息，2010 年历史系博士生考试很可能不再采取两门公共课、一门外语课和两门专业课的笔试，而仿效美国大学，改为申请制度。届时如果通过材料审查的初选只需要进行复试的口试，如果不着急的话，可以明年来考。他笑哈哈地说自己从来不怕考试的。结果那一年，报考我的五位上线考生中，他的成绩果然名列第一。从明清经济史转向近代出版文化史，专业研究领域的切换，对于林盼来说，意味着硕士期间辛辛苦苦积累的资料，只能搁置一边，无论是资料的查找还是文献的阅读，必须要"从头再来"。这就是他后来所说的"从硕士到博士的研究领域转换"的第一次"变道"。

我指导的"明清史"和"历史文献学"专业的博士生，开初最重要的工作就是读基本文献，这种选择一类或几类文献进入研究，看似累人，其实在我以为是一种捷径。指导博士生，我一般都是让他们自主选题的，但是林盼到光华西楼小办公室找我谈博士论文选题，我却违背了以往坚持的原则，一下子就把研究《中外日报》的这一论题给了他。

2001 年我到德国爱尔兰根-纽伦堡大学访学，受海德堡大学瓦格纳（Rudolf G. Wagner, 1941—2019）教授的邀请，与朗宓榭（Michael Lackner）、徐艳夫妇一同去海德堡大学演讲。瓦格纳教授以善于收藏近代报刊文献闻名遐迩，他引导我参观该校东亚系的图书馆。在那里我第一次读到了《中外日报》的胶卷，瓦格纳教授告诉我这一胶卷其实是从上海图书馆翻拍来的。我在那里待了三天，花了很多时间在读抄该报的售书广告。瓦格纳、叶凯蒂（Catherine Yeh）夫妇都是研究近代报刊文献的高手，我们还在瓦格纳家里一起讨论过这份报刊的特殊价值。瓦格纳教授说的一句话，我至今记忆犹新：这是一个一流的课题，你要把它交给一流的学者来做。这一由清末"报王"汪康年创办并主持的报纸，于戊戌变法之后崛起，一度与《申报》《新闻报》并称，声名远播海内外，在中国新闻史上占据着极为重要位置。由于《中外日报》前后出版十余年，每日十余版（中后期每日甚至会出报二三十版），内容极其丰富，数量浩大，光把报纸通读一遍都很困难；且该报涉及时人如报馆主持者汪康年、汪诒年、叶瀚，主要撰稿人如夏曾佑、严复，馆外同道者如张元济、汪大燮，官员介入者如张之洞、盛宣怀、端方等，以他们为研究对象的论著不胜枚举，相关史料更是浩如烟海，因此要完成《中外日报》的博士研究殊非易事。2000 年代的八九年间，我曾多次寻觅博士生，希望有愿意承担《中外日报》研究任务之人，很可惜，最后均未能成功地将此一课题交付出去。原因一是上海图书馆仅存《中外日报》的胶卷，需要每天到该馆一楼近代文献部抢先占据胶卷的阅读机，时间一晚就会因为无法上机而错过一天的工作时间；二是每天往返复旦大学和上海图书馆，确实是一个苦差事，交通费加上在上图用一顿中餐，经济上实在也是一笔不小的开支。

我把希望林盼来做《中外日报》的想法和盘托出，实在是太希望这一有着高难度的研究论题由他来完成。果然不负所望，日复一日，他前往上海图书馆查阅《中外日报》胶卷，自述每天极富规律：6 点多晨起，匆匆梳洗后，骑车前往公交车站，在早高峰将要开始之前搭上车，横穿市区赶往上海图书馆。8 点半之前进入上图近代报刊阅览室抄录资料，直至下午 5 点阅览室关门，起身返程。甚至有两年的腊月二十九，他依然在空荡的阅览室里埋头苦干。其间我凡是去上图查资料，都会看到精力充沛的他，坐在一楼近代文献部的阅读机前，让我不禁想起早年读书往返上海图书馆的自己。当时出版博物馆（筹）的负责人林丽成老师经常跟我说，每次看到林盼就觉得他浑身有使不完的劲。确实，就是在忙碌的读博期间，他不仅为历史系主办的国际会议办会和整理会议纪要，还计划整理标点上海图书馆收藏的稿本《蒋维乔日记》（该日记整理本 2021 年已由上海人民出版社出版）。

三年多读博的岁月里，林盼为《中外日报》的研究，大致整理摘录资料二百余万字，其间还游刃有余地在《史学月刊》《新闻大学》《上海档案史料研究》等学术刊物上，发表了以报人生平考证、报刊经营方式为主题的七篇论文。这些有分量的学术论文无疑就是他博士论文的基础，但是如何将这些专门论文用自己独特的问题意识串联起来，仍是一个不小的挑战。在读期间，他一直对新理论有着浓厚的兴趣，有一段时间，曾告诉我正在研读组织社会学的一些理论，如格兰诺维特《镶嵌——社会网与经济行动》、伯特《结构洞：竞争的社会结构》、周雪光《组织社会学十讲》等，尝试借鉴一下社会学对于社会网络和社会资本的相关理论。阅读上述理论之后，他认为不能零敲碎打地单纯讨论《中外日报》等报人个体，而应该深入讨论其组织内部所形成的权力架构，报馆作为有相对明确的边界、规范的秩序（规则）、权威层级（等级）、沟通系统，以及编者、作者成员协调系统（程序）的组织，其创建与经营活动已深深地嵌入社会网络之中。而如果要将报馆组织作为研究主体，那么报馆成员的汇聚及交往、报馆与其他组织的合作关系，将是非常重要及适当的切入点。网络的构造是立体的，由同胞、同乡组成的内部网络，在层级上要高于同业、同人的外部网络，而这种层级的划分，又是以报馆主持人为中心向外扩展的；报馆与政府部门及商业机构之间的关系构建，往往借助报馆主持人相互的私谊而展开，由此进一步体现出政治与经济行为深深地嵌入社会关系网络，并受到社会关系制约和调适的理念。

我本人虽然对流行的新理论不敏感，但对研究生尝试在博士论文中探索新理论和新方法，则举双手赞成，特别是新史料的运用，尤其强调。参加过我指导的博士论文的评审专家，多次讲过，邹老师指导的论文在新资料的运用和解读方面，显示出若干共同的特色。而新史料、新方法和新观点的"三新"，在林盼的博士论文初稿中已全然具备；正是在上述社会学理论的指导下，林盼最后成功完成了新见迭出的博士论文《"清末新式媒体与关系网络"——〈中外日报〉（1898—1908）研究》。2013 年他的博士论文得到答辩专家的一致好评，两位盲审专家和三位明审专家各自打出了 A 的成绩，按照复旦大学研究生院的规定，他的博士论文被推荐参评上海市优秀博士论文。

正是受这些社会学新理论的感召，林盼在博士毕业后进入了复旦大学社会学系博士后流动站，原本我以为他通过博士研究，很可能在中国近代报刊出版史的研究中作出更为精湛的研究。他的这一"变道"，却使晚清报刊出版史走失了一位优秀的学者。令人欣慰的是，博士毕业后近十年，他以自己勤奋和踏实的工作，已在中国现代史和当代经济史等领域的第一流刊物上，发表了有关现当代中国经济史、工业史的研究新成果。

即将面世的《报人群体与组织生长：以清末〈中外日报〉为中心》一书，是林盼博士论文的修订本，也是他人生变道中精彩的一段。有的学者是为治学而生的，林盼博士应属于这一类。

是为序。

2022 年 10 月 1 日

绪　论

一、"组织"视角下的报刊史研究

从 1815 年英国传教士米怜（William Milne）创办《察世俗每月统记传》起，直至 1911 年辛亥革命爆发，在近百年的时间里，上千种报刊出版物相继问世，繁花似锦。关于清末报刊，既有研究有三条路径：

一是侧重于从报刊文本中寻章摘句，以此为切入点讨论政治事件、社会生态或思想观念。报刊本身具有的丰富内容，几乎可以让研究者找到任何所需的材料，甚至只需要搭建起研究框架，即可依其想法填入词句。对此，有学者审慎地指出，"一方面，报刊为我们展示了一种充满可能性的空间，使研究者相信相关话题只要能还原到具体报刊中，就可以获取不一样的收获；另一方面，由于推进话题深入的任务过分依赖于原始资料的开采，往往又导致研究者对于原始资料的载体……即报刊本身的面貌多有忽略"①。

二是从报刊自身出发，讨论报刊的创办过程、经营模式、新闻业务、管理制度等，这一类研究目前已成为主流。如沈松华《中国近代报业制度变迁研究——以报业公司制为中心》，从制度史的角度分析了清末民初报

---

① 丁文：《"选报"时期〈东方杂志〉研究（1904—1908）》，北京：商务印书馆，2010 年版，第 2—4 页。

馆从同人集会到公司化经营的转变过程，尤其是探讨"股份制"与新式媒体的结合①；李仁渊《晚清的新式传播媒体与知识分子：以报刊出版为中心的讨论》，探讨新式媒体的形成过程及其与官府、士人群体的关系，旨在把传播媒体视为一种社会机制，讨论其间的社会关系变化②；胡太春《中国报业经营管理史》和陈彤旭《出奇制胜——旧中国的民间报业经营》关注近代报馆的经营管理模式及人员流动状况③；宋军《〈申报〉的兴衰》具体分析《申报》创办初期推行的商业运营模式与主笔、编辑的聘任过程④；陈玉申《〈新闻报〉经营策略探析》揭示《新闻报》在市场定位、组织变革、人事管理等方面的创新⑤；余玉《上海〈时报〉新闻业务变革研究》以《时报》新闻业务为突破口，讨论经营者的办报理念和业务变革经验⑥。

三是从报人的研究出发，讨论报人的政见观点与学术思想。如闾小波、廖梅、朱至刚等分析汪康年与梁启超、黄遵宪等人的分合过程及其背

① 沈松华：《中国近代报业制度变迁研究——以报业公司制为中心》，浙江大学传媒与国际文化学院硕士论文，2007 年。作者另有论文《〈汇报〉的创办及其股份制尝试》，《国际新闻界》，2007 年第 6 期；《民国报业的公司化进程》，《杭州师范大学学报（社会科学版）》，2009 年第 4 期。关于近代报业组织的资金渠道问题，参见唐海江、吴高福：《晚清报业中民间资本的若干问题》，《新闻大学》，2002 年第 1 期。

② 李仁渊：《晚清的新式传播媒体与知识分子：以报刊出版为中心的讨论》，台北：稻乡出版社，2005 年版。作者另有论文《晚清传播媒体与知识分子：以江南为例》，收入许纪霖主编：《公共空间中的知识分子》，南京：江苏人民出版社，2007 年版，第 245—262 页；《新式出版业与知识分子：以包天笑的早期生涯为例》，《思与言》，2005 年第 43 卷第 3 期。

③ 胡太春：《中国报业经营管理史》，太原：山西教育出版社，1998 年版；陈彤旭：《出奇制胜——旧中国的民间报业经营》，福州：福建人民出版社，1999 年版。

④ 宋军：《〈申报〉的兴衰》，上海：上海社会科学院出版社，1996 年版。

⑤ 陈玉申：《〈新闻报〉经营策略探析》，《新闻界》，2006 年第 6 期。类似研究还可参见姚福申：《解放前〈新闻报〉经营策略研究》，《新闻大学》，1994 年第 1 期。

⑥ 余玉：《上海〈时报〉新闻业务变革研究》，北京：人民出版社，2017 年版。

后蕴藏的各种深层次矛盾①；黄旦、詹佳如《同人、帮派与中国同人报——〈时务报〉纷争的报刊史意义》讨论变法维新期间以《时务报》为代表的同人政论报刊的人员组成，探讨党派需求与同人报刊运作机制及意见表达所存在的天然矛盾②；洪九来考证了夏曾佑、孟森、杜亚泉、胡愈之等人与《东方杂志》的关系，丁文则着力讨论《东方杂志》创办及发展的过程中张元济、杜亚泉等人所起到的作用③；加拿大学者季家珍（Joan Judge）通过探讨《时报》知识群体在政府与民众之间的沟通与协商角色，审视清末社会"中等社会"（the middle realm）的出现及演变过程④。

无论是文本还是报刊、报人，都没有将关注焦点置于报馆⑤之上。换言之，从组织视角观察报馆，是既有报刊史研究过程中相对缺失的一环。报刊的形成过程和出版方式，呈现出强烈的组织形态。首先，报刊的形成过程具有组织化、网络化特征。绝大多数报刊由多位写手、编辑共同创作。这些创作者之间构成了社会关联网络，并持续进行互动。报刊的制作与出版过程，有赖于网络中每一位成员的协同配合，于是成为为实现某种共同目标，按照一定的结构形式、活动规律而结合起来的正式或非正式的组织形态，这些组织形态既可以是个体间的水平联合，也可以是垂直的科层制。大多数书籍都是个人创作的产物，因此并不会涉及个体之间的关联

①　闾小波：《中国早期现代化中的传播媒介》，上海：上海三联书店，1995 年版；廖梅：《汪康年：从民权论到文化保守主义》，上海：上海古籍出版社，2001 年版；朱至刚：《人脉与资金的聚合——从汪康年、黄遵宪合作看〈时务报〉的创立》，《近代史研究》，2011 年第 5 期。

②　黄旦、詹佳如：《同人、帮派与中国同人报——〈时务报〉纷争的报刊史意义》，《学术月刊》，2009 年第 4 期；黄旦：《耳目喉舌：旧知识与新交往——基于戊戌变法前后报刊的考察》，《学术月刊》，2012 年第 11 期。

③　洪九来：《宽容与理性——〈东方杂志〉的公共舆论研究》，上海：上海人民出版社，2006 年版；丁文：《"选报"时期〈东方杂志〉研究（1904—1908）》，北京：商务印书馆，2010 年版。

④　［加］季家珍：《印刷与政治：〈时报〉与晚清中国的改革文化》，王樊一婧译，桂林：广西师范大学出版社，2015 年版。

⑤　清末民国时期的报刊出版及发行机构，一般称呼为"报馆"。

与互动。而报纸与书籍在写作组织形式上的差异，使得我们有必要超越文本的汇聚与排列，去关注组织运作的过程，尤其是行动者之间的关联和互动问题。

其次，报刊的出版方除了文本生产之外，还承载着印刷、运输、发售等多项功能，从而与其他相关组织之间发生网络联结。西方报刊业"长期被私人通信所垄断"，报刊的出版、发行、印刷等工作通常由报业家独立完成，文本的生产与营销功能并未分离①。清末民初的中国新闻界也是如此，报馆不仅是新文本的生产者，还是既有文本的出版者、印刷者、运输者和发售者，"一专多能"地完成文本从生产到传递、分发整个过程的所有环节，由此和各种机构形成颇具规模的关联网络，这也需要研究者关注组织之间的互动方式及其后果②。

根据目前掌握的资料来看，清末报馆成员对于组织的发展方向往往有着明确的认同，组织内部业已形成自上而下的权力架构，逐渐形成了"相对明确的边界、规范的秩序（规则）、权威级层（等级）、沟通系统及成员协调系统（程序）"的组织形式③。同时，报馆组织的创建及经营，深深地嵌入（embed）社会网络之中，因此，有必要将报馆组织作为研究主体，观察报馆成员的汇聚交往、报馆与其他组织的互动关系。借助组织研究的理论视角，我们可以对两个方面的内容进行重点关注：一是报馆组织的形成方式，二是报馆组织的衰落因素。

从报馆组织的形成方式来看，清末报馆普遍面临资金紧张的问题，因此需要通过构建关系网络的手段，实现经费筹集和人员聚合。根据格兰诺维特（Mark Granovetter）提出的"嵌入性"（embeddednes）理论，资本

① ［德］哈贝马斯：《公共领域的结构转型》，曹卫东等译，上海：学林出版社，2004 年版，第 218—220 页。

② ［法］戴仁：《上海商务印书馆（1897—1949）》，李桐实译，北京：商务印书馆，2000 年版，第 1—2 页。

③ ［美］理查德·霍尔：《组织：结构、过程及结果》（第 8 版），张友星、刘五一、沈勇译，上海：上海财经大学出版社，2003 年版，第 35—36 页。

的累积往往植根于既有的社会关系网络之中，能够让组织有效地获取和利用各种信息及资源，从而克服创业之初经济资本与社会资本不足的困难。边燕杰通过对若干企业家的访谈，提出"了解商机、筹集资金、得到订单，创业过程的每个环节都嵌入于企业家的社会网络之中……企业通过社会网络关系得到创业资金和第一份订单，并且，这种关系在企业日后的发展中长期起作用"[①]。组织为了确保获取各种外部资源，往往会依靠组织管理者的内外部社会关系网络，建立特殊的信任机制，以此获得更加廉价、更有信誉及质量的资源和服务，从而降低组织的成本投入。

网络关系的形成，一般建立在"强关系"及"弱关系"的基础之上[②]。前者包括血缘、地缘等方面的因素，后者则是从工作、社会中寻得的合作力量。在传统社会，血缘和地缘是社会关系和交往网络构成的最基本纽带。根据费孝通先生的"差序结构"理论，中国人的关系网络往往以"己"为中心，按照男系血缘关系的远近向外推出，首先构成近亲范围最近的同心圆，然后是五服的同心圆，再向外推至房与族的模式，"好像把一块石头丢在水面上所发生的一圈圈推出去的波纹。每个人都是他社会影响所推出去的圈子的中心"，地缘关系是血缘关系的投影，"'生于斯、死于斯'把人和地的因缘固定了。生，也就是血，决定了他的地。世代间人口的繁殖，像一个根上长出的树苗，在地域上靠近在一伙。地域上的靠近可以说是血缘上亲疏的一种反映"[③]。这种内在的认同意识，来自于个体进入大城市时所形成的孤立状态，自发而无特定结构的社会聚合由此形成，同时还会构建组织及制度，以稳固与强化这种关系。组织内部的合伙人"在结成伙伴关系时所利用的社会资本很多是建立在血亲关系基础上的"，

① 边燕杰：《网络脱生：创业过程的社会学分析》，张磊译，《社会学研究》，2006年第6期；边燕杰、丘海雄：《企业的社会资本及其功效》，《中国社会科学》，2000年第2期。

② ［美］马克·格兰诺维特：《镶嵌——社会网与经济行动》，罗家德译，北京：社会科学文献出版社，2007年版，第1—47页。

③ 费孝通：《乡土中国·生育制度》，北京：北京大学出版社，1998年版，第23—26页。

由此衍生出的社会信任，"使得成员内部容易达成一致行动"①。

这种对关系和认同的研究，接近于滕尼斯（Ferdinand Tönnies）对三种"共同体"概念的划分。滕尼斯认为，"血缘共同体作为行为的统一体发展为和分离为地缘共同体，地缘共同体直接表现为居住在一起，而地缘共同体又发展为精神共同体，作为在相同的方向上和相同的意向上的纯粹的相互作用和支配"，其中"精神共同体在同从前的各种共同体的结合中，可以被理解为真正的人的和最高形式的共同体"，这三种共同体具体体现在亲属、邻里与朋友三种关系，"友谊作为同心协力工作和一致的思想条件和作用，并不取决于亲属和邻里；因此，由于职业或艺术的相同和相似，最容易产生友谊。但是，这种纽带必须通过容易的和经常的联合来联结和维系，如在一个城市里，最有可能有这种联合"，"他们到处都受到一种精神纽带的约束，为一项共同的事业而工作"②。

综上所述，报馆经营者的社会网络沿着血缘、地缘、学缘、业缘的方向，由亲及疏地组成一个同心圆结构，"能够抑制行动者的短视行为，起到维系合作、实现共同获利的作用，因为'信任可以说是嵌入性的基本逻辑'"③。这种经营模式所形成的"工具性的差序结构"，包含"社会联系是自我中心式的，即围绕着个人而建立起来；人们建立关系时考虑的主要是有实利可图，所以，亲属和非亲属都可以被纳入格局之中；从中心的格局向外，格局中成员的工具性价值逐级递减；中心成员常要加强与其他成员亲密的关系；关系越亲密，就越有可能被中心成员用来实现其实利目标"等方面的内容，表明了传统文化资源在社会转型的过程中重建社会关

---

① 李熠煜：《关系与信任：乡村民间组织生长成因分析》，《法制与社会发展》，2004 年第 5 期。

② ［德］斐迪南·滕尼斯：《共同体与社会——纯粹社会学的基本概念》，林荣远译，北京：商务印书馆，1999 年版，第 65—67 页。

③ 郭劲光：《企业网络的经济社会学研究》，北京：中国社会科学出版社，2008 年版，第 205 页；边燕杰、张文宏：《经济体制、社会网络与职业流动》，《中国社会科学》，2001 年第 2 期。

系的努力①。组织的网络建构，是许多文化中普遍存在的一种现象，"关系网则是中国式的网络建构。中国人的关系网可以说是一种以自我为中心的网络建构的社会工程。我们业已指出，关系的建构是以诸如亲族、地域、姓氏之类的'共同特征'为基础的，它们是个人以此与不同的个人和群体建立'多元化'的认同关系的基石"②。如高家龙（Sherman Cochran）指出，在西方传统的认识上，企业与关系网可以清楚地区分开来，因为大企业实施的是管理层级结构，讲究"清晰的部门界限、明确的权限划分、详尽的报告机制和正规的报告程序"，关系网则强调"各种横向的沟通和相互间应尽的义务"，从中国的研究实例可以发现，企业与关系网并非如此泾渭分明，"相反，在每个个案中，大企业和关系网都会超越这个理论上的分界，在诸多日新月异的动态关系中随时相互影响"，进而将"植根于宗族关系和乡土观念等地域性组织的中国经济的关系网络特征"与"建立在强大的国家和法律基础上的西方经济自主性特征"相对照，描绘出中国与西方在组织方式的区别③。萧邦奇（Robert Keith Schoppa）亦认为，"家族、私交和同乡关系几乎总是能够极大地加强网络中的联系，而建立在这种具有浓郁地方文化色彩基础上的网络，通常比那些更高层次的网络来得更强、更持久"④。近代企业史的研究也普遍揭示这一点，认为地缘、血缘纽带能够降低组织内的经营和组织间的交易成本，有助于商业集团的

---

① 李沛良：《论中国式社会学研究的关联概念与命题》，载北京大学社会学与人类学所编：《东亚社会研究》，北京：北京大学出版社，1993年版，第71页。

② 金耀基：《金耀基自选集》，上海：上海教育出版社，2002年版，第110—111页。

③ ［美］高家龙：《大公司与关系网：中国境内的西方、日本与华商大企业（1880—1937）》，程麟荪译，上海：上海社会科学院出版社，2002年版，第1—8页。

④ ［美］萧邦奇：《血路——革命中国中的沈定一（玄庐）传奇》，周武彪译，南京：江苏人民出版社，1999年版，第244—245页。

发展壮大，缓解组织运营过程中面临的困境①。

从组织研究的视角观察报馆，能够给我们带来哪些新的收获呢？这里仅举一例。报刊的"骤兴骤废"是清末报界的常态现象。据《大公报》1905年5月对全国报刊情况的调查，在113种报刊中，只有30种维持经营状态，"存活率"刚过25％，其中1903年之前创刊的80种报刊，仅有15种延续到了1905年②。笔者对上海图书馆编《中国近代期刊篇目汇录》中所列305种清末期刊进行粗略统计，发现平均办刊时间约为1.6年（仅统计有明确创刊与停刊时间的期刊）。对于报刊"骤兴骤废"的现象，既有研究从三个角度进行解释。一是报馆成员的高流动性。研究表明，清末报人属于士人群体的"末流"，"不仅社会上认为不名誉，即该主笔亦不敢以此自鸣于世"，甚至视其为"无聊""不务正业"③。因此报人从事办报工作多数是被动就业，"对科举犹醉心不已"，一旦有机会应试即解职离去，使得报馆无法继续经营，被迫停刊④。二是资金短缺导致的高风险性。有学者发现，清末的报馆组织普遍受到启动资金不足的影响，且赢利意识较为薄弱，长期处于小本经营的状态，难以应对内外环境的剧烈波动⑤。三是政治干预导致的高压力性。有学者统计，从1898至1911年，至少有53家报纸被官方勒令查封和停刊，多数经营者遭到传讯、拘留、罚款、遣送

---

① ［美］顾德曼：《民国时期的同乡组织与社会关系网络——从政府和社会福利概念的转变中对地方、个人与公众的忠诚谈起》，《史林》，2004年第4期；应莉雅：《网络化组织与区域市场交易成本——以天津商会为个案（1903—1928）》，《南开经济研究》，2004年第5期；关文斌：《网络、层级与市场：久大精盐有限公司（1914—1919）》，载张忠民、陆兴龙、李一翔编：《近代中国社会环境与企业发展》，上海：上海社会科学院出版社，2008年版。

② 王敏：《上海报人社会生活（1872—1949）》，上海：上海辞书出版社，2008年版，第35页。

③ 姚公鹤：《上海闲话》，上海：上海古籍出版社，1989年版，第128页。

④ 赖光临：《中国近代报人与报业》（上），台北：商务印书馆，1987年版，第218页；马光仁：《上海新闻史（1850—1949）》，上海：复旦大学出版社，1996年版，第129页。

⑤ 唐海江、吴高福：《晚清报业中民间资本的若干问题》，《新闻大学》，2002年第4期。

回籍等处分，还有两名经营者被杀，15 人被捕入狱①。即使是在清廷颁布《大清印刷物专律》等法律法规之后的几年内（1906 至 1911 年），全国仍然发生了与报刊相关的案件 62 起，罪名包括散布革命言论、抨击官员、披露外交密件等，数十家报馆被迫休业②。

除了上述因素之外，还有一些报刊在其发展的过程中，虽然避开了报人流动、资金短缺、官员压制等问题，但仍在某一阶段遭遇瓶颈，最终因经营不善而关张。如何对这些报刊所面临的发展"天花板"做出解释？通过本书关注的中外日报馆可以看到，报馆从创办开始，即大量借助经营者的社会资本所构建的关系网络进行组织运作，包括依靠关系网络募集资金、招徕写手等。这些做法克服了创业初期经济资本不足的问题，且基于关系网络形成的信任机制，能够起到减少交易成本，提高决策效率的效果，这是《中外日报》一度风靡的重要原因。但是，报馆经营者丰富的社会网络资源也在一定程度上对组织造成伤害，产生社会网的负面效应③。这种负面效应主要体现在三个方面。首先，各种不成文（或内部成文）的惯例、观念、文化等"非正式制度"元素充斥于报馆组织之中，缺乏对组织成员的有效约束，造成巨大的管理成本。其次，清末报馆植根于宗族关系和乡土观念的关系网络，构成组织成员之间彼此信任的基础，缓冲由于复杂而不稳定的经营环境所造成的风险④。但是，信任的形成带有强烈的个人特质，表现为浓厚的"小圈子"特征和"排他主义"，为了群体利益

---

① 方汉奇：《中国近代报刊史》，太原：山西教育出版社，1981 年版，第 596—597 页。

② 李斯颐：《清末报律再探》，《新闻与传播研究》，1995 年第 1 期。

③ 黄嘉文：《企业社会网络总是有用吗？——一个文献综述》，《科研管理》，2019 年第 9 期。

④ 周雪光：《西方社会学关于中国组织与制度变迁研究状况述评》，《社会学研究》，1999 年第 4 期。

而排斥与更大的结构相关联，进而减弱组织的开放度①。其三，清末报馆建立初期对关系网络的充分使用，造成强烈的路径依赖，转换成本的高昂和报酬递增效应，使组织变革的成本过高，造成经营方式的锁定效应，异质性、冲突性的信息会被主观过滤，经营者只能根据以往经验进行判断，无法全面评估市场形势，制约了组织变革与持续成长。

综上所述，报馆经营者的个体社会资本与组织社会资本互相交织，深度作用于组织内管理和组织间合作等场域之中，从正反两方面对报馆的命运和行业的发展产生影响。需要说明的是，报馆的经营管理本身是一个"黑箱"，囿于历史资料的限制，个人社会交往与组织经营合作之细节，在许多地方只能依靠猜测和推断，导致研究者难以对报馆组织的流变历程及其内部的微观机制深入呈现与分析，这是以往报馆的组织视角研究相对缺乏的重要原因。

二、《中外日报》研究前史

本书尝试从组织研究的视角，对清末报纸《中外日报》的报馆组织和报人群体展开研究。选择《中外日报》作为研究对象，有以下两方面的考虑：一是报馆经营者汪康年、汪诒年、叶瀚、夏曾佑等人留下相对丰富的史料，如《汪康年师友书札》《夏曾佑集》《块余生自纪》，以及《张元济日记》《张元济年谱长编》等，这些资料有助于研究者了解经营者参与组织决策的过程，对于探索报馆组织的建立、报人关系网络的构建、组织之间的合作互动等议题具有积极作用。二是《中外日报》是一份经营十年的报纸，避开了报人流动、资金短缺、官员压制等常规风险，完整地呈现了报人的关系网络如何影响组织形成、发展及阻碍的各个环节；同时，经营者个体的社会资本推动组织之间的合作交往，体现在《中外日报》与商务

---

① 冯筱才对民国时期一个丝绸厂的研究发现，关系并非有利无害，内聚的小圈子会阻碍组织扩张，参见冯筱才：《技术、人脉与时势：美亚织绸厂的兴起与发展（1920—1950）》，《复旦学报（社会科学版）》，2010年第1期。

印书馆合资的事件之中，但个体间的关系始终无法外溢成为稳定的组织间连带，最终随着个人之间的信任破裂，组织合作关系完结，《中外日报》也随之走向终点。《中外日报》十年起落的过程，折射出报人的关系网络与社会资本对报馆组织的正负作用，值得关注分析。

《中外日报》创刊于1898年8月17日，前身是汪康年、汪大钧、曾广铨于当年5月创立的《时务日报》，1908年8月被上海道台蔡乃煌高价收购，改为官报，1911年2月更名为《中外报》，1911年底停刊。从1898年至1908年的十年间，主要由汪康年、汪诒年兄弟掌控经营的《中外日报》，是上海新闻界影响力最大、销售数量最高的报纸之一，与《申报》《新闻报》相比毫不逊色。时人曾言，《中外日报》"乃次于《新闻报》而起之上海第三大报，改油光纸为报纸，创成现行之版面体裁，注意国际通讯，批评内外政治，皆其在新闻史上之功绩。其后乃有《时报》，又其后乃有《神州日报》，而《民呼》等更后矣"①。还有读者评价，《中外日报》"唱民权不为不烈、论外患不为不切、詈时局不为不快"，领舆论一时潮流，和《清议报》《国民报》《选报》的特点类似②。

总体而言，《中外日报》在报刊史上有如下亮点：首先，《中外日报》打破了《申报》《新闻报》等报纸单面印刷、一行到底的版面，改为两面印字，每面划分四版，分栏编辑，行短字少，节约目力，令人耳目一新，堪称中国日报版面的改革先锋；其次，《中外日报》政治评论富有深度，颇受读者关注，一度引导舆论方向③，《东方杂志》《外交报》等刊物多次转载其论说，吸引了郑孝胥、宋恕、皮锡瑞、孙宝瑄、包天笑等精英读者的关注；其三，《中外日报》新闻来源多样，消息灵通，在全国各地与日本、美国、欧洲都有访事人员，并率先运用电报技术传递信息，各类刊物共引用《中外日报》新闻一千余条；其四，《中外日报》是一代"报王"

① 唐文权、桑兵编：《戴季陶集（1909—1920）》，武汉：华中师范大学出版社，1990年版，第29—79页。

② 汪原放：《亚东图书馆与陈独秀》，北京：学林出版社，2006年版，第2页。

③ 《金鼎致梁鼎芬书》，《近代史资料》，1956年第3期。

汪康年创办的五份出版物①之中，存世时间最长、读者总数最多的一份，且该报的经营过程涉及夏曾佑、叶瀚、张元济等清末文化界的重要人物，通过对《中外日报》的研究，能够加深对这些人物生平与思想的认识。

然而，对于这样一份在报刊史上占有重要地位的清末报纸，在研究领域却呈现出"犹抱琵琶半遮面"的姿态，似乎在其停刊之后，就迅速为世人所遗忘。戈公振《中国报学史》中关于《中外日报》的论述只有几百字，重点介绍了报纸的版面创新。赵君豪《中国近代之报业》、蒋国珍《中国新闻发达史》、汪英宾《中国本土报纸的兴起》与林语堂《中国新闻舆论史》等报刊史的早期重要著作甚至都未提到《中外日报》。英国人白瑞华的著作《中国报纸（1800—1912）》倒是几次提及《中外日报》，但主要关注的是戊戌政变之后《中外日报》如何从一份维新派报纸转变为保守派报纸的过程②。1935 年，胡道静先生在《上海的日报》中，简要讨论了《中外日报》从创刊、发展到转手、停刊的过程。1948 年，胡道静《戊戌变法五十年祭与〈中外日报〉》一文，是 1949 年之前有关《中外日报》最为详细的介绍。胡先生认为，"由于《中外日报》的创刊，使报界和读者都遭受着一阵暴风的袭击。读者的眼睛一亮，看见一份有主张，敢于讨论政治，编制好，内容充实豁朗的报纸，使他们对于报纸的观念不由得不起了改变。老牌的报纸突然受了打击，也从此要考虑他们的做法了。研究报纸历史的，主要地是寻求他们进步的轨辙。《中外日报》是我国第一张本身进步而又刺激其他报纸进步的新闻纸，纵然它已经逝世四十年了，当年的光荣业绩，却是应当鲜明地勒在里程碑上的"，文中还谈到了《时务

---

① 汪康年共参与创办了五份报刊，即 1896 年的《时务报》，1898 年的《时务日报》（《中外日报》）、1898 年的《昌言报》、1907 年的《京报》和 1910 年的《刍言报》。"报王"之称，出自《时报》创始人狄葆贤之口，见上海图书馆编：《汪康年师友书札》（下文简称《书札》）（二），狄葆贤（2），上海：上海古籍出版社，1986 年版，第 1152 页。

② ［英］白瑞华：《中国报纸（1800—1912）》，王海译，广州：暨南大学出版社，2011 年版，第 109—114 页。

日报》的创刊过程、汪康年的办报构想、报纸的更名及改挂洋牌、《苏报》案"中的仗义执言及被官方收购等对于《中外日报》意义重大的事件①。

新中国成立之后，有感于清末民国资料的散佚速度之快，一些学者开始进行史料整理与出版工作。1953年，由翦伯赞牵头，中国史学会编辑出版了《中国近代史研究丛刊》，其中《戊戌变法》《义和团》分册，转载了不少《中外日报》的论说文章，作为舆论界的言论代表，其中《戊戌变法》转载4篇。《义和团》则转载了30篇，超过《申报》《新闻报》《同文沪报》等报纸论说文章的总和。1959、1960年，阿英整理《庚子事变文学集》《反美华工禁约文学集》等清末文学史资料汇编，也收录了不少《中外日报》的论说。在汪敬虞编的《中国近代工业史资料（1895—1914）》、彭泽益编的《中国近代手工业史资料（1840—1949）》等资料集中，亦可见到一些《中外日报》的新闻报道与评论文章。此外，杨天石、王学庄于1979年编撰出版的《拒俄运动（1901—1905）》，收入了《中外日报》关于拒俄运动的论说及各界人士演说全文。在较长时间内，由于《中外日报》报刊原始文本很难获得，上述资料汇编成为报刊史研究者及新闻爱好者了解《中外日报》的唯一途径，譬如汤志钧《戊戌变法时的学会和报刊》、方汉奇《中国近代报刊史》、曾虚白主编《中国新闻史》、秦绍德《上海近代报刊史论》、马光仁主编《上海新闻史（1850—1949）》、徐松荣《维新派与近代报刊》等著作在论及《中外日报》时，基本只是将以上资料和观点进行汇总②。

---

① 胡道静：《上海的日报》，载氏著：《胡道静文集·上海历史研究》，上海：上海人民出版社，2011年版；胡道静：《戊戌变法五十年祭与〈中外日报〉》，载方汉奇主编：《中国近代报刊史参考资料》，北京：中国人民大学出版社，1982年版，第337页。

② 汤志钧：《戊戌变法时的学会和报刊》，载氏著：《戊戌变法史论丛》，武汉：湖北人民出版社，1957年版；方汉奇：《中国近代报刊史》，太原：山西教育出版社，1981年版；曾虚白主编：《中国新闻史》，台北：三民书局，1984年版；秦绍德：《上海近代报刊史论》，上海：复旦大学出版社，1993年版；马光仁主编：《上海新闻史（1850—1949）》，上海：复旦大学出版社，1996年版；徐松荣：《维新派与近代报刊》，太原：山西古籍出版社，1998年版。

20 世纪 80 年代末，上海图书馆有计划地将馆内所藏的近代报刊制作成缩微胶片，以便长期保存，亦可提供研究者进行查阅，其中就包括《中外日报》。此后数年，《中外日报》逐渐被研究者发现并利用。1993 年出版的侯宜杰《二十世纪初中国政治改革风潮：清末立宪运动史》，援引多篇《中外日报》的论说，作为"己亥建储"及"庚子之变"的舆论回应①，是为国内较早系统使用《中外日报》文本资料的论著。2000 年之后，前往图书馆查阅报刊资料的研究者日益增多，《中外日报》也越来越频繁地出现在论文与专著之中，例如桑兵在《晚清学堂学生与社会变迁》一书中，大量使用《中外日报》上有关教育领域的新闻及评论，王敏《"〈苏报〉案"研究》亦是将《中外日报》对于"《苏报》案"的报道作为时论进行分析②。而刘学照《上海庚子时论中的东南意识述论》、周松青《从清末景廷宾案看上海舆论界》、马自毅《民间舆论如何看待秋瑾案》等论文，以《中外日报》论说为主要材料，讨论清末热点事件的民间回响③。刘永文在整理《晚清小说目录》的时候，将《中外日报》1906 年之后刊登的小说名目进行了刊列，为之后的研究者采用这些资料提供不少便利④；李孝迁《西方史学在中国的传播（1882—1949）》利用《中外日报》的书籍广告，讨论了巴克尔《英国文明史》、高山林次郎《西洋文明史》、家永丰吉与元良勇次郎合著《万国史纲》等史学著作在中国的传播过程⑤；张仲民《出版与文化政治：晚清的"卫生"书籍研究》多次引用《中外日报》广告，对清末流行于市面上的各种"卫生"书籍进行研讨，通过对出版商广告策

---

① 侯宜杰：《二十世纪初中国政治改革风潮：清末立宪运动史》，北京：中国人民大学出版社，1993 年版。

② 桑兵：《晚清学堂学生与社会变迁》，桂林：广西师范大学出版社，2007 年版；王敏：《"〈苏报〉案"研究》，上海：上海人民出版社，2010 年版。

③ 刘学照：《上海庚子时论中的东南意识述论》，《史林》，2001 年第 1 期；周松青：《从清末景廷宾案看上海舆论界》，《档案与史学》，2004 年第 1 期；马自毅：《民间舆论如何看待秋瑾案》，《史林》，2005 年第 5 期。

④ 刘永文编：《晚清小说目录》，上海：上海古籍出版社，2008 年版。

⑤ 李孝迁：《西方史学在中国的传播（1882—1949）》，上海：华东师范大学出版社，2007 年版。

略及其对政治话语的利用，分析了消费和文化政治之间的关系①；张天星《报刊与晚清文学现代化的发生》通过对《中外日报》广告的使用与分析，探讨清末出版界构造销售网络、投稿制度与文学生产的社会化、报刊与近代版权制度的建立等前人涉足不多的研究课题②。另外，复旦大学潘喜颜、曹南屏在撰写博士论文《清末历史译著研究（1901—1911）》《科举、出版与知识转型——以清末科举改制为中心》的过程中，亦使用《中外日报》的广告材料，讨论清末历史译著及科举应试书籍的种类、内容等话题③。兹不赘述。

虽然利用《中外日报》资料的论著数量甚多，但真正将《中外日报》作为研究对象，探讨其创办、经营、发展等内容的研究成果仍然较少。目前专文讨论《中外日报》的研究成果，主要有钱秀飞《〈中外日报〉视野下的义和团运动》、贾小叶《〈中外日报〉与戊戌己亥政局》、潘喜颜《〈中外日报〉广告的分类与价值初探》、徐沁《〈中外日报〉小说广告研究》等④。其中钱秀飞、贾小叶通过《中外日报》论说和新闻报道，分析该报对戊戌政变之后政局变迁的态度，展现 1900 年前后的社会动向和民众心态；潘喜颜、徐沁关注《中外日报》的广告，认为《中外日报》出于盈利的目的，刊载了大量的商业广告，但也重视书籍文化市场，体现出清末经济生活和社会文化的交融特征。笔者自投入《中外日报》研究以来，先后

---

① 张仲民：《出版与文化政治：晚清的"卫生"书籍研究》，上海：上海书店出版社，2009 年版。

② 张天星：《报刊与晚清文学现代化的发生》，南京：凤凰出版社，2011 年版。

③ 潘喜颜：《清末历史译著研究（1901—1911）》，复旦大学历史系博士论文，2011 年；曹南屏：《科举、出版与知识转型——以清末科举改制为中心》，复旦大学历史系博士论文，2012 年；曹南屏：《阅读变迁与知识转型——晚清科举考试用书研究》，北京：社会科学文献出版社，2018 年版。

④ 钱秀飞：《〈中外日报〉视野下的义和团运动》，华东师范大学历史系硕士论文，2008 年；贾小叶《〈中外日报〉与戊戌己亥政局》，《安徽大学学报（哲学社会科学版）》，2018 年第 2 期；潘喜颜：《〈中外日报〉广告的分类与价值初探》，《中国学研究》，2009 年总第 12 辑；徐沁：《〈中外日报〉小说广告研究》，华东师范大学中文系硕士论文，2019 年。

发表多篇相关论文，主要内容在本书中亦将有所展现①。

另一方面，虽然专门讨论《中外日报》的论著较为稀缺，但对该报经营者、参与者的研究，已经出现了不少研究成果。譬如专题讨论《中外日报》创办者兼大股东汪康年的著作，有廖梅《汪康年：从民权论到文化保守主义》、许莹《办报干政的另一种探索——汪康年报刊思想与实践研究》两种②。廖著更接近于一本汪康年的评传，从其幼年求学开始，观察其思想理念的出现及转变因素，将汪康年从张之洞在上海之"代理人"的傀儡形象中解脱出来，确立其在思想史、文化史、报刊史领域的独立地位。许著则是通过对汪康年各个时期办报主张及报刊传播特征的梳理分析，勾勒出其报刊思想的发展变化过程，并结合政治思想及个人特征的分析，考察其报刊思想发展变化的动因。上述两书皆谈到了汪康年与《中外日报》的关系，其中廖著讨论了汪康年与曾广铨关于《中外日报》所有权的争夺、时人对《中外日报》的评论、《中外日报》在"东南互保"及浙江铁路风潮等重大事件中的言论反映。许著以《中外日报》在义和团运动中的报道为例，讨论报纸在消息来源方面的"机关灵通"，而广泛开辟信息来源、强调有闻必录的做法，也使得报纸"新闻富有"，保证了《中外日报》新闻报道的时效性与丰富性，但该书在行文过程中几次出现硬伤，如将戊戌

① 林盼：《谁是〈中外日报〉的实际主持人》，《史学月刊》，2012 年第 2 期；林盼：《〈时务日报〉的创办与经营——私谊网络的襄助与商业经营的尝试》，《上海档案史料研究》，2012 年总第 12 辑；林盼：《旅日华商与清末新式媒体——以王仁乾、孙淦与〈时务日报〉为中心》，《侨易》（第一辑），北京：社会科学文献出版社，2014 年版；林盼：《商务印书馆与〈中外日报〉合作始末——清末书局与报馆互动的一个案例》，《上海档案史料研究》，2014 年总第 15 辑；林盼：《金粟斋译书处与〈中外日报〉的合作——清末上海报馆与书局互动的案例分析》，载林学忠、黄海涛编：《宗教·艺术·商业：城市研究论文集》，香港：中华书局，2015 年版；朱妍、林盼：《权力代表性、地位竞争性与关系排他性——影响组织社会资本形成的因素》，《社会学评论》，2021 年第 4 期；林盼：《组织惰性与"关系诅咒"的形成机制：以一个清末报馆发展历程为例》，《广东社会科学》，2023 年第 1 期。

② 廖梅：《汪康年：从民权论到文化保守主义》，上海：上海古籍出版社，2001年版；许莹：《办报干政的另一种探索——汪康年报刊思想与实践研究》，北京：中国书籍出版社，2012 年版。

政变之后报道康有为出逃消息的报纸定为《时务日报》，然而早在一个月前的 8 月 17 日，《时务日报》就已经更名为《中外日报》，又将发生于 1897 年 11 月的山东"曹州教案"误作 1898 年等①。

而在关于汪康年的单篇论文方面，现有的研究集中于汪在《时务报》的经历，如汪康年丰厚的人脉关系在创办及经营《时务报》过程中起到的重要作用②；如汪康年与梁启超、黄遵宪的纷争，力图摆脱康有为、梁启超单方面的说法，从士人群体心态的特点、地缘、学缘等因素的掺杂及报馆管理权的争夺等角度，重新审视纷争的起因和过程③；如汪康年与张之洞之间的关系，重在讨论汪康年如何在获得政治权威的赏识后获得变法图强的机遇，以及坚持个人思想与政治行动的独立性方面所存在的矛盾心态④。还有一些论文谈到了汪康年在《时务报》之后的办报活动，如李里峰《汪康年与近代报刊舆论》、钱秀飞《乘风破浪会有时——汪康年与近代中国公共领域》，集中关注汪康年在报刊经营的过程中对独立言论、监督政府、引导社会等原则的坚持，并认为这是近代中国公共领域形成和发

---

① 许莹：《办报干政的另一种探索——汪康年报刊思想与实践研究》，北京：中国书籍出版社，2012 年版，第 121、124 页。

② 汤志钧：《论〈时务报〉的汪梁之争》，载氏著：《康有为与戊戌变法》，北京：中华书局，1984 年版，第 190—204 页；崔志海：《论汪康年与〈时务报〉》，《广东社会科学》，1993 年第 3 期；黄士芳：《汪康年与〈时务报〉》，《广东社会科学》，1994 年第 2 期；汤奇学、龚来国：《汪康年与梁启超关系变化与〈时务报〉兴衰》，《安徽大学学报（哲学社会科学版）》，2000 年第 5 期；朱至刚：《人脉与资金的聚合——从汪康年、黄遵宪合作看〈时务报〉的创立》，《近代史研究》，2011 年第 5 期。

③ 马勇：《近代中国知识分子的悲剧——试论〈时务报〉内讧》，《安徽史学》，2006 年第 1 期；朱至刚：《〈时务报〉内讧的传播分析——以汪康年和梁启超的相互想象为中心》，《国际新闻界》，2006 年第 10 期；黄旦、詹佳如：《同人、帮派与中国同人报——〈时务报〉纷争的报刊史意义》，《学术月刊》，2009 年第 4 期；曹鲁晓、赵思渊：《同御外而崩于内：〈时务报〉时期的汪康年、梁启超关系探究》，《苏州科技大学学报（社会科学版）》，2019 年第 6 期。

④ 陈长年：《从〈时务报〉看张之洞与维新派的关系》，《北京大学学报（哲学社会科学版）》，1989 年第 2 期；李里峰：《汪康年与政治权威的依违离合》，《福建论坛》，2000 年第 5 期；张力群：《张之洞与〈时务报〉》，《复旦学报（社会科学版）》，2001 年第 2 期。

展的重要标志①。此外，陈诗麒以《汪穰卿笔记》为中心，探讨在西方文化冲击下的沿海市民阶层所产生的三种不同心理及表现——屈辱性的恐惧、新奇但不解的心情、乐于学习尝试，颇具创新意义②。

除此之外，一些关于中国报刊史及近代报人的著作，也有不少对汪康年的办报活动进行探讨，如李瞻主编的《中国新闻史》，与汪康年相关的一节由常胜君执笔，简要回顾了汪康年的报人生涯，并对其报刊经营活动的历程进行了梳理③。赖光临《中国近代报人与报业》专辟一章，从政治、社会、报界三重因素探讨汪康年办报的思想缘起，将汪氏孜孜于报业的人生经历置于时代变局的大环境下，尤其对汪康年提出的报刊"监督官吏、通达民隐"的职责进行剖析④。吴廷俊《中国新闻传播史稿》亦以专门章节讨论汪康年对报刊业务改革所做出的贡献，认为他"是位有野心的新闻事业家，他把报纸看成自己的事业，态度积极。在我们中国具有这样对新闻事业高度事业心的人，要算汪穰卿是第一人"⑤。樊亚平《中国新闻从业者职业认同研究（1815—1927）》，亦是将汪康年作为"职业报人"的典型，"随着其办报生涯的延伸，其办报心志逐渐专一，对办报的情感也日渐深化，因此，他的'报人'身份与角色不但没有变，而且更加突出和鲜明"⑥。

目前关于汪康年的研究状况，存在着两方面的问题。

---

① 李里峰：《汪康年与近代报刊舆论》，《学术研究》，2001 年第 7 期；钱秀飞：《乘风破浪会有时——汪康年与近代中国公共领域》，《宜春学院学报》，2008 年第 1 期。

② 陈诗麒：《尴尬的自在——以〈汪穰卿笔记〉为中心看近代沿海市民对西方文化冲击的反应》，载孙逊主编：《都市文化研究》（第一辑），上海：上海三联书店，2005 年版，第 134—141 页。

③ 李瞻主编：《中国新闻史》，台北：学生书局，1979 年版。

④ 赖光临：《中国近代报人与报业》，台北：商务印书馆，1987 年版，第 288—314 页。

⑤ 吴廷俊：《中国新闻传播史稿》，武汉：华中科技大学出版社，1999 年版，第 81—91 页。

⑥ 樊亚平：《中国新闻从业者职业认同研究（1815—1927）》，北京：人民出版社，2011 年版，第 148 页。

首先，在既有材料如《时务报》《昌言报》及《汪穰卿先生传记》《汪康年师友书札》等已经被学者反复使用的情况下，如何拓展视野寻找新的材料，成为汪康年研究能否继续深入的关键因素。这里的新材料主要分为两个方面，首先是汪康年自撰的书信、文章，这部分资料散见于各大图书馆、档案馆，绝大多数未经过发掘整理。虽然已有学者编校出版《汪康年文集》①，但笔者所见未收入这一文集的资料尚有不少，如上海图书馆古籍书目"汪康年"目下，有《待来书屋丛钞不分卷》与《〈刍言报〉访稿不分卷》，其中多数是汪康年经营《刍言报》时各地访事的函件及其创作《汪穰卿笔记》的草稿，还有一些信函为前人未曾发现，如《致项兰生函》讨论"五城学堂事"、《甲辰二月抄致蔡伯浩函稿》分析中俄密约事、《致陶帅②大人》为蔡乃煌收购《中外日报》一事进行抗辩等。在《盛宣怀档案》中，亦有十余封发自汪康年的信函，其中关于《时务日报》创办之时对盛宣怀资金的争取、《中外日报》与盛宣怀在义赈事务上的合作等方面的内容，填补了之前对上述问题的认识空白。而在中国社会科学院近代史研究所所藏的张之洞档案中，亦有不少信函、电文与汪康年直接相关，这些资料已有一部分被茅海建先生所使用，出现在其撰写的"张之洞档案阅读笔记"系列研究之中③。同时，如《赵凤昌藏札》《冒广生友朋书札》《陈宝箴友朋书札》等文献汇编中，也收录几封汪康年的书信④。此外，汪康年长期与日本政要、学者保持亲密互动，书信来往不断，2011年由李廷

---

① 汪林茂编校：《汪康年文集》，杭州：浙江古籍出版社，2011年版。

② "陶帅"即端方。

③ 茅海建：《张之洞与〈时务报〉〈昌言报〉——兼论张之洞与黄遵宪的关系》，《中华文史论丛》，2011年第2期；《戊戌前后诸政事》，《中华文史论丛》，2011年第4期、2012年第1期；《张之洞的别敬、礼物与贡品》，《中华文史论丛》，2012年第2期。上述研究汇总到《戊戌变法的另面："张之洞档案"阅读笔记》（北京：生活·读书·新知三联书店，2021年版）等著作之中。

④ 国家图书馆善本部编：《赵凤昌藏札》，北京：国家图书馆出版社，2009年版；上海博物馆图书馆编：《冒广生友朋书札》，上海：上海书画出版社，2009年版；柳岳梅整理：《陈宝箴友朋书札》（3），载上海图书馆历史文献研究所编：《历史文献》（第五辑），上海：上海科学技术文献出版社，2001年版。

江编著的《近代中日关系源流：晚清中国名人致近卫笃麿书简》、2017 年由吕顺长编著的《清末维新派人物致山本宪书札考释》都收录了不少汪氏信函①。这类资料的潜在数量巨大，需要研究者耐心地加以发掘与整理。

其次，汪康年创办的报纸、刊物，除了《时务报》《昌言报》之外，研究者对于《京报》《刍言报》的讨论，集中于《汪穰卿遗著》及《汪康年文集》整理的上百篇汪康年文章②。事实上，若从《〈刍言报〉访稿不分卷》中收入的资料情况来看，有一些访稿也是由汪康年亲撰，并没有收录到上述文集之中，堪称沧海遗珠。根据汪诒年的说法，汪康年在办《时务日报》的过程中，"日则出外咨访，夕则篝灯撰述，忘其劳瘁"，则《时务日报》中理应有不少论说出自汪康年之手③。至于《中外日报》，虽然论说并不署名，但汪康年在该报上发布过署名告白十余则。若将这些材料进行搜集查考，可以将现有汪康年研究的深度大大向前推进，亦有助于深入了解汪康年在《中外日报》创办及经营的过程中所起到的作用。

另一位受到学术界关注的报馆中人是在 1903—1905 年担任《中外日报》主笔的夏曾佑。关于夏曾佑的研究，以 2011 年为分界线。在此之前，相关研究围绕夏曾佑在《国闻报》的工作经历、《中国历史教科书》的编

---

① 李廷江编著：《近代中日关系源流：晚清中国名人致近卫笃麿书简》，北京：社会科学文献出版社，2011 年版；吕顺长编著：《清末维新派人物致山本宪书札考释》，上海：上海交通大学出版社，2017 年版。

② 关于汪康年主办《刍言报》的情况，参见许莹、王梅竹：《从自由到自律——〈刍言报〉"针报"栏目舆论思想分析》，载《华中传播研究》（第七辑），武汉：华中师范大学出版社，2018 年版，第 79—86 页。

③ 汪诒年：《汪穰卿先生传记》，北京：中华书局，2007 年版，第 79 页。

撰过程以及其关于佛学的论述等内容展开①。2011年，北京大学校史馆杨琥研究员整理的《夏曾佑集》出版②，共收入了刊登在《中外日报》《国闻报》等报刊上的300余篇夏曾佑文章，以及夏氏作于1881至1905年的日记，对于研究夏曾佑生平及思想具有极为重要的作用，亦有一些研究成果关注到夏曾佑在报刊经营活动中的贡献③。除了汪康年、夏曾佑外，《中外日报》总经理汪诒年、总翻译叶瀚，由于资料的相对缺乏，长期游离于学界的视野之外。关于此二人的研究成果，主要由笔者完成④。

三、资料来源与章节编排

本书的资料来源主要以《中外日报》等报刊资料，汪康年史料《汪康年师友书札》《汪穰卿先生传记》《汪穰卿笔记》《汪康年文集》《〈刍言报〉

---

① 陈业东：《夏曾佑研究》，澳门：澳门近代文学学会，2001年版。陈业东关于夏曾佑的研究还包括《夏曾佑小说理论探微》（《明清小说研究》，1995年第3期）和《论夏曾佑先生其人及其文学思想》（载夏丽莲整理：《钱塘夏曾佑穗卿先生纪念文集》，台北：文景书局，1998年版）。2011年前关于夏曾佑的研究，还有陈其泰：《夏曾佑对通史撰著的贡献》，《史学史研究》，1990年第4期；李洪岩：《夏曾佑及其史学思想》，《历史研究》，1993年第5期；储著武、汤城《历史教科书与新史学——以夏曾佑、刘师培为中心的探讨》，《河北学刊》，2005年第5期；孔祥吉、村田雄二郎：《从中日两国档案看〈国闻报〉之内幕——兼论严复、夏曾佑、王修植在天津的新闻实践》，《学术研究》，2007年第7、9期；章小亮：《夏曾佑思想研究》，福建师范大学历史系硕士论文，2009年；等等。

② 杨琥编：《夏曾佑集》，上海：上海古籍出版社，2011年版。

③ 2011年之后，基于《夏曾佑集》展开的对夏曾佑生平、交友、思想等议题的研究成果，包括朱仁天：《从书信解读夏曾佑及其人际交往》，湖北大学历史系硕士论文，2014年；梁苍泱：《新学、新眼与近代文人新知识统系的建构——以夏曾佑的阅读记录为中心》，《中华文史论丛》，2021年第3期；罗检秋：《经学潜流：夏曾佑、刘师培编纂历史教科书的学源探析》，《安徽史学》，2021年第3期；等等。此外，杨琥基于夏曾佑报刊文章的整理，撰写论文《晚清报刊史上被遗忘的报人与政治家——夏曾佑报刊活动述略》，收录于2015年复旦大学历史学系主办《"报刊与近现代中国的知识再生产"工作坊论文集》之中。

④ 林盼：《汪诒年：勤勉聱翁商务路》，《出版博物馆》，2011年第1期；林盼：《谁是〈中外日报〉的实际主持人》，《史学月刊》，2012年第2期；林盼：《失踪的"块余生"——辛亥之前叶瀚史事补述与考订》，《史林》，2016年第6期。

访稿不分卷》，夏曾佑史料《夏曾佑集》，张元济史料《张元济年谱长编》《张元济全集》为中心。

在报刊资料方面，1898 年至 1908 年的《中外日报》藏于上海图书馆，除了个别天数之外，基本保持内容上的完整。另外，本书还大量运用与《中外日报》出版时间相近的各类报刊材料，除了汪康年本人创办的《时务报》《昌言报》之外，还包括《申报》《大公报》《苏报》《警钟日报》《东方杂志》《外交报》《国闻报》《湘报》《浙江潮》《知新报》《新民丛报》《中国白话报》《杭州白话报》等报刊。

在个人资料方面，以汪康年、夏曾佑、张元济等人的史料最为充足。先看汪康年史料。四卷本《汪康年师友书札》无疑是本书写作的立论基础，其中与《中外日报》日常管理、派报发售、人员流动、亲友往来等内容相关的信函近千封，涉及夏曾佑、叶瀚、张元济、汪大燮、严复、王慕陶等人与汪氏兄弟的通信。汪诒年编撰的《汪穰卿先生传记》是汪康年生平的简要年谱，收录大量原始电文与言行杂述，其中《时务日报》的创办相对资料丰富，但对汪康年经营《中外日报》的过程未披露过多细节，只能通过其他材料加以弥补。汪康年所著《汪穰卿笔记》也有若干与报馆有关的信息值得关注。汪林茂编校的《汪康年文集》整理汪康年在《时务报》《京报》《刍言报》时期撰写的论说文章 300 余篇，以及 47 封书牍辑存、8 篇纪事文，但《时务日报》《中外日报》论说向不署名，因而没有收录这一时期的汪康年文章。此外，笔者在上海图书馆中，找到题为"《刍言报》访稿不分卷"的一组资料，其中有不少是汪康年亲笔所写的信函或论说原稿，涉及汪康年与曾广铨的股权纷争、汪康年与蔡乃煌的报馆所有权变更之事，极具史料价值。

再看夏曾佑史料，相关资料主要来自杨琥先生整理的《夏曾佑集》。其中既有夏曾佑为《中外日报》撰写的 330 余篇论说文章，也有 1898 至 1905 年的日记，透露出了大量与报馆经营、人员变动有关的信息，尤其是报馆管理层与商务印书馆高层的交往细节，其价值难以替代，为本书讨论报馆的人际网络和经营模式提供了立论依据。

张元济史料主要来自《张元济年谱长编》与《张元济全集》。《张元济年谱长编》在原有《张元济年谱》的基础上，对资料进行大幅扩充，对于本书而言，最重要的是有关《中外日报》和商务印书馆合资过程，以及张元济和汪康年的交往部分。《张元济全集》中张元济致汪氏兄弟、夏曾佑、伍光建等人的书信，也有助于完成相关章节的写作。

为了完成本书的写作工作，笔者还阅读了数十种清末时人留下的档案、书信、日记、文集、回忆录等，其中较多使用的是盛宣怀档案、《张之洞全集》《英敛之先生日记遗稿》《郑孝胥日记》《许宝蘅日记》《忘山庐日记》《蒋维乔日记》①《宋恕集》《钏影楼回忆录》《钱玄同日记》《皮锡瑞日记》《林骏日记》《符璋日记》《徐兆玮日记》《江瀚日记》《张橚日记》等。

本书的研究时段并未贯穿《中外日报》的整个经营历程。1908 年 8 月，上海道台蔡乃煌出资收购了《中外日报》，汪康年、汪诒年宣布离馆，报馆经营者换成沈仲赫、张笏卿、黎伯奋等人，经营模式也与之前大相径庭，因此本书对于《中外日报》的讨论，将时段限定于 1898 年至 1908 年，即从《时务日报》创刊至《中外日报》改为官报的十年。

本书除绪论外，正文共分六章。前三章讨论了《中外日报》组织内部的人际网络关系，关注于关系网如何构建信任机制，保持报馆的平稳发展，后三章探讨社会关系如何提升报馆的社会资本，以此获取经济回报、政治回报和社会回报。

第一章讨论《时务日报》的创办过程，无论是资金筹集的过程，印报机器的运送，还是在派报网络的设置方面，分布于各地的友朋同人襄助颇多，让这份一无雄厚资本、二无官方势力的报纸，迅速形成较为完善的经营体系，各方面工作也进入正轨。《时务日报》的实践表明，报馆组织的

---

① 笔者与复旦大学出版社两位同仁合作，整理出版了全本《蒋维乔日记》。见林盼、胡欣轩、王卫东整理：《蒋维乔日记》，上海：上海人民出版社，2021 年版。

建立与社会网络的运作须臾不可分。

第二章讨论《中外日报》的核心办报人员汪康年与汪诒年。汪康年受社会事务及个人身体状况影响，无法全身心地投入到《中外日报》的经营活动，他需要一个值得信任的"代理人"，为其主持报馆事务，能够担当这一重任的只有胞弟汪诒年，这种信任基于二人之间的同胞关系，由此体现出血缘在关系网络层级中的至高地位。

第三章讨论《中外日报》的馆内工作人员与馆外同人。在结束了与曾广铨的股份纷争之后，汪康年、汪诒年决意将合作者限定于同乡与同人，尤其是报馆总翻译、主笔等核心人员只从同乡群体中寻找。成员间的相互信任以及对组织的忠诚，能够增强组织内部成员的认同效应，提高主客之间的信任度，降低组织的经营成本与运作风险。

第四章讨论《中外日报》的营销网络。从网络构成情况来看，主要基于报人与出版商之间的私谊关系而建立。在选择代售书刊的问题上，经济效应并不是《中外日报》报人首要关注的问题，其目的旨在利用代售活动维持人际关系，构建以报馆为中心的销售网络，提高报馆的声望和地位，影响全国的文化市场。

第五章讨论《中外日报》与商务印书馆的合资过程。商务印书馆与《中外日报》所进行的合资，是人际网络多元性及传递性共同作用的结果，汪康年与张元济的私谊关系，对于双方的合作起到了至关重要的作用。但两人的关系一直未能在组织层面构成更广泛的凝聚和团结，组织之间的合作关系建立在极为脆弱的个人信任基础之上，导致组织合作发生破裂。

第六章关注报人与官员的私谊网络。《中外日报》主持人延续着之前办报时的特点，希望与官员群体，尤其是张之洞、端方为代表的精英官员建立良好的私谊关系，为报馆的经营减少障碍，获得一定程度的庇护，但这种功利导向极强的社会网络显得很不稳定，报人无法主导交往关系的发展方向，最终出现"熟人"蔡乃煌收购报馆的后果。

本书存在的难点是，与《中外日报》经营活动有关的材料仍然相对稀缺。虽然《中外日报》《汪康年师友书札》《夏曾佑集》等资料已经足够丰富，但涉及个人社会交往与组织经营合作之细节，许多地方仍需依靠猜测和推断。例如，本书第五章探索报馆与商务印书馆的合资过程，但在《汪康年师友书札》保留的53封张元济致汪氏兄弟的信件中，涉及合资的时段仅有4封。又如夏曾佑的日记是了解报馆运作和人员往来的重要资料，但夏曾佑1906年年初离开报馆之后，其日记即不涉及报馆事务，若要了解之后报馆的情况，就缺少了一个重要的信息渠道。此外，本文涉及的汪康年、张元济的交往过程，在张元济一边尚有书信资料可资查看，汪康年则仅有亲友的来信，而几乎没有汪之去信，这导致在揣摩汪康年对个人关系与组织合作的态度时，只能通过张元济、汪大燮、夏曾佑等人的书信进行间接推测。希望随着各种历史档案资料不断地被发现和开掘出来，后续研究可以深入推进。

第一章

新报问世:"众人拾柴火焰高"

回到历史现场,1898年5月5日,上海新闻界是何种面貌?

每日出版的中文报纸,有外资主导的《申报》《新闻报》《字林沪报》,有华资参股的《苏报》,西文报纸则有《字林西报》《文汇西报》《德文新报》《中法汇报》等;倾向维新的刊物,有仍然广受读者欢迎的《时务报》,以及与《时务报》关系紧密的《集成报》《萃报》《蒙学报》《译书公会报》《农学报》等;传布宗教的出版物,有《万国公报》《教务杂志》等;另外还有逐渐兴起的小报,如《游戏报》。如果用"繁花锦簇"来形容这一时期的新闻界,应不是过誉之词。被后世称为"报馆街"的望平街,因《申报》《新闻报》的进驻,已经出现了"报馆东西栉比排"①的热闹景象。

而此时的汪康年(1860—1911,字穰卿,号毅伯、恢伯、醒醉生,浙江钱塘人),又是身处一个怎样的历史场景之下呢?

对内,在与黄遵宪、梁启超等人争斗逾年之后,他终于占据了上风。康有为的众多弟子于1897年底集体离开了时务报馆,报馆此后任用的几乎都是与汪康年关系紧密的同人。第59册之后的《时务报》,出现的主要人名有曾广铨、钱恂、陈庆年、裘廷梁、姚锡光、汪大钧等,或为汪康年同

---

① 郁慕侠:《上海鳞爪》,上海:上海书店出版社,1997年版,第217页。

乡旧友，或曾与汪康年共事于张之洞幕僚中，交谊匪浅。为了应付梁启超离馆带来的主笔危机，汪康年除了自撰数文之外，还先后邀请好友郑孝胥与夏曾佑担任主笔，虽未成功，但表明此时他已经在一定程度上掌握了报馆的主导权。

对外，汪康年继续在各项事务中展现着自身的影响力。由他主导的机构，有蒙学公会、不缠足会、东文学社、中国女学堂等；他参与其中的项目，亦有务农会、译印西文地图公会等。《蒙学报》《农学报》《无锡白话报》等维新报刊，都是在汪康年的推动与鼓励下，才逐渐崭露头角。参阅《汪穰卿先生传记》及《汪康年师友书札》，可知在戊戌年"百日维新"前后，汪康年前所未有地繁忙，甚至终其一生，也没有如此多的社会交际活动。

在此背景之下，汪康年及汪大钧、曾广铨等人，仍然拨冗在1898年5月创办了一份每日出版的报纸《时务日报》。汪诒年曾言，汪康年办《时务日报》的目的，在于《时务报》"月只三册，又专以提倡变法为主，于时政鲜所论列"[①]，因此需要专门办一份日报，但从头开始再创新报，毕竟不是一件轻易之事，若对《时务报》出版周期有意见，以汪此时对该报的控制，完全可以依自己的主意加以改动，也能避免千头万绪的烦恼。因而，必须要深入思考，汪康年出于何种目的创办此报？又为何选在这一时期让该报问世？围绕《时务日报》的种种谜团，或许可以从"时务"与"日报"两个角度谈起。

一、《时务报》时代的顺与逆

甲午战争惨败的结果带来的震撼，让一大批有识之士走出书斋，创办报刊、利用新式传播工具表达思想观念，成为许多士人热衷的方式，如吕思勉所言："岁在甲午，而中日之战起，国蹙师炽，创深痛巨；海内士夫，

---

① 汪诒年：《汪穰卿先生传记》，北京：中华书局，2008年版，第76页。

使群起而谋改革，于是新书新报，日增月胜。"① 戈公振亦言："以庞大之中国，败于蕞尔之日本，遗传惟我独尊之梦，至斯方憬然觉悟。在野之有识者，知政治之有待改革，而又无柄可操，则不得不借报纸以发抒其意见，亦势也。当时之执笔者，念国家之阽危，憬然有栋折榱崩之惧，其忧伤之情，自然流露于字里行间。故其感人也最深，而发生影响亦最速。"②

1896 年夏，上海英租界四马路，汪康年、黄遵宪、梁启超等人精心擘画的时务报馆宣告诞生，一份震撼华夏、影响至远的出版物《时务报》由此问世。从《时务报》开始，报刊的角色开始重要起来，"新式杂志为晚清社会的不同阶层开启了一个协商的平台，也为改革报人挑战帝国权威、表达民怨提供了可能"③。关于《时务报》的探讨早已汗牛充栋。先贤在前，笔者无意再讨论《时务报》的创办及经营过程的种种细节，而是想通过观察汪康年等报人在时务报馆的工作过程，试图总结这一段经历究竟给他们带来了怎样的经验与教训，以此找寻汪康年等人另立报馆的原因。

《时务报》两年，作为报馆经理的汪康年可谓名利双收。此前，汪康年只是张之洞幕府中的一个小幕僚，"是其文化事业中的一名外围人物，而且可能少有资格参与策划"④。《时务报》出版之后大受欢迎，汪康年本人也名满士林。如欲创办《无锡白话报》的裘廷梁冀望拜见汪康年、梁启超、麦孟华三人，视这些人如同"海上三神"⑤。王楚乔言，"《时务报》一报，风行内外。洞亿兆人志趣之痼疾，启千里耳目之灵明，还引新机，诘溉后进，闻风而起，薄海同致。窃以为先生之功，不在禹下，揣时度理，

---

① 吕思勉：《三十年来之出版界（1894—1923）》，载《吕思勉遗文集》（上），上海：华东师范大学出版社，1997 年版，第 373 页。

② 戈公振：《中国报学史》（插图整理本），上海：上海古籍出版社，2003 年版，第 206 页。

③ ［加］季家珍：《印刷与政治〈时报〉与晚清中国的改革文化》，王樊一婧译，桂林：广西师范大学出版社，2015 年版，第 6 页。

④ 廖梅：《汪康年：从民权论到文化保守主义》，上海：上海古籍出版社，2001 年版，第 18 页。

⑤ 《书札》（三），裘廷梁（5），第 2628 页。

当非过誉"①，高凤谦希望汪康年"惠寄影相，俾得悬之座上，以慰企慕之私"②；刘光贲称赞汪康年"识见之远，规模之宏，真救时第一流人物也"③；狄葆贤称汪康年为"报王"④；宗方小太郎称其为"一代高士"⑤。

汪康年所得到的赞誉，在有些人听来颇为不解，宋恕的评价就显得话中带刺，"钱塘汪穰卿，学识不过中人，竟克创成报馆，所谓'时命适与功名偕'者欤"⑥。汪康年的业师王文韶也提到，汪"年少时，每相过从，弱不胜衣，言呐呐然不能出诸口，而与人酬接，举止亦不佳"⑦。以汪康年之才华与性格特征，固然无法成为如马克斯·韦伯（Max Weber）所言具有"超凡魅力"（chrisma）的领袖人物⑧，但这并没有成为其推广人际网络、结交各地同志的障碍。有学者指出，"综合而论，在维新士人中，汪康年在士林内人脉的广泛、深厚是极少有人可以与之匹敌的。透过在士林中的关系网络，他能够调动的人力资源不仅数量众多，而且在空间分布上相当均匀"⑨。

回到本章的主题。既然在《时务报》的两年之间，汪康年名利双收，获誉"第一流人物""报王"。那么，他又为何会在 1897 年之后，于经营《时务报》之余，筹集资金、招徕同人，汇聚社会资源，去办一份新的报

---

① 《书札》（一），王楚乔（1），第 104 页。

② 《书札》（三），高凤谦（25），第 1641 页。

③ 《书札》（三），刘光贲（1），第 2870 页。

④ 《书札》（二），狄葆贤（2），第 1152 页。

⑤ ［日］宗方小太郎：《宗方小太郎日记（未刊稿）》（上），甘慧杰译，上海：上海人民出版社，2017 年版，第 385 页。

⑥ 《致王六潭书》（1897 年 2 月 11 日），载胡珠生编：《宋恕集》（上），北京：中华书局，1993 年版，第 567 页。

⑦ 《书札》（三），黄遵宪（24），第 2347 页。

⑧ ［德］马克斯·韦伯：《学术与政治》，冯克利译，北京：生活·读书·新知三联书店，2005 年版，第 42—44 页。关于汪康年的性格特点，黄旦、詹佳如的论文《同人、帮派与中国同人报——〈时务报〉纷争的报刊史意义》（《学术月刊》，2009 年第 4 期）做了精彩的分析，可以参看。

⑨ 朱至刚：《人脉与资金的聚合——从汪康年、黄遵宪合作看〈时务报〉的创立》，《近代史研究》，2011 年第 5 期。

纸呢？个中缘由，要从《时务报》的经营特点谈起。

《时务报》究竟是一份怎样性质的出版物？廖梅认为，鉴于《时务报》"系中国绅宦主持，不假外人"①，而主办人汪康年、黄遵宪、梁启超、邹凌瀚、吴德潚等都属于"绅宦"阶层，因此这是一份"属于中国士大夫的民办报刊"②。但是，《时务报》的办报群体，并非只有绅宦阶层的汪、黄、梁数人，张之洞、陈宝箴等官员的参与同样无法忽视，《时务报》以及相似类型的《湘学新报》《湘报》《岭学报》《蜀学报》等，更应该算是"官民合办"的报纸。《时务报》创办之始，即有张之洞提供的强学会余银作为启动资金，有张之洞、王文韶、李鸿章、盛宣怀及张之洞幕僚王秉恩、邹代钧等人的款项捐助，张之洞还委任汪康年兼办湖北译书局事务，这笔收入成为时务报馆员工薪水的主要来源。《时务报》的发行活动，亦与官方有着密切关联。张之洞多次发布指令，要求以官费购订《时务报》，寄送给全省文武大小衙门书院学堂，并赞誉《时务报》"识见正大，议论切要。足以增广见闻，激发士气……实为中国创始第一种有益之报"，并几次要求各级官员定购、阅读《时务报》③；陈宝箴推荐汪康年在上海兼办矿务局转运工作，助其筹集资金，还要求府州县书院订购阅读，汪因而致函表示感谢，"报册得荷提倡，湘省业已畅销。此间每期已销至七千余份"④。根据廖梅的统计，在该报刊行的两年中，由官方出面，以行政命令要求"通札各属及书院诸生悉行阅看，或令自行购买，或由善后局拨款购送"的事例共有 17 次⑤。由于各地官员的积极参与，甚至引起一些人的误解，

---

① 《鄂督张饬行全省官销〈时务报〉札》，《时务报》第 6 册，1896 年 8 月 22 日。

② 廖梅：《汪康年：从民权论到文化保守主义》，上海：上海古籍出版社，2001 年版，第 46 页。

③ 《鄂督张饬行全省官销〈时务报〉札》，《时务报》第 6 册，1896 年 8 月 22 日。

④ 《湘抚陈购〈时务报〉发给全省各书院札》，《时务报》第 25 册，1897 年 5 月 2 日。《汪康年来函》，柳岳梅整理：《陈宝箴友朋书札》（3），载上海图书馆历史文献研究所编：《历史文献》（第五辑），上海：上海科学技术文献出版社，2001 年版，第 179—180 页。

⑤ 参见廖梅：《汪康年：从民权论到文化保守主义》，上海：上海古籍出版社，2001 年版，第 67—69 页。

认为《时务报》和京师官书局一样"皆以官报广行天下"①。

由此可见，变法维新时期②，不少地方官员担当着"赞助人"（patronage）的角色，在意识形态上左右作品形式和内容的选取和发展，在经济方面提供相应的报酬，并在物质层面赞助专业人士，以保证其获得应有的社会地位③。在资金来源、发行渠道等关系到报馆生存的重要部门，张之洞等官员都起到了无可比拟的重要作用，将《时务报》看作是"民办报刊"，看来并不准确。李仁渊因此认为，《时务报》等戊戌报刊由于有官方与士人的共同参与，"让新式传播媒体不再是边缘士人非政治的谋生工具，而是影响政治决策的新兴权力场域"④。

变法维新时期官方与传媒业的关系，虽不能说是"水乳交融"，但确实构成较为顺畅的合作关系。一方面，不少官员认识到了报刊的重要性，这种新式媒体能够在数月之间使士人群体"举国趋之，如饮狂泉"⑤。其作用与影响让思想趋新、有变法改良之愿的官员颇受触动，张之洞即言，"报馆为今日开风气，广见闻，通经济之要端，不可不极力匡救维持"⑥。正是由于看到了报刊的功用及效力，张之洞、陈宝箴等地方官员才会担当

---

① 《广西洋务局奉中丞饬全省阅〈知新报〉札》，《知新报》第 15 册，1897 年 5 月 2 日。

② 狭义上的变法维新时期，是从 1898 年 6 月至 9 月的"百日维新"，但广义上的自下而上，由民间士人掀起，逐步影响光绪帝、朝廷重臣、封疆大吏的革新运动，是从 1895 年康有为、梁启超等掀起"公车上书"，创办强学会及《中外纪闻》开始，直至 1898 年 9 月戊戌政变为止，笔者采用的是后一种概念。

③ 参见王宏志：《翻译与文学之间》，南京：南京大学出版社，2011 年版，第 44—47 页。

④ 李仁渊：《晚清的新式传播媒体与知识分子——以报刊出版为中心的讨论》，台北：稻乡出版社，2005 年版，第 370 页。

⑤ 梁启超：《本馆第一百册祝辞并论报馆之责任及本馆之经历》，《清议报》第 100 册，1901 年 12 月 21 日。

⑥ 《致长沙陈抚台、黄署臬台》，载苑书义、孙华峰等主编：《张之洞全集》第 9 册，石家庄：河北人民出版社，1998 年版，第 7403—7404 页。张之洞在《劝学篇》中专辟"阅报"一章，表示阅读报刊"可以扩见闻，长志气，涤怀安之鸩毒，破扪籥之瞽论"。

"赞助人"的角色，积极介入创办、经营及发行工作。官员与报人在基本的维新理念与方案上存在着一定的共识，这是双方合作的基础。

另一方面，刚刚大规模进入传媒业的士人群体，亦需要官方的出面对办报活动进行资助。甲午之前由国人创办的报刊，虽有《循环日报》这样成功的例子，但绝大多数受制于资金有限、发行不畅等问题，骤兴骤灭的情况屡屡发生。而一旦获得官方赞助人的协助，至少在资金来源、发行渠道这两条报馆的生命线上得到有效的保障。在报人看来，最为倚重的就是张之洞等官员的支持，汪康年就表示，《时务报》之所以能够盛行一时，不能忽视"南皮张制军提倡于先，中外诸大吏振掖于后"的因素①。张之洞作为维新派士人的"同路人"，在变法维新运动中拥有相近的理念②，因此深得士人的信任与敬重，唐才常评价张之洞"直言敢谏、不避权奸、一时无两，凡有人心者无不敬之慕之"③，谭嗣同亦言，"今之衮衮诸公，尤能力顾大局、不分界域，又通权达变讲求实际者，要惟张香帅一人"④。总而言之，官方的倡导与扶持、报人的策划与宣传，共同造就了这一时期的国人办报高潮。

不过，官方与媒体之间的合作并非总是默契无间。官员既然担当着"赞助人"的角色，就有足够的理由和能力对报刊的思想倾向进行控制，甚至介入报馆的经营工作。以往学界谈及《时务报》中后期的经营危机，

① 汪康年：《〈昌言报〉跋》，《昌言报》第 1 册，1898 年 8 月 17 日。
② 黎仁凯：《论张之洞与维新派之关系》，《文史哲》，1991 年第 4 期。
③ 湖南省哲学社会科学研究所编：《唐才常集》，北京：中华书局，1980 年版，第 270 页。
④ 《上欧阳中鹄书》，载蔡尚思、方行编：《谭嗣同全集》（上），北京：中华书局，1981 年版，第 158 页。

总会重点讨论汪康年与梁启超、黄遵宪之间的矛盾①。不过，从汪康年本人的角度来看，或许张之洞通过梁鼎芬等人对其言论及经营上的约束反而更大。梁启超、黄遵宪的长篇大论可以不闻不问，张之洞的只言片语则必须要言听计从。揆诸张之洞的想法，他所推崇的政治改革模式，是在体制内渐进式的变革，逐渐形成地方舆论对朝政大局的影响，因此希望《时务报》步伐稳健，言论和缓。早在该报开办之前，他就通过邹代钧告诫汪康年，"不如守夫子述而不作之训，专译西政、西论、西电，并为中国谕旨，旬为一编，其开风气良匪浅鲜……此事愿公兢兢业业为之，不愿公轰轰烈烈为之"②，担心这些年轻士人血气方刚，容易激起守旧官员的不满，"经言官指摘，恐有不测，《时务报》从此禁绝矣"，因此他多次"极力匡救"，限制维新报刊的各种过激言论③。

对于张之洞可能采取的干预措施，报馆同人并非没有预见。由于先前强学会和《中外纪闻》被封杀的阴影仍未散尽，因此《时务报》初期，办报同人互相提醒，"咸以戒慎恐惧相间，抑亦鉴于惊世骇俗之论，不可以持久，惧其将一纸不可复振也"④。吴樵还叮嘱汪康年切勿将《时务报》筹

① 关于《时务报》的内部矛盾，汤志钧在《戊戌变法史》，蔡乐苏、张勇、王宪明在《戊戌变法史述论稿》，廖梅在《汪康年：从民权论到文化保守主义》等著作中已经深入谈到。值得一提的论文则有汤奇学、龚来国：《汪康年与梁启超关系变化与〈时务报〉兴衰》，《安徽大学学报（哲学社会科学版）》，2000年第5期；马勇：《黄遵宪与〈时务报〉内讧》，载《黄遵宪研究新论——纪念黄遵宪逝世一百周年国际学术讨论会论文集》，北京：社会科学文献出版社，2007年版，第103—126页；马勇：《近代中国知识分子的悲剧——试论〈时务报〉内讧》，《安徽史学》，2006年第1期；朱至刚：《〈时务报〉内讧的传播分析——以汪康年和梁启超的相互想象为中心》，《国际新闻界》，2006年第10期；等等。

② 《书札》（三），邹代钧（18）（19），第2649、2650页。

③ 关于张之洞对《时务报》言论的限制，参见王宪明：《解读〈辟韩〉——兼论戊戌时期严复与李鸿章张之洞之关系》，《历史研究》，1999年第4期；茅海建：《张之洞与〈时务报〉〈昌言报〉——兼论张之洞与黄遵宪的关系》，《中华文史论丛》，2011年第2期。从茅文所引述的张之洞档案来看，张对于《时务报》经营事务的干涉程度，远在先前学者的估计之上，甚至到了视《时务报》为"自家之物件"的地步。

④ 汪诒年：《汪穰卿先生传记》，北京：中华书局，2007年版，第57页。

办过程的细节告知张之洞，否则"必有磔弹也"①。然而，一旦有了表述言论的空间，汪康年、梁启超等人就难抑内心之冲动了，"变法""民权"之类的言辞频繁见诸报端，让张之洞等官员颇为心悚，各种訾议从湖广源源而来。汪康年在《时务报》第4及第9册上所作之文《中国自强策》与《论中国参用民权之利益》，刊发之初即遭到了叶瀚、梁鼎芬等人的批评。叶瀚与汪康年有同乡之谊，因而出言较为温和，"大约南皮是鉴《强学》前车，恐若斯美举再道中折，而旁观附和增甚之言与无识浮议之腾，遂成市虎，在兄救时心切，为之历数病情，其意至仁……报章虽已风行，究系初立之基，尚宜探访，不宜纵击；又宜加力培固，不宜骤加恢廓"②。梁鼎芬则直截了当，劝汪康年"千万不可动笔，实做经理二字"，并称"周少璞御史要打民权屁股一万板，民权屁股危矣"③，还托邹代钧带话，表示"卓如主笔极佳，甚明通，又不为时人所诋，公此后万勿出笔，缘前次所撰，已为梁大痛斥，且公笔亦逊卓如，各用精神于所长，庶能有济"④。

汪康年两番作文，均被张之洞借叶瀚、梁鼎芬之口严厉批评。虽然读者对于汪文的评价很高⑤，但张之洞作为汪康年的幕主及《时务报》的"衣食父母"，其意见的分量远在一般读者之上。需要指出的是，《时务报》的发行数量，在很大程度上仰赖于官方的大量购订，一旦这条渠道断绝，

① 《书札》（一），吴樵（7），第479页。汪大燮亦两次提醒汪康年，"如果再有人言不必封禁，只要一言，已开者令地方官查阅，外国亦有先例；未开者不准再开，于是一切维新之意皆可排山倒海，萌芽尽除……劝诸公不必作无谓之讥评，于西边一切犯忌之事尤望检点，勿以牛毛细故致令依违不定之新政，自我而扫除净尽也"；"千万存诱掖奖劝之心，弗以咤咤之声音颜色拒人于千里之外，保全大局，至为欣盼……总宜言缓多讽为之。此机再失，则人心之锢蔽非特不开，将固之益甚，岂不可惜之甚欤"？见《书札》（一），汪大燮（73）（78），第747、756页。

② 《书札》（三），叶瀚（18），第2548页。

③ 《书札》（二），梁鼎芬（35）（41），第1897、1900页。

④ 《书札》（三），邹代钧（35），第2683页。

⑤ 如吴品珩赞扬《论中国参用民权之利益》"尤为透切，痛下针砭，佩服佩服"，陈延益亦评价为"极为透彻，其如聋聩成风何"，见《书札》（一），吴品珩（1），第341页；《书札》（二），陈延益（1），第1997页。

则直接危害到《时务报》的生存，因此才出现了以下的场景：《时务报》第 40 册刊载梁启超《知耻学会叙》一文，批判了"不学军旅而敢于掌兵，不谙会计而敢于理财，不习法律而敢于司李，瘖聋跛疾，老而不死"的时局之后，张之洞感到"太悖谬……恐招大祸"，因而要求此册报纸"暂勿分派"①，甚至称要另开一馆，专驳《时务报》之议论，引发了汪康年、梁启超的集体紧张，托黄遵宪回复，日后"所作报文，宪当随时检阅，以仰副宪台厚意"②，将稿件审阅权拱手相让。

对于张之洞干涉报馆事务的举动，同人多不满意。梁启超以行动相抗争，他事后回忆道，《时务报》创办之后，"文襄以报中多言民权，干涉甚烈。其事鄙人之与文襄，殆如雇佣者与资本家之关系，年少气盛，冲突愈积愈甚。丁酉之冬遂就时务学堂之聘，脱离报馆关系者数月，《时务报》虽在，已非复前之精神"③。至于汪康年的态度，学术界的负面评价更多一些，有学者言，汪康年在张之洞的指使下，"大权独揽，视梁启超为雇员，擅自修改梁启超的文章"④。但这些研究者并未看到汪康年在维护时务报馆的过程中所做出的努力，更没有体察到他小心翼翼而意志坚定地维持《时务报》言论独立性上所付出的心血。

汪康年的性格，"因循畏缩"是有的，遇事"气弱"也非罕见⑤，但其能够从一个默默无闻的普通士人，跃而成为维新事业的重要人物，必然有异于他人的独特个性。早年筹办《时务报》时，张之洞回湖广总督之任，

---

① 《致长沙陈抚台、黄署臬台》，载苑书义、孙华峰等主编：《张之洞全集》第 9 册，石家庄：河北人民出版社，1998 年版，第 7403—7404 页。皮锡瑞 1897 年 11 月 16 日的日记中称，梁启超之文"诋中国太过，香帅属毁之"，见皮锡瑞：《皮锡瑞日记》(2)，吴仰湘点校，北京：中华书局，2020 年版，第 524 页。

② 《致张之洞函》，1897 年 10 月 12 日，载陈铮编：《黄遵宪全集》（上），北京：中华书局，2005 年版，第 411—412 页。

③ 梁启超：《莅报界欢迎会演说词》，载中国史学会编：《戊戌变法》(4)，上海：神州国光社，1953 年版，第 254 页。

④ 丁淦林：《中国新闻事业史》，北京：高等教育出版社，2007 年版，第 96 页。

⑤ 《书札》(三)，叶瀚 (10)，第 2536 页；《书札》（一），汪大燮 (78)，第 756 页。

让汪康年随同回武昌，一些友人也劝告他，"南皮之于兄，不得谓非知己也"①，认为汪"自以在鄂为是"②，汪康年则"坚不从"③，硬是想要自创一片天地。《时务报》后期，面临内忧外患的局面，邹代钧和陈三立建议汪康年将报馆交出，被汪康年回绝④。康有为曾夸赞其"百折不回、沈劲郁拔之气，安得如穰卿者哉"⑤。周善培回忆汪康年"身躯短小，声音也低，走路极轻，好像有病，体极弱……他的气强在内，表面却极谨慎小心"⑥。日本人中岛端评论汪康年"其人虽乏刚果明决之气，而有老成挚实之风。平日言行，盖不愧士君子也"⑦。由此可以看出，汪康年不事张扬，定力十足，内心固然惊涛拍岸，外表绝不露半点声色，吴德潇评论为"公必有定力维之"⑧，时人论其"外和而内刚"⑨。从汪康年的言行之中，应该能够看出他既想依靠张之洞以提升政治地位，又想与张保持距离以维护报馆主导权的心态。

内外交困之下，汪康年感叹报馆之事"殊不易办也"⑩，潜藏在其心中多年的"欲与天南遁叟一争短长"⑪的愿望又重被唤醒。要摆脱报馆内外的重重压力，将创办一份新式日报提上议事日程，成为顺理成章的选择。而汪康年在《时务报》时期积攒的声名与人际网络，则极大地推动了《时

① 《书札》（一），汪大钧（10），第 606 页。
② 《书札》（一），吴德潇（11），第 386 页。
③ 汪诒年：《汪穰卿先生传记》，北京：中华书局，2007 年版，第 37 页。
④ 《书札》（三），邹代钧（68），第 2754 页。
⑤ 《书札》（二），康有为（1），第 1664 页。
⑥ 周善培：《旧雨鸿爪》，载全国政协文史资料委员会编：《中华文史资料文库》（1），北京：中国文史出版社，1996 年版，第 135 页。
⑦ 参见李大钊：《〈支那分割之运命〉驳议》，载《李大钊全集》（第 1 卷），石家庄：河北教育出版社，1999 年版，第 379 页。
⑧ 《书札》（一），吴德潇（35），第 421 页。
⑨ 《汪穰卿不恤贾怨》，载徐珂编：《清稗类钞》（21），上海：商务印书馆，1918 年版，第 304 页。
⑩ 郑园整理：《江瀚日记》，1897 年 10 月 3 日，南京：凤凰出版社，2017 年版，第 70 页。
⑪ 梁启超：《创办〈时务报〉原委》，《知新报》第 66 册，1898 年 9 月 26 日。

务日报》筹办和经营事务的顺利开展。

二、"欲与天南遁叟一争短长"

回顾汪康年的言论可以看到，早在《时务报》创办之前，他就已经想将这一刊物办成日报，可见这一心愿"已非一朝一夕"①。在他看来，日报的模板应当参照《循环日报》和《申报》②。其中《循环日报》早期最重要的主持人王韬，即汪康年笔下的"天南遁叟"，对日报这一形式有着深刻认识。他认为，"其达彼此知情意、通中外之消息者，则有日报，时或辩论其是，折中其曲直。有时彼国朝廷采取舆论，探悉群情，亦即出自日报中"③。王韬指出，日报能够实现下情上达，去塞求通的愿景，成为沟通官民及获取社会讯息的重要途径，"西国政事上行而下达，朝令而夕颁，几速如影响，而捷同桴鼓。所以然者，有日报为之邮传也。国政军情，洪纤毕载，苟得而遍览之，其情自可了如指掌。中外互市，各口大小官吏，咸当留心于西事，舍日报一途，将何所入门"④。王韬的观点对汪康年影响很大，后者在阐发《时务日报》宗旨时指出，日报"能通消息、联气类、宜上德、达下情。内之情形暴于外，外之情形告之内。在事者得诉艰苦于人，僻处之士，不出户庭而知全球之事"⑤。

而在上海，作为日报先驱的《申报》，同样对新闻报道和信息传播功能十分推崇。《申报》创办之时，即强调"新闻纸之设，原欲以辟新奇，广闻见，冀流布四方者也。使不事遐搜博采，以扩我见闻，复可资兼听并观，以传其新异，是不可拘于一乡一邑也"，希望"凡国家之政治，风俗

---

① 赖光临：《中国新闻传播史》，台北：三民书局，1983年版，第74页。

② 《〈京报〉发刊献言》，载汪林茂编校：《汪康年文集》（上），杭州：浙江古籍出版社，2011年版，第86页。

③ 王韬：《变法自强上》，载《弢园文录外编》，上海：上海书店出版社，2002年版，第29页。

④ 王韬：《上丁中丞书》，载李天纲编校：《弢园文新编》，北京：生活·读书·新知三联书店，1998年版，第268页。

⑤ 汪诒年：《汪穰卿先生传记》，北京：中华书局，2007年版，第77页。

之变迁，中外交涉之要务，商贾贸易之利弊，与夫一切可惊可愕可喜之事，是以新人听闻者，靡不毕载"①，因此该报反复说明"欲将中国境内各紧要消息采录无遗，将兴利除弊诸大端随时而讨论"②。

有《循环日报》和《申报》（以及这一时期全新问世的《新闻报》）的成功经验，汪康年在筹划《时务报》时，一度打算将这份酝酿中的刊物命名为《译报》，每日发布国内外新闻信息③。对于这一构想，维新派同人并不赞成。梁启超、黄遵宪就力主旬报之议④，吴樵也提出，该报应以"旬报为妥"⑤。邹代钧系统谈到，日报不可办有三个原因，"一则省费，一则省事，一则日报之杂不如旬报之精粹"，还是应该把《时务报》办成一份"专译西政、西事、西论，并录中国谕旨，旬为一编"的出版物⑥。

维新派同人不认可办日报的想法，首先是因为《申报》《新闻报》的办报实践，并没有给他们留下好的印象。梁启超表示，《申报》《新闻报》等报纸"记载琐故，采访异闻，非齐东之野语，即秘辛之杂事。闭门而造，信口以谈，无补时艰，徒伤风化，其弊一也。军事敌情，记载不实，仅凭市虎之口，罔惩夕鸡之嫌，甚乃揣摩众情，臆造诡说，海外已成劫尽，纸上犹登捷书，荧惑听闻，贻误大局，其弊二也"⑦。孙宝瑄评价《申报》"议论庞杂，记事猥琐，广人见闻则不足，淆人知识则有余"⑧。高凤

---

① 《本馆告白》，《申报》1872年4月30日，第一版。

② 《搜访新闻告白》，《申报》1875年7月8日，第一版。

③ "穰卿初意名为《译报》，其名未尝不足倾动人，而名实相副，何必致如此大而无当之名哉"，见《书札》（一），汪大燮（72），第743页。汪立元亦询问，"译报馆现已集费几何？约于何时可以开馆出报？窃以为现在开风气益智虑，以此事为最，愈早愈好"，见《书札》（一），汪立元（3），第1020页。

④ 梁启超：《创办〈时务报〉原委》，《知新报》第66册，1898年9月26日。

⑤ 《书札》（一），吴樵（7），第473页。

⑥ 《书札》（三），邹代钧（19）（20），第2649—2652页。

⑦ 梁启超：《论报馆有益于国事》，《时务报》第1册，1896年8月9日。

⑧ 孙宝瑄：《上合肥傅相书》，《万国公报》第88册，1896年5月。亦有时人表示，"近行各报，如《塘报》则专刻谕折，不及洋务各项，西报则多论西事，申沪各报则多取便工商，无关政要"，见《山西清源局通饬各道府州县阅〈时务报〉札》，《时务报》第32册，1897年7月10日。

谦认为，"沪上各报无一可观，所以流行者，半藉谕旨而已"①。宋恕同样提出，上述报纸"体例陋俗，访录芜秽，谈中说外，寡切多浮……号以启智，乃反增愚"②。严复总结道，"大抵阅日报者，则商贾百执事之人为多，而上焉者或嫌其陈述之琐屑；阅旬报者，则士大夫读书之人者为多，而下焉者或病其文字之艰深"③。吴德潚干脆说，时务报馆是中国报馆之祖，"前乎本馆者，非真馆，后乎本馆者，虽能窃比，然已是孳生者矣"④，将此前中外报人所办过的所有报刊都一笔勾销。综合上述观点可以看到，《申报》《新闻报》推崇新闻报道，相对削弱政治评论的篇幅与力度，这是企图以言论耸动社会的维新报人难以接受的。

梁启超等人的担忧，还来自于实际的经济因素。报馆的启动资金源于强学会的余款，汪康年到手的有三十余两银子、七十几元大洋，再加上追回的房租及器物、书籍的变卖所得，总共不过银六百二十余元⑤。将这笔钱用于与《申报》《新闻报》等大报争夺市场、建立营销网络，购买每日能印出至少千份报纸的印报机，显然是远远不够的。而且，日报若要具有竞争力，就不能如旬报那样仅仅转载他报新闻，必须构建自身的新闻网络，由此需要数倍于旬报的访事，管理这样一个报馆的压力可想而知。而刚刚遭遇《强学报》被迫停刊的维新士人，已经难以承受《时务报》随时

① 《书札》（二），高凤谦（30），第 1644 页。

② 《〈自强报〉序》，载胡珠生编：《宋恕集》（上），北京：中华书局，1993 年版，第 257 页。

③ 严复：《〈国闻报〉缘起》，载王栻编：《严复集》（2），北京：中华书局，1986 年版，第 455 页。

④ 《书札》（一），吴德潚（28），第 413 页。严复亦持相同观点，"支那之设报馆三十年矣，向见各报，其论事也，诡入诡出，或洋洋数千言，而茫然不见其命意之所在。记事也，似是而非，若有若无，确者十一，虚者十九"，见《说难》，载王栻主编：《严复集》（2），北京：中华书局，1986 年版，第 491 页。笔者又见 1904 年 1 月 5 日《俄事警闻》中有投函文章《告报馆记者》，作者孙汉有言，"自《时务报》之开，是为中国开设报馆之始，虽前有《申报》，不得谓中国之报馆也"，可见，将《申报》从国人所办报纸的谱系中抹去，是清末不少士人的集体观念。

⑤ 廖梅：《汪康年：从民权论到文化保守主义》，上海：上海古籍出版社，2001 年版，第 44 页。

可能重蹈覆辙的后果了。正如邹代钧所言，旬报"与他报每日须访事者不同，一切应酬似可少减，一则为执事省精神，一则为执事免谣诼"①，所要面对的挑战似乎要小一些。此外，日报每天都要刊登论说文字，所需的主笔就不能"恃一二人为之"，否则"虽有健者，不能不窘"②。而为了保证论说的质量，邀请多位文人加入报馆，同样开支不菲。何况报纸"易于遗弃"，对于这些政论的长期传播而言也大为不利，而书刊则可"长久翻阅也"③，种种缘由，皆让办报同人的态度更倾向于旬报。

虽然将《时务报》办成日报的想法未能成为现实，但汪康年并未放弃"与天南遁叟一争短长"的理想，一有机会就和身边的同人交流。最初的交流对象是梁启超。此时汪、梁二人尚是"交若兄弟……尤觉亲密"④，时常"夜雨一灯兀兀对坐"⑤，因此汪康年的想法，得到梁启超的积极回应。1896年11月15日，梁启超致函汪康年，赞赏办日报的计划"甚善"，"穰兄胸中无数古董、今董可搬入此间，一大快事也"，且自告奋勇愿为"总主笔"，聘请麦孟华、项藻馨为主笔，同时具体指出，希望"日报宜分张别行，大率纪时务者为一张，纪新闻者为一张，纪商务者为一张，可以分购，可以合购"，这样可以"尽夺申沪各报之利权"，可能遇到的麻烦，是"登告白颇费商量"⑥。梁启超唯一的反对意见，是不主张日报以"时务"为名，因为这会"牵例大局，合之两伤"⑦。汪康年欲办日报，对于宣传维新事业而言算是一件好事，但若日报与旬报牵连过深，万一日报经营稍有不慎，则可能遭遇一损俱损的命运，反而会影响《时务报》的正常运营与声誉。在仔细权衡了利弊得失之后，梁氏开始消极对待汪氏办日报的主张。当汪康年邀请梁启超为孕育中的日报出任主笔时，梁启超提出月薪四

① 《书札》（三），邹代钧（56），第2631页。
② 《书札》（一），汪有龄（9），第1069页。
③ 《书札》（四），严信厚（1），第3271页。
④ 汪诒年：《汪穰卿先生传记》，北京：中华书局，2007年版，第87页。
⑤ 《书札》（二），梁启超（48），第1852页。
⑥ 《书札》（二），梁启超（19），第1843页。
⑦ 《书札》（二），梁启超（28），第1852页。

十至五十元、月仅作文三四篇的要求①，须知此时的梁启超，在《时务报》上需要承担"论说四千余言，归其撰述；东西文各报二万余言，归其润色；一切奏牍告白等项，归其编排；全本报章，归其复校。十日一册，每册三万字，经启超自撰及删改者几万字，其余字字亦经目经心"②的重任，而他的月薪也不过百元而已③。因此梁氏所提出的要求似乎有漫天要价之嫌。此后，汪、梁逐渐交恶，梁启超也在书札中不再提及加盟日报之事。

1897 年后，当与黄遵宪、梁启超的矛盾日渐凸显，《时务报》受到来自张之洞方面的重重压力之时，汪康年又想到了筹办日报，并通过私人渠道倾听同人的意见。从其收到的反馈来看，反对之声不绝于耳，而支持者亦不乏其人。双方争论的焦点在于，新创立的报馆与《时务报》之间，究竟应如何处理关系。质疑者认为，出于避免"合之两伤"的结果，日报理应独立于《时务报》，但日报必将因此单独聘请人员，建构独立于《时务报》的资金链，这些工作要在短期内落实并非易事。张元济即表示："此事头绪更繁，尊处果有胜任者否？招股、访事均甚不易，恐难报命。"④而在筹备工作开展之后，汪康年还有多少心思投入到《时务报》之中，也是他的一些友人忧虑之处。唐受桐劝诫汪康年"人生精力有限，万物众事安能一人任之"，如果汪氏一意为之，不如将《时务报》"精简，使有识者得之，以为至宝，斯可矣"⑤。更如汪大燮，认为汪康年创立日报的计划是"无理取闹"，"断断办不好"，一方面是日报与《时务报》之间的关系纠葛不清，不免出现"以《时务报》馆之钱聘之，而以《日报》馆之事授之"的情况，且日报既然寻求独立，并要求新闻能够达到"确、详、多、速"之四美，则邀请访事、刊登告白等支出实在不少，为此还是尽早"脱手"

---

① 《书札》（二），梁启超（34），第 1858 页。
② 梁启超：《创办〈时务报〉原委》，《知新报》第 66 册，1898 年 9 月 26 日。
③ "卓如薪水可增至百元"，见《书札》（三），黄遵宪（27），第 2351 页。
④ 《书札》（二），张元济（28），第 1720 页。
⑤ 《书札》（二），唐受桐（2），第 1304 页。

为妙①。

而支持汪康年办日报的同人，则是看重日报的宣传作用。旬报有着出报速度慢、价格昂贵的问题，在舆论阵地的争夺之中，很可能因为价格及周期的因素，无法赢得更多的读者。有同人认为，如果报人仅仅着眼于政论性的旬报，而不去争夺日报的阵地，其后果将会是这些报人所办的出版物，只能是高高在上的庙堂之作，继续由《申报》及《新闻报》占据着官员和沿海城市居民的阅读空间②。即使汪康年无意创办日报，他也应当每日加印译报或号外，依托《时务报》的宝贵资源，报道新闻或时务。如叶瀚就以《博闻报》"按日附登"《时务报》内容，使得读者"争就廉而弃贵"为例，提醒汪氏应当重视日报的宣传效果③。而且，既然旬报办得如此成功，日报可以依附旬报，互为表里，且借鉴旬报的办报经验，人员互相襄助，同舟共济。如高凤谦在信函中提出，"若以二三人兼综数馆，精力既已不及，财力亦无以为继，似宜行之以渐。弟意贵报之外，更设《时务日报》一馆，二报为一切经理撰述之人，皆与贵报相表里"④。同时，根据《申报》《新闻报》等报纸的经验，日报的推行可以获得更多的广告收入，这对于捉襟见肘的《时务报》经营善莫大焉。正如祝秉纲所提到的，"拟改日报馆更好，报纸畅销可津贴馆中之用"⑤。此外，由于是时务报馆经理汪康年提出要办日报，因此一些《时务报》的忠实读者非常兴奋，连新报纸的招股启事都没有刊载，就在信函中激动地表示，希望这份日报能够"矫各报夸诈璅屑之弊，专以载实事操定评为主，不畏人言，不采影

---

① 《书札》（一），汪大燮（94）（96），第779—780、784—785页。

② 蒋建国：《办报与读报：晚清报刊大众化的探索与困惑》，《新闻大学》，2016年第2期。

③ 《书札》（三），叶瀚（27），第2564—2565页。

④ 《书札》（二），高凤谦（9），第1622—1623页。祝秉纲也在一封书札中谈到，"闻各馆主笔均有积习，想贵馆请人必无是弊"。见《书札》（二），祝秉纲（6），第1534页。

⑤ 《书札》（二），祝秉纲（6），第1534页。

说，是亦培缕之泰山也"，因而万分期盼，"跂予望之"①。

不久之后，严复办《国闻报》的经历，则充当了日报的"范例"。在《〈国闻报〉缘起》中，严复指出，他将"略仿英国《太晤士报》之例"，这里的模仿，主要分为两个方面：首先在体例方面，英国《泰晤士报》着重刊载新闻，周日出版的《星期日泰晤士报》以各类文章、评论以及内幕报道为主，两者并行不悖。与之类似的是，除了每日出版的《国闻报》之外，报馆还将每过十日出版旬报《国闻汇编》，"日报则仅详北数省之事，旬报则博采中西之闻"②，两者关系一如《泰晤士报》和《星期日泰晤士报》。其次，《泰晤士报》注重资讯传播，《国闻报》亦强调新闻报道。《国闻报》"访事之地大小凡百余处，访事之人中外凡数十位"，"首登本日电传上谕，次登路透电报，次登本馆主笔人论说，次登天津本地新闻，次登京城新闻，次登保定、山东、山西、河南、陕西、甘肃、营口、牛庄、旅顺、奉天、吉林、黑龙江、青海、前藏、后藏各处新闻，次登外洋新闻……观于一国之事，则足以通上下之情；观于各国之事，则足以通中外之情"③，连访事都是聘请"太晤士报馆所请之人。信息确而速，又极多极详"④。《国闻报》处理"日报"与"旬报"之间的关系，以及对新闻报道的重视，可以看作是《时务日报》的创办先导。

三、举同人之力：资本筹集和机器购置

报馆内外的各种压力，促使汪康年加快筹备日报的进程。1898 年 1 月，在致日本友人山本宪的书信中，汪康年即表示，"近来料理日报，事

---

① 《书札》（二），邵章（10），第 1226 页。

② 《书札》（四），严复（2），第 3274 页。

③ 《〈国闻报〉缘起》，载王栻主编：《严复集》（2），北京：中华书局，1986 年版，第 455 页。

④ 《书札》（一），汪大燮（96），第 784—785 页。

极忙冗"①。与此同时，时务报馆备受各方势力掣肘的现实，也不断地提醒他，尚在酝酿中的这份报纸，作为报馆主人必须拥有完全的掌控权。为了防止黄遵宪、梁启超等人指责汪康年挪用报馆资金，《时务报》的各种资源几乎无法利用，日报的筹备工作必须白手起家，走独立于《时务报》之路。而在办报条件非常艰难的情况下，汪康年借助先前流行的同人合作形式，通过派发股票来筹措资金。这一时期，给予汪康年一臂之力的，是他此前业已建构好的人脉关系网络。在各地同仁的热心资助之下，《时务日报》的资金、机器及派报处相继到位，逐渐成形。

《时务日报》采取的集资方式，是当时流行于新闻界的招股与私人出资相结合的模式。股份制是指通过发行股票的方式筹措资金、组织企业经营的组织形态。鸦片战争之后，随着租界的设立和外国企业的进入，股份制经营模式逐渐为国人所知晓，在政治部门与民营企业的倡导之下，各种类型的股份制企业相继成立，其中以1872年创立的轮船招商局最为有名。两年之后，招商局总办唐廷枢"希望有一个报纸表达自己的思想、主张，以扩大自己和企业的影响"②，故而与上海县令叶廷眷及容闳、郑观应等人商议，筹划创办了《汇报》，第一次将股份制经营模式引入新闻业③。此后创办的各种报刊，往往将股份制作为首选的制度选项，主要原因是绝大多数的经营者自身资本并不雄厚，只能通过私人网络寻求联合，以此摆脱草创时的资金危机。而且，甲午战争前后的中国，并没有一部成文的新闻法问世，创办与经营报纸有着一定的风险，而股份制共同出资的方式，能够由多人而非一人承担后果④。

① 吕顺长：《清末维新派人物致山本宪书札考释》，上海：上海交通大学出版社，2017年版，第326页。
② 李吉奎：《容闳与近代中国新闻事业》，载吴文莱编：《容闳与中国近代化》，珠海：珠海出版社，1999年版，第395页。
③ 沈松年：《〈汇报〉的创办及其股份制尝试》，《国际新闻界》，2007年第6期。
④ 刘淼：《晚清苏沪民间资本组合与股份公司经营形态》，《史学集刊》，2004年第1期。

《时务报》的暴得大名，让汪康年在士人群体中声名鹊起，加之其有好客之天性，若有馆外人士登门拜访，"无不迎候访问，夕则设宴以款之"①，积累了极为丰厚的人脉。《时务日报》的资金来源，即依托汪康年的关系网络，通过招股的方式募集经费。早在《时务日报》创办之前半年，报纸的招股章程已经向同人公布，每股三十元价格并不低廉②，但要求购买日报股份的同人依然不少，王孝绳、高凤谦、吴以棨、江瀚、容翰屏、许家惺等《时务报》及亚细亚协会的旧友纷纷致函，认购股份。如王孝绳，"日报股票，如尚未满额，敝而欲分购二三股，乞即示复，以便寄款"。随后又言，"《日报》已颁到股票四张"③；又如容翰屏，"前奉《时务日报》股份票十张，现只代招得七股，余三股未有人购买，今将银二百一十元由恒茂寄汇上，祈照收示复为望"④。从现有的资料可见，《时务日报》的招股活动并没有向社会公开，而是仅限于同人范围之内，利用汪康年的私谊关系进行信息传布与资金收集，与洋务运动时期大多数企业通过"因友及友，辗转邀集"⑤，向亲友募集钱款的方式一脉相承，某种意义上仍然带有传统社会"合伙制"的印痕，如论者所言，"股东对公司的关系，并不是单纯的企业投资人，而是投资人又兼债权人；所谓股票，不是单纯的投资证券，而又是借贷字据"⑥，与之后的现代企业股份制模式并不完全相同。

当然，理想与现实往往存在着差距。碎片化的资本募集模式，时间拖沓而见效缓慢。1897 年底，人在福建的高凤谦就已经收到了日报股票。但

---

① 汪诒年：《汪穰卿先生传记》，北京：中华书局，2007 年版，第 225 页。

② 叶瀚在杭州创办崇实书院时，提出"以十五元为中股，以三十元为大股，以五元为小股，中股筹之既冠有馆之人，大股筹之京官同乡少有力之人，小股筹之诸家十五岁以下之子女"，见书札（三），叶瀚（2），第 2524 页。在他看来，能购买三十元一股的是京官或者同乡中有一定身家的人，可见这一数额之不菲。

③ 《书札》（一），王孝绳（4）（6），第 62—63 页。

④ 《书札》（二），容翰屏（5），第 1501 页。

⑤ 经元善：《中国创兴纺织原始记》，载虞和平编：《经元善集》，武汉：华中师范大学出版社，2011 年版，第 242—243 页。

⑥ 严中平：《中国棉纺织史稿》，北京：商务印书馆，1955 年版，第 158—159 页。

容翰屏、江瀚、王孝绳收到股票的时间，已经到了 1898 年 4、5 月间。而且，汪康年这些亲友"多半资产欠丰"①，虽然对于办报活动显得很热心，然而真正投入资本与汪康年协同经营的只有汪大钧（之后还有张元济的资助）。苦于报馆的启动资金迟迟难以落实，汪康年需要在短时间之内寻找有能力的合伙人。他找到的合作对象是曾广铨。曾广铨（1871—1940），字敬贻，又名敬诒、景伊，湖南湘乡人，曾国藩之孙、曾纪泽养子，早年跟随曾纪泽出使欧洲，通英、法、日、德等国文字。1897 年，汪康年与曾广铨相识，随即邀请其进入时务报馆接替李维格担任翻译工作。在《时务日报》的筹备过程中，汪康年与曾广铨来往极为密切，曾氏是最早敲定的报馆人员，1898 年初即以《时务日报》记者的身份出现在公众面前②。汪康年赴日本考察亦由其陪同前往③。

曾广铨对《时务日报》的贡献，除了私人出资填补经费不足之外，还在于其利用自己的人脉关系，为《时务日报》拉来了不少资源。典型例子是曾广铨和盛宣怀的交谊。曾广铨嗣父曾纪泽与盛宣怀交好，曾广铨以"世叔"称呼盛宣怀。《时务日报》创刊后不久，曾广铨致函盛宣怀，提到"敝日报股票承允，慨付巨资，佩仰无似……兹奉上股票五张，敢恳将与股之堂名填，仍行掷还，以便照填息折，再统行呈上琐渎，尽神不胜惶悚，敬请勋安"。几日之后，曾广铨又与汪康年联合致函盛宣怀，表示"康等设立日报馆，专发明斯义，必欲使已定之局日益坚固，以后贵公司中如有何意见及有何变动，尽可随时函示，不特登敝报，并可使西报登之，则公司中办事之故可随时布闻中外，此实最要之事也。惟报馆力量未

---

① 朱至刚：《人脉与资金的聚合——从汪康年、黄遵宪合作看〈时务报〉的创立》，《近代史研究》，2011 年第 5 期。

② 同乡汪有龄即在信函中询问，"日报馆除阁下暨敬诒外，尚请何人主笔？何人翻译？股款能原否？"见《书札》（一），汪有龄（9），第 1071 页。

③ 参见廖梅：《汪康年：从民权论到文化保守主义》，上海：上海古籍出版社，2001 年版，第 159—169 页。白岩龙平亦有记录，1898 年 1 月 15 日，"汪康年、曾广铨从东京来"，见［日］中村義著并整理：《白岩龙平日记——アジア主義実業家の生涯》，东京：研文出版，1999 年版，第 264 页。

充，近虽颇为外间所重，而推拓之法尚有待执事，能使公司中及商电二局岁贴常款，则所费虽小，而报馆可长为公司喉舌，于大局所益，实非浅鲜。质之，执事以为何如"。盛宣怀在该函上批示，"报馆推拓，诚不容易，岁筹常款一节，目前苦无以报命，容当随时留意云云足矣"。7月初，时务报馆收到盛公馆寄来五百元，随即寄出股票作为凭证，并附上信函，"股份银五百元亦已收楚，日报正当款项支绌之时，得此挹注，仰见大君子维持清议之深心，大局幸甚，非康等一二人之感激已也"①。除此之外，《时务日报》的版面革新，也有曾广铨坚持之功②。可以说，在《时务日报》创立和传播过程中，曾广铨发挥了非常关键的作用。

与曾广铨相比，汪康年各方面资本均处下风。为了笼络曾广铨，汪康年想尽办法，甚至被梁启超责骂为"乃至曾敬诒定两年合同，必不许弟略知消息。以此市恩于重伯，是弟在报馆为雇工人久矣"也在所不惜③。汪康年堂兄汪大燮提醒他，曾广铨游走于官商两界，社会关系复杂，个人资产雄厚，不是汪康年所能驾驭的，"此时不自为计，将来又生一敌，又长一附骨之蛆。召侮受累。无穷无尽，可不省邪？"④ 汪大燮质问道，"君何所见，而如此倾倒于曾景伊？君何所恃，而自谓可以驾驭曾景伊？此真不度德不量力之尤。以时务报馆之钱聘之，而以日报馆之事授之，界限何在？于常人无界限犹可，于曾景伊无界限则不可"⑤。汪大燮的警告并非无

① 《曾广铨致盛宣怀函》，1898 年 6 月 20 日，上海图书馆馆藏盛宣怀档案，索取号 044607-1；《时务报馆账房致盛公馆收条》，1898 年 7 月 2 日，索取号 044607-2；《汪康年、曾广铨致盛宣怀函》，1898 年 6 月 30 日，索取号 044608；《汪康年、曾广铨致盛宣怀函》，1898 年 7 月 2 日，索取号 044610。此前即有周自齐提醒汪康年，"想电局杏孙太常救时念切，当必勉从也"，见《书札》（二），周自齐（5），第 1177 页。

② "先生与曾敬诒君坚持不为动，久之习惯如自然，遂又以此式为便利，后来之报纸，大都沿用此式"，见汪诒年：《汪穰卿先生传记》，北京：中华书局，2007 年版，第 79—80 页。

③ 《书札》（二），梁启超（29），第 1853 页。

④ 《书札》（一），汪大燮（96），第 785 页。

⑤ 《书札》（一），汪大燮（94），第 779 页。郑孝胥对曾广铨的印象也不好，称其"状颇佻达"，见劳祖德整理：《郑孝胥日记》（2），1897 年 11 月 8 日，北京：中华书局，1993 年版，第 628 页。

中生有。日报筹备之时，就传出曾广铨以五十元为一股，持股票"遍向有家勒索，谓如果出钱若干，报开当有益于君，其反面实谓不出钱将不利于君，故人人面允之而心有切齿之意"[1] 的负面消息。戊戌政变之后，汪康年离开报馆暂避风头。而当他想要回归《中外日报》时，却遭到曾广铨的阻拦。汪、曾二人为争夺报馆，着实展开了一番争斗。

另一项棘手事务是购买印报机器。有研究者表示，在报馆建造伊始，需要完成一系列"初始拷贝"的工作，其中的核心事务就是购买机器，这决定了报纸能否短期内形成规模效应[2]。"想要投身印刷业，重金购置印刷机、活字柜，乃至于整套活字，都不是绝对必要；设法维系印刷机的持续运作，才是最需要雄厚资本的地方"[3]。《时务报》每旬发行一册，只需传统的石印机器即可满足要求，但《时务日报》作为每天都要出版的报纸，必须引进更为先进的印报机器。汪大钧曾推荐《岭南报》的印报机，"机器字模全副，闻只须三百金，《中西报》又将停歇，机亦待价"，并表示，如果汪康年认可，将把机器从广东运到上海[4]。不过这批机器似乎并不入汪康年的法眼，他打算前往海外购买更先进的印报机器。

在同乡汪有龄的推荐下，汪康年认识了素有"英英向义，于人情物理又甚有理会"之美誉的旅日商人孙淦[5]。1897年底，孙淦告知汪康年，"脚蹈印书机可印双张报纸者四百元，单张者三百元，每日可印万余，如昼夜

---

① 《书札》（一），汪大燮（94），第779—780页。

② 曾培伦：《近代商业报纸何以成为"技术新知"？——以中国活字印刷革命中的〈申报〉〈新闻报〉为例》，《新闻与传播研究》，2018年第12期。

③ ［法］费夫贺、马尔坦：《印刷书的诞生》，李鸿志译，桂林：广西师范大学出版社，2006年版，第103页。

④ 《书札》（一），汪大钧（6），第599—600页。

⑤ 《书札》（二），林启（1），第1161页。孙淦，字实甫，上海商人，长期在日本经商，是中国红十字会的创办先驱，《申报》曾对他筹办红十字会进行报道："上海孙君实甫名淦，多财善贾，久客日本大阪埠，握算持筹之暇，时以济人行善为心。近见中国军制皆效法泰西，而军中缺少良医，当夫两军相见之余，满目疮痍，谁为敷疗？爰拟创设红十字会，随营施治，俾军人咸得免疾苦而少死亡。"见《创兴善会》，《申报》1898年3月26日，"新闻"；池子华：《中国红十字运动史散论》，合肥：安徽人民出版社，2009年版，第1—9页。

则两万张可印，制字机现有新式者，即生手亦可每日可制万字，连附属另件约一百元"①。此后，汪康年前往日本访问，参观了《大阪朝日新闻》的印报流程及机器样式。汪有龄提醒他，既然"朝日新闻馆用铅分印之法曾经目击，若欲照法办理，可函告实甫，择宜购办"②。汪康年随即向孙淦打听情况。不久孙淦回信道："印机以日本之印报机印六页则不敷（如《时务报》者兄可四页），常印日本新闻者百十六片，今拟购二十四片者一架，约价在七百余金。弟访之日人，言朝日之旧者，非能整不能用。印报所用器具当细访之，凡应用者，弟即设法购之可也。"③尽管印报机器渐有眉目，但整合机器来沪仍需时日，孙淦在之前3月3日的信函中就说明"月内恐不及，当从速料理，亦须月初方可"。月初是指农历三月，也就是说，印报机器一直到3月22日之后才从日本运往国内，再考虑到中日之间轮船航行的时间，则报馆收到机器至少要等到4月④。刊载于第53册《时务报》的《时务日报馆告白》上亦有"本馆现已租定大马路集贤里内，一俟机器寄到即行开办"的内容⑤，可见，机器问题是导致《时务日报》出版日期一拖再拖的重要因素。

资金筹集的进度超出预期，加上印报机器无法及时到位，使得《时务

---

① 《书札》（二），孙淦（1），第1432页。

② 《书札》（一），汪有龄（10），第1074页。

③ 《书札》（二），孙淦（9），第1440页。这封信写于1898年3月11日，在此之后孙淦再未提到印报机之事，可能报馆使用的就是《大阪朝日新闻》所用的机器。《朝日新闻》所用印报机应是蒸汽印刷机，每小时能印刷报纸一千张上下，如孙淦所言"昼夜则两万张可印"。这种机器并不是当时最先进的印报机，法国出产的马里诺尼印报机已在《东京朝日新闻》《大阪每日新闻》等报馆使用，每小时印刷报纸一万五千张。然而对于此时日销量顶多万余的国内日报而言，蒸汽印刷机完全可以应付了。见［日］山本文雄：《日本大众传媒史》（增补版），诸葛蔚东译，桂林：广西师范大学出版社，2007年版，第71页。马里诺尼印报机的大量使用是在民元之后。1916年，《申报》购买了一台大阪朝日马里诺尼印报机，每小时可以印刷八千页，参见［美］芮哲非：《谷腾堡在上海：中国印刷资本业的发展（1876—1937）》，张志强等译，郭晶校，北京：商务印书馆，2014年版，第97页。

④ 直至3月25日，汪有龄尚在书信中询问，"日报馆机器到否？究于何日出报？现望之如渴待茶"，见《书札》（一），汪有龄（10），第1073页。

⑤ 《时务日报馆告白》，《时务报》第53册，1898年3月3日。

日报》的出报计划一再延宕。早在 1897 年 12 月 16 日，《申报》上就已经刊登广告，表示"兹同人拟纠集股本，准于明年正月开设《时务日报》，凡中外之交涉、官民之政要、矿政铁路之工程、学堂工厂之兴始，苟有闻见，咸登报章，言必雅驯，事求征实，庶于广开风气之意，不无小补，先此布知，惟海宇同志鉴之"①。同一时期，汪康年、曾广铨访问日本，自称为《时务日报》的主笔及访事。1898 年 1 月初出版的第 50 册《时务报》上，刊出了《新出时务日报馆告白》，也说明将于"明年正月"即公历 2 月开设《时务日报》②，但直到 4 月中旬，该报的具体创刊日期仍然没有确定，只是笼统地表示"本馆准于闰三月上旬出报"③。直到正式出报之前，报馆才在告白中明确写上"本馆准于闰三月十五日出报"④。

除此之外，汪康年的当务之急，是建构一套独立的营销网络。此前汪大钧曾言，"售《时务报》处未必即能售《日报》"⑤，换言之，《时务报》一旦停刊，各地的代售点很难维持下去，因此《时务日报》的销售网应当独立于《时务报》。在事业草创、知名度不高的情况下，同人的鼎力支持是日报销量上升的重要推手。如重庆报人潘清荫曾在渝报馆代派《时务报》，听闻日报即将创刊的消息，即来函"暂定一百份，畅销再添可也"，不久又言，"暂可销十份，请嘱寄从一号起"⑥。邹代钧也希望汪康年寄八十份报到湖南⑦。陕西咸宁县廪生、游艺学馆斋长毛丰山提出，在家乡分售《时务日报》⑧。又如孙淦得知日报出版之后，让汪氏往大阪多寄数份，以

---

① 《时务日报馆启》，《申报》1897 年 12 月 16 日，第一版。
② 《新出时务日报馆告白》，《时务报》第 50 册，1898 年 1 月 3 日。光绪二十四年正月换算成为公历，是 1898 年 2 月 1 日至 3 月 2 日。
③ 《时务日报馆告白》，《时务报》第 57 册，1898 年 4 月 11 日。
④ 《时务日报馆告白》，《时务报》第 59 册，1898 年 5 月 1 日。
⑤ 《书札》（一），汪大钧（6），第 600 页。
⑥ 《书札》（三），潘清荫（5）（11），第 2904、2909 页。
⑦ 《书札》（三），邹代钧（69），第 2760 页。
⑧ 《书札》（四），张延辑（1），第 3453 页。

便分派①。在日本的汪有龄则在友人藤田出游之际，托其将日报带往日本②。汪康年的外甥楼思诰负责在杭州派送日报。而在南昌的汪氏堂弟汪德年，亦独力担任日报在江西的代派工作。根据《中外日报》创刊号之告白所示，"渝报馆"的潘清荫、"长沙矿务总局"的邹代钧、"南昌福康公司"的汪德年、"杭州九曲桥楼宅"的楼思诰，是该报的固定代售点。即使日后《中外日报》与各地民信局合作，由民信局负责派送报纸，但由于民信局的网络并未覆盖全国各地，一些中小城市的派报工作，仍需委托当地的友朋同人协助进行。"同志销报"虽为临时性举措，且多个销售处随着同人"东西奔走、浮家无定"而时兴时废③，但《时务日报》能够在短时间之内引起读者关注，与同人的襄助密不可分④。

1898 年 5 月 5 日，在各方同人的协力襄助之下，《时务日报》正式出版，报馆股东为汪康年、汪大钧与曾广铨，地址设在大马路集贤里⑤。汪康年胞弟汪诒年作为股东代表，总揽报务。参与报馆经营工作的还有一些汪氏兄弟的友人。如旅日慈溪商人王仁乾（1839—1911，字健君，号惕斋），此人是最早赴日的华商之一，平素与文化人士交往甚多，日本学者冈千仞、植村慎斋、曾根俊虎、石川鸿斋及盛宣怀、张謇、罗振玉、缪荃孙等，均与他交往甚密，时人有言，"惕斋遨游东国已数十年，熟悉商情，洞察时务，入都会有建白，为当轴者所知，其言可采用也"⑥。他与汪康年

---

① 《书札》（二），孙淦（15），第 1447 页。

② 《书札》（一），汪有龄（16），第 1084 页。

③ 《书札》（一），汪立元（5），第 1023—1024 页。

④ 同人的支持对于《时务日报》和《中外日报》而言十分重要。1899 年初，汪康年好友经元善组织看报会，订购《中外日报》120 份，以及《新闻报》60 份，《万国公报》《农学报》《东亚时报》各 12 份，且作六处分派，为推广《中外日报》出力甚多。见经元善：《余上劝善看报会说略章程》，载虞和平编：《经元善集》，武汉：华中师范大学出版社，2011 年版，第 227—228 页。

⑤ 《时务日报》创办之时，报馆地址是大马路集贤里张字第 104 号，1900 年 4 月 2 日，报馆迁至四马路望平街口，具体地址为山东路 161 号（望平街黄字第 161 号门牌，或福州路 98 号，德律风 645 号）。

⑥ 参见吕顺长：《慈溪王氏兄弟与日本文人》，《浙江方志》，2002 年第 3 期。

亦早有互动。1898 年 1 月，汪康年赴日考察，王仁乾通过蒋黼（又名"黻"）告知："岸田吟香，前在沪开药善堂者，居东京银座二丁目，如暇，可访之，文雅之士；文人龟谷省轩、岛田重礼、重野安绎皆有名人，亦可访之，其所居可询之岸田氏"，并提到"公使馆译官罗宝森、卢子铭二人甚正派，可托为舌人。横滨领署译官潘道科极不正派，切不可托其传语，恐误大局"①。《时务日报》筹备之时，王仁乾正在上海，受汪康年之邀入报馆，1898 年 4 月 11 日，《时务报》刊载《时务日报馆告白》，公布报纸售价与告白价格，发布人是"经理总告白处王惕斋"②。王仁乾在报馆工作月余，6 月之后，他又东渡扶桑③。此后，他仍然对《中外日报》的发展十分关注，1901 年 3 月，汉阳钢药厂督办徐建寅在试验火药时失事殉职，王仁乾随即致函报馆，希望报馆为徐建寅著论，宣扬其"身着短衣，与工匠为伍"的工作作风，"以励后人"④，不久之后，《中外日报》刊载论说文章《论徐仲虎观察因公殒身事》⑤。1902 年，王仁乾将《宪法法理要义》《治旅述闻》二书交《中外日报》销售，"皆日本留学生所编译，一言文治一言武功，皆为今日言变法者必读之书"⑥。王仁乾与孙淦交好⑦，在王仁乾离开之后，孙淦亦随同印报机器抵沪，在报馆出入月余，当时就有

---

① 《书札》（三），蒋黼（7），第 2931 页。

② 《时务日报馆告白》，《时务报》第 57 册，1898 年 4 月 11 日。

③ 王仁乾于 1898 年 6 月 2 日的《申报》上发出告白，称其"有要事东渡，所有告白事务改归本馆（日报馆）自行经理"，又于 6 月 7 日再发告白称其"定于本月廿二（6 月 10 日）晚乘神户号东渡横滨"。汪康年曾委托王仁乾赴日期间，带呈杭州龙井雨前茶两瓶给日本友人山本宪。见吕顺长：《清末维新派人物致山本宪书札考释》，上海：上海交通大学出版社，2017 年版，第 330 页。

④ 《书札》（一），王仁乾（6），第 48 页。

⑤ 《论徐仲虎观察因公殒身事》，《中外日报》1901 年 5 月 23 日，第一版；《续论徐仲虎观察因公殒身事》，《中外日报》1901 年 6 月 5 日，第一版。

⑥ 《惠书志谢》，《中外日报》1902 年 5 月 3 日，第四版。

⑦ "弟屡在实甫兄处询及阁下起居咸宜，诸务顺怀为慰"，见《书札》（一），王仁乾（3），第 37 页。

人发函问询，是否准备让其接替王仁乾担任报馆经理①。不过孙淦并未在沪停留太久，很快回到了日本，继续其蚕学馆、游学会及红十字会之经营事务。

四、商业经营模式的尝试

《时务日报》的经营策略具有浓厚的商业化氛围，围绕着如何获取经济利益维持报馆生计而展开，采用的手段包括商业广告的刊登、版面设计的创新、借用《时务报》的品牌效应等。这些做法使《时务日报》度过了初创时期的挑战，获得读者的广泛认可。

首先，《时务日报》大量刊登商业广告。主要目的是通过"以广告养报"的方式，扩大资金来源，实现经济上的独立。哈贝马斯指出，19世纪中叶，不少西方报纸开始划分编辑版面和广告版面，"一方面是作为公众的私人的公开批判，另一方面是个人的或集体的私人利益的公开展示"，广告所发出的信息以及对读者的诱惑力，使其成为最重要的营销手段②。而在国内，出版于咸丰年间的《香港船头货价纸》，就已经布满了各种告白。1872年创刊的《申报》，仿"香港唐字新闻体例"③，广告篇幅远大于论说、新闻版面。而《循环日报》的报面亦登载了大量广告，头版、四版均为各类商业信息，第三版亦有半个版面让与广告刊载，论说及新闻报道只占据了一个半版面④。之后的《新闻报》长期占据上海新闻界的半壁江山，"唯一的理由就因它的广告多，而读者都是喜欢读广告的"⑤。姚公鹤总结："报馆于售报之外，其大宗收入，本以广告为首……报馆营业之盈

---

① "实甫在申否？闻执事邀作日报馆经理，有此事否？"见《书札》（二），邵章（13），第1228页。

② ［德］哈贝马斯：《公共领域的结构转型》，曹卫东等译，上海：学林出版社，2004年版，第228—229页。

③ 《本馆告白》，《申报》1872年4月30日，第一版。

④ 参见［新加坡］卓南生：《中国近代报业发展史》，北京：中国社会科学出版社，2002年版，第191—195页。

⑤ 参见姚福申：《解放前〈新闻报〉经营策略研究》，《新闻大学》，1994年第1期。

细，实以广告之多少为衡。"①

与之相比，《时务报》等维新刊物主要集资方式，是以同人筹款等手段作为启动资金，并通过报刊的发行售卖维系报馆生存，走"以报养报"之路。《时务报》创刊之始，梁启超、黄遵宪曾乐观地表示，每册报纸发行 4000 份以上，即可维持正常的报馆运营②，但是他们都忽视了"以报养报"模式所可能出现的风险。大量读者以各种理由拖欠报资，而派报人又普遍上缴不足，使得报馆资金链总是难以维系。《时务报》创办初期，即已出现经费上的拮据，"有八十老翁过危桥之势"③，后期更是面临"几于不能度岁"的窘境④，两年内总亏损额高达 1 万多元⑤。而在广告的刊登方面，《时务报》为了支持各地的学会与报刊的发展，无偿刊载各类告白，直到后期因资金紧张，才开始有偿刊登⑥，不过，至《时务报》停刊之时，商业广告的总收入也只有数十元，对于维持报馆运营作用不大。

变法维新时期的报人，已渐认识到了"欲言论独立，贵经济自存"⑦的重要性，一旦面临《时务报》后期"几于不能度岁"的境遇⑧，结果只能是关门大吉。因此，除了鼓励友人积极捐款之外，还需要其他长期稳定的资金来源。《时务日报》的做法，即是通过"以广告养报"的方式进行

① 姚公鹤：《上海闲话》，上海：上海古籍出版社，1989 年版，第 136 页。参见王儒年、陈晓鸣：《早期〈申报〉广告价值分析》，《史林》，2004 年第 2 期。

② 梁启超：《创办〈时务报〉原委》，《知新报》第 66 册，1898 年 9 月 26 日。

③ 夏晓红辑：《〈饮冰室合集〉集外文》（上），北京：北京大学出版社，2005 年版，第 4 页。

④ 梁启超：《创办〈时务报〉原委》，《知新报》第 66 册，1898 年 9 月 26 日。

⑤ 根据廖梅的统计，1897 年上半年，《时务报》每期发行量 12 000 份，应得报资为 24 153 元，但实际所得报资仅 13 484 元，拖欠了 10 669 元，粗略计算每期有 5000 余份报纸收不回报资，见廖梅：《汪康年：从民权论到文化保守主义》，上海：上海古籍出版社，2001 年版，第 69—70 页。

⑥ 《时务报》告白价码为"两行起码，一次五元，三次十三元五角，九次十五元，十八次六十三元，三十六次一百四十元"，见《本馆告白》，《时务报》第 57 册，1898 年 4 月 11 日。

⑦ 张季鸾：《本社同人之旨趣》，《大公报》1926 年 9 月 1 日，第一版。

⑧ 梁启超：《创办〈时务报〉原委》，《知新报》第 66 册，1898 年 9 月 26 日。

经费筹集。报纸辟出专版刊登广告。在创刊号的对外告白中，说明广告价格"第一日每字取洋银五厘，第二日至第七日每日每字取洋银三厘，第八日起按日每字取洋银二厘半，聚会告白每行取洋银一元"，这一价格与《申报》《新闻报》等报纸相同[①]。当初汪康年筹办日报时，汪有龄曾指出："馆项支绌，极应代登告白，以资弥补。惟愚以为沪上各药店及卜、星、相数种告白宜斟酌抉拾，庶几取不伤雅。盖以上数种行业，全是胡说乱道，为识者所深厌，不可不慎之也。"[②] 但既然作为一份希望能在经济层面上实现独立的报纸，《时务日报》就不能拒绝医药卫生类广告的登堂入室。《中外日报》时期，广告收入成为了报馆经费的主要来源，井上雅二在1900年观察到，中外日报馆广告每月收入450元，占全月支出费用的一半以上[③]。通过刊布广告以获取资金，走"以广告养报"之路，是《时务日报》及之后的《中外日报》能够经营较长时期的重要因素。所谓"开设报馆原为开通风气起见，非敢志在牟利，但亦必出入之数略能相抵，然后可以支持。查报馆全恃告白为养命之源"[④]。《新闻报》总经理汪汉溪的总结陈词，与汪康年的经营理念不无契合，"办报之第一难关，即经济自立……广告刊费及报资收入，经济已足自立，基业巩固"[⑤]。

其次，《时务日报》的版面革新是其一大特色。《申报》与《新闻报》"皆用微带黄色之薄洋纸印刷，俗所谓有光纸也"，《时务日报》则是"仿照东西文报格式，两面印字，每面划分四版，每版分作二栏，每栏计三十六行，每行计十八字"[⑥]。《时务日报》以及《中外日报》的两面刊印，是

① 《时务日报馆告白》，《时务报》第57册，1898年4月11日。
② 《书札》（一），汪有龄（9），第1069页。
③ 井上雅二：《支那新闻事业》（1900年5月20日），《东亚同文会第八回报告》，1900年6月25日出版，第63页，转引自廖梅：《汪康年：从民权论到文化保守主义》，上海：上海古籍出版社，2001年版，第240—241页。
④ 《〈北京日报〉等报馆为沥陈北京报界艰苦情形仰求维持事致民政部察文》，载中国第一历史档案馆编：《晚清创办报纸史料（一）》，《历史档案》，2000年第2期。
⑤ 汪汉溪：《新闻事业困难之原因》，载新闻报馆编：《〈新闻报〉三十年纪念刊》，上海：新闻报馆，1923年版。
⑥ 汪诒年：《汪穰卿先生传记》，北京：中华书局，2007年版，第79页。

其独特标志①。而在版面形式上"突破过去一行到底老框框的",则也公认为《时务日报》的创举②。《时务日报》的版面设计,使其与《申报》《新闻报》在外观上迥然不同,甚至连印报机器都有所差异,1907年,商务印书馆在《东方杂志》上刊布告白,宣传各种纸墨及印书报的机器,"大号摇架,可印如《申报》者,每日万张。二号摇架,可印如《中外日报》者,每日万张"③。

对于《时务日报》版面革新的创意由来,郑孝胥指出,该报报面"仿日本报式"④,廖梅亦认为是汪康年于1898年初访问日本、参观《大阪朝日新闻》之后的产物⑤。版面创新作为《时务日报》及《中外日报》争夺市场的重要武器,在其创办之初就已经得到了官方的保护,"立案以后,各报馆不准仿冒中外日报馆格式以获专利"⑥。《时务日报》的版面创新,新闻史家评价很高,戈公振誉为"开我国日报改进之机"⑦,胡道静亦认为

---

① 姚公鹤在《上海报纸小史》中,对各大报纸的"一句话"总结即是"上海报纸之创办于《申报》,《新闻报》之购用巨机,《中外日报》之两面刊印,《时事新报》之登载公布"。见姚公鹤:《上海闲话》,上海:上海古籍出版社,1989年版,第128页。

② 姚富申:《中国编辑史》,上海:复旦大学出版社,2004年版,第273页。《申报》1905年之后,仿《中外日报》版面改良,也"分上下两截",见温州市图书馆编:《符璋日记》(上),1905年2月19日,陈光熙点校,北京:中华书局,2018年版,第185页。

③ 《专售各种印书机器》,《东方杂志》第四卷第六号,1907年8月3日。

④ 劳祖德整理:《郑孝胥日记》(2),1898年5月8日,北京:中华书局,1993年版,第654页。

⑤ 廖梅:《汪康年:从民权论到文化保守主义》,第242页。若参照当时《大阪朝日新闻》的版式,可以发现《时务日报》与其极为相似,参见社史编纂委员会编:《每日新闻七十年》,大阪:大阪每日新闻社,1952年版,插画3、4。

⑥ 《附本馆呈南洋大臣原禀》,《中外日报》1898年9月10日,广告版。申请专利权之事并非汪康年所为,在刘坤一的信函中已有揭示:"敬饬所设日报及所印书籍,上年禀经敝处批饬,准其专利,不许他人效颦。"见《复沈爱苍》,1899年11月11日,中国科学院历史研究所第三所编:《刘坤一遗集》(3),北京:中华书局,1959年版,第2256页。曾广铨向刘坤一所请者,为廿五年之专利权。

⑦ 戈公振:《中国报学史》(插图整理本),上海:上海古籍出版社,2003年版,第171页。

《时务日报》"是维新派日刊报纸的先铭，又是上海报纸改革的先驱者"①。

其三，《时务日报》还依赖《时务报》的品牌效应。《时务日报》英文名字为"The Daily Chinese Progress"，而《时务报》是"The Chinese Progress"，无论中英文都只差一个字。《时务日报》的创刊广告也提到，"自去秋创设《时务报》后，虽已风行远迩，然时务报之设主于专译西报，俾士大夫洞知外情，中国时事缺焉未详，不无遗憾"，因此开设《时务日报》②，也就是将《时务日报》的创办和《时务报》的"遗憾"结合起来。研究者也表示，"《中外日报》创刊之初原名《时务日报》，从报名方面也表明着它和《时务报》旬刊有血缘关系的"③。由于日报的广告最初刊登在《时务报》之上，且两报的创办人都是汪康年，因此有不少人以为日报是《时务报》旗下的日刊。时人周星诒即在日记中注明，日报"亦时务报馆印售"④。徐士琛也在信函中称，兹闻知时务报馆"分日报馆于集贤里"⑤，估计当时持这种意见的读者为数不少，而日报馆也刻意不多加说明⑥。各地热衷于阅读《时务报》的读者多有投函《时务日报》之举。当然，《时务日报》借用《时务报》品牌的做法，也遭到了一些同人的批评，认为"同名分合，皆在所难，以后定必不妙。万一免其归官，勒令改名，论官报之权，实亦不为逾分，君受之乎"⑦。

---

① 胡道静：《戊戌变法五十年祭与〈中外日报〉》，载方汉奇主编：《中国近代报刊史参考资料》，北京：中国人民大学出版社，1982 年版，第 339 页。

② 《时务日报馆启》，《申报》1897 年 12 月 16 日，第一版。

③ 胡道静：《戊戌变法五十年祭与〈中外日报〉》，载方汉奇主编：《中国近代报刊史参考资料》，北京：中国人民大学出版社，1982 年版，第 340、341、348 页。

④ 周星诒：《窳櫎日记》，1898 年 5 月 19 日，石家庄：河北教育出版社，2001 年版，第 85 页。

⑤ 《书札》（四），徐士琛（1），第 3439 页。

⑥ 倒是日本人对两报之间的关系看得真切，政教社成员佐藤宏来到上海拜访了汪康年，送上了陆羯南主办的日报《日本》与三宅雄次郎主办的半月刊《日本人》作见面礼，并说此二报"恰如《时务日报》于《时务报》"，显然他很清楚二报各自独立的关系。见《书札》（四），佐藤宏（1），第 3325 页。

⑦ 《书札》（一），汪大燮（99），第 789 页。

通过商业经营的方式获得相对充裕的经费之后，《时务日报》在构建信息网络、捕捉新闻热点方面，也采取了不少有效措施。在构建信息网络方面，1897年底，报纸宣布"即将创刊"之后两周，即在《申报》上刊登招请访事的广告，称"沿海如宁波、温州、厦门、烟台、牛庄等处，沿江如镇江、扬州、安庆、芜湖、南昌、九江、汉口、宜昌、沙市等处，如有熟悉官商事情愿充此选者，请先录新闻数则，并将住址姓名注明，寄申时务报馆代收转交，如合式样者即行函订，本馆除例薪水外，另定酬谢新章，苟采访得力不吝润酬"①。1898年4月，《时务日报》筹备工作进入尾声之际，办报人再度在《时务报》上发出告白，希望北京、奉天、营口、天津、保定、烟台、武昌、安庆、南京、苏州、松江、香港等处，只要有人能采寄新闻数则到报馆，并确认可用，即可充任该报之访事人②。两相对比，可以发现报纸所招请的访事不再仅限于沿江沿海地带，内陆地区如北京、保定等同样需要访事前往探查消息，正如汪有龄所提醒的，"《日报》以访事为要，访事人中又以京师为最要"③。除此之外，汪康年还委托同人助其寻觅访事，如身在温州、安庆、重庆的黄庆澄、金宝善、潘清荫就分别聘用信任之人担任访事④，汪大钧则在广东来信表示"弟可自探之"⑤，旧友陈庆年推荐同乡程退安担任镇江访事，称此人"文笔尚达……人品不苟"⑥。直到《时务日报》创刊之后，办报人依然在章程中说明，

① 《时务日报馆招请访事》，《申报》1897年12月28日，第四版。

② 《时务日报馆告白》，《时务报》第57册，1898年4月11日。

③ 《书札》（一），汪有龄（9），第1072页。

④ 如黄庆澄接函之后即回复道，"《日报》访事已有一妥人，其章程望于明正寄下一纸交孙仲颂诒让处代收可也"；潘清荫亦在信函中称，他已经聘请了罗莘农、许在田两秀才为访事，"即从正月上旬起，如能月及百条尤所愿也"。另外，叶澜也在信函中提到"前承兄等不弃，令弟在鄂采访新闻，时以交游不广，深负责任为疚……贵馆访事，似当另延妥人接充"，此函书于1898年8月30日，其时《时务报》已停刊，因此他所担任的可能为《昌言报》或《中外日报》馆的访事人。见《书札》（三），黄庆澄（3），第2316页；《书札》（四），潘清荫（5），第2904页；《书札》（三），叶澜（11），第2612页。

⑤ 《书札》（一），汪大钧（6），第599页。

⑥ 《书札》（二），陈庆年（7），第2071页。

"各处访友虽已订定，惟处事不厌精详，凡沿江沿海各埠及各都会有才学识兼优之人愿襄助为理者，请将新闻随时寄示，如能入格，即可添订"，而对各地"异常紧要之事，均令访友即行电告，俾阅者先睹为快"，且访事人拍来的专电，除馆薪外，每条特奖银二元。对于西报，"凡紧要新闻及有益之论说章程，悉行摘录"①。

《时务日报》的做法，也延续到之后的《中外日报》。报馆每年都会发布启事招徕各地访事，一般流程是报馆说明何处缺少访事，应聘者需要将该处新闻录寄数则，并书明姓氏寄交报馆，"如能合格，即当备函订定"②。这些《中外日报》访事绝大多数没有留下名字，较有名者只有萧曙生（1905 年后任《长沙日报》主笔，长沙访事）③、茅乃登（桥梁专家茅以升的父亲，南京访事）、张九皋（安徽地方新闻事业的开拓者，芜湖访事）等寥寥几人。

《时务日报》创刊之后，所刊新闻很快受到同行关注。1898 年 5 月 15 日，最后一册《集成报》上刊载了刚刚问世的《时务日报》上的三则新闻。同样是以荟萃各种报刊文章为主旨的《萃报》，亦在 6 月 13 日第 24 册上登载了《时务日报》新闻七则、译报二则。8 月 18 日至 30 日，即《湘报》128 号到 140 号，每号都转载了《时务日报》的新闻，总数近三十则。《时务日报》的新闻报道很快获得了精英读者的关注。如湖南南学会会长皮锡瑞，即在邹代钧处订阅《时务日报》，在其日记之中，留下了近十条阅读《时务日报》的记录，如于荫霖呈递《请简用大臣折》，宋伯鲁、杨深秀弹劾礼部尚书兼总理衙门大臣许应骙，文悌参劾康有为，李端棻荐举康有为等重大新闻，均是通过《时务日报》得以知晓④。

---

　①　汪诒年：《汪穰卿先生传记》，北京：中华书局，2007 年版，第 77—78 页。

　②　《本馆特别广告》，《中外日报》1904 年 8 月 31 日，第一版。

　③　《萧曙生事略》，载黄林编：《近代湖南出版史料》（全二册），长沙：湖南教育出版社，2012 年版，第 800 页。

　④　皮锡瑞：《皮锡瑞日记》（2），吴仰湘点校，北京：中华书局，2020 年版，第 671—711 页。

不过，为了维持新闻网络的正常运转，报馆的资金链也面临着巨大的考验①。汪大燮曾指出，《国闻报》与《泰晤士报》合作聘请访事，"带便分润"，然而也造成了"亏空"的结果②，且访事本身"亦无好手，均系敷衍角色。京中时有重大新闻，或系得自西人，或系得自交好，亦无一定也"③。为了节约资金，汪康年亲自承担访事之任，"日则出外咨访"④。各地派报处所收报资，也有不少用来偿付聘用访事费用⑤。

同时，为了能够提升关注度、抓住目标读者，《时务日报》积极捕捉新闻热点，"耸动舆论"。汪康年曾致函盛宣怀，希望对方能够将铁路公司与比利时关于卢汉铁路借款合同之全文及谈判过程详细告知，"登诸日报，以告天下"⑥。《时务日报》追踪独家新闻的做法，也招致了不少风波。如 5 月 10 日，《时务日报》登载了"日本购米"一事，将南洋大臣与总理衙门之要电一并公布，日本领事认为是上海地方官府所发，从中阻止，"以致总署不允，啧有烦言"，上海道台蔡钧致函汪康年，表示"敝处暨南洋并总署往来电报，其中机密紧要居多，一经泄露，关系非轻，以后无论何项密报，务请阁下随时查察，勿登报端为要……诚恐将来复有此等情事，关系大局"⑦，要求《时务日报》谨慎报道。

---

① 《国闻报》办报人夏曾佑在致汪康年的信函中，即提及报馆经营所面临的三大问题，"作论打听新闻则甚劳，筹款备赔则又甚困，大为外力所挤则又甚窘"，见《书札》（二），夏曾佑（29），第 1339 页。参见孔祥吉、村田雄二郎：《从中日两国档案看〈国闻报〉之内幕——兼论严复、夏曾佑、王修植在天津的新闻实践》，《学术研究》，2008 年第 7、9 期。

② 《书札》（一），汪大燮（96），第 784—785 页。

③ 《书札》（一），王修植（7），第 82 页。

④ 汪诒年：《汪穰卿先生传记》，北京：中华书局，2007 年版，第 76 页。

⑤ 如重庆的潘清荫在信函中提到，"戊戌之报，敝处共派百三十份，虽仅兑过银二百两，合诸代付沈昂青及《日报》访事各薪，是亦所短无多"，见《书札》（三），潘清荫（15），第 2911 页。

⑥ 《汪康年致盛宣怀函》，1898 年 7 月 6 日，上海图书馆馆藏盛宣怀档案，索取号 044609。上述借款详细合同最后刊载于《时务报》第 69 册与《昌言报》第 1 册。

⑦ 《蔡钧致汪康年函》，1898 年 5 月 13 日，上海图书馆馆藏盛宣怀档案，索取号 059874-20。

不久之后，《时务日报》卷入"第二次四明公所事件"，与地方官吏、驻沪领事再起纷争。1898年7月，法国计划扩大租界范围，试图征用宁波商人聚居的四明公所土地，由此发生了激烈的冲突。法国驻沪领事白藻泰命令巡捕与法国水兵冲入公所，杀死市民2人。宁波籍在沪人士发动游行，又遭法军扫射，前后有17名中国人被杀，40人受伤①。事件爆发之后，汪康年马上"集众于丝业公会，议解四明之难"②，《时务日报》则采取行动，连篇累牍地报道事件经过，尤其将矛头对准了上海官府，认为官绅不能先事防范，致罹此祸。日报甚至不避忌讳，讽刺蔡钧自诩通晓洋文，却根本看不懂法国人的投函；该报还报道了宁波人对官府的不满，捣毁蔡钧马车一事③。《时务日报》的言论，引发了法方与上海道的一致不满，白藻泰派出包探带领伙役于各桥梁分批把守，"见有以《时务日报》售人者立即夺下，送入捕房"④。蔡钧也致函汪康年，表示日报的报道多捕风捉影，要求报馆尽快纠正⑤。汪康年马上回信，夸赞蔡氏为保护甬人利益"昕夕擘画、贤劳懋著"⑥，缓解了双方的矛盾。

《时务日报》也经历过销量不佳的阶段。刚创刊时，外埠友人反映，"阅此者颇少，询之则竟不知有是报者"⑦。杭州的楼思诰表示，"《日报》甥曾拟设法广销，现所兜售者仅十数人。且自开报至今，寄到者仅十之四五……日来又不寄到，殊为焦灼"⑧，"不知《日报》之好者甚多也"⑨。为

---

① 参见苏智良：《试论1898年四明公所事件的历史作用》，《学术月刊》，1991年第6期。

② 劳祖德整理：《郑孝胥日记》(2)，1898年7月18日，北京：中华书局，1993年版，第667页。

③ 陈无我：《老上海三十年见闻录》，上海：上海书店出版社，1997年版，第288—290页。

④ 《禁售〈时务日报〉》，《申报》1898年7月22日，第三版。

⑤ 《书札》(三)，蔡钧(2)，第2963页。

⑥ 《致苏松太道蔡和甫观察书》，载汪林茂编校：《汪康年文集》(下)，杭州：浙江古籍出版社，2011年版，第572页。

⑦ 《书札》(二)，高凤谦(36)，第1647—1648页。

⑧ 《书札》(四)，楼思诰(7)，第3924页。

⑨ 《书札》(四)，楼思诰(33)，第3957页。

此，《时务日报》进行了多次赠报活动，郑孝胥在日记中言，"时务日报馆送报三张"①，同样收到赠报的还有孙诒让、汤寿潜等。《时务日报》对热点新闻的深度关注，有效提高了报纸销量，一度日销近一万份②。王国维惊讶地说"《日报》竟如此畅销"③。可见，《时务日报》这种抓住敏感事件制造舆论效果的举措，效果斐然。

《时务日报》问世三个月之后，即面临巨大的生存危机。康有为、梁启超等人借助官府之力，迫令汪康年交出时务报馆。《时务日报》因其有"时务"的名号，同样面临政治冲击的隐患。为了以防退路不保，汪康年决心仿效《昌言报》之例，将日报替换成一个完全不同的名字。8月10日，《申报》发布了《时务、中外日报告白》，说明在8月17日将《时务日报》更名为《中外日报》。汪康年的恩师瞿鸿禨对此大加称赞："日报亦改冠以'中外'二字，卓见明识，甚佩甚佩，此间分送太迟，拟看一分，乞饬令走报人按日送行，方可争先快睹"④，《中外日报》的时代就此揭开，而"时务日报"的名号自此成为历史陈迹。

曾有学者指出，"维新人物在戊戌政变之前，未通西文，未履西土，他们的现代报业识见，自收益于早期报人的有关论述"⑤。汪康年终其一生，只有在1898年1月、1903年9月两次访问日本⑥。他的办报观念，尤其是对日报的认识，理应是在其他报纸及报人的影响下才逐渐形成的。汪康年是一个学习能力很强的报人，既对《申报》《循环日报》以来的各种报刊加以关注研究，又有《时务报》两年的管理经验。出现在世人面前的

① 劳祖德整理：《郑孝胥日记》（2），1898年5月8日，北京：中华书局，1993年版，第654页。

② 汪诒年：《汪穰卿先生传记》，北京：中华书局，2007年版，第79页。

③ 《书札》（一），王国维（3），第88页。

④ 《书札》（三），瞿鸿禨（4），第3102页。

⑤ 赖光临：《中国新闻传播史》，台北：三民书局，1983年版，第63页。

⑥ 1903年9—10月，汪康年携新婚妻子陈夫人往日本游历，10月13日回上海。见汪诒年：《汪穰卿先生传记》，北京：中华书局，2007年版，第108页；[日]宗方小太郎：《宗方小太郎日记（未刊稿）》（中），甘慧杰译，上海：上海人民出版社，2017年版，第594页。

《时务日报》，糅合了《时务报》与《申报》的两种色彩。

一方面，《时务报》充分"运用了中国既有的社会网络，包括散布于各省的官方行政系统、地方社会，以及私人的人际连结"①，由此风行全国。《时务日报》的筹备和创刊过程，同样构建在汪康年个人的关系网络之上。无论是报纸资金筹集的过程，印报机器的运送，还是在派报系统的设置等方面，分布于全国各地以及日本的友朋同人襄助颇多，让这份一无雄厚资本、二无官方势力的报纸，迅速建成较为完善的经营体系。同时，《时务日报》在论说方面，也在一定程度上体现了《时务报》的特点。汪诒年称，《时务日报》有不少文章由汪康年亲自撰写，"夕则篝灯撰述，忘其劳瘁"②。周星诒评价《时务日报》的文笔"殊胜各日报"，甚至怀疑有些文章是梁启超的手笔③，亦有读者认为，《时务日报》政治新闻的评论水准是"鸡中之鹤"④，西人也表示该报的文笔是第一流的⑤。此外，《时务日报》及之后的《中外日报》特设"专件"栏目，专门刊载各类奏折、章程、启事等，可以看作是《时务报》刊登官方文件的"附编"栏目之延续。换言之，《时务日报》从网络构建、论说内容、栏目设置等方面，皆延续了《时务报》的办报风格。

另一方面，《时务日报》仿效《申报》，走商业化经营的道路。有学者指出，《时务日报》及之后的《中外日报》，是一份"政治立场不那么鲜

---

① 李仁渊：《晚清的新式传播媒体与知识分子——以报刊出版为中心的讨论》，台北：稻乡出版社，2005年版，第140页。

② 汪诒年：《汪穰卿先生传记》，北京：中华书局，2007年版，第76页。有学者发现，以"论说"命名专栏的做法，始于《中外日报》，参见燕安黛：《转变文体：LEADING ARTICLE如何变成社论》，载〔德〕朗宓榭、费南山主编：《呈现意义：晚清中国新学领域》，李永胜、李增田译，王宪明审校，天津：天津人民出版社，2014年版，第339页。

③ 周星诒：《窥横日记》，1898年5月19日，石家庄：河北教育出版社，2001年版，第85页。

④ 胡道静：《戊戌变法五十年祭与〈中外日报〉》，载方汉奇主编：《中国近代报刊史参考资料》，北京：中国人民大学出版社，1982年版，第366页。

⑤ 〔美〕鲍克思牧师：《中国报纸》，见方富荫译：《广学会报告》1898年12月22日，《出版史料》，1992年第1期（总第27期）。

明，而在商业上更成功的报纸"①。《时务日报》更名为《中外日报》之后，报纸的商业化味道日渐浓厚，譬如广告来源日趋多样化，连医药、保险、烟酒之类也常常在头版出现，甚至连最早的生殖医学书籍广告也登载在《中外日报》上②。报纸还完全让出头版刊登各类广告，而将重要新闻载于里页，采取"英国报纸之成规"的经营方式③。而在新闻报道、版面设计等方面亦做了不少改良，如"译报"栏目的设立加强了消息传布的深度与速度，竖版改横版的版面设计进一步便于读者阅读④。1906年之后，《中外日报》迎合大众口味，于报端开始连载小说，按日刊登。

曾有人指出，《时务报》是办给士大夫看的，而那些挂洋牌、登广告的报刊是"商贾之报"⑤，但《时务日报》恰恰是希望在"商贾之报"中加入一些士大夫感兴趣的元素，达到言论自由、经济自主的双重目的。正如论者所言，汪康年等报人"主商报，而不专注于商，却热衷以文人论政方式抒发政治情怀"⑥。至于《时务日报》和《中外日报》商业经营的得失，时人评价不一，有人斥责该报只求商业利润，政变之后刊载《息邪说》一

① 李仁渊：《新式出版业与知识分子：以包天笑的早期生涯为例》，《思与言》，2005年第43卷第3期。

② 1901年7月1日，《中外日报》刊载广告，为《戒淫养身男女种子交合新论》一书做宣传，声称此书"专门考验养身秘法，莫当淫词误观。读者不但益于胎产，且能延寿养生。故译成华文，半为劝世，以供众览"。参见张仲民：《种瓜得豆：清末民初的阅读文化与接受政治》（修订版），北京：社会科学文献出版社，2021年版，第74—75页。

③ 赵君豪：《中国近代之报业》，载《民国丛书》第二编（49），上海：上海书店出版社，1990年版，第50页。

④ 1899年5月30日，《中外日报》正式将版式从直排改为了横排。此前《时务日报》的直排版式，从上到下共有四栏，幅面仍显太长，不便阅读，因此该报改为横版设计：每版仅两栏，但每栏有六十行、二十四字，总字数反而有所增加，便于读者快速浏览每版内容。自此之后，《中外日报》一直是横版设计，即使在1908年上海道台蔡乃煌收购报馆之后，版式依旧没有变化。包天笑在回忆录中所谈到的《中外日报》不同于《申报》《新闻报》用油光纸一面印刷的方式，而是以洁白的纸两面开印，版面编排也和那些老式报纸不同，应该是改为横排之后的《中外日报》样式。

⑤ 《书札》（一），吴樵（27），第517页。

⑥ 程丽红：《清代报人研究》，北京：社会科学文献出版社，2008年版，第211页。

类的文章，讥讽康有为"漏网余生"，颂扬慈禧"拨乱反正……功德之隆超迈千古"①，有向清廷献媚之嫌，遂发放传单对该报的"变节行为"进行抵制。梁启超也在书信中抨击："即如汪君穰卿，向与仆交善同办事，及闻此次政变，即于其所立《中外日报》中，日日颂扬伪后，谓为四千年未有之圣母，颂扬政府，谓为知时，诬谤一切政革党人，谓为急激，其意不过欲图自免而已。"② 也有人高度评价《中外日报》，认为该报是名副其实的"报纸"③，虽与日本大报无法相提并论，但该报至少"体段稍完"④。据笔者所见，《息邪说》的刊登背景，是《中外日报》不顾保守势力的威胁，率先全文转载原刊于《东京日日新闻》上谭嗣同、林旭的绝笔诗⑤，造成一定的社会影响⑥。为了避开官方的高压，选登南京来稿《息邪说》加以平衡。总之，《中外日报》虽然刊载了大量广告，但并未淡化其要求变法、希图维新的政治色彩。

<hr>

① 南京来稿：《息邪说》，《中外日报》1898 年 11 月 7 日，第一版。"息邪说"一名，来自戊戌政变之后，慈禧太后借光绪帝的名义所颁谕旨中的一句话"以息邪说而靖人心"。

② 吕顺长：《清末维新派人物致山本宪书札考释》，上海：上海交通大学出版社，2017 年版，第 257 页。

③ Rev. A. P. Parker, The Native Press in Shanghai: Our Relation to It and How We Can Utilize It, *The Chinese Recorder*, Vol. XXXII, No. 12 (1901), pp. 577-580.

④ 梁启超：《本馆一百册祝辞并论报馆之责任及本馆之经历》，《清议报》第 100 册，1901 年 12 月 21 日。

⑤ 《录狱中诗》，《中外日报》1898 年 11 月 5 日，第二版。

⑥ 如温州士人林骏 1898 年 11 月 14 日在《中外日报》上读到谭嗣同、林旭的绝笔诗之后，在日记中全文抄录。见温州市图书馆编：《林骏日记》（上），1898 年 11 月 14 日，沈洪保整理，北京：中华书局，2018 年版，第 129 页。

第二章

棠棣之华：汪氏昆仲共协力

翻开任意一本中国近代新闻史的论著，在谈到《中外日报》时，往往会说明这是一份由汪康年创办并由其主持的报纸。这种大而化之的说法，将一些历史细节无意间遮掩起来。首先，汪康年并非一直是《中外日报》的所有人，1898 年 8 月至 1899 年的近一年时间中，报馆的所有权掌握在同样是《时务日报》创始人的曾广铨手中，针对报馆的所有权，两人展开了一年多的拉锯；其次，自《时务日报》创立至 1908 年 8 月被上海道台蔡乃煌收购，《中外日报》在此十年之间，一直是股份制企业的形式，汪康年在大多数时间内的身份是报馆的最大股东，胞弟汪诒年则是报馆经理、总主笔及股东代表，曾广铨、张元济及上文所提到的王孝绳、高凤谦、吴以棨、江瀚、容翰屏、许家惺等人都是报馆的股东。

总的来看，汪康年对待办报事业尽心竭力，"虽历尽艰难困阻，无改于初衷……尽瘁心力于报业"[1]。但是，汪康年又是一个积极的社会活动家，常年在外奔波劳苦，"一入报馆，则甚多挂碍，转多不便"[2]，因此他需要一个"代理人"，为其主持报馆事务。能够担当这一重任的只有胞弟

---

[1] 赖光临：《中国近代报人与报业》（上），台北：商务印书馆，1987 年版，第274—275 页。

[2] 《书札》（一），朱淇（10），第 239 页。

汪诒年。汪康年对汪诒年的信任，很大程度上基于二人之间的亲缘关系，由汪诒年负责经营活动，可以保证报馆的经营权掌握在汪氏兄弟手中。

一、报馆创办初期的归属权之争

1898 年 9 月，戊戌政变爆发，"圣主幽囚，新政隳堕，内地报馆封禁无存"①，"汪氏诸人穰卿、颂虞等亦颇自危，以皆与广东人稍有牵涉，近日杭中颇觉皇皇"②。为求自保，汪康年、汪大钧在 9 月底的《中外日报》上发布公告，称《中外日报》自 8 月 21 日起，已经"统归曾君敬诒一人经理"，馆事"与康年等无涉"③。曾广铨对这段历史的回顾是："艰难之际，兄又出股"④，与汪康年交好的高凤谦亦言，"《日报》虽属曾君，足下有可以规益者，似当尽言，力持清议"⑤。可见汪康年在 1898 年 9 月，确确实实地离开了中外日报馆，保养身体及经营《昌言报》，是他主要做的两

---

① 《中国各报存佚表》，《清议报》第 100 册，1901 年 12 月 21 日。
② 关豫：《关承孙先生日记残稿不分卷》，1898 年 9 月 26 日，上海图书馆馆藏稿本。汪康年可能被批捕的消息，在政变之后甚嚣尘上，日本驻上海副领事诸井六郎在给外务大臣大隈重信的信函中即提到"从可靠的消息来源中得知，此间表白过温和的改良主张和亲日倾向的主要人士，诸如汪康年等也将被捕"，见日本《外务省记录》第 1 册，转引自茅海建：《从甲午到戊戌：康有为〈我史〉鉴注》，北京：生活·读书·新知三联书店，2009 年版，第 854 页。孙淦听说汪"误在嫌疑，日本诸友皆代抱杞忧"，建议他"赶即渡东，暂避凶锋"，见《书札》（二），孙淦（17），第 1449—1450 页。
③ 参见廖梅：《汪康年：从民权论到文化保守主义》，上海：上海古籍出版社，2001 年版，第 239 页。
④ 《书札》（三），曾广铨（7），第 2206 页。
⑤ 《书札》（二），高凤谦（39），第 1650 页。

件事①。

1899 年初，汪康年决定重回《中外日报》，却遭到了曾广铨的婉拒。双方针对报馆的所有权，展开了一年多的拉锯。关于汪康年与曾广铨争夺中外日报馆之事，廖梅、许莹等学者已有论述②，所提出的论点基本上站在汪康年的角度，认为曾广铨对于办报实是外行，占据报馆只是为了谋求利益。而曾广铨在戊戌政变之后对《中外日报》的保护与改革，却几近忽视。笔者在查询上海图书馆资料时，发现了一封 1898 年 9 月 5 日曾广铨致汪诒年的信函，其中提到了他对于如何改制《中外日报》的数点想法，故全文录之：

> 一，本馆乃辛苦备尝，方及今日，为因故而亡，大有可惜，不能不细考究现在及日后情形，以图永安之计；

> 二，本馆为不挂洋牌，□不在英租界内开设，即有朝不保夕之虑，此皆因中国不自保商，而时有压制之事，于报馆尤为所攻制，欲以安分守己四字实做以应付之，亦无益也。洋人亦恶报馆者，多因报馆能言其忌谏，故亦时有于报馆为难之；

> 三，但挂东洋之牌，而东洋无资本在馆内，亦非正办，名实不相符，本馆自己尚且如此，岂可以此种事责他人，而华洋之案多半因此方能强词夺理；

---

① 关于身体疾病的问题，汪康年在 1898 年 11 月 12 日致日本友人山本宪的信件中称"近又得肺病，愁病交侵，亦适与时局相会耳"，见吕顺长：《清末维新派人物致山本宪书札考释》，上海：上海交通大学出版社，2017 年版，第 337 页。高凤谦也表示，"昨得薛韵坡来书，说尊体受病颇深，不胜骇异。足下管事太多，任事太力，今春相见时，固已知其不支。曾两次驰书，以节劳相戒，不谓果以此得病也。现在《日报》既归曾君，《旬报》又将易人。外间时事，更无一足为者。足下得以其间，深自韬晦，静养体子，未始非计之得"。见《书札》（二），高凤谦（38），第 1648—1649 页。曾广铨亦称，汪康年此时所患之病不轻，"除有急电外，万事不应理，且宜觅良医一调治"，见《书札》（三），曾广铨（7），第 2206 页。

② 参见廖梅：《汪康年：从民权论到文化保守主义》，上海：上海古籍出版社，2001 年版，第 239—240 页；许莹：《办报干政的另一种探索——汪康年报刊思想与实践研究》，北京：中国书籍出版社，2012 年版，第 55—57 页。

四，中国报馆情形既是如此，则惟有入正经洋人之股本，择取真实矣。中国□□之洋人入股，弟深知正经英国人无利中国土地、夺中国主权之心，但有求中国日富日强之意，中国日富日强，则英国商务必日见增长，而有所益。且能共而拒俄，两国之公敌也，尤能拒德，皆两国公敌也；

五，理想应如此方能正大，则与其挂洋牌，即不如入洋股，洋人之最有名望，而与弟最契者，莫磨理逊、濮兰德二君，濮君是工部局总办，不能在上海入股营利，惟磨君能，故弟已与磨君商量入股银一万两，濮君与报事商定，延一外国人司账，一切应如何商定办法，转交濮君，与公代为商定办理，总以周妥为要；

六，此万两之款用以维持报务及推广，应加以良法良器；

七，磨君与弟毫无成见，如何妥当，即如何立合同，或出新股票，惟几入股之东家无论华洋，皆愿本馆为一大开民智之具，为华洋所敬重之报，为在东方第一大报，不负我侪一番苦心；

八，至于恐东洋日后借本馆之报纸以发论，而其中所论与本报有碍，或有碍我中国自保之事，则可于事先说明，以免伤本馆之声名；

九，总之，无论华洋股东不可因一人私利刊印，论说新闻以利一人而伤全局，磨君与弟交情已多，其自来为人最可亲敬，此次非弟向商，岂肯如此办法？濮君则尤为我侪之友，亦向与我同人相交，以信弟与本馆有绝大之关切，岂肯迁误本馆耶？

十，此万金为股本，如日后大为推广之时，则可借大宗之款以成大举，如自制房地，自造纸张，自办轮船，皆日后必有之举耶；

十一，目下则宜招外洋告白（此事已在与磨君相商矣），自做铅字铸版，推广电报访事；

十二，请照以上情形之用意，向濮君商定一切，早日定局为盼①。

---

① 曾广铨：《敬诒致仲谷函稿退还存底》，载《〈刍言报〉访稿不分卷》，上海图书馆馆藏稿本。

由上文的内容，大致可以总结曾广铨对于《中外日报》未来的几点构想：首先，报馆必须要挂洋牌，否则容易遭到官方的打压，即使"安分守己"也无法避免；其次，报馆所挂的洋牌不应是与报馆毫无资本关系的日本人，而应该寻求与"无利中国土地、夺中国主权之心，但有求中国日富日强之意"的英国人进行合作；其三，除了挂洋牌之外，入洋股也是目前报馆能够尝试的选择，其中"交情已多，其自来为人最可亲敬"的磨理逊（即莫理循，George Ernest Morrison，1862—1920）及"尤为我侪之友，亦向与我同人相交"的濮兰德二人，可以作为出资方，而像"自制房地，自造纸张，自办轮船"这样扩大经营规模的手段，对于报纸的发展也大有裨益，可酌情采用。最后，曾广铨以报馆所有人的名义，要求"请照以上情形之用意，向濮君商定一切，早日定局为盼"。在此信发出后不久，曾广铨离沪北上，行前拜托汪诒年"中外日报馆各事，乞大力仍为照料"①。

戊戌政变之后，为了避免政治风潮殃及自身，《中外日报》正式宣布"挂洋牌"，工部局总办濮兰德（John Otway Percy Bland，1863—1945）、律师威金生及曾广铨三人联手，在香港将报纸注册为中外日报有限公司，濮兰德、威金生为董事，曾广铨任董事会办事，另一位办事人为英商老公茂洋行经理德贞。这位德贞，是否为1860年来到中国悬壶济世四十余年，著录过《西医举隅》《全体通考》，参与过《教会新报》《中西闻见录》的编撰工作的英国医生德贞（John Dudgeon，1837—1901）呢②？这是报刊史上的一段公案。研究德贞多年的高晞教授认为两者系同一人，她的理由是德贞与曾氏家族交好多年，德贞有从事路矿投资活动的记录，且曾广铨不可能在同一时间有两个名为德贞的朋友③。如果真是这位医生德贞，那么邀请其进入报馆担任董事，可以视作曾广铨任人唯亲的表现。不过高晞

---

① 《书札》（三），曾广铨（3），第2200页。

② 《昌言报》第1册与第3册上均有翻译自英国《伦敦时报》上的德贞文章，题目为"德贞医生论中英交涉事"与"德贞医生论中国各省铁路情形"。

③ 高晞：《德贞传：一个英国传教士与晚清医学现代化》，上海：复旦大学出版社，2009年版，第185—186页。感谢高晞教授对本段文字的指导。

也留了一个尾巴，提出德贞与老公茂洋行之间的联系，目前还没有找到确切资料，因此医生德贞如何参与到《中外日报》的办报活动，尚无法加以证明。她还提到当时在华有一位也叫德贞的英国商人①。这位英商德贞与《中外日报》之间是否有关系呢？查《近代来华外国人名辞典》，"德贞"名录之下，确有一位担任过老公茂洋行经理的英国商人德贞（Sir Charles John Dudgeon，又译作杜德勤），此人于1876年来到中国，比医生德贞晚了十余年。根据史料，早在1896年，两江总督刘坤一幕僚李智俦就已经向汪康年谈到了英商德贞，称此人"在北京三十年"，现在权力甚大，负责英国福公司的扬子江矿业开采工作，他评价德贞为"极狡猾，今正到宁后，合江宁众绅心思才力、耳目手口，与之议立合同，今十余日矣，尚无定论"②。值得注意的是，当曾广铨向汪康年说明"本馆未挂洋牌之先，已变为有限公司，现因公司之文凭未到，故暂借德贞之名"，并述及德贞与南京官商谈判路矿事宜之时③，汪康年马上拜托张之洞幕僚赵凤昌打听德贞的情况。赵凤昌在回函中称，"德贞系英人，向为医士，在华有年，能操华语，相貌漂亮，应对敏捷。此间西人多议其不可靠。在京所议亦未能成，前曾往江宁议办矿务"④。这里亦称德贞为"医士"，容易让人引起混淆，现有材料也未揭示英商德贞来华之后，是否同样做过医生。而通过汪康年问询赵凤昌的行为，可见汪对于曾广铨提到的德贞之底细并不清楚，

① 中国社会科学院近代史研究所翻译室编：《近代来华外国人名辞典》，北京：中国社会科学出版社，1981年版，第117页；高晞：《德贞传：一个英国传教士与晚清医学现代化》，上海：复旦大学出版社，2009年版，第464页。

② 《书札》（一），李智俦（5）（6）（7）（10），第569—572页。

③ 《书札》（三），曾广铨（4）（5），第2202—2205页。3月3日、6日《中外日报》连载"客述贝德、德贞承办矿务事"，所记之内容与曾广铨第四函很相似，故所谓"客述"，其实就是转述曾广铨在2月19日的信函（2月27日寄到上海报馆）中的内容。

④ 《书札》（三），赵凤昌（1），第2869页。汪康年于1899年2月6日收到赵凤昌信函。另有1899年1月17日《中外日报》刊载新闻，称"德贞系英国扬子江公司内派来全权之商人，专办扬子江上下矿务铁路之事，扬子江公司者，由英国绅董禀明英国外部特设之公司，非英商贝德所立之公司也"。参见［英］伯尔考维茨：《中国通与英国外交部》，江载华、陈衍译，北京：商务印书馆，1959年版，第289页。

考虑到先前《昌言报》已经刊载过两篇署名为"德贞"的文章，则汪理应熟悉那位当医生的德贞。根据当时报纸的记录，英商德贞长期活动于上海、南京，与两江总督府内不少官吏来往密切，如1898年12月16日，英国海军中将贝思福来到上海，道台蔡钧在泥城桥外洋务局宴请，参加者有英国总领事、副领事及"老公茂德贞君"①。1902年10月25日，应"老公茂经理德贞君"的邀请，各方人士齐集大马路小菜场口洋房楼上，讨论开平矿局的情形②，上述两处记录均明确勾连出德贞与老公茂洋行之间的关系。亦有学者经过考察，发现1902年中英之间关于修订商约的谈判过程中，无论是在上海与盛宣怀的会谈，还是前往南京、武昌与刘坤一、张之洞的谈判，英商德贞都参与其中，发挥了重要的作用③。而揆诸高晞的考证，那位当医生的德贞逝世于1901年2月④。由此似可推断，高晞认为医生德贞与英商德贞为一人的意见有误。笔者的结论是，从1898年底至1899年初，正是这位在老公茂洋行担任经理、负责福公司的矿业开采工作的英国商人德贞，担任了《中外日报》的发行人⑤。

由上文可以发现，原先曾广铨提到的合作方，还有英国《泰晤士报》驻华首席记者莫理循。莫理循与曾广铨结交多年，关系甚为密切⑥，两人商定入股银一万两，由濮兰德延请一位外国人担任司账。但这一想法之后并无下文。1898年11月，曾广铨致函盛宣怀，以近乎哀求的口吻，向这

① 《关道宴请英世爵》，《中外日报》1898年12月16日，第三版。

② 《演说开平矿局现在情形》，《中外日报》1902年10月25日，第二版，译自10月24日《字林西报》。《字林西报》称德贞"久在上海，又深知中国贸易情形，以中国贸易事商之，其相宜处固无不以为然矣"。

③ 周松青整理：《1902年中英商约会议纪要》，载上海图书馆历史文献研究所编：《历史文献》（第一辑），上海：上海社会科学院出版社，1999年版，第344—370页。

④ 高晞：《德贞传：一个英国传教士与晚清医学现代化》，上海：复旦大学出版社，2009年版，第481—482页。

⑤ 1901年之后提到英商德贞的记录，还可以参见《外交报》，1902年9月该报第21册《论中英商约》中提到，"英员德贞驳义记洋行大班之言，谓销场税可由商民自缴，不必设官收取"。

⑥ 参见窦坤：《〈泰晤士报〉驻北京记者莫理循社交活动探析》，《北京社会科学》，2004年第1期。

位"世叔"借款办报，"日报前颇蒸蒸有起色，盖适当国家维新之会也。自前月奉到上谕，便日见滞销，未及一月，竟减销八九百张，而前此允为附股者遂因此裹足，日以不支，固由侄之财力有限，弟念同馆之人均能临事勤慎，持品端正，再四思维，终以维持为是，因念世叔素蒙垂爱，故至必不得已之处，呈恳左右，果蒙慨借巨款，并准代为设法，俾克有成，感铭之处未可言尽，亦不复以虚言赞美"①。盛宣怀最后是否借款并不清楚，但曾广铨入洋股的想法显然遇到阻碍。政变之后，报馆的资金状况非常糟糕，已经面临"千疮百孔、设法挪垫"②的困境，在此情况之下放弃已经成熟的入洋股计划，而改向盛宣怀借款，由此传递出了这样的信息，即报馆内有人反对入洋股，导致曾广铨的计划无法落实。

　　谁在阻止曾广铨的入股计划？我们需要先了解一下汪康年、汪诒年兄弟的态度和作用。首先，汪康年极度反对招徕洋股。他创办《时务日报》，原本就是希望挣脱束缚，一旦再入洋股，则报馆转眼又将为他人所操控。1901年，天津报人英敛之来沪拜访汪康年并向其询问办报事宜时，汪首先指出的就是避免洋股介入，因为这样会使得办报人失去报馆的控制权，"难得昌言之权""定受压制"③。其次，汪诒年此时担任报馆经理，负责日常事务，由于汪诒年的存在，汪康年一直或明或暗地参与报馆事务④。换言之，汪氏兄弟联手阻止曾广铨入洋股计划的可能性较大，目的是给汪康年重返报馆减少障碍。

　　1898年底，汪康年致函曾广铨，希望能够重回《中外日报》，"以余力

---

　　①　《曾广铨致盛宣怀函》，1898年11月3日，上海图书馆馆藏盛宣怀档案，索取号107293。

　　②　《书札》（三），曾广铨（7），第2206页。

　　③　方豪编：《英敛之先生日记遗稿》，载沈云龙主编：《近代中国史料丛刊续编》（21），台北：文海出版社，1972年版，第325、333页。

　　④　有意思的是，1899年1月底，《中外日报》刊登告白，说明"顾子成先生现因别有他就，业已离馆，以后如有公事信函，乞于信面书明中外日报馆办事房查收，庶不致误"。顾子成先前在馆担任信件收发工作，亦是汪诒年与曾广铨联系的中间人〔见《书札》（一），王蕴登（2），第175页；《书札》（三），曾广铨（3），第2200页〕。顾子成的离开，似乎是汪康年全面介入报馆事务的一大信号。

为日报出力"①。曾广铨的回复是，《中外日报》已经注册为有限公司，董事名额已满。曾氏直言，9月在香港注册的时候，已经用去"数百金"，且由濮兰德、威金生经手，并非由其一人主导。他给出了两个解决方案：一是汪康年以《昌言报》所存报馆之款为股本，加上汪已招及欲招之款统行为股，则能与各董事相商，让汪入董事会任董事；二是以《昌言报》全局附入《中外日报》为股，而以原助各人之资为各人之股本，则汪可为办事董事，与德贞及曾广铨并列，为此汪必须要发表一个公开声明，自即日起，"昌言报馆各事宜，生财账目一切，概由《中外日报》有限公司董事诸君一手经理"，待算清一切账目，核清作股本若干，双方画押之后，即为定局，曾广铨又言："弟经手之股本过多，不得不慎重从事。"②

对于曾广铨的提议，汪康年表示，是否可以扩大董事会的规模，让日本驻沪领事小田切万寿之助、蒯光典等人担任董事。小田切、蒯光典与汪康年颇有私谊，此举等于是将报馆高层从"曾氏人马"换成"汪氏人马"，此番提议自然遭到了曾广铨的婉拒。然后，汪康年又提到，《中外日报》此前因经费拮据，曾经向汪大钧、胡贞甫及昌言报馆借款，要求曾广铨在三个月之内还清，否则将报馆作押，曾广铨则打起了太极，称三人之款由汪康年一人代理，"应请暂作罢论"③。汪康年以债权人的身份，要求曾广铨交出报馆的做法起到了效果。之后几日，曾广铨再度致函汪康年，态度明显软化，开始打感情牌，先是历数汪大钧、汪康年离馆之后，曾氏一人"独力担任赔钱之报馆"，报馆财务状况非常糟糕④。此时要求《中外日报》还款，"在兄言之甚易，弟则行之甚难矣，况兄意在筹款扶助，而先议及

---

① 《书札》（三），曾广铨（4），第 2203 页。

② 《书札》（三），曾广铨（5），第 2203—2204 页。

③ 《书札》（三），曾广铨（6），第 2204—2205 页。

④ 按照曾广铨的说法，戊戌政变前后，身在北京的他还游说京官，"历述报之办法及足下之志，愿京城大老曲意保全"，见《书札》（三），曾广铨（1），第 2199 页。夏曾佑也证实，曾广铨为报馆负债一事，在北京、天津多方筹款，见《书札》（二），夏曾佑（29），第 1338 页。叶澜亦述及张之洞之言，"曾敬翁系健将，兄万不可放去"，见《书札》（三），叶澜（10），第 2612 页。

归款，恐入股诸君必不乐闻，且既称公司，则其中一切不能自主"，再度搬出"有限公司"这块招牌，随后又"设身处地"为汪康年着想，表示昌言报馆亦因经费不足而停刊，"不如由昌言报馆将此款迳行登报声明，附入《日报》股份，作为散股，吾兄外可以对谢《时务》从前股友，内可尽开办《日报》同志之谊"，如果汪康年想为《中外日报》筹款，倒不如先将《昌言报》接续出报，"或筹妥办法，再以余力招徕"①。曾广铨反复提到《中外日报》脱手价是五万两，大约合洋三万余元，其中包括报馆各股款及实际垫付之款，并包括香港注册挂号销号各种费用②，这笔钱远远超过《时务日报》的启动资金一万六千元。

从实际言行来看，曾广铨反复提到报馆的出让价格，表明其无意长期经营《中外日报》。从他的内心来说，重返官场、求取功名是其人生夙愿，经营报馆不会为他的仕途加分，只会耗损其精力。且当时的情况是，《中外日报》在政变之后，因"议论驳杂，即叙事及小说亦远不如前，渐落《申》《沪》各报窠臼"，而出现"销路日蹙"③的状况。1899年9月，日本学者内藤湖南对当时上海报纸销量进行记录：《申报》在七千份左右，《新闻报》《中外日报》二千至三千份，《沪报》一千份左右④。可见此时《中外日报》的销量已比《时务日报》最高峰时，跌去了七成左右。销量的下滑，意味着报馆价值的下降，若不能尽早出卖，则有可能让报馆烂在手里。汪康年也意识到了这一点，因此很有耐心地与曾广铨拉锯，还通过夏曾佑了解与《中外日报》情况相似的《国闻报》变卖情况，判断曾广铨所

---

① 《书札》（三），曾广铨（7），第2206—2207页。
② 清末虽然银价不断变动，但上海地区1两银换0.75—0.8洋元的比价基本保持到清亡之后，参见蒋立场：《清末银价变动研究（1901—1911）》，苏州大学历史系硕士论文，2004年，第34—35页。
③ 《书札》（二），高凤谦（41），第1651页。
④ ［日］内藤湖南：《禹域鸿爪》，李振声译，杭州：浙江文艺出版社，2018年版，第95页。

开价码的真实性①。汪康年最后是如何夺得报馆的，现有的材料并未明确揭橥。笔者以为，汪康年以昌言报馆的名义印售《巴黎茶花女遗事》，是其获得资本购回报馆的关键因素。汪康年重返报馆，也得到了馆内同人的支持。曾在报馆中工作过的王蕴登比较过汪、曾二人的办事风格，"其中更有最难得者，公等皆虚怀乐善，遇蕴登有所建白，无不如向斯应，勉循所请，相聚虽不过数月之久，而水乳之乐，知己之感，登尝铭之。试问敬公为政，能如此之孚契乎"②，因此决定跟随汪康年，不再为"曾记"报馆效力。

1900年12月，汪康年在《中外日报》上发布告白，宣布将联络地址迁回中外日报馆，笔者以为，这是汪康年解决股权之争，重新掌握报馆的标志。曾广铨最初所言的"脱手价五万两"，是指汪康年出资五万两之后，报馆完全属于汪康年所有。虽然经过多方筹资，但汪能够给出的价码显然达不到曾广铨的心理价位，因此退而求其次成为报馆的大股东，保留曾广铨在报馆中的地位③，一旦报馆赚取利润，双方均可得益。有意思的是，1907年，汪康年在京创办《京报》，曾广铨也参与其中，并通过《泰晤士报》的关系提供信息④。1908年4月，汪康年借官款赎回商务印书馆所购股份，名义上的借款人仍是曾广铨，幕后操控者为两江总督端方和上海道台瑞徵。7月，《中外日报》刊出文章《金陵十日记》，端方电致新上任的上海道台蔡乃煌进行调查，蔡遂作信一封，让曾广铨转交汪康年，要求公

① "国闻报馆已认真卖与日人，已交五千元，而余数尚未决定"；"又陵博大胜，已到手者已万金，水师学堂总办大可不做矣"，见《书札》（二），夏曾佑（29）（31），第1338、1340页。

② 《书札》（一），王蕴登（1），第174页。

③ 根据1900年拜访中外日报馆的日本人井上雅二的说法，曾广铨已经退股，参见廖梅：《汪康年：从民权论到文化保守主义》，上海：上海古籍出版社，2001年版，第240—241页。不过，根据1904年8月商务印书馆入股《中外日报》时所签署的合同文本，曾广铨此时仍是股东之一。

④ 皮锡瑞：《皮锡瑞日记》（5），1907年7月6日，吴仰湘点校，北京：中华书局，2020年版，第1646页。

开道歉，并将报纸审查权上交政府。汪康年坚决拒绝。蔡乃煌又托曾广铨转达意见，"倘终此不改，将有大险"，或由租界会审公廨查封报馆，或者让出报馆所有权，最终迫使汪氏兄弟离开报馆①。总之，《中外日报》之兴，有曾广铨之功；《中外日报》之败，也与曾广铨脱不开干系。

需要注意的是，《中外日报》的股份制公司制度，在曾广铨时期已经出现了所有权与经营权的初步分离。报馆董事会由濮兰德、威金生、德贞、曾广铨组成，其中后两者为执行董事，"有用人之权，无约同管之权"②，汪诒年则担任经理管理报馆，与董事会成员无亲属关系，亦不持有报馆股份。汪康年回归之后，很快打破了原有的管理结构。濮兰德、威金生、德贞等人随着曾广铨而一并离开，报馆的股份制经营模式名存实亡。在《中外日报》改为官报之前，报馆似乎从未举行过股东会议，股东权力形同虚设，实际上仍是汪氏兄弟大权独揽的局面，形成了幕后的汪康年与台前的汪诒年共同掌控《中外日报》的状况。

《中外日报》的这一状况，也符合汪康年的一贯做法。1897年初，黄遵宪在致汪康年的信函中，提出报馆应当"将议政（于馆中为董事）、行政（于馆中为理事）分为二事，方可持久。此不仅为公言之。至于公则或为董事（专司设章程兼馆外联络酬应），或为总理（守章程而行馆中一切事，皆归总理），即或以董事而兼总理（近与卓如书言及此），均无不可。馆事烦重，必须得襄助之人，以为辅助"，同时"另举总董四人"，规定"所有办事条款，应由总董议定，交馆中照行"③，并建议汪康年改任董事。谭嗣同也认为，"董理本应有，何则？在今日有穰卿在馆，所以千妥万当，一切尽善尽美，但日后接办者，安得人人皆穰卿乎？故不得不举董理定章程矣"④。黄遵宪、谭嗣同的理念是通过西方式的改革，将报馆高层权力进

---

① 燃（吴稚晖）：《蛆虫全盛时代》，《新世纪》第六十七号，1908年10月3日。
② 《书札》（三），曾广铨（5），第2203—2204页。
③ 《书札》（三），黄遵宪（22）（31），第2342、2356页。
④ 《书札》（四），谭嗣同（25），第3262页。

第二章　棠棣之华：汪氏昆仲共协力 | 83

行分化，用制度设计以保证报馆的正常运作①，但上述提议被汪康年看作是褫夺其权力的信号，因此极力反对，双方"几于翻脸，始勉强依议举数人，然此后遇事，未尝一公商如故也"②。《时务报》虽然聘任了 12 名董事，但既未召集过董事会议，也没有刊行过董事章程。《中外日报》和《时务报》的权力结构的运行方式如出一辙，各种非正式的人际交往充斥其间，这虽然可以降低组织运行的交易成本，但组织行为缺乏有效的制度化约束，导致报馆发展到一定阶段后劲不足，进而出现"组织惰性"的后果③。

二、汪康年：幕后操盘高手

1902 年 1 月 26 日，《申报》上刊出一封来自江西补用知县余官瀓的信函，指责《中外日报》所登一则新闻纯属子虚乌有，信末注明收信人为"中外日报馆主人汪康年"④。第二天，汪康年在《中外日报》上公开回复，表示"查中外日报馆事另有主持之人，即十五日奉复一缄，亦由主者书奉，请再检之"⑤。汪康年此言非虚，从现有史料来看，《中外日报》的实际经营事务，自始至终都是由汪诒年负责处理。从汪氏兄弟退出报馆的声明来看，只说明"仲阁在馆中经手一切事宜，悉已交代清楚，自十三日以后均归新股东派人办理，与仲阁无涉"⑥，并没有提到汪康年，可以说，在《中外日报》的经营过程中，汪康年主要扮演着"遥控指挥"的角色，报馆的日常事务由汪诒年主持，兄弟之间保持着紧密的互动关系。

戊戌变法时期，迫于康有为、梁启超等人的压力，汪康年接受张之洞

---

① 廖梅：《汪康年：从民权论到文化保守主义》，上海：上海古籍出版社，2001年版，第 57—58 页。

② 梁启超：《创办〈时务报〉原委》，《知新报》第 66 册，1898 年 9 月 26 日。

③ 参见白景坤：《组织惰性生成研究——环境选择、路径依赖和资源基础观的整合》，《社会科学》，2017 年第 3 期。

④ 《致中外日报馆主人汪康年书》，《申报》1902 年 1 月 26 日，第一版。

⑤ 《复江西补用知县余官瀓书》，《中外日报》1902 年 1 月 27 日，广告版。

⑥ 《汪穰卿、仲阁广告》，《申报》1908 年 8 月 10 日，第一版。

的建议，将《时务报》改组为《昌言报》。《昌言报》虽然于 1898 年底被迫停刊，但昌言报馆一直存留到了 1900 年底。在此过程中，位于大马路泥城桥（1899 年 4 月从四马路惠福里搬迁而来）的昌言报馆，即是汪康年的办公地点。而一些同人汇寄信函，亦指明由"昌言报馆"的"汪大老爷"收讫①。更有意思的是，1900 年 2、3 月间，汪康年连续在《中外日报》上发布署名告白，内容关于指导中国学生赴日留学事宜。告白中说明，若学生不懂日文，可以先到上海来进修三个月，再前往日本东京学堂读书②。读过这篇告白之后，蔡元培在日记中注明，该方案是由"昌言报馆与日本订定"③。不少友人亦在此时前往昌言报馆拜访汪康年，如上海广方言馆职员萧穆在 1899 年 6 月 26 日及 1900 年 1 月 12 日两次来到昌言报馆与汪康年相谈，"小坐，谈，并阅汪氏所刊《道古堂全集》"，后一次还在馆内见到了汤寿潜④。综合上述资料可以说明，由于正处与曾广铨争夺《中外日报》所有权的阶段，1899、1900 年的汪康年之身份，似应以"昌言报馆经理"目之更为确切⑤。

自 1900 年起，汪康年的工作重心逐渐转回《中外日报》。对于报纸来说，创始人回归的积极作用是显而易见的。此前两年，《中外日报》"论说"内容驳杂，水准不高。汪康年回归之后，《中外日报》销量逐渐上扬，论说文章也开始赢得读者好评，钱恂即以"正论""进步"等美誉称之⑥。对于这一变化，汪康年好友周善培明确指出，"《日报》论说以前多有可

---

① 《书札》（二），张謇（6），第 1805 页。

② 《覆东游学生函》，《中外日报》1900 年 2 月 24 日，第四版。

③ 王世儒整理：《蔡元培日记》（上），北京：北京大学出版社，2010 年版，第 124 页。

④ 萧穆：《敬孚日记》，上海图书馆馆藏稿本。

⑤ 1900 年初，邹代钧在信函中提到，张之洞因《中外日报》援引英文报纸称其同意内禅而大光其火，告诫汪康年"外间议论均以公为质的，有损于己，无益于人，甚无谓也"，其中提及"公既无管报之权"，并要其将意见转达汪诒年，可见此时汪康年还未走到前台，只能在幕后给汪诒年出出主意，见《书札》（三），邹代钧（86），第 2791 页。

⑥ 《书札》（三），钱恂（27）（32），第 3011、3015 页。

观，其间出公之笔想居八九，详尽而能生动，则报章之雄矣"①。

1900 年 12 月，汪康年公开宣布，其工作地址正式转至中外日报馆。孙宝瑄在 1901、1902 年几次在报馆见到汪康年，如 1901 年 4 月 27 日，"晡诣中外报馆，穰卿为余言，汪笑秾排演党人碑，北宋蔡京故事，盖隐射戊戌朝政也。明后日同志皆欲往观"；11 月 29 日，"晡至中外报馆，与穰卿纵谭"；1902 年 11 月 29 日，"晡诣中外报馆，与穰卿谈"②。李维格亦在日记中记载，"至中外日报馆，约穰卿至寿山观剧"③。徐兆玮 1902 年 1 月和张鸿、曹元忠同至中外日报馆拜访汪康年，商议学堂叙例印送一事④。这段时间集中上门拜访汪康年的还有英敛之。1901 年初，英敛之来到上海，为筹办中的《大公报》购置机器及选择主笔。英敛之在日记中记载，1901、1902 年，他总共前往中外日报馆 15 次，具体情况如下：

表 2-1　英敛之至中外日报馆拜访汪康年之记录

时间	记录	是否在馆
1901 年 3 月 22 日	至中外日报馆晤汪穰卿康年，谈数刻，貌甚平常	在
1901 年 9 月 23 日	至中外日报馆访汪穰卿，未值	不在
1901 年 9 月 27 日	至中外日报馆购茶花女等书，遇汪穰卿	在
1901 年 10 月 4 日	至中外日报馆购书，遇穰卿，订明晚万年春大餐	在
1901 年 10 月 8 日	至中外日报馆，汪外出，与留片，订后日约	不在
1901 年 10 月 15 日	至中外日报馆，汪外出，遂归	不在

---

① 《书札》（二），周善培（4），第 1193 页。《清稗类钞》亦有记录，"庚子拳乱之役，中外骚然，康年著论，力斥拳匪之酿患，政府之误国，然仍推本于人民信拳之心理，排外之缘由，以见其咎不尽在吾国，西人转相译述，复证以闻见，于是公论始稍出"，见《日报月报旬报星期报之始》，徐珂编：《清稗类钞》（28），上海：商务印书馆，1918 年版，第 47—52 页。

② 孙宝瑄：《忘山庐日记》（上），上海：上海古籍出版社，1983 年版，第 329、430、598 页。当时一些读者也会将《中外日报》简称为"中外报"。孙宝瑄在日记中提到的"中外报馆"，就是"中外日报馆"。

③ 李维格：《思无邪斋日记》，1901 年 9 月 12 日，上海图书馆馆藏稿本。

④ 徐兆玮：《徐兆玮日记》（一），1902 年 1 月 19 日，李向东、包岐峰、苏醒等标点，合肥：黄山社，2013 年版，第 351 页。

时间	记录	是否在馆
1901 年 10 月 30 日	至中外日报馆，留字与穰卿	不在
1901 年 12 月 3 日	着狐裘至中外报馆，汪外出	不在
1901 年 12 月 4 日	至中外日报馆晤汪穰卿，伊忙甚，与之略语	在
1901 年 12 月 16 日	至中外日报馆，汪未在	不在
1902 年 1 月 9 日	至中外日报馆晤穰卿，谈方（守六）事	在
1902 年 1 月 19 日	至中外日报馆晤穰卿，话方事	在
1902 年 2 月 1 日	步至中外日报馆晤穰卿，少话	在
1902 年 3 月 17 日	至中外日报馆，与穰卿留书数字	不在
1902 年 4 月 1 日	至中外日报馆，闻穰卿现病居家中	不在

资料来源：方豪编：《英敛之先生日记遗稿》，载沈云龙主编：《近代中国史料丛刊续编》（21）。

由上表可见，英敛之踏访报馆 15 次之中，汪康年只有 7 次在馆，而有 8 次不在馆。可以设想一下，汪康年不在报馆的次数，或许与其在馆之时不相上下，甚至稍有过之。总而言之，汪康年虽然在 1901 至 1903 年待在上海，但无暇过多顾及报馆事务，原因主要有二：

首先，汪康年生性好客，与社会各界人士交往密切，"先生交游素广，每至一地，必与其地之贤士大夫，结深交敦气谊。迨报馆既开，即素不相识者，亦闻声相思，群以为欲延访新人材，研求新事物，殆维先生是赖。于是以事相嘱托者，遂如水之归壑焉……凡在上海之名人，于政治、学术、艺能、商业负有声誉与夫来上海者，无不踵门投刺求见。先生亦无不迎候访问，夕则设宴以款之，相与谈天下大计，或咨询其所长，或征求其所闻见，故于各地之人情风俗，与其人之性情品行，无不明了"[1]。1901 年

---

[1] 汪诒年：《汪穰卿先生传记》，北京：中华书局，2007 年版，第 205、225 页。多年之后，叶瀚侄子叶景葵回忆汪康年曾教诲他"汝之聪明才力，最宜办理财政。汝既厕身政界，应奋斗到底，不宜畏难思避，见异思迁。汝未游历外洋，究竟识见不广，最好趁此闲暇，游学东洋，取心研究财政经济，将来归国，可成有用之才"，感叹"每一念及，真如谏果回甘，咀嚼不尽"，见叶景葵：《叶景葵文集》（上），上海：上海科学技术文献出版社，2016 年版，第 317 页。

10月，友人周善培住在昌言报馆十余天，与汪康年每日往来，他回忆，汪康年"病多极了，事也更忙了。他每天都有应酬，回报馆总在夜晚9点钟后，又有几位朋友等着他。他把朋友应付走了，定要和我再谈一两点钟。谈到我看他支不住了，我就截断话头，先去睡了，他才睡。我再三劝他道：'这样过分寅支卯粮地挣扎，是不能持久，不能永年的'，他只说：'时局越难，国家没有办法，我辈永年又有什么生趣呢？'"① 至于交友的方式，梁启超指出，"盖穰卿宗旨谓必须吃花酒，乃能广通声气，故每日常有半日在应酬中，一面吃酒，一面办事"②，还有人称，汪康年"日日花酒，不顾报事"③。虽然上述言论略有偏颇，但汪康年喜交友、爱热闹的性情，却是时人所共知之事，如汪有龄所言，"五日一请客，十日一请客，所费不资"④。《清稗类钞》记载了一则汪康年赴晚餐会的轶事，称汪一日在汉口路上见到友人陆介卿，表示"今晚大忙，将赴十四处之晚餐会"，历数之，则有九处酒楼、五处妓院，"其中先时而至，仅道谢者七；略坐而把盏，仅以酒沾唇者四；有二处则大嚼，而疲于奔命之如是者，实恐有一不到，开罪于友人耳。宴会之苦，非个中人不知，盖食无定时，方饥不得啖，过食则伤生也"⑤。在饭店宾馆、友人居所出现的次数多了，留在报馆的时间也就少了。

其次，英敛之在汪康年不在报馆的 8 次之中，又有 2 次特别注明原因是"现病"，即 1901 年 9 月 23 日与 1902 年 4 月 1 日⑥。汪康年所染何病？撰诸一则告白略可知晓。1902 年夏，石门名医费晓春"因事过沪，适汪康

---

① 周善培：《旧雨鸿爪》，载全国政协文史资料委员会编：《中华文史资料文库》(1)，北京：中国文史出版社，1996 年版，第 136 页。

② 梁启超：《创办〈时务报〉原委》，《知新报》第 66 册，1898 年 9 月 26 日。

③ 《书札》(一)，吴樵 (25)，第 512 页。

④ 《书札》(一)，汪有龄 (3)，第 1057 页。

⑤ 《汪穰卿赴晚餐会》，载徐珂编：《清稗类钞》(47)，上海：商务印书馆，1918 年版，第 80 页。

⑥ 1902 年 3 月，友人江瀚来沪与汪康年约，汪"以疾未到"，这在两人多年的聚会过程中仅此一例。见郑园整理：《江瀚日记》，1902 年 3 月 25 日，南京：凤凰出版社，2017 年版，第 173 页。

年先生患喉，并发斑疹，甚剧，上海名医束手无策，经先生一诊而愈"①。考虑到该则告白刊发于《中外日报》，应该不会拿大股东的性命开玩笑，且报馆还负责分送费晓春所供职之保安施医局章程，因此这条记录当为事实，则 1902 年春发生在江南一带的"喉痧"②，亦殃及到汪康年的身上③。事冗，体羸，这就是《中外日报》时期汪康年的真实写照。即使在上海的几年中，他都无法每日到馆处理事务，那么待其离沪前往北京参与政治活动，则更是鞭长莫及。报馆之事，只能全权委托给弟弟汪诒年。

当然，汪康年疏离于报馆事务，原因并非如此简单。更需要关注的问

---

① 《保安施医局》，《中外日报》1902 年 7 月 30 日，广告版。

② "喉痧"即是猩红热，清代中后期多次在卫生条件差、人口密集的江南地区集中爆发"喉痧"疫情，尤以 1902 年的这次为最，"多至不救，有合家尽死者"，"疫气颇盛，死亡踵接"，据海关统计，上海侨民发生"喉痧"101 例，死亡 27 例，死亡率达 26.7%，华人中则有 1500 人死亡，更有时人称，"上海四五日人死一万余"，在日本的章炳麟所得到的消息是："顷闻沪上喉证犹多……罹疾死者，先后至万余人"，见汤志钧：《章太炎年谱长编》（上），北京：中华书局，1979 年版，第 137 页；佚名：《懒懒生日记》，1902 年 6 月 28 日，上海图书馆馆藏稿本；徐兆玮：《徐兆玮日记》（一），1905 年 6 月 25 日，李向东、包岐峰、苏醒等标点，合肥：黄山书社，2013 年版，第 379—390 页。参见李玉偿：《江南传染病史研究（1820—1953）》，复旦大学历史地理研究所博士论文，2003 年，第 169—171 页。

③ 陈三立在信函中曾提及，"前闻病喉颇剧，方惊欲探寻，旋得霍然之耗，乃不复劳管城"，估计亦是谈论此事。见《书札》（二），陈三立（16），第 1985 页。在此期间，汪诒年似乎身体也抱恙，宋恕于 1902 年 4 月至"中外日报馆候汪氏兄弟，穰暗，颂病不见"，见《壬寅日记》，载胡珠生编：《宋恕集》（下），北京：中华书局，1993 年版，第 945 页。由于汪康年染疴多日，在其康复之后，对治病救人的医生充满好感，在《中外日报》上连续刊发署名告白，为一些医生做宣传。如 1902 年 7 月 14 日，汪康年和赵凤昌、严信厚、王存善、刘学洵、杨文骏等发表声明，宣传蓬莱名医张伯龙精通岐黄之术，旅沪之时，见近日疫疠流行，施治稍迟即已不救，故而在六马路新仁寿里悬壶济世，希望病人前往医治；10 月 2 日，汪还与徐庆沅联合发布告白，表示友人黄澂三"素擅岐黄术，于杂病为尤精，近因时症流行，爱劝之启其药囊广植善果"，故而在宝善街设医局，欢迎上门就诊。1903 年 8 月 4 日，汪康年刊发署名告白，称其"今夏偶为湿热所侵，淹缠弥月，诸医咸谓虚症，多用补剂"，而常州医士恽与九"切脉辨色，独谓风寒未清，若再用补，恐成湿症，乃改用疏透之品，至十余剂后，察外邪已净，乃渐投滋阴补气之方，旬日而后，遂得复元。今已充壮如昔"，因此向世人推荐这位"辄调和药饵以进，莫不应手奏效"的神医。参见张仲民：《近代上海的名人医药广告——以文人诔药为中心》，《学术月刊》，2015 年第 7 期。

题是，汪康年究竟如何看待"报人"这样一份职业的？

　　曾有学者提出过"职业报人"的概念。所谓"职业报人"，意味着以办报为职业，将绝大部分精力投入到报馆事务之中。在这些学者看来，汪康年毫无疑问是一位"职业报人"。他很早就"把办报馆当做自己主要的，甚至是唯一的事业来做的"①，是其与"更热衷于做官，更热衷于走上层政治路线"的黄遵宪、康有为、梁启超等人最大的不同②，"随着其办报生涯的延伸，其办报心志逐渐专一，对办报的情感也日渐深化，因此，他的'报人'身份与角色不但没有变，而且更加突出和鲜明"③。甚至有学者表示，直到汪康年"罹患严重的肺痨咳喘不已，悲怆而逝，他没有一天离开过他所钟爱的新闻岗位"④。

　　事实真是如此吗？汪诒年早已提供信息，汪康年最初"甚欲有所作为，初非欲以报纸自显也"，只是由于"无所凭藉"才不得已投身报业⑤。甲午战争之后，汪康年开始构想维新之道，最初的理念是办学会与设报馆两途并进，而以前者为主。1895 年 11 月，汪康年、汪诒年、孙宝瑄、宋恕等聚会商议，孙宝瑄"出公会续增章程示同人，都中此时亦拟设强学会，穰卿欲合南北为一"⑥，这里的"公会续增章程"，可能就是汪康年草拟的《中国公会章程》，各地同人也多在信中问及公会之事⑦。在中国公会开办无果的情况下，汪康年还打算筹建湖北强学会，但很快也没了下文⑧。

―――――――――

　　① 李里峰：《汪康年与近代报刊舆论》，《学术研究》，2001 年第 7 期。
　　② 赖光临：《中国近代报人与报业》（上），台北：商务印书馆，1987 年版，第 274—275 页。
　　③ 樊亚平：《中国新闻从业者职业认同研究（1815—1927）》，北京：人民出版社，2011 年版，第 148 页。
　　④ 张育仁：《自由的历险——中国自由主义新闻思想史》，昆明：云南人民出版社，2002 年版，第 134—140 页。
　　⑤ 汪诒年：《汪穰卿先生传记》，北京：中华书局，2007 年版，第 202 页。
　　⑥ 丁文江、赵丰田编：《梁启超年谱长编》，上海：上海人民出版社，1983 年版，第 44 页。
　　⑦ 如梁启超问及，"沪局已开否？同事者几人？章程若何？择地何处？望一一开示"，见《书札》（二），梁启超（7），第 1833 页。
　　⑧ 《书札》（一），吴樵（4）（5），第 461—465 页。

组织学会屡遭失败之后，汪康年不得不接受汪大燮的建议，"先开报馆，逐渐廓充可耳，事不可骤，名不可大，有基弗坏，自能成功"①，吴德潇也表示"公会事，俟风气渐转时再说"②。换言之，办《时务报》是汪康年组织学会难获成功的情况下，"退而求其次"的选择，"办事有先后，当以报先通耳目，而后可举会"③，以办报作为政治活动的基础工作，由此也约略可以猜到"后《时务报》时代"汪康年的选择。

在汪康年、梁启超等维新报人登上历史舞台之前，那些参与报馆经营与创作的人，究竟处于一个怎样的社会地位？大抵而言，早期报人社会地位并不高，属于士人群体中的"末流"，或是"被边缘化的士"④，"社会之视报人，或尊之为清高，以其文字生涯。'士居四民之首'，而非以其为报人，或鄙之为无聊，以其不务正业"⑤。他们进入报馆，是在正规仕途见不到出路的情况下，不得不做出的"权宜"之选⑥，"'旧'报人参加报业，多半是被动的就业，为啖饭而来"⑦，"不过公余之暇，借此以为文字上之消遣而已"⑧。故而，"许多已经加入新闻行业的报人，对科举犹醉心不已。在《申报》时，蒋芷湘、钱昕伯、何桂笙、黄式权、蔡尔康等人在办报之

① 《书札》（一），汪大燮（50），第 701 页。

② 《书札》（一），吴德潇（4），第 383 页。

③ 《康南海自编年谱》，载中国史学会编：《戊戌变法》（4），上海：神州国光社，1953 年版，第 115 页。参见黄旦：《耳目喉舌：旧知识与新交往——基于戊戌变法前后报刊的考察》，《学术月刊》，2012 年第 11 期。

④ 王敏：《上海报人社会生活（1872—1949）》，上海：上海辞书出版社，2008年版，第 35 页。

⑤ 赖光临：《中国近代报人与报业》（上），台北：商务印书馆，1987 年版，第218 页。

⑥ 李仁渊：《晚清的新式传播媒体与知识分子——以报刊出版为中心的讨论》，台北：稻乡出版社，2005 年版，第 47 页。

⑦ 马光仁：《上海新闻史（1850—1949）》，上海：复旦大学出版社，1996 年版，第 129 页。

⑧ 刘墨飻：《报纸史之我闻》，载黄天鹏编：《新闻学刊全集》，《民国丛书》第二编（48），上海：上海书店出版社，1990 年版，第 278 页。

余，都曾屡试科举，其中除了蒋芷湘有幸重归'正途'外，其他人均未如愿"①。可见，对于新闻行业的认同，此时还远远没有形成，如姚公鹤所言，"昔日之报馆主笔，不仅社会上认为不名誉，即该主笔亦不敢以此自鸣于世，吾乡沈任伭君，光绪初年即就沪上某报之聘，辗转蝉联，至光绪末年而止，然对人则嗫嚅不敢出口也"。"江浙无赖文人，以报馆为末路"，左宗棠之评言犹在耳，不过在汪、梁之前几年而已。一些光绪初年受聘报馆的工作人员，至光绪末年仍然"对人而嗫嚅不敢出口"②。即便梁启超本人，也在1901年底的一篇文章中提到，"主笔时事等员之位置，不为世所重，高才之辈，莫肯俯就"③。这种全行业性的负面评价，不免会对变法维新时期的报人产生显著影响。

《时务报》五位创办人中，黄遵宪、吴德潚、邹凌瀚在刊物进入正轨后，就将工作重心放到其他事务之中，逐渐远离报馆。梁启超初期尚能坚持"十日一册，每册三万字，经启超自撰及删改者几万字，其余亦字字经目经心。六月酷暑，洋蜡皆变流质，独居一小楼上，挥汗执笔，日不遑食，夜不遑息"④，但在"暴得大名"，成为言论界骄子之后，亦开始潦草对待报事。他在给严复的信函中说，"当《时务报》初出第一、二次也，心犹矜持，而笔不欲妄下，数月以后，誉者渐多，而渐忘其本来，又日困于宾客，每为一文则必匆迫草率，稿尚未就，已付钞胥，非直无悉心审定之时，并且无再三经目之事，非不自知其不可，而潦草塞责亦几不免，又常自恕，以为此不过报章信口之谈，并非著述，虽复有失，靡非本意"⑤。梁启超后来发表过诸多关于新闻界从业人员的道德约束与行业自律方面的

① 田中初：《游离中西之间的职业生存——晚清报人蔡尔康述评》，《新闻与传播研究》，2004年第3期。

② 姚公鹤：《上海闲话》，上海：上海古籍出版社，1989年版，第128页。

③ 梁启超：《本馆第一百次祝辞并论报馆之责任及本报之经历》，《清议报》第100册，1901年12月21日。

④ 梁启超：《创办〈时务报〉原委》，《知新报》第66册，1898年9月26日。

⑤ 梁启超：《与严幼陵书》，载中国史学会编：《戊戌变法》（2），上海：神州国光社，1953年版，第334页。

文章，"第四种族""报馆天职"之类的说法，他也是最早提出者之一。但不可否认的是，至少在戊戌变法时期，梁启超对待新闻业的态度，远没有后来那样重视与认同。

梁启超如此，汪康年也没有免俗。《时务报》前 14 册，汪康年撰写了 9 篇文章，然而从 1896 年 12 月至 1897 年 12 月的整整一年之间，他再未在《时务报》上发表过只言片语。从汪康年这段时间的活动情况来看，主要试图利用《时务报》所积累起来的声誉与人脉关系，全面介入各项维新活动，廖梅指出，汪康年在此时至少参与了六家学会团体的组织工作①，如罗振玉所言，"沪上各事，如学社、学会，非公大力兼营，必多废坠"②。

在汪康年看来，办报活动是其社会地位的"晋升阶梯"（career ladder）③，是联系他与政治权势人物（如张之洞、刘坤一等）主要的、甚至是唯一的桥梁。以汪"泛览群籍，而无专门之业"④ 的才学能力，如果没有《时务报》带来的巨大人气与声望，他或许就会过着像吴樵在湖广的日子，"他无所事，惟素餐之咎，在所不免"⑤。因缘际会之下，汪康年抓住了"办报"的唯一出路，实现了自我价值，社会地位得到跃升，刘坤一誉其"汲古功深，匡时志切，编言纪事，广中外之见闻，宣德达情，动九重之观听"⑥，张之洞以"穰卿仁兄"称呼之。藉由报馆，汪康年将自己与社会、权力、士人群体紧密地"关联"在了一起。

另一方面，既然报馆只是汪康年提升社会地位的手段，所谓"职业报人"自然也无从谈起。《昌言报》停办之后，汪康年一度远离新闻界。汪氏好友关絅于 1899 年 9 月记录了汪这一时期的状态，"穰卿无事，现（昌

---

① 廖梅：《汪康年：从民权论到文化保守主义》，上海：上海古籍出版社，2001 年版，第 170—171 页。

② 《书札》（三），罗振玉（9），第 3159 页。

③ 参见章清：《民初"思想界"解析——报刊媒介与读书人的生活形态》，《近代史研究》，2007 年第 3 期。

④ 《书札》（一），汪大钧（11），第 608 页。

⑤ 《书札》（一），吴德潚（11），第 391 页。

⑥ 《书札》（三），刘坤一（1），第 2873 页。

言）报馆歇业，尚须料理"①。不久之后，汪康年组织江浙士绅，联合严复、唐才常、张通典、狄葆贤等，共同创办正气会及之后的中国议会，在庚子年间的政治舞台上又掀起了一阵风浪②。随后三年，汪康年虽然在上海处理《中外日报》事务，却一直关注着北京的政局发展。1901年，筹办《大公报》的英敛之来沪寻觅主笔人选，汪康年表示愿意亲赴天津，后因其"欲独揽大权"而作罢。但英敛之接受了汪的建议，聘用了与汪关系密切的方守六为主笔。汪康年想去天津发展，主要原因是天津靠近北京，舆论影响力更大，"冀可收从谏如流之效，不致有坐失时机之叹"③。当然，这也与《中外日报》事务基本交由汪诒年打理，他自己并不需要多费心力有关。

1904年之后，汪康年选择离开上海前往北京，在参加补应朝考之后，被任命为内阁中书。在京城的岁月中，汪康年忙碌不堪，"来客不断"④，参与了一系列社会事务。如1905年苏杭甬保路活动，浙江士绅多次联系汪康年，希望他能利用个人影响力，推动事态的发展⑤。揆诸《许宝蘅日记》，自1906年5月至12月间，汪康年与张元济、许宝蘅、黄绍箕、孙宝琦、章梫、吴庆祗、汪立元等浙江官绅为了浙路招股事宜，多次聚会碰头。此外，汪康年还经常出现在浙江、江苏、湖北等地的同乡会、团拜会上，交流情谊、寻求支持。

①　关賡：《关赓孙先生日记残稿不分卷》，1899年9月，上海图书馆馆藏稿本。
②　详情参见桑兵：《庚子勤王与晚清政局》，北京：北京大学出版社，2004年版，第106—154页。
③　汪诒年：《汪穰卿先生传记》，北京：中华书局，2007年版，第117页。
④　方豪编：《英敛之先生日记遗稿》，载沈云龙主编：《近代中国史料丛刊续编》(22)，台北：文海出版社，1972年版，第942页。
⑤　浙江铁路风潮乍起之时，汪康年一度是浙绅心目中的京官代表，见《记浙绅集议自办全浙铁路事》，《中外日报》1905年7月25日，第一版。

表 2-2　《许宝蘅日记》所示 1906 年汪康年在京有关浙路活动一览表①

时间	参加者	事宜
5 月 27 日	汪康年、孙宝琦、黄绍箕、章梫、吴庆祗、许宝蘅	盖为浙路议事，欲余担任办事之责，余力谢，恐不能却
6 月 2 日	张元济、汪康年、孙宝琦、章梫、许宝蘅	议浙路事，邀余为坐办，不得辞，只好允诺……议定明日再集议组织办事处章法
6 月 10 日	张元济、汪康年、章梫、黄绍箕、吴庆祗、许宝蘅	会议浙路事
6 月 13 日	汪康年、章梫、汪立元、吴庆祗、黄绍箕、叶尔恺、许宝蘅	为路股事，约严子秋、严瀛甫（源丰润）、陈谨斋（正金）、冯润田（恒裕）四君
6 月 27 日	汪康年、章梫、吴庆祗、黄绍箕、徐定超、许宝蘅	议路事
7 月 22 日	汪康年、孙宝琦、章梫、徐定超、吴士鑑、许宝蘅	议浙路事
8 月 12 日	汪康年、章梫、徐定超、孙宝琦、马吉梓、许宝蘅	先后来会议，又有河南人马积生吉梓来探铁路章程
10 月 12 日	汪康年、章梫、吴士鑑、许宝蘅	会议
12 月 16 日	汪康年、张元济、孙宝琦、章梫、汪立元、吴士鑑、许宝蘅	午餐，会议浙路事宜

对于创办报刊之事，汪康年也并未放弃。自庚子事变之后，汪康年一直关注北京的办报环境。1901 年 9 月，黄中慧在北京创办了《京话报》，"以开民智为第一义"，《中外日报》马上提供支援，在头版刊载出报广告，

---

① 许宝蘅：《许宝蘅日记》，北京：中华书局，2010 年版。

并为该报担任销售工作①。不久之后，顺天府尹陈璧查察工艺局之时封禁了《京话报》，汪康年大发感慨，连续致函质问"《京话报》于开通风气、劝化愚蒙最为合宜，今朝廷整顿伊始，实应准民间开设日报，昌言无忌，庶足新远近之耳目，振上下之胆气，抉公私之积弊。仅此《京话报》已嫌微软，今并此禁之，康年实不解公所执何义，竟忍而为此"②，他对陈璧的斥责，实质上也是一种感同身受的情绪表达。《中外日报》还引《文汇西报》上的言论，希望黄中慧能够将报馆机器运到上海重行续开，"因办理开新有益之事，惟上海最为妥善，为顽固党权力所不及也"③。

汪康年曾表示，办报最合适的地点应该是在京师，"遇有应匡救、应警告之事，报纸甫经刊登，易一时即闻于政府，冀可收从谏如流之效，不致有坐失时机之叹。较之设在外省之报纸，虽言之力竭声嘶，而政府仍不闻不见者，其效力实有大小之殊"④。但在前往北京之后，汪康年却暂时搁置了办报计划，公开提出"绝不愿办报馆之事，谨先申明"，不办报的原因是报律不开，"无论何国人在我国界内办报，皆照律办理，如此则无赖之人，不敢挟外人之势以阴持官场之短长"⑤。汪康年对国内恶劣的办报环境深有感触。若在上海，由于有租界的因素，"华报既在租界之内开设，应由西律办理，不应照中律办理"，如果要对报人进行审查，"须在会审公堂，由中外官会审。如果有罪，亦在租界之内办理"⑥，让报人有着较为自

---

① 《记〈京话报〉》，《中外日报》1901年9月26日，第三版；《北京〈京话报〉》，《中外日报》1901年9月30日，广告版。1901年10月18日，《中外日报》刊登声明，表示"前次分赠各埠代派处之《京话报》皆系由北京专寄，嗣后有欲定阅该报者亦请径自函寄北京琉璃厂工艺局内京话报馆，不必由本馆转达，以省周折"，见《本馆告白》，《中外日报》1901年10月18日，第一版。

② 《致陈雨苍京兆书》，载汪林茂编校：《汪康年文集》（下），杭州：浙江古籍出版社，2011年版，第586—587页。

③ 《要事》，《中外日报》1902年1月8日，第二版。

④ 汪诒年：《汪穰卿先生传记》，北京：中华书局，2007年版，第117页。

⑤ 《致瞿鸿禨书》（三），载汪林茂编校：《汪康年文集》（下），杭州：浙江古籍出版社，2011年版，第619页。

⑥ 《西报志华官与报馆为难事》，《中外日报》1903年7月2日，第二版。

由的办报空间。但在北京，"报馆违犯规条，至于停版"① 的事件层出不穷，让汪康年颇感惴惴②。严复在致汪康年的信函中亦指出，"朝廷虽累有新政之诏，然观其行政用人，似与所言尚非相应者。既开报馆，原与庶人不议之例不符，与其不议，不如勿开；开而议之，窃恐方今之日尚不能言者无罪也"③，严复的态度，理应对汪康年有所触动。

考虑到北京的办报条件给予报人的重重压力，直到 1906 年 7 月《大清印刷物专律》、10 月《报章应守规则》相继颁布之后④，汪康年才敢放手策划《京报》，《中外日报》则成为了《京报》在上海的代售处。时人甚至称其舍《中外日报》而特开《京报》⑤。《京报》卷入政治活动的程度更甚于《时务报》，连续攻击庆亲王奕劻在寿庆期间"广受贿赂"，责问其"自念当国数年，上答祖宗者何事？仰慰慈廑者何方？何以塞亿兆之望？何以执异己之口？"⑥。而袁世凯亲信段芝贵受贿一事，同样是《京报》的抨击对象。结果，袁世凯和奕劻联手鼓动御史恽毓鼎弹劾瞿鸿禨，其主要罪状就是"暗通报馆"，瞿遂被开缺回籍，这就是著名的"丁未政潮"。《京报》的命运可想而知，8 月底即遭查封，前后仅存在半年左右。

---

① 《〈北京日报〉等报馆为沥陈北京报界艰苦情形仰求维持事致民政部察文》，载中国第一历史档案馆编：《晚清创办报纸史料（一）》，《历史档案》，2000 年第 2 期。

② 汪康年曾在私下聊天时抱怨，"近时社会所最可忧者，朝野上下竟成一绝大拐骗之局，无一以真心示人者。照此做去，恐祸事之起未有艾也"，见徐兆玮：《徐兆玮日记》（一），1905 年 7 月 3 日，李向东、包岐峰、苏醒等标点，合肥：黄山书社，2013 年版，第 504 页。

③ 《书札》（四），严复（9），第 3278 页。

④ 也有论者提出，《大清印刷物专律》虽然颁布于 1906 年 7 月，公开于 9 月的各报之中，但并未真正加以实行，只是处于"拟订"的阶段而已，见殷莉：《中国第一部新闻法〈大清报律〉研究》，《新闻学论集》，2008 年第 20 辑，第 38—40 页。

⑤ 陈旭麓、顾廷龙、汪熙主编：《盛宣怀档案资料·第三卷 辛亥革命前后》，上海：上海人民出版社，2016 年版，第 59 页。

⑥ 《庆亲王七十生辰特别赐寿说》，载汪林茂编校：《汪康年文集》（上），杭州：浙江古籍出版社，2011 年版，第 93—94 页。关于"丁未政潮"的研究，参见周育民：《从官制改革到丁未政潮》，《江海学刊》，1988 年第 4 期；郭卫东：《论丁未政潮》，《近代史研究》，1989 年第 5 期；梁严冰：《丁未政潮与清末政局》，《历史档案》，2010 年第 2 期。

质言之，自1898年《昌言报》停刊到1908年《中外日报》改制的十年间，汪康年真正从事新闻业工作的时间并不多。即使在中外日报馆内，他也很少过问实际的报馆事务。深入观察可以发现，汪康年的内心，或许并不愿被一张小小的报馆经理办公桌所束缚。余英时先生指出，"中国古代知识分子一开始就管的是凯撒的事，后世所谓'以天下为己任'、'天下兴亡，匹夫有责'等等观念都是从这里滥觞出来的……所以根据'道'的标准来批评政治、社会从此便成为中国知识分子的分内之事"①。这种传统社会士人精神之传承，使得自王韬这一代的报人开始，就已经"将办报与政治活动化为一体，实现知识分子的参政愿望"，这就是所谓"报馆有益于国事"的概念。梁启超曾言，"启超等之运动，益带政治的色彩"，带着这样的想法，他投身办报活动，"批评秕政，而救弊之法，归于废科举兴学校，亦时时发民权论"②。办报并非目的，只是参与政治的手段之一，一旦有别的方式可以参与政治，其作用与力量远胜过通过创办报刊、利用三五年时间去影响官绅与平民，那么这些报人随时可能终止办报活动，这种"传播主体认同危机"具有的普遍性，几乎存在于每一个报人身上③。从汪康年的情况来看，自1898年《昌言报》停刊至1908年《中外日报》成为官报的十年之间，汪康年真正从事新闻业工作的时间不过四五年，即1901至1903年在《中外日报》、1907至1908年在《京报》与《中外日报》，即使在这几年之间，他也没有将主要精力放在报馆之中，而是积极投身各种政治活动，在庚子中国议会、辛丑张园集会、苏杭甬保路风潮、丁未政潮等重大事件之中，都可以看到汪康年奔走其间的身影，且都起到了举足轻重的重要作用。汪诒年指出，"仅以言论家目先生，抑未足以尽先生矣"④，

①　余英时：《士与中国文化》，上海：上海人民出版社，1987年版，第105—107页。
②　丁文江、赵丰田编：《梁启超年谱长编》，上海：上海人民出版社，1983年版，第54页。
③　唐海江：《清末政论报刊与民众动员：一种政治文化的视角》，北京：清华大学出版社，2007年版，第149—150页。
④　汪诒年：《汪穰卿先生传记》，北京：中华书局，2007年版，"序例"第3页。

这句话真是对汪康年的恰当点评，惜大多数治新闻史者均未对此加以重视。

目前对于汪康年办报生涯的评价，其材料往往来源于汪诒年为其兄所作的传记，重点刻画汪在办《时务日报》时身兼访事与主笔的劳苦形象，办《刍言报》时身患重病仍将"撰著编辑校对发行"等工作"一人任之"，并宣称"吾即以是为疗疾之药耳"等①。但需要注意的是，上述全身心投入的办报活动，维持的时间都不算长，《时务日报》仅 3 个月，《刍言报》不过 1 年多。而且在汪康年办《刍言报》之时，已经处于"孤鸿哀鸣"的状态，与几乎所有的政治、社会群体都"因政见不同而分手"②，只能选择用言论来"广台谏匡救之益"③，换句话说，在走投无路的情况下，汪康年才重操旧业"尽瘁报馆"④。如《清稗类钞》所言，汪康年"欲有所设施而不得，姑以报章发抒言论，又迭为官所夺，故常郁郁不自得"⑤。

综上所述，不少研究者将汪康年的办报活动视为其工作常态，认为自其 1896 年开办《时务报》之后，一直都是以报馆为家，未免显得太以偏概全了。有学者已经发现了汪康年专心经营报馆的传统认识与其热衷参与各种政治、社会事务的事实之反差，但为了延续汪康年"职业报人"的说法，不得不解释说"其他维新活动基本以报馆为依托，类似于当今报纸所从事的社会公益事业"，但正气会、中国议会、张园集会、保路运动、丁未政潮，又有哪一项真正"以报馆为依托"呢？前人因汪康年先后创办多份报纸的事实及汪诒年所作之传记，而将其称为清末"职业报人"的典范，后人不复察之，反而大加夸张，生生将汪塑造成为"一日不曾离馆"

① 汪诒年：《汪穰卿先生传记》，北京：中华书局，2007 年版，第 76、151 页。
② 廖梅：《汪康年：从民权论到文化保守主义》，上海：上海古籍出版社，2001 年版，第 349 页。
③ 《书札》（三），赵启霖（6），第 2867 页。
④ 《书札》（四），松江贤哲（1），第 3339 页。
⑤ 《汪穰卿讽世》，载徐珂编：《清稗类钞》（13），上海：商务印书馆，1918 年版，第 180 页。

的形象①，所谓"历史定评"，就是这样陈陈相因而形成的。

三、汪诒年：台前风云人物

既然汪康年无暇兼顾《中外日报》，那么报馆的一线经营工作，就落到了汪康年的弟弟汪诒年的头上。从进入时务报馆开始，汪诒年就是汪康年的左膀右臂，也是后者倾力打造的报馆"嫡系人马"，以对抗黄遵宪、梁启超等粤派士人的主要力量。《时务日报》创办之后，汪诒年任报馆经理及股东代表人，总管各项经营事务。在汪康年退股离馆之时，汪诒年的存在，使得汪康年的力量能够不绝如缕地注入曾广铨持有的报馆之中。更为重要的是，《中外日报》能够在 20 世纪初的上海新闻界迅速崛起，几与《申报》《新闻报》相颉颃，兢兢业业而又默默无闻的汪诒年功不可没，他才是这个报馆的实际主持人。

汪诒年（1866—1941），字仲策，号仲阁、仲谷、颂阁、颂毂（谷），浙江钱塘（今杭州）人。汪诒年的成长过程，与其兄长的教育密不可分。汪诒年在几十年后，深情回忆起兄弟三人齐案读书的场景："先生（即汪康年——笔者注）中坐，诒年与洛年左右坐，各就灯下治所业。有不解者，即就先生质问，无不披豁尽意……遇诂经精舍考课日，别二人合作一卷，先生任经解，诒年任词赋，时或遇题目不多，期限稍宽，则二人各作一卷，均由洛年为之誊写，亦彻底不辍……洎交卷归，天甫黎明，晓风吹人，腹中觉饥，则就道旁豆腐担啜腐浆一盂，以解饥寒。"② 移居上海之后，三人同居于静安寺路宅第，"如在杭时，兄弟怡怡，固不改其乐也"③。

---

① 樊亚平：《中国新闻从业者职业认同研究（1815—1927）》，北京：人民出版社，2011 年版，第 140 页。
② 汪诒年：《汪穰卿先生传记》，北京：中华书局，2007 年版，第 221—222 页。
③ 《汪穰卿教弟》，载徐珂编：《清稗类钞》（18），上海：商务印书馆，1918 年版，第 124—125 页。

100　　报人群体与组织生长：以清末《中外日报》为中心

在汪康年的督促之下，二位弟弟学业进步很快①。在喜好西学的汪康年影响下，汪诒年亦表现出对西学知识的浓厚兴趣，汪大燮曾赞许他"兼看西书，甚好甚好，得尺则尺，得寸则寸，无论为己为人，皆切近之要图也"②。甚至在性格上，汪诒年也打下汪康年的烙印。汪康年"性好施济，遇人有急难辄解囊相助"，哪怕"无余赀，乃质皮裘以与之"，与之相似，汪诒年同样"有以急需向贷者，亦颇竭力以应之"③。

汪诒年走上新闻从业之路，同样与汪康年有着直接的关系。1896 年，汪康年、黄遵宪、梁启超等人创办《时务报》。创刊伊始，作为经理的汪康年即意识到报馆事务的纷繁复杂，需要为自己寻找一个"替身"。汪诒年就在这样的背景下进入了时务报馆。起初入馆时，汪诒年的身份是财务管理，之后又担当了校勘及收发事宜，月薪二十元，但实质上"襄综一切"，行总理之职④，负责发放薪水、收发信函等方面的工作，尤其是在协

---

① 此处单论汪洛年（1870—1925），字社耆，号鸥客，久居淮上，善山水、书、画、篆刻，皆守师法，清鄂督张之洞聘任两湖师范等校图画教员，大江南北，皆震其名。1899 年 11 月，因绍兴水灾严重，汪洛年绘制山水屏幅四尺以助赈，《中外日报》介绍其"工画山水，远宗四王、近法鹿庄，游踪所至，久为名公卿推许"，见《山水屏幅助赈》，《中外日报》1899 年 11 月 8 日，第三版。民元前后，为商务印书馆编撰图画教科书，如《共和国教科书》之《新图画·毛笔》分册，即由汪洛年绘制，分教员、学生两种，教员所用课本"笔画由简而繁，下笔各有次序，一一标识，卷首略附教授法，尤便指示"，见商务印书馆编：《图书汇报》，1913 年 9 月第 27 期，载《民国时期出版书目汇编》（1），第 27 页。

② 《书札》（一），汪大燮（57），第 716 页。在商务印书馆任职期间，汪诒年也翻译过西书，如 1916 年 9 月 9 日，张元济收到汪诒年"所译《美国新营业》，第七十二页至九十九页"，见张人凤整理：《张元济日记》（上），石家庄：河北教育出版社，2001 年版，第 161 页。

③ 《汪穰卿好施济》，载徐珂编：《清稗类钞》（21），上海：商务印书馆，1918 年版，第 303 页。

④ 《书札》（二），梁启超（42），第 1864 页。据宋恕说，黄遵宪本意是想外聘账房，汪康年以股东之职反对，并趁黄出使在外时裁撤所聘之人，以汪诒年取代之，见温州市图书馆编：《刘绍宽日记》（1），方浦仁、陈盛奖整理，北京：中华书局，2018 年版，第 208 页。郑孝胥亦言，"黄公度在此，欲令穰卿以总理事畀其弟汪颂阁，而身为董理"，见劳祖德整理：《郑孝胥日记》（2），1897 年 7 月 30 日，北京：中华书局，1993 年版，第 610 页。

助兄长减少报馆支出的问题上更是竭尽全力。汪有龄曾致函汪康年，赞许"报馆内一切账目有颂毂料理，固可高枕无忧"①，亦有如叶瀚者批评他"精核太过""刻减火食"②。同时，汪康年所主持或参与的各项社会活动，也多有汪诒年襄助的身影，梁启超即言"不缠足会等事，颂谷一人之力，实断不能兼顾，或并《湘报》等寄售之各书各报，皆归积管何如"③。可见，至少不缠足会的管理事务及《湘报》（亦包括《知新报》）的寄售发行工作，是交由汪诒年负责的。

时务报馆在经历了最初相对团结的氛围之后，内部矛盾开始逐渐出现，各种明争暗斗的事件迭次展开，而作为"汪派人马"的重要成员，汪诒年自然无法置身事外，一些纷争甚至就是由他而起。如 1897 年 10 月，梁启超发现《论商务十：金钱涨落（变法通议七之十）》一文被汪诒年改动，他马上致函汪诒年，责问"未以见告，窃不自安，他日若竟是如此，令弟莫知所适从矣"④。梁启超看似在向汪诒年诘难，矛头却很鲜明地指向了背后的汪康年。激烈的争斗之下，梁启超愤而离开报馆，汪康年也感受到来自湖广方面的压力，独立办报成为此时自然的选择。1898 年 5 月，《时务日报》创刊，汪诒年作为股东代表人，"经理一切馆务"⑤，自此开启了他长达十年的报馆经理生涯。

《中外日报》问世之后，正遭遇戊戌政变，汪康年暂时退出了报馆，而曾广铨身负官职时常不在上海，因而邀请汪诒年主持大局。随着汪康年重新入主《中外日报》，汪诒年也获得了更大的发展空间。从夏曾佑的日记之中可以看到，汪诒年的工作十分忙碌，除了偶尔与同人小饮之外，就

---

① 《书札》（一），汪有龄（3），第 1058 页。

② 《书札》（三），叶瀚（32），第 2572 页。

③ 《书札》（二），梁启超（38），第 1860 页。积，即康有为门人龙泽厚。

④ 梁启超：《论商务十：金钱涨落（变法通议七之十）》，《时务报》第 43 册，1897 年 10 月 26 日；《书札》（二），梁启超（53），第 1860 页。

⑤ 张人凤、柳和城编：《张元济年谱长编》（上），上海：上海交通大学出版社，2011 年版，第 146 页。

是在报馆内处理各种事务，"一手亲裁，不容他人干预"①，时常忙碌至深夜，从数十次"晚至馆，访颂谷"之记录可见一斑②。尤其在日俄战争爆发之后，《中外日报》创立专电制度，每天从东京、北京、天津等地获取电报信息，刊载在第二天的报纸上。而"那种专电，往往要到夜里十二点钟以后，甚而至于到午夜两三点钟送到，也说不定"，这一时期汪诒年的工作状态，或许正如包天笑所说，处理完大样付梓之后，"天已作鱼肚白色，赶菜市场的卖菜佣，推着碧绿菜蔬的小车，已出来了"③。

同时，汪诒年还在一段时间内兼任《中外日报》的总主笔，为报纸撰写论说或时评，一些人在介绍汪诒年时也会将其身份界定为"中外报主笔"④。由汪诒年执笔的论说文章，还引发过几次"笔祸"，最突出的例子发生在1900年初的"己亥建储"事件。在慈禧太后预谋废黜光绪帝的新闻曝光之后，舆论一片哗然，《中外日报》更是言辞激烈，连续发布了《新保华策正权篇第一》《读二十四日上谕恭注上》《读二十六日懿旨书后》等论说文章，谴责慈禧此举是"日暮途穷，不为久长之计"的表现，"始闻之惧，继闻之疑，再闻之惑，坐是迷惘"，表示"退还大政，以明正皇权之所属"，才是"保华之首图"⑤。这些文章可能就出自汪诒年手笔。文章发表之后，得到了宋恕、梁启超等人的一致赞许。宋恕认为汪诒年"义愤奋发，据事直书，至触逆党之怒。以一诸生而被政府指拿，其气概可惊，

---

① 《严杜招摇》，《中外日报》1900年12月9日，广告版。

② 杨琥编：《夏曾佑集》（下），上海：上海古籍出版社，2011年版，第770—783页。

③ 包天笑：《钏影楼回忆录》，太原：山西教育出版社、山西古籍出版社，1999年版，第413、533页。从《中外日报》这一时期的专电接收时间来看，大多数的专电到达报馆的时间均在半夜11点至凌晨2点之间。

④ 《吕景瑞致盛宣怀函》，上海图书馆馆藏盛宣怀档案，索取号018152。《清国二於ケル新闻纸二关スル调查》，1909年，日本外务省文件，卷宗号B02130815800。

⑤ 《新保华策正权篇第一》，《中外日报》1900年1月24日，第一版；《读二十四日上谕恭注上》，《中外日报》1900年1月26日，第一版；《惑今篇》，《中外日报》1900年2月25日，第一版。参见侯宜杰：《二十世纪初中国政治改革风潮：清末立宪运动史》，北京：中国人民大学出版社，1993年版，第11—13页；刘学照：《上海庚子时论中的东南意识述论》，《史林》，2001年第1期。

怪不得目我辈为胆小如鼷也"，他还在给内弟孙仲恺的书函中，几次邮寄《中外日报》，认为观点大有可取之处，尤其刊登沈鹏参劾荣禄、刚毅一事，声震天下，"请赐一阅，并请诵与长者听"①。梁启超高度评价了汪氏兄弟在抵制"己亥建储"的过程中所做出的贡献，"提倡之功，不在禹下"，同时指出，"此后我辈责任日益加重，非片纸空文可以谢天下也"②。后人也赞誉道："当戊戌庚子之役时，中国已濒于危殆之境，舆论不一，谣诼纷起。《中外日报》主持正论，评论确实，颇能得社会之信仰。"③ 像在浙江瑞安的士人张棡读到《中外日报》，就感到报纸议论"独主变法，深咎中朝守旧不能维新，大臣因循不能振作"④。

对于舆论的强烈批评，官方迅即给予回应。1900 年 3 月初，上海纷传两江总督鹿传霖派遣密使前往租界捉拿维新党，对象有"《中外日报》主笔"汪诒年及汪康年等，罪状是"发传单、集义士之故也"⑤。汪康年不得不致函上海道台余联沅，表示"或谓衔恨之徒，将于狭路快意于弟，已而又谓招安之徒，将以捕弟为功。后且谓，由伊等列上姓名，请加严捕。近日则又加甚，谓官中名捕四人，凡得一人者，辄以千金为赏，并赏一武职，流传万口，愈播愈真，有谓已经领事认可者，有谓已由岘帅电商各国

---

① 《致孙仲恺书》（1899 年 12 月 30 日、1900 年 4 月），胡珠生编：《宋恕集》（下），北京：中华书局，1993 年版，第 693、703 页；温州市图书馆编：《林骏日记》（上），1900 年 1 月 22 日，沈洪保整理，北京：中华书局，2018 年版，第 217 页。

② 《书札》（二），梁启超（48），第 1870 页。

③ 刘墨筱：《报纸史之我闻》，载黄天鹏编：《新闻学刊全集》，《民国丛书》第二编（48），上海：上海书店出版社，1990 年版，第 278 页。汪诒年还参加了由经元善领衔发起的 1231 名上海绅商联名上书活动，亦赢得了不少赞誉。参见桑兵：《庚子勤王与晚清政局》，北京：北京大学出版社，2004 年版，第 107—110 页。

④ 俞雄选编：《张棡日记》，上海：上海社会科学院出版社，2003 年版，第 58 页。

⑤ 捉拿报馆主笔之新闻并非子虚乌有，汪康年即在函件中证实"实有拿三人之说"，见关赓：《关承孙先生日记残稿不分卷》，1900 年 2 月 8 日，上海图书馆藏稿本。皮锡瑞也听说要抓捕 8 人，包括汪康年及文廷式、宋伯鲁、唐才常、毕永年等，见皮锡瑞：《皮锡瑞日记》（3），1900 年 4 月 22 日，吴仰湘点校，北京：中华书局，2020 年版，第 894 页。另参见《派员查访新党》《命拿主笔》，《中外日报》1900 年 3 月 6 日，第二版、第四版。

外部者"，并抬出他与刘坤一（岘帅）的私人关系，"岘帅于弟实无丝毫猜疑，且岘帅于弟素相知重，亦断不至因一二簧鼓之言，辄为摇惑。此事弟信之，想阁下亦无不信之"①。此后，《中外日报》的言论渐趋平和保守。即使评论时政，也不忘在文章开头写道，"仅责政府而不责党人，观者得毋谓本报之宗旨，已认新党为完全无缺，堪任共和立宪而有余。今日文明之梗惟政府耳，政府朝覆则文明夕现矣？然本报亦何敢轻率至此"②，力求不触及官方敏锐的神经，显然带有自保的意味③。

在汪康年忙于各种政治与社会事务，无暇管理《中外日报》的情况下，汪诒年作为其兄的"替身"，主持报馆事务长达十年之久。汪康年在退股中外日报馆的声明中称，报馆一直由"仲阁一手经理"④。再看时人的表述，在抵制美货运动中，士人群体的领袖曾铸作《遵限答中外日报馆书》一文，以"中外日报馆仲谷先生有道"起首⑤；而汪氏兄弟的友人王慕陶在《中外日报》出售后，亦询问汪康年"颂阁能重设法收回否"⑥。显然，在曾铸与王慕陶等熟悉报馆事务的人看来，报馆的主持人一直是汪诒年。

关于汪诒年的性格，与其相熟之人多有论述。在包天笑看来，汪诒年是一个"极有精神"的人，性格"刚正诚挚"，甚为豪爽，在《中外日报》上常年刊发一些义务广告，宣传新出现的书报与学堂⑦。罗振玉也对汪诒

---

① 《致苏松太道余晋珊观察书》，载汪林茂编校：《汪康年文集》（下），杭州：浙江古籍出版社，2011年版，第582—583页。

② 《论新党之将来》，《中外日报》1903年9月30日，第一版。

③ 关于汪诒年"笔祸"之事，还有一例：1904年7月10日，《中外日报》刊登了论说《论中国宜筹对付道胜银行之法》，文章中对道胜银行的论述多有偏差，引发了一些读者的不满，汪诒年不得不在几周之后刊发声明，表示"本报曾登一论，言道胜银行与其在中国贸易之事，余既登此论，窃愿代表本报主人及出报人声明其抱歉之意，因余作此论，其大意系由他报摘录者，今知此论中转载之语有不合处，故余愿将此语更正，且藉以辨别焉"。见《更正》，《中外日报》，1904年7月29日，第一版。

④ 《汪穰卿仲阁启事》，《申报》1908年8月10日，第一版。

⑤ 《1905年反美爱国运动》，《近代史资料》，1956年第1期，第57页。

⑥ 《书札》（一），王慕陶（24），第133页。

⑦ 包天笑：《我与新闻界》（上），《万象》第四年第三期，1944年，第13页。

年高度评价。1904年，罗振玉受时任两江总督端方的邀请，出任江苏师范学堂监督，他还得到端方的指示，"苏、宁本一省，不当分畛域。有投考者，一律收录。于是扬、徐、淮、海有投考者，亦凭文录取"。但不久之后，端方出任考察政治大臣，罗振玉遂受到了来自苏州乡绅的压力，后者认为这种"不分畛域"的选拔制度侵害了他们的利益，在报纸上攻击罗振玉"在苏筑室，私占校地"。罗振玉迫于压力，干脆辞职。汪诒年闻听此事，颇为不平，声言"人世无黑白久矣！公不辩，人且谓公果有占地事，请告予本末"，遂用罗振玉的名义作答辩书①。罗振玉最初还怪其多事，而在上述公函刊出之后，"竟噤无一言"，依罗振玉的揣测，部分原因是"盖意在逐客，予既去，愿已足，故不更烦笔墨也"，不过他仍有感于汪诒年的出面之举，赞誉其乃"古之遗直"②。

汪诒年先天重听，早年得了个"汪聋蟊"的名号③，到了晚年则双耳完全失聪，全凭笔谈④。他能够成为上海滩最大日报之一的主持人，实在付出了太多的心血。以汪诒年的资历和业绩，完全有资格与《申报》的席

① 四篇可能为汪诒年所撰的文章分别是《罗叔蕴署正致本馆函·为辨明江苏学会调查员报告事》，《中外日报》1906年5月19日，第四版；《罗叔蕴署正致张季直殿撰函》，《中外日报》1906年5月21日，第四版；《罗叔蕴署正驳正江苏学会调查员报告书》，《中外日报》1906年5月22日，第四版；《罗叔蕴署正辨正苏绅上陈中丞公呈》，《中外日报》1906年5月25日，第四版。
② 罗振玉：《雪堂自述》，南京：江苏人民出版社，1999年版，第24页。
③ 包天笑曾回忆，"汪颂阁是聋子，人家呼他汪聋蟊"，见《钏影楼回忆录》，太原：山西教育出版社、山西古籍出版社，1999年版，第214页。徐珂《清稗类钞》"汪穰卿好客"条中亦言，"穰卿有弟曰仲阁者，则反是，以耳聋，须与人笔谈"，见徐珂编：《清稗类钞》（27），上海：商务印书馆，1918年版，第61页。夏曾佑亦不时以"聋公"称呼汪诒年，见杨琥编：《夏曾佑集》（下），上海：上海古籍出版社，2011年版，第772页。
④ 王绍曾：《商务印书馆校史处的回忆》，载《商务印书馆九十五年》，北京：商务印书馆，1992年版，第298页。不仅是汪诒年，汪洛年同样患有重听，王揖塘即提到，"社者（即汪洛年），鸥客别字也。君耳重听，故人呼为'汪聋'"，见《民国诗话丛编》（三），上海：上海书店出版社，2002年版，第356页。祝秉纲亦言，"社者令弟断弦后，曾娶如夫人否？闻略有耳疾，谅不妨事"，见《书札》（二），祝秉纲（22），第1550页。

子佩、《新闻报》的汪汉溪、《时报》的狄葆贤并称为清末上海新闻界的"四大金刚"①。但与后三人不同的是，汪诒年在后世研究者的视野中俨然成为一个"盲点"。而这位新闻史研究中的"失踪者"，实质上是当时新闻界职业人群的一个缩影。绝大多数的报馆从业人员都如同汪诒年一样，不辞辛劳地奔走于报馆各部门之间，为报刊的成形、出版、发行等工作耗尽心血。近代新闻业能够出现这种绵延不绝、花团锦簇的景象，不能忽视像汪诒年这种甘居幕后、不事张扬的经营者。梁启超曾高度评价汪诒年之能力。"兄之初来情节，岂待兄言？当时穰兄亦有迟疑，恐受外谤，以商于弟。弟彼时未深悉兄之为人，以为未必报馆中不能少之人也，故亦颇有引嫌之意。及今数月以来，则知馆中事务一刻不能离公，内外上下，一切皆一人独任其劳，馆中非得公，则一日不能支矣。此事举馆人人共睹，公度徒知铁樵之才，而不知兄也。凡不相知之人，最难与言。岂惟公度不知兄？即弟去年未返粤以前，亦未知兄……馆中惟兄一人最劳，谁不知者"②，良非虚言。

《中外日报》被蔡乃煌收购之后，汪诒年接受了张元济与夏瑞芳的邀请，于1909年2月加入了商务印书馆③。不过他的报界生涯并未就此结束。1911年5月15日，由《时事报》与《舆论日报》合并而来的《舆论时事报》更名为《时事新报》，汪诒年出任该报经理，张元济与高凤谦等

---

① "四大金刚"一词，见郁慕侠：《上海鳞爪》，上海：上海书店出版社，1997年版，第65页。

② 《书札》（二），梁启超（42），第1864—1865页。这些言论是对汪诒年而非汪康年的评价，因第37函至43函无抬头，第37函结尾处有汪诒年所书"以下数笺，均系办《时务报》时致诒年之便条"。

③ 张人凤、柳和城编：《张元济年谱长编》（上），上海：上海交通大学出版社，2011年版，第265页。

参与组织①。在该报出版的特别广告上，用大字直书"本报特聘前中外日报馆经理汪仲阁先生主持报事"②。1911年12月，《时事新报》刊载一篇对革命前景感到忧虑的评论文章《革命危言》，遭到了不少报纸的围攻，其中一马当先的即是已为官报且更名的《中外报》。《中外报》还在呈沪军都督陈其美的公开信中，攻击"投身报界十余年老于阅历之汪颂阁氏"居心叵测、顽固不化；《时事新报》立刻刊发特别广告，对《中外报》进行反击，称《中外报》"确为清政府官产，仍为上海道所有，不入日报公会，并指其毁谤军政府实据数则，又控告《中外报》于沪都督呈一件"③。1912年5月，汪诒年重返商务印书馆，加入编译所下属的交通部④，自此之后脱离了新闻界，开始了与商务印书馆结缘的下半生⑤。

回顾汪诒年的办报过程，1896年下半年，他随汪康年进入时务报馆，梁启超赞誉其"馆中事务一刻不能离公"；1898年，他先是担任《时务日报》经理，又在汪康年退股、曾广铨北上的情况下，独自挑起《中外日报》的经营重担。《中外日报》十年，馆内人员来而又往，只有汪诒年一人从头到尾坚守报馆，为报纸的发展殚精竭虑，故而在《中外日报》收归官属之后，汪康年致函端方，言及其失报馆不足惜，真正痛心的是"舍弟

---

① "《时事新报》为弟与梦旦数人所组织，仍延仲谷综理社事"，见张元济：《致梁启超》（10），载《张元济全集》（第3卷），北京：商务印书馆，2007年版，第219—220页。另见蒋维乔写于1911年3月3日的日记，"往时事报馆访汪仲阁"，见林盼、胡欣轩、王卫东整理：《蒋维乔日记》（第一册），上海：上海人民出版社，2021年版，第492页。

② 《时事报特别广告》，《申报》1911年5月15日，第一版。

③ 劳祖德整理：《郑孝胥日记》（3），1911年12月7日，北京：中华书局，1993年版，第1366页。

④ 根据民国初年的一份《商务印书馆编译所名录》（复印自商务印书馆档案）显示，汪诒年于"壬子四月"，即1912年5、6月间加入商务印书馆交通科。笔者在关豫的日记中，发现在辛亥年的通信录中，有"汪颂穀，子美臣、歧臣、辑臣，北京：商务印书馆交通科"的内容，或许汪诒年回到商务工作的时间，早于其档案上的记录，见关豫：《关承孙先生日记残稿不分卷》，上海图书馆馆藏稿本。

⑤ 参见拙作：《汪诒年：勤勉聋翁商务路》，《出版博物馆》，2011年第1期。

十年苦心"一朝化为乌有①。在办报的过程中，汪诒年同样获得了经济上与声名上的双重回报，1902年，清廷颁下诏书，仿考试博学宏词例进行特试，汪诒年名列其中，推荐人是曾国荃之孙、曾纪瑞长子曾广汉②。在受到膺举的九人之中，汪诒年"廪生"的功名是最低的③。可见清末依托新闻业而搭建起的"晋升的阶梯"，同样在汪诒年身上发挥了作用。1905年之后，上海掀起了多次义赈活动，几大报馆的总经理如汪汉溪、汪诒年、狄葆贤等，作为活动的发起人、宣传方与组织者，是义赈活动的中坚力量④，这些拿笔杆子的士绅文人，已经与商人集团、政府官员一起，成为城市政治及社会权力的重要一极⑤。与汪康年相比，汪诒年的办报生涯，似乎更有资格冠以"职业报人"的称号。

四、兄弟同心，其利断金

日本人曾将《中外日报》称为汪康年"管理"的报纸⑥，汪诒年编撰的《汪穰卿先生年谱》，也在1899—1903年的条目下写着"在上海主持中外日报馆事"⑦。但是，了解《中外日报》内情的包天笑又说，《中外日报》"都说是汪康年（号穰卿）办的，其实是他的弟弟汪诒年（号颂阁）办

---

① 《汪康年致陶帅大人》，载《〈刍言报〉访稿不分卷》，上海图书馆馆藏稿本。
② 《保举经济特科员名单》，《大公报》1902年12月3日，第三版。
③ "廪生"又称廪膳生，明、清两代用来称呼由府、州、县按时发给银子以补助生活的生员。士人经过县考、府考、院考取中后为生员，在额的生员即为廪生，后因名额渐多，故规定岁、科两试等第高者为廪生。参见王炳照、徐勇主编：《中国科举制度研究》，石家庄：河北人民出版社，2002年版，第251—252页。
④ 朱浒：《民胞物与：中国近代义赈（1876—1912）》，北京：人民出版社，2012年版，第207—208页。
⑤ 梁元生：《晚清上海：一个城市的历史记忆》，桂林：广西师范大学出版社，2010年版，第93—97页。
⑥ ［日］林安繁：《扬子江》，《清议报》第88册，1901年8月14日。在日本的外务省档案中，称汪康年为"《中外日报》经理"，见《在上海〈タィムス〉所载清國ノ将来卜云ヘル社説中事实无根ノ廉取消一件》，1905年，日本外务省文件，卷宗号B03040811300。
⑦ 汪诒年：《汪穰卿先生传记》，北京：中华书局，2007年版，第132页。

的"，"他们兄弟分道扬镳，编辑上的事，穰卿并不干涉的"①。

综合各种资料来看，汪康年掌握报馆大局，汪诒年主持日常事务，应该是《中外日报》管理层的业务分工状况。汪康年虽然"出入《中外日报》"②，但多数时间不在报馆。根据夏曾佑日记，1904年一整年，都未提到与汪康年有关的内容，直到1905年6月底，才出现对汪康年的记录。汪这次在上海总共待了2个多月，在抵制美货风潮中与张謇、张元济、汤寿潜、周廷弼等人合作，商量与江浙商人"疏通"之法，议决设立验货公所③，同时担任浙江同乡京官代表，与张元济、孙廷翰、沈卫及严信厚、王存善等负责处理浙江铁路事务，多次参加士绅集会，"演说京中各官之意"④，用叶瀚的话说，"渠终日为浙江铁路事交涉甚忙，不甚与闻馆事。即偶尔来馆，亦只见其会客"，报馆所倡不定美货之意见，亦"未闻穰卿有反对此事之语，想渠必与此无关"⑤。1905年底，汪康年重入京城，为创办《京报》做准备，直至1907年下半年，因"丁未政潮"、《京报》停办而被迫回到上海，此时他才真正开始主导《中外日报》的事务，不过为时很短，1908年8月报纸即被官府收购。

汪康年游离于报馆之外，《中外日报》的日常工作就主要由汪诒年主持，像订报、投稿等琐碎事务，即使写在寄给汪康年的信函中，也往往注明转致汪诒年，由后者进行处理。如孙翼中，"新闻数则，已由欧处附寄《中外日报》馆，顷又撷拾数则寄奉，祈便交颂毂先生，至感至感"⑥；如汪守坻，"《中外日报》祈告知二哥，以后祈为弟专寄一分，或半月或十日

①　包天笑：《钏影楼回忆录》，太原：山西教育出版社、山西古籍出版社，1999年版，第230、272页。

②　汪康年：《汪穰卿笔记》，北京：中华书局，2007年版，第74页。

③　《张君季直等复商部左丞唐君函》，《中外日报》1905年9月8日，第一版。

④　《寓沪浙籍官绅士商公鉴》，《中外日报》1905年7月23日，广告版；《记浙绅集议自办全浙铁路事》，《中外日报》1905年7月25日，第一版。

⑤　《记本馆社员与沪学会会员论抵制美约事》，《中外日报》1905年8月14日，第一版。

⑥　《书札》（二），孙翼中（4），第1489页。

一寄均可，全年需详若干，示知即当寄上"①；又如经元善，"敬安兄又有经正书院公启一稿，欲借重大名连笔谈并呈台鉴，倘荷许可，乞转送令弟颂阁兄，明晚排入，后天见报，恳多登时日，尤征善与人同之雅也"②。同样，若有上海的友人转交书刊给汪康年，一般也会经由汪诒年之手。如1906年底，人在上海的王慕陶为在北京筹办《京报》的汪康年寻觅主笔及访事，约定"来信仍由《中外报》转交，弟他行必告知颂阁也"③。1907年9月，汪诒年向郑孝胥索要其著作《边事索记》，"云穰卿属寄北京，遂以二册遗之"，两天后，汪诒年邀饮郑孝胥，作为答谢④。由此可见，汪诒年不仅在报馆事务上与汪康年保持着紧密的互动关系，还担当着汪康年在上海的联络人，如汪家熔先生所言，"汪康年、诒年昆仲志趣相投，诒年曾长期襄助乃兄。汪康年在鄂、京、沪一切均由乃弟代理"⑤。

值得关注的是，虽然汪康年长期不在报馆，但报纸的经营方针、经费开支、人员安排等核心问题，他仍然有发言权。像夏曾佑、谢荫昌等报馆同人，正是在汪康年的安排下进入报馆工作⑥。1904年，汪诒年聘请曾做过《东亚时报》《大阪朝日新闻》记者的日本人牧放浪作为访事，牧放浪探访的新闻直接传给报馆，却没有同时传给汪康年，引起汪康年的不满。汪诒年赶忙去信表示，"牧放浪代本馆探访一节，弟现亦不甚惬意，以其并无好新闻传来而反累我馆费去电费甚多也，拟试办一月，如竟无出色之新闻，则拟即辞之。兄之新闻与彼与否，亦可随便矣，惟渠新闻却议明随

---

① 《书札》（四），汪守坻（3），第3395页。

② 《书札》（三），经元善（6），第2428页。

③ 《书札》（一），王慕陶（5），第111页。

④ 劳祖德整理：《郑孝胥日记》（2），1907年9月13、15日，北京：中华书局，2007年版，第1057页。

⑤ 汪家熔：《"化身千百以垂久远"——读〈书海五十年〉后有感于〈汪康年师友书札〉的出版》，《图书馆学通讯》，1988年第2期。

⑥ 武进人谢荫昌曾回忆早年入《中外日报》的过程：1900年，他向昌言报馆寄去稿件，"蒙汪穰卿先生约，赴沪"，由此担任《中外日报》撰述。见谢荫昌：《演苍年史》不分卷，上海图书馆馆藏稿本。

时电达本馆。故渠不告知兄一番，并非与初议相违"①。不久，在汪诒年致汪康年的第二封信函中，还提到"抠、译二署访友请速为留意，拟俟旅顺一破后，即将烟台访事辞去，而以其薪宜请抠、译二署密访"，报汪康年知晓②。

报馆日常事务由汪诒年主持，遇有大事向汪康年请示。汪氏兄弟的业务分工结构，对《中外日报》带来怎样的后果？关于这一点，需要深入审视汪氏兄弟的性格特征。相较之下，汪康年长于开拓，极富创新精神。汪诒年明确提到，《时务日报》两面印报、短行分栏的做法是汪康年提出的③。1900 年前后，汪康年曾致函高凤谦，说明将大力整顿《中外日报》④，此后，《中外日报》进行版面的大幅度改良，包括设立"来函""紧要新闻""译报""专电"等栏目，以及"为便览起见，将报纸改直为横，其格式悉仍旧贯"⑤。该年，义和团运动全面爆发，汪康年以其"职业报人"的敏感性，及时感知事件性质⑥，多次提醒报馆翻译人员，"凡西文报内所载西人持平之论，必须译出，以征症结之所在。故《中外日报》此类之言论，时有译载"⑦。1907 年，汪康年创办《京报》，仍在版面设计上大做文章，"以大幅裁叠成小页，便车行浏览，颇特别"⑧。汪康年的革新精

---

① 牧放浪（1868—1915），本名叫牧卷次郎，少时在东京专门学校学习，后因病返回故乡，之后来到上海担任《东亚时报》记者，还做过《大阪朝日新闻》特派记者。见《书札》（四），汪诒年（1），第 3856 页。

② 《书札》（四），汪诒年（2），第 3857 页。

③ 包天笑曾表示，"颂阁先生为奖励专电起见，无论北京访员、各省访员，能打一专电来的，除馆薪以外，每条专电，特奖银二元。于是由他开了风气，以后各报都有了自己的专电"。比较汪诒年的说法，包天笑的回忆应该是不准确的，见包天笑：《我与新闻界》（上），《万象》第四年第三期，1944 年，第 13 页。

④ 《书札》（二），高凤谦（41）（42），第 1651—1652 页。

⑤ 《本馆告白》，《中外日报》1899 年 5 月 30 日，第一版。

⑥ 陈诗麒：《尴尬的自在——以〈汪穰卿笔记〉为中心看近代沿海市民对西方文化冲击的反应》，载孙逊主编：《都市文化研究》（第一辑），上海：上海三联书店，2005 年版，第 134—141 页。

⑦ 汪诒年：《汪穰卿先生传记》，北京：中华书局，2007 年版，第 132 页。

⑧ 金梁：《光宣小记》，上海：上海书店出版社，1997 年版，第 13 页。

神，对《中外日报》的发展作用显著。

与汪康年相比，汪诒年办事风格细致，记忆力强，《时务报》时期的同人吴樵曾对他"精敏细密"的办事风格十分"推服"①。在日后任职商务印书馆交通科时，汪诒年得了一个外号"活目录"，商务的各类出版物，他都熟极而流，不需要看目录，就能正确说出书名、著者、价格②，这种个性的人能够成为很优秀的管理者或执行者，但恐怕很难有太大的创造力。由此可以理解，当1904年汪康年北上，报馆由汪诒年独立经营之后，《中外日报》逐渐保守，不复创刊时的锐气逼人了。与此同时，《时报》的快速崛起，以"带文学兴趣的附张"及"直行如书页，然取其最便阅看，无烦折叠，反顺均可装订"的版面创新，于新闻界独树一帜③，林语堂言："《时报》的编辑方针别开生面，它在业务上的改革，令当时的新闻界耳目一新。"④ 郑逸梅也表示，"版面的活泼和新颖，要推《时报》首屈一指"⑤。

《时报》的兴盛，对《中外日报》造成严重冲击。清末各大报刊中，《申报》的主要阅读人群是官绅，《新闻报》吸引商界人士，《中外日报》原本受到学生及趋势士人青睐，"读书人尤欢迎之"⑥。《时报》同样以学生、士人为目标，"当时学校贴报栏大都只贴《时报》，知识界人士每天几乎非看《时报》不可"⑦，与《中外日报》的读者群体多有重合，因此很快

①　《书札》（一），吴德潇（51），第439页。

②　王绍曾：《商务印书馆校史处的回忆》，载《商务印书馆九十五年》，北京：商务印书馆，1992年版，第298页。

③　《时报馆启》，《中外日报》1904年6月21日，广告版。

④　林语堂：《中国新闻舆论史》，刘小磊译，上海：上海人民出版社，2008年版，第112页。

⑤　郑逸梅：《黄伯惠接办〈时报〉》，见氏著：《清末民初文坛轶事》，北京：中华书局，2005年版，第154页。关于《时报》的业务革新过程，参见余玉：《上海〈时报〉新闻业务变革研究》，北京：人民出版社，2017年版，第53—165页。

⑥　汪诒年：《汪穰卿先生传记》，北京：中华书局，2007年版，第190页。还有报纸称，"看《中外日报》的大半都是念书人"，见《告诉大众》，《中国白话报》第2期，1904年1月2日。

⑦　义勤：《被人遗忘的老〈时报〉》，载吴汉民主编：《20世纪上海文史资料文库》（6），上海：上海书店出版社，1999年版，第19页。

从《中外日报》手中抢到了不少客源，两者之间此消彼长。据《时报》"赞助人"梁启超的估算，《时报》的销量每日增加数十份，1905 年 4 月日均销售 7200 余份，在《新闻报》之后，位居日报销量第二位，《中外日报》则从每日销售 6000 余份跌至 3000 余份①。胡适回忆，"当时的几家老报纸仍旧做那长篇的古文论说，仍旧保守那遗传下来的老格式与老办法，故不能供给当时的需要。就是那比较稍新的《中外日报》也不能满足许多人的期望。《时报》应此时势而产生……出世不久就成了中国知识阶级的一个宠儿"②，原先是《中外日报》忠实读者的包天笑也说，"就上海已往的报纸而言，《申报》是开创的，《新闻报》是守成的，《中外日报》是变法的，《时报》是革命的"③，因此弃《中外日报》而读《时报》④。

对于《时报》的崛起，汪诒年颇为忧虑，故而以"皖北忧时子"的笔名假作读者，在《中外日报》"来函"栏目攻击《时报》"巴结唐少川、偏袒王之春及力助美人倍次三事"。汪诒年的做法并没有获得同人认可。王慕陶即指出，"《中外日报》与《时报》之冲突，徒损言论势力及报纸价值，愚孰甚焉……两雄相角，莫肯先下。《时报》平日眼中本只有一《中外日报》，颂阁与之接战，是正与以好机会也。弟意尚劝颂阁稍为含忍，不必在此等事上争无谓之口舌，《中外日报》价值，明眼人自知之，其所长处实在机关灵通，新闻富有，至于巧翻花样、闲斗笔墨，原非颂阁所长，勉强学人，反致贻以指摘，不如竭力整顿新闻，扩充机关，自可涵盖

---

① 从梁启超的表述中也可以看到，《时报》一直将《中外日报》视为主要的竞争对手，因此特别关注后者的销量，见梁启超：《梁启超家书校注本》，胡跃生校注，桂林：漓江出版社，2017 年版，第 32 页。

② 胡适：《十七年的回顾》，载《胡适文存二集》，《民国丛书》第一编（94），上海：上海书店出版社，1989 年版，第 285—286 页。

③ 包天笑：《我与新闻界》（上），《万象》第四年第三期，1944 年，第 14 页。

④ 在有些读者看来，1905 年后的《中外日报》，可读性甚至不如刚问世的《南方报》。皮锡瑞就在 1905 年 11 月 10 日的日记中记载，"阅《南方报》，颇可观，现已不看《日报》，专看此"，见皮锡瑞：《皮锡瑞日记》（4），吴仰湘点校，北京：中华书局，2020 年版，第 1490 页。

一切。其余小巧小慧，可以不必措意，惟于论说上堂堂正正发挥而已"①。

《中外日报》后期发展模式上的保守，还体现在报馆的单线经营之上，《申报》《时报》等报纸为了扩大经营规模，纷纷将战线延伸至出版领域，效果十分显著，《时报》一度"入不敷出，而有正书局却岁有盈余。于是挖肉补疮，以其盈余，补其不足。《时报》得以支持数年下去，也很靠有正书局为之扶助"②。而《中外日报》没有其他产业的辅助及保障，一旦"困穷"，则绝无回旋余地。

除了汪诒年之外，汪康年的不少亲族都参与了《中外日报》的经营事务。汪康年堂弟汪大钧是《时务日报》的创办者之一，另一个堂弟汪德年长期在南昌代售《中外日报》，从堂弟汪顺年则在直隶河间府中学堂推销《中外日报》③，外甥楼思诰负责在杭州代派报纸，甚至报馆主笔夏曾佑都和汪康年有亲属关系，如此多的汪氏亲族加入办报活动，再一次证明了《中外日报》在商业报纸的外表之下，依然是相对传统的同人报刊之内核。汪康年所办的六份报纸，从《时务报》《昌言报》到《京报》《刍言报》，报刊的资本筹集的来源、销售网络的建构、言论表述的方式等，存在着前后的一致性，中间并不存在经营模式的"路径断裂"。当然，关系网的作用是相互的，在汪氏亲族为《中外日报》奔走宣传的过程中，《中外日报》也承担着为这些人摇旗呐喊的责任。报馆先后代售了汪大钧主办的《工商学报》、汪德年主办的《工商杂志》等出版物，无形中增加了报馆的资金负担。

---

① 《书札》（一），王慕陶（15），第 123—124 页。

② 包天笑：《钏影楼回忆录》，太原：山西教育出版社、山西古籍出版社，1999年版，第 531 页。参见张振亭、赵庆：《时报系及其集团效应初探》，《中国出版》，2004 年 11 月下。

③ 汪顺年言，寄到河间的《中外日报》，"各学堂已代为招呼，能以多销数分，亦未可知"，见《书札》（四），汪顺年（4），第 3863 页。《直隶教育杂志》1905 年第10 期刊载直隶河间府《详中学堂监督禀请设广育学会参附研究阅报文并批》一文，其中论及"整顿学堂，改良私塾，兼阅《北洋官报》《汇报》《大公报》《北京报》《中外日报》《官话北京报》，以赞观感，而广见闻"。

需要留意的还有汪康年堂兄汪大燮的角色。汪大燮从未参与过报馆的经营活动，但是他的态度对汪康年有着非常重要的影响，《汪康年师友书札》中收入汪大燮信函200通，为各家之最，其中不乏品评人物、臧否时政的内容。如称夏曾佑"向来见异思迁，性情浮动……最喜欺侮忠厚人，见人有为人欺侮之事，甚以为乐，又其言语深刻，喜讦人私，不择人而施，最易酿成祸患"①，如讥讽伍光建"伍昭扆畸人逸士，可与瞎说，不能办事，确当之至"，"在美甚谬，一事不办，自言曰我前未到过美国，不过借此游美耳，我事已毕矣。梁系戴所调，端事固不问，戴事亦不问，端固恨之，问以事则碰钉，戴尤恨之，盖端、戴不洽皆由伍起也"，"伍昭扆随考治大臣出来，有人问以事，曰我只拿得几百银子薪水，那里能管许多事，我明告汝，我不过借此自己游历，此等事我都不管"②，如认为温宗尧"似不可用，其侄随黄本甫赴澳，闻亦甚劣，且洋文亦不通"③，而夏、伍、温皆与汪康年过从甚密，且三人均有在《中外日报》工作的经历，因此汪大燮对于这些人物的评论，似乎并未改变汪康年的判断。但汪大燮的存在，又直接影响到了《中外日报》的发展。1907年，因江浙铁路事件，汪大燮受到士绅群体的抨击。汪康年亦受牵连，他的"上下因循至此，亦复何策？惟有将合同情节减轻，少受害而已"的表态，被视为与汪大燮沆瀣一气的罪证④。当张元济作为代表赴京与各级官员进行铁路事务的商谈过程中，汪大燮不仅在信函中描绘张元济"满口官话"，且明确注明"函不示挚、菊"⑤，进一步加剧了汪康年和张元济之间的矛盾关系。而在汪康年

---

① 《书札》（一），汪大燮（96），第781—782页。汪大燮说话向来随性夸张，如他两次称夏曾佑不可信，此前曾陷害过汪康年，但笔者翻遍《汪康年师友书札》及其他材料，均未见到提及汪、夏曾有矛盾的记载。相反，称赞夏曾佑"落落才高"，能够成就一番事业的，同样是汪大燮本人。

② 《书札》（一），汪大燮（139）（147）（161），第841、861、907页。

③ 《书札》（一），汪大燮（162），第916页。

④ 汪康年：《汪穰卿笔记》卷一"苏杭甬路始末略记"，北京：中华书局，2007年版，第12—14页。

⑤ 《书札》（一），汪大燮（177）（179），第969、976页。

抱怨商务印书馆干涉报馆经营之时，汪大燮的反应是对商务进行斥责，并劝说报馆收回资本，汪大燮的态度是《中外日报》与商务印书馆合作破裂的关键因素之一。

第三章

有来有往：报馆同人竞风流

《时务日报》创办之时，曾广铨、汪大钧作为主要出资人，汪诒年作为报馆经营事务的主持人，汪康年作为报馆内外的联络人及报纸事实上的主笔，四人各司其职，合力将报纸推入正常的发展轨道。汪康年、汪大钧先后离馆之后，曾广铨又远在北京，虽然这为汪康年重夺报馆提供了便利，但客观上造成了汪诒年一人独撑报馆的局面。此时，汪氏兄弟的同乡好友叶瀚、夏曾佑等人的先后入馆，极大推动了《中外日报》的发展。1902年之后，汪康年主外、汪诒年主内、叶瀚为首席翻译、夏曾佑为主笔，形成了一个由报结缘的核心团队。清末民初的中国社会，传统的地缘人际关系发挥着无可替代的重要作用。

一、叶瀚：报馆首席总管

在曾广铨退出、汪康年重掌《中外日报》之后，汪氏兄弟作为最高管理层，其紧密而互相信任的交往关系，保证了该报经营局面的相对稳定。围绕在汪氏兄弟周围的经营活动参与者，先后有王仁乾、孙淦、叶瀚等人。王仁乾、孙淦都是旅日商人，在《时务日报》时期，他们协助汪康年经营报馆，孙淦还是报馆机器的订购者，他们的情况已见前文，兹不赘述。需要重点关注的，则是长期相伴汪氏兄弟左右，全力襄助报馆工作的叶瀚。

叶瀚（1863—1933），字浩吾，浙江仁和县（今杭州）人。20 岁时认识了夏曾佑，在其影响下自学数学，并多方购求《东华录》《海国图志》《瀛寰志略》等时务书籍，后又与钱恂相交，阅读其所著之《中俄界约新注》《帕米尔图》及洪钧著《中俄交界图》《元史译文证补》等，对于西学有了初步的认识。在入格致书院之后，他的一篇文章《帕米尔界说考》引起了张之洞的注意，遂将其介绍给时为幕僚的汪康年。在汪康年受张之洞的指派，来到上海组织创建《时务报》之后，叶瀚多次提醒汪康年注意言论。例如汪康年《中国自强策》与严复《辟韩》刊布之后，叶瀚批评两篇文章"颇有訾论"，"文犯时忌"[1]。叶瀚在张之洞幕僚工作数年，逐渐有独创事业之志。当张之洞要他办自强学堂，"为香帅纂书"[2] 时，叶瀚先是允诺此事，待到考察学校的请求获批之后，他迅即带上行李赴沪，不再返回武昌[3]。

叶瀚精力旺盛，才华不俗，钱恂描述他"看卷译商律之外，又好读全体书，又欲撰中国文法书，又善病，又好无用之信，又长，故无暇，屡劝节劳，不信也"[4]。在沪期间，叶瀚投入到热火朝天的变法维新事务之中，如开办蒙学公会，创刊《蒙学报》，建立速成教习学堂等。上述活动背后都有汪康年的鼎力支持。蒙学公会的创办人便是叶瀚、汪康年、曾广铨、汪钟霖四人，汪康年还将《蒙学公会公启（并简章）》刊发在《时务报》

---

① 《书札》（三），叶瀚（18）（48），第 2547、2596 页。

② 《致宗方书》（一），载汪林茂编校：《汪康年文集》（下），杭州：浙江古籍出版社，2011 年版，第 570 页。

③ 以上对于叶瀚早年经历的描述，参见其自传《块余生自纪》，载《中国文化研究集刊》（第五辑），上海：复旦大学出版社，1987 年版，第 478—484 页。在这份自传材料中，叶瀚详细描述了早年研习西学，民国之后从事实业、任教北大的经历，但对其戊戌、庚子期间筹办报刊及学堂的过程，尤其是在庚辛时期出任"中国议会"大会主席等重要事件几乎没有谈及。本节所要呈现的，恰恰是叶文中所缺失的那一段历史记录。

④ 《书札》（三），钱恂（4），第 2997 页。

上，冀望引起更多的读者反馈①。《蒙学报》创刊之时，汪康年专门致函盛宣怀，表示"顷有同志汪、叶两君在上海开设《蒙学报》，专资蒙养，词意明晰，图说精详，推播获之心，为树人之计，意洵盛焉。特是开办伊始，扶植需人，倘蒙大君子鼎力提倡，在远不遗，则保我黄人惠被赤子，固不徒汪君等设报苦心，得大力维持于不懈，即海内亿兆蒙童受赐无疆矣"②。《蒙学报》发行之后，销售并不顺利，遭遇资金支绌的困境，叶瀚为此忧劳不已，"甚至往往彻夜不睡"，汪康年因而发函恳请贤达"提倡"③，并一度以总董的身份督理《蒙学报》的经营事务④，昌言报馆还承担了《蒙学报》的销售工作。速成教习学堂创办初期面对学员不足的问题，汪康年又致函浙江巡抚廖寿丰，希望后者能送学生来沪，"在浙省可省费而得教习之用，在申堂亦藉此得以扩充，似属一举两得"⑤。同样，叶瀚也鼎力支持汪康年的事业。在汪康年与梁启超的矛盾爆发之后，叶瀚坚定地站在汪康年一边，还打算上书张之洞，希望后者能够与南方五省督抚连衔陈请，说明大学堂之政理应由各省根据风土人情因地制宜，"不应由康梁一家之学主持"⑥。《时务日报》开办之后，叶瀚在《蒙学报》中刊登告白，负责代售工作。

---

① 《蒙学公会公启（并简章）》，《时务报》第42册，1897年10月16日。

② 《汪康年致盛宣怀函》，上海图书馆藏盛宣怀档案，索取号100313。

③ 《致朱亮生先生书》，载汪林茂编校：《汪康年文集》（下），杭州：浙江古籍出版社，2011年版，第569页。

④ 《蒙学报馆告白》，《中外日报》1898年9月11日，广告版。

⑤ 《上廖中丞书》（二），载汪林茂编校：《汪康年文集》（下），杭州：浙江古籍出版社，2011年版，第561页。戊戌政变之后，教习学堂面临资金不足的困境，汪康年上书江苏学政瞿鸿禨，希望后者能利用其影响力，"略拨官款，资助学堂，使得有成就，则皆吾师培植之力……此间若得官款二三千金，已可收学生四五十人。盖华朴既殊，斯省费迥异。夫子大人乐育为怀，故敢陈其说"，见《上江苏学政瞿侍郎书》，载汪林茂编校：《汪康年文集》（下），杭州：浙江古籍出版社，2011年版，第576页。根据钱恂的回函内容，汪康年应该还拜托他提供资助及介绍学员，钱恂表示，"浩吾窘况可怜，资助所宜惟七八百元，而欲取给于十余人者恐难……恂助三十元"，见《书札》（三），钱恂（25），第3008页。

⑥ 《书札》（三），叶瀚（55），第2601页。

戊戌政变发生之后，虽然蒙学公会、《蒙学报》、速成教习学堂仍在正常运作，但经费支绌，生源无着，令友人颇感担忧，"无日不回九肠"①。夏曾佑对叶瀚之毅力极为叹服，同时让汪康年转告叶瀚，若其在上海生活艰难，可尝试去天津发展，如国闻报馆、北洋大学堂、海军学堂等，均是适宜叶瀚的"所居之地"②。不过叶瀚并不愿离开上海，他此时的计划是在杭州创立浙学会，以其为总目，而以"时、格、农、蒙四会为体"，这种"涉足文化教育和农工商矿业的综合团体"，类似于"地方小型行政组织"③。1899 年，汪康年等人创立正气会，叶瀚参与其中，后还接替唐才常出任该会干事长④。1900 年 7 月，中国议会成立，叶瀚担任大会主席，后经过投票选举，和丘震、汪有龄三人当选为书记。此外，叶瀚还在此时参与了寓沪绅商针对"己亥建储"的联名上书活动，列名于主导者经元善之后。

庚辛年间大规模的政治事件过后，叶瀚的生活重新回归翻译、教育等事务。1901 年初，由于分别向蒯光典借了 700 元和 3000 元，叶瀚及严复将自己的译稿作为抵偿，两位"西文东文的译稿一大部分"，触发了蒯光典"开办译书局的意念"，从而催生出著名的金粟斋译书处⑤。金粟斋出版的书籍并不多，除了严复的《穆勒名学》赢得盛名之外，叶瀚翻译自日本能势荣的《泰西教育史》亦值得一提。根据邹振环的研究，"该书是目前

---

① 《书札》（一），丘震（2），第 198 页。

② 《书札》（二），夏曾佑（41），第 1349—1350 页。

③ 廖梅：《汪康年：从民权论到文化保守主义》，上海：上海古籍出版社，2001 年版，第 250—251 页。

④ "浩吾任干事长，绂臣顷复何如？"见《书札》（二），周善培（6），第 1196 页。

⑤ 包天笑：《钏影楼回忆录》，太原：山西教育出版社、山西古籍出版社，1999 年版，第 278—279 页。

所知国内最早译出的有关西洋教育史的专书"①，沈兆祎在《新学书目提要》中评价该书"详论泰西古代教育之事业，并及今日兴学之规模，其于名人论学之言，尤能详其宗旨，而其说之有流弊者，复引他说或出己意作为评略，以折衷之，求合于教育之理，可谓切实有用者矣"②。

1901 年 9 月 10 日，《中外日报》刊载"浔溪公学招生广告"，宣布聘请叶瀚担任总教习，报名处为"老闸厚德里庞怡泰账房"与"登贤里固字434 号叶宅"，后者似为叶瀚在上海的居所③。之后，在好友庞青城的资助下，叶瀚赴日进行教育考察。归国之后④，叶瀚主持浔溪公学，"昼夜编译讲义外，尚兼顾管理员，与生徒调私事，日得眠仅三小时，虽资金无缺，然精神上之苦痛较办速成时尤甚"，不久之后，因有人忌惮他"谋孽于庞氏者"，遂"力谢去"⑤。1902 年 2 月，蔡元培、蒋观云、黄宗仰等组织中国教育会，叶瀚亦参与其中。3 月 1 日，正记书局宣布聘请"浔溪公学校长"叶瀚编译《心理纲要》《中国学校编制论》《中国学校管理法》《中国学校卫生法论》《中国学校行政论》等普通学堂书籍⑥。4 月 19 日，启秀编译书局在《中外日报》上刊载告白，"专为广布教育及推行新政起见，特

---

① 至于包天笑所称叶瀚翻译自日本伊藤博文所作之《日本宪法》中的《皇室典范》，现在看来是误记，该书译者为东文学社的学生沈纮，严复在给《日本宪法义解》作序时明确说明，该书系"日本伊藤博文撰，金粟斋属桐乡沈纮译，既卒事，以序诿侯官严复"，见王栻主编：《严复集》(1)，北京：中华书局，1986 年版，第 96 页。参见邹振环：《金粟斋译书处与〈穆勒名学〉的译刊》，《东方翻译》，2011 年第 2 期。

② 熊月之主编：《晚清新学书目提要》，上海：上海书店出版社，2007 年版，第413 页。

③ 10 月 3 日，叶瀚在《中外日报》上刊载公告《浔溪公学报名生鉴》，表示他将赴东京考察学校一个月，兼为浔溪公学购买书籍及器械左右，其间到上海报名的学生可至普通学书室杜亚泉处报名。叶瀚赴日时间大约是 10 月 5 日，蔡元培前往送行，见王世儒整理：《蔡元培日记》(上)，北京：北京大学出版社，2010 年版，第 183 页。

④ 叶瀚应 1901 年 12 月回国。丁福保日记中称，光绪二十七年十一月三日，"叶浩吾先生自东洋归"。见袁家刚整理：《丁福保〈辛丑日记〉释注》(下)，《上海档案史料研究》，2013 年总第 14 辑。

⑤ 叶瀚：《块余生自纪》，载《中国文化研究集刊》(第五辑)，上海：复旦大学出版社，1987 年版，第 483—484 页。

⑥ 《正记书局》，《中外日报》1902 年 3 月 1 日，广告版。

行设局编译中小学校教科书及师范教科书，现在由鸿文书局、正记新学书局订立合同，专行印行以外，更广延名手编译爕理丛书，振兴女教、史学、政法学诸丛书，以便科举行政之用"，该书局的主人同样是叶瀚。包天笑回忆道，叶瀚为了办这个编译书局，"负了满身的债，甚至把所有的衣服都当光"，最后还是债务累累，亏得友人的襄助才渡过难关①。

在启秀编译书局工作期间，叶瀚开始参与《中外日报》的办报活动。查夏曾佑之日记，1902 年之后，开始出现"浩吾来，同至张园一游，偕至报馆""浩吾来。下午访浩吾不遇，至日报馆"的记录②。1903 年之后，汪康年、汪诒年、叶瀚、温宗尧、夏曾佑、张元济等人多次聚会，甚至一度达到"每日一聚"的程度。包天笑回忆，1902 年他去中外日报馆办事时，见到的场景是"编辑先生各占一席。两位翻译先生对面而坐，译东文的是叶浩吾，译西文的乃温宗尧"③。不过包天笑亦表示，1903 年初金粟斋译书处停业之后，叶瀚还在启秀编译书局工作了三个多月，则可能叶瀚在《中外日报》做日文翻译的同时，仍然兼顾启秀编译书局的工作。1903 年底，叶瀚、蔡元培、刘师培、林獬等对俄同志会的参与者合作创办《俄事警闻》，由此猜测叶瀚专职在《中外日报》工作，至少在 1904 年之后。

---

① 包天笑：《钏影楼回忆录》，太原：山西教育出版社、山西古籍出版社，1999 年版，第 307—311 页。

② 杨琥编：《夏曾佑集》（下），上海：上海古籍出版社，2011 年版，第 752—757 页。上述两处记载分别为 1902 年 6 月 29 日与 12 月 13 日。

③ 包天笑：《钏影楼回忆录》，太原：山西教育出版社、山西古籍出版社，1999 年版，第 291 页。1901 年 5 月 12 日，蔡元培在日记中称，汪康年在万年春邀饮，座中除了蔡元培外，有日本领事署司书记韩澄、严复之子严伯玉、北洋大学堂教习陈锦涛及"中外日报馆英文翻译及某律师翻译"温宗尧，可知至少在 1901 年上半年，温宗尧就已经是报馆成员。见王世儒整理：《蔡元培日记》（上），北京：北京大学出版社，2010 年版，第 168 页。但温宗尧社会事务繁忙，除了在报馆工作之外，还在林文德律师行担任翻译，并在 1902 年 1 月底接受邀请，出任培材学堂西文教习，上述状况注定了温宗尧很难在报馆长期待下去。参见《培材学堂招生启》，《中外日报》1902 年 1 月 31 日，广告版。在启事中称，"温钦甫先生由香港英国皇仁书院师范学堂出身，充当皇仁书院教习八年，学问优长，授课认真，又曾任天津北洋大学堂内头等学堂教习四年，门下生徒成就不少，刻就培材学堂之聘，实为造就人材起见"，中外日报馆为学堂报名点。

在叶瀚之前担任报馆日文翻译的是谢荫昌，据其自述，1900年夏，他接受了汪康年与蒋智由的邀请，既为《选报》编辑，"又兼《中外日报》撰述，每日持剪挥毫之暇，至叶浩吾先生东文学社习日文二三小时，不三月，每小时能译东文新闻千字矣"①。但是，这一时期《中外日报》转译的日文新闻相对较少。1902年5月之后，原先主译西文报纸的《中外日报》开始大量转载《大阪朝日新闻》《大阪每日新闻》的新闻稿件，这种转变，应该与叶瀚进入报馆有关②，"日本报纸可能常常由大阪、东京寄来，足供叶浩吾的选译"③。

关于叶瀚的翻译水平，时人评价不一。包天笑认为叶瀚的译文"只是在日本原文上的倒装文法，用笔勾了过来，添注了中国几个虚字眼儿，就算数了。有时一句句子长得要命，如果不加以剪裁，把那句子另行组织，简直拖沓得读不下去"，在他帮叶瀚修改译稿时，叶瀚告之，"很好！很好！我是直译的"，而在日文长句中所出现的"の"，叶瀚都将其译成中文的"之"字，"显得很别扭，很噜苏了"④，似乎对叶瀚的翻译水准评价不高。但沈兆祎《新学书目提要》对叶瀚所译《泰西教育史》的评论为"译笔斟酌过恒籍焉"⑤。应该说，直译的风格虽然于行文的流畅性与美观程度有碍，但更符合报馆流水线式的操作风格。

除了担任日文翻译，叶瀚还是"《中外日报》大作手之一"⑥，但报纸

① 谢荫昌：《演苍年史》不分卷，上海图书馆馆藏稿本。
② 1902年5月19日，《中外日报》"时事"栏目刊载"广西乱事汇记"，译自《大阪朝日新闻》，5月21日又刊载翻译自该报的《记驻沪日总领事小田切君主武昌事》，登载于"论说"栏目。1903年5月之后，《中外日报》的日文新闻数量显著增加，可以视为叶瀚将工作重心转移到报馆的标志。
③ 包天笑：《钏影楼回忆录》，太原：山西教育出版社、山西古籍出版社，1999年版，第292页。
④ 包天笑：《钏影楼回忆录》，太原：山西教育出版社、山西古籍出版社，1999年版，第283页。
⑤ 熊月之主编：《晚清新学书目提要》，上海：上海书店出版社，2007年版，第413页。
⑥ 《西报论浙江铁路自办事》，《中外日报》1905年8月17日，第一版。

论说尚不署名，并不清楚哪些文章出自叶瀚之手。此外，叶瀚还协助汪诒年管理报馆。一些友人来访报馆，往往由汪、叶共同接待，如 1904 年 11 月 4 日，英敛之"至中外日报馆，晤汪仲谷、叶浩吾，谈有时"①；1905 年 10 月 2 日，缪荃孙"访汪颂阁、叶浩吾、夏穗卿"，10 月 5 日，"汪颂阁、叶浩吾招饮万年春"②。在汪氏兄弟不在报馆的时候，叶瀚更是负有总理报馆各项事务的责任："如有致各处要函或要件之函，均有本馆总理或正主笔、总翻译签字为凭。"③ 馆外人士如有来电，汪氏兄弟不复，则会致函叶瀚，请其转告④。

1905 年抵制美货事件发生之后，《中外日报》的立场从最初的激烈转向平缓，在"不定美货"和"不用美货"之间逐渐倒向前者，主张应考虑商人的实际利益，允许他们将手头货物发售，只要不继续订购美货即可，"试思华商既不能不出货，则此货者虽来自美国，而已成为华商之资产，今并此等货而禁其售卖，是无损于美商而有害于华商，徒以困中国之资本家，而上海市情亦必受其影响"，反对一味的全盘抵制⑤，"以免给相关商人带来麻烦"⑥，由此招致了一场抵制《中外日报》的风潮。上海工商界发布公启，宣称《中外日报》"独倡反对之议，支离诞谬，大出情理之外……惟此现当抵制吃紧之时，断难容有此种谬说淆乱吾人之耳目"，要

　　① 方豪编：《英敛之先生日记遗稿》，载沈云龙主编：《近代中国史料丛刊续编》(22)，台北：文海出版社，1972 年版，第 910 页。

　　② 缪荃孙：《艺风老人日记》，北京：北京大学出版社，1986 年版，第 1794、1795 页。

　　③ 马光仁：《上海新闻史（1850—1949）》，上海：复旦大学出版社，1995 年版，第 123 页。

　　④ 陈三立：《散原精舍诗文集（增订本）》（下），李开军校点，上海：上海古籍出版社，2014 年版，第 1304—1305 页。

　　⑤ 《论集议不用美货事》，《中外日报》1905 年 7 月 24 日，第一版。《中外日报》对于抵制美货运动的态度一直不太积极，虽然随大流地表示将会终止与美商的广告合同，但"旧有之告白，因刊登已久，交往有素，且有订立合同者，势难半途谢绝，故议六月内仍为登足一月，以全交谊，而免龃龉"。

　　⑥ ［美］王冠华：《寻求正义——1905—1906 年的抵制美货运动》，刘甜甜译，南京：江苏人民出版社，2008 年版，第 143 页。

求"独于此抵制办法大加非议、极力反对，将以此蛊惑人心，摇动大局。该报虽自外人格，何至公然为吾四万万同胞之公敌！同人为辟邪说起见，奉劝热血同胞，以相戒不阅该报，将为败坏公益，袒护业美货者戒"①。绅商龚子英（杰）、袁观澜（希涛）作为代表来到报馆，质询《中外日报》的言论立场。其时，正发生连横控告汪康年、张元济、叶瀚、夏曾佑四人"于浙江铁路有私向日本领事商借洋款之事"②，报馆所有人汪康年忙于与官员及士绅交涉，并不常来报馆，总经理汪诒年亦不在馆内③。身为"主译务者，不预闻论说"的叶瀚，作为报馆的代表出面，与二人进行长时间的论辩。叶瀚自言，在龚、袁二人告别之时，要求其"代达二君来意于本馆经理人汪君颂谷。汪君询余问答何语，余即将所语一一述之"，随后，双方各自将交锋过程写成纪实文字，刊于《中外日报》及《申报》《时报》，并在行文之中互相攻击对方曲解文意，"所记与当日情形大为不符"④，"非但与十三日面谈相反，且与昨日龚君来函亦复大为不符"⑤。至于谁是谁非，有一处细节需要注意：叶瀚在 7 月 21 日上海商务总会组织的集会上发表演说，内容为"演说不用美货不定美货之事宜合力并办"，这在《申报》与《中外日报》上都有明确记载⑥，《中外日报》7 月 24 日、8月 9 日先后刊出论说文章《论集议不用美货事》《论现时不用美货不买卖美货宜防有害于华商》，其内容观点及表述方式与叶瀚的说法一脉相承，因此有可能是叶瀚所作。而在《申报》刊载的龚、袁与叶瀚之对谈记录中，叶瀚的说法又变成"抵制之事极表同情，惟总理意见弟实不知，鄙意则谓

---

① 《中国抵制禁约记》，载《1905 年反美爱国运动》，《近代史资料》，1956 年第 1期，第 52—55 页。

② 《浙江同乡公鉴》，《中外日报》1905 年 8 月 16 日，广告版。

③ 《记本馆社员与沪学会会员论抵制美约事》，《中外日报》1905 年 8 月 14 日，第一版。

④ 《龚子英袁观澜与中外日报馆社员叶浩吾君论华工禁约事纪实》，《申报》1905 年 8 月 15 日，第十版。

⑤ 《补录龚子英来函并跋》，《中外日报》1905 年 8 月 17 日，第一版。

⑥ 《商务总会决定不用美货之大会议》，《申报》1905 年 7 月 21 日，第二版；《记上海商务总会集议不用美货事》，《中外日报》1905 年 7 月 21 日，第一版。

不用与不定并办，实有不合"，表述的前后矛盾一目了然，则《申报》记录的可信性，值得打上一个问号。

除了上述事例之外，叶瀚还多次代表报馆出面处理社会事务。如1905年4月，因"《苏报》案"而被管押的邹容瘐死狱中，叶瀚与蔡元培、汪允中等人出面，以《中外日报》的名义"备棺殡殓"，将邹容遗体进行了安葬[①]，而章炳麟出狱，亦由叶瀚、蔡元培、蒋维乔前往迎候[②]。蒋维乔日记中记载，1906年6月26日，"至中外报馆访叶浩吾。六时，在师范讲习所遇蔡君鹤卿。章太炎于初八日将出狱，鹤卿自绍兴来料理是事也"，29日，"偕鹤卿、浩吾等至四马路巡捕房前候枚叔出狱，盖拘禁三年之罚已满也。枚叔由浩吾君偕，乘马车至中国公学，今晚送往日本邮船，明晨赴日本。枚叔受羁三年，而容颜甚好，别无憔悴之色，盖深于内学者也"[③]。又如1906年12月，预备立宪公会在上海愚园召开，投票选出郑孝胥、张謇、汤寿潜等15名董事，叶瀚代表报馆参加此次会议，并当选为会员。1906年11月22日，蔡元培致函汪康年、汪诒年、张元济、叶瀚，希望诸人能够设法向驻德公使、前《中外日报》主持人曾广铨传话，为其留学德国给予帮助[④]。

从现有史料揣测，叶瀚可能在中外日报馆工作到1907年底。《中外日报》从该年10月开始，即大幅减少日文报纸的新闻转译数量，11月、12

---

① 蒋维乔在1905年4月3日的日记中记录"今日浩吾有函致鹤卿，言西牢有电话告知《中外日报》，威丹于昨日病故，已由中外报馆具洋四十元棺殓，十日之内须择地葬之，嘱鹤卿筹款云云"，鹤卿、威丹分别指蔡元培、邹容。参见林盼、胡欣轩、王卫东整理：《蒋维乔日记》（第一册），上海：上海人民出版社，2021年版，第199页。

② 革命家徐锡麟曾就章炳麟入狱之后的情况前往报馆问询，他在信函中提到，"章君，麟已向《中外日报》馆□君问过，颇多招待之人，麟始得安心"。此处的□君可能就是指叶瀚。见《徐锡麟书札四十二通》，孙元超编：《辛亥革命四烈士年谱》，北京：书目文献出版社，1981年版，第159页。

③ 林盼、胡欣轩、王卫东整理：《蒋维乔日记》（第一册），上海：上海人民出版社，2021年版，第249页。

④ 张人凤、柳和城编：《张元济年谱长编》（上），上海：上海交通大学出版社，2011年版，第212页。

月各只出现一条，这种现象理应与报馆日文翻译变动有关。笔者认为，叶瀚应大略在此时离开报馆。由于史料的缺乏，勾勒叶瀚在中外日报馆的工作经历，是一件颇有难度的事情。叶瀚在自传《块余生自纪》中，对他的报馆生涯毫不谈及，在叙述完 1902 年初主持浔溪公学及因心力交瘁辞职后，即直接"阅七八年"，开始讲述 1909 年受云南提学使叶尔恺之邀，赴云南襄办学务之事。若要编撰叶瀚的大事年表，不难看出从 1903 年至 1908 年存在着大块空白，除了上文提及的抵制美货、连横控告、收殓邹容等事之外，很难再述及其他事迹。从有限的资料来看，1909 年后，叶瀚先是在云南经营教育事业，随后又与友人合作，创办了振华机缎厂。1917年，北京大学历史学系聘任叶瀚为该系教授。晚年的叶瀚潜心著录，有《墨子诂义》《中国美术史》等著作传世。上述经历，可以显现出叶瀚"为第一流事业"的能力。

包天笑曾描摹过叶瀚的外貌，"年在五十左右，留着稀疏的小胡子，很似有一些道学气"。他笔下的叶瀚是个好好先生，甚至还多少显得迂腐①。夏曾佑赞颂叶瀚有"热血侠肠"，但"疏于知人料事"②。章炳麟对叶瀚的性格评价甚高，"顷岁荃蕙化茅，海滨同志，百不二三，惟浩公贞固执拗，有荆公三不足畏气象"③。汪大燮则对叶瀚的学识赞不绝口，"吾杭人能潜心读书者，惟浩吾一人，不呶呶著书自炫，倘天假之年，必能为第一流事业"④。从叶瀚的经历来看，早年所作《天文地理歌略》，庚子之后作《泰西教育史》，以及刊发在各种报刊上的文章，均可见其非凡之才华⑤。以叶

---

① 包天笑：《钏影楼回忆录》，太原：山西教育出版社、山西古籍出版社，1999年版，第 283 页。

② 《书札》（二），夏曾佑（41），第 1351 页。

③ 《与夏曾佑》，1900 年 4 月 14 日，载马勇编：《章太炎书信集》，石家庄：河北人民出版社，2003 年版，第 49 页。

④ 《书札》（一），汪大燮（11），第 626 页。

⑤ 尚有一些未署名的报刊文章，也有可能是叶瀚的手笔。如夏曾佑读到第一期《五洲大事汇报》，其中未署名之文章《平等说》，即认定为叶瀚之作，"新见《五洲时事报》，当即是沈晓宜所为，其首《平等说》一篇当是浩吾之笔"，见《书札》（二），夏曾佑（34），第 1344 页。

瀚之才，而居于报馆多年，从事日文报刊的论说与新闻翻译工作，对其个人而言或可谓"未尽其能"，但对于《中外日报》来说，其"译报"的质量由此得以保证。能够让叶瀚安心工作于报馆的动力，除了薪水之外，或许就是汪氏兄弟的同乡、同事之谊。换言之，"地缘网络"的形成与襄助，对于《中外日报》这样的商业类报纸而言，确实是必不可少的发展力量。

二、夏曾佑：主笔"落落才高"

随着经营活动的深入，汪氏兄弟逐渐感到需要一个文笔出众、见识不凡的士人加入报馆担任主笔，让《中外日报》能够在当时日趋激烈的言论争夺战中占据有利位置。他们很快想到了一个人选，即《时务报》时期的馆外同人，汪康年、汪诒年及叶瀚的同乡夏曾佑[①]。

夏曾佑（1863—1924），字穗卿，又作遂卿，号别士、碎佛，杭县（浙江杭州）人。早年从事算学，"与同邑李壬叔善兰、戴愕士询，并称为杭州算学三大家"[②]，之后关注时务，热衷交友，其中有四人值得重点提及：一是汪康年，夏曾佑少年时期受教于汪养云（曾本），后者之子即是汪康年，从血统上来讲，夏、汪二人还是表兄弟，在地缘之外，更有一层血缘关系；二是叶瀚，1887 年，夏曾佑来到天津，与叶瀚相识，颇多酬答，他曾作诗致叶瀚，"大惊来日换，渐慨故交情。茕独无兄弟，艰危仗友生"[③]；三是梁启超，夏、梁二人相识于 1892 年，很快便成为"讲学最契之友"[④]，梁启超认为夏曾佑、黄遵宪、蒋智由是"近世诗家三杰"[⑤]；四是严复，1897 年，在天津育才馆担任教读的夏曾佑与严复、王修植相识之

---

① 本节论述有部分内容请教过杨琥先生，在此深表谢意，如有论述不清或不确之处，由笔者承担所有责任。

② 夏循垍：《夏先生穗卿传略》，载杨琥编：《夏曾佑集》（下），上海：上海古籍出版社，2011 年版，第 1147 页。

③ 《答叶浩吾六首》，载杨琥编：《夏曾佑集》（上），上海：上海古籍出版社，2011 年版，第 411 页。

④ 梁启超：《亡友夏穗卿先生》，《东方杂志》第二十一卷第九号，1924 年 5 月 10 日。

⑤ 《饮冰室诗话》，《新民丛报》第 18 号，1902 年 10 月 16 日。

后，三人多次商议，与《时务报》齐名的维新出版物《国闻报》就此创刊，夏曾佑为《国闻报》撰文近 10 篇，是除严复之外最重要的撰稿人。

夏曾佑从未担任过时务报馆内的任何职务，但他一直关注《时务报》的发展，所谓"尊处之事，几于尽知"①。汪康年所办的一系列维新机构，夏曾佑积极参加，他与王修植均同意加入不缠足会，且愿意提供经济上的资助②。对于汪康年所著之论说文章，他多有评价，如第 13 册《论中国求富强宜筹易行之法》，夏曾佑称誉道，"兄文精透质实，言简而意备，外间乃以为不及任弟，魏晋以来注《庄子》者三十余家，而注《墨子》者绝无，此其证矣"。又如第 52 册《论胶州被占事》《论华民宜速筹自相保护之法》，面临俄国、日本多重外部压力的夏曾佑敏锐地提出，"尊处之谤政府亦云甚矣，不知政府见之，又作若何面目相向也"。他对《时务报》寄予了很高的希望，"旬报与日报异，而贵旬报与他旬报又异。贵旬报今日正当疑谤之交，又与平日之贵旬报异，天下所属耳目，不可不慎也"③。汪、梁交恶之后，同时与二人关系良好的夏曾佑多次居间调停，他曾劝汪康年"莫须有之事，终归消散，不足为意。其最要事，必须本报日有进境，即足杜人口实"④。时人有言："此事惟穗卿能通两家之邮。"⑤《时务报》后期出现主笔缺人的状况，汪康年在邀请郑孝胥入馆的计划落空之后，"拟请夏穗卿为主笔"，夏所作之《论近代政教之原》，刊载于《时务报》第 63 册上⑥。

---

① 《书札》（二），夏曾佑（21），第 1332 页。

② 《书札》（一），王修植（6），第 83 页。王修植、夏曾佑等还应汪康年的邀请，参加由其与罗振玉等人主持的农学会，参见《致王苑生孙慕韩夏穗卿君书》，载汪林茂编校：《汪康年文集》（下），杭州：浙江古籍出版社，2011 年版，第 564—565 页。

③ 《书札》（二），夏曾佑（10）（18）（22），第 1321、1330、1333 页。

④ 《书札》（二），夏曾佑（21），第 1331 页。

⑤ 《书札》（二），张美翙（8），第 1759 页。

⑥ 《致许家惺》（1898 年 6 月 18 日），载谢维扬、房鑫亮主编：《王国维全集》（15），杭州、广州：浙江教育出版社、广东教育出版社，2010 年版，第 12 页。

同时，"《国闻报》从筹备、创办到发行，与《时务报》互通声气"①。夏曾佑时常在信函中，透露《国闻报》经营的最新进展，如抱怨"敝馆因政府阻力太甚，俄人亦迭有违言，虽屡行设法消弭，而终非持久之道。兹不得已，与东邻矢野君相商，借作外援，始得保全自主"②。日后《国闻报》被日资所购买，夏曾佑亦及时将交易情况及资金数量通告汪康年，以便后者在与曾广铨的报馆所有权竞争中做到知己知彼，心中有数。

1898 年 10 月，夏曾佑抵沪，住在昌言报馆③，见到汪康年、汪诒年、叶瀚等人。张元济望汪康年出面，推荐夏曾佑担任学堂教习，为其贴补家用，"穗卿天才至可爱，而处境又至可怜"④。但夏曾佑并没有接受，而是选授安徽祁门知县，在黄山脚下干了三年。他的工作能力很强，尤其在整顿书院、平定教案、维护治安等方面成绩卓著，获誉为"数十年无此好官"，以至于离任之时，百姓"攀留者如潮涌"⑤。夏曾佑担任祁门知县期间，他与汪康年最主要的联系，是托其代购《清议报》《知新报》《支那沿革图》《教案论》《战法学》《和文字典》等维新书刊，同时，根据所能见的报纸中提到的时事，在信函中表达自己的意见。如汪康年组织的张园抵制中俄密约活动，夏曾佑在报纸上读到之后，随即连发数函，赞许"做得极妥，面面俱好"，"此举之佳实可佩服，无一面没得好处也"，并感叹道，"看数年来二十岁以下之后生，其变化之速不可思议，竟不能以奴性二字加之，看此气象尚有可为，但争赶得上赶不上耳"，"近来一切举动，何以

---

① 王天根：《晚清报刊与维新舆论建构》，合肥：合肥工业大学出版社，2008 年版，第 169 页。

② 《书札》（二），夏曾佑（17）（18），第 1329、1330 页；孔祥吉、村田雄二郎：《从中日两国档案看〈国闻报〉之内幕——兼论严复、夏曾佑、王修植在天津的新闻实践》，《学术研究》，2008 年第 7 期。

③ 夏曾佑在给宋恕的信函中，将见面地点设于昌言报馆，"以便畅谈"，见《致宋恕书》（3），杨琥编：《夏曾佑集》（上），上海：上海古籍出版社，2011 年版，第 446 页。

④ 《书札》（二），张元济（38），第 1739 页。

⑤ 夏元瑮：《夏曾佑传略》，载杨琥编：《夏曾佑集》（下），上海：上海古籍出版社，2011 年版，第 1146 页。

总不出平时认得之几个人，真可笑也，亦可叹也"。他还警告汪氏兄弟勿将奏折当论说，以重蹈《国闻报》昔日之覆辙①。

与此同时，夏曾佑开始阅《中外日报》。对于这份报纸，他早已开始关注。1898年4月，他就在给汪康年的信函中问及，"尊处日报何时可出？何人主笔？至念至念"②。他还多次要求《中外日报》对每况愈下的《申报》"有以惩之"，"速行殄灭"③，并就报中的论述内容及方式提出自己的意见。如1899年11月，夏曾佑在函件中提到，"《日报》近来好言党会之规制，此不甚宜"，希望不要再刊登，"恐与报馆之政策有碍"。他还撰成一文《单相思先生传》，寄给报馆以刊载，后因文章主旨与报馆不相符合而作罢④。

1902年6月底，夏曾佑结束祁门县令的任期，答应汪康年的邀约，担任《中外日报》主笔。在夏曾佑之前，《中外日报》的主笔人选一直处于不稳定的状态。《时务日报》时期，主要文章由汪康年一手包办，"规划撰述皆先生一人任之"⑤。一些与汪康年交好的士人也借《时务日报》发表言论，如郑孝胥就在"四明公所事件"发生之时撰文《论西人擅杀华人》，交与汪康年、汪大钧，以"以激义士之气"⑥。进入《中外日报》时代，同样长期没有固定主笔。汪诒年显然为报纸作过文章，汪康年也理应写过一些论说，《清稗类钞》中记录，"庚子拳乱之役，中外骚然，康年著论力斥拳匪之酿患，政府之误国，然仍推本于人民信拳之心理，排外之缘由，以见其咎不尽在吾国。西人转相译述，复证以闻见，于是公论始稍出"⑦。井

---

① 《书札》（二），夏曾佑（62）（64）（65）（72），第1370—1383页。

② 《书札》（二），夏曾佑（17），第1329页。

③ 《书札》（二），夏曾佑（39）（45），第1348、1354页。

④ 《书札》（二），夏曾佑（35）（37），第1345、1346页。

⑤ 汪诒年：《汪穰卿先生传记》，北京：中华书局，2007年版，第78页。

⑥ "作《论西人擅杀华人》一篇，送与汪穰卿、颂虞"，见劳祖德整理：《郑孝胥日记》（2），1898年7月21日，北京：中华书局，1993年版，第667页；《书札》（三），郑孝胥（7），第2973页。

⑦ 《日报月报旬报星期报之始》，载徐珂编：《清稗类钞》（28），上海：商务印书馆，1918年版，第47—52页。

上雅二于 1900 年 4 月访问报馆时，《中外日报》论说执笔者有沈松甫、张佩之二人①。杭州报人孙翼中还给汪氏兄弟出主意，主笔人选"可否从长商议，改为在杭遥领？如能照此办法，则此间订定数人分任其事，源源而寄，篇数可不必拘"②。由于写手实在短缺，《中外日报》甚至只能大量转载《字林西报》《文汇西报》等外报的论说文章，将其译作中文，权充版面。时人有云，《中外日报》"但即西报之或是或非译而录之，自以为守局外之例"③。但从报纸的情况来看，翻译外报并非是想"守局外之例"，实在是主笔人选捉襟见肘所致。

总之，在夏曾佑入馆担任主笔之前，《中外日报》的论说主要由汪氏兄弟（及一些馆内外同人）轮流执笔，以及转载《外交报》《泰晤士报》《字林西报》《文汇西报》《大阪每日新闻》等报刊上的文章。因此，报馆对于夏曾佑的渴求是十分强烈的。而夏曾佑也需要《中外日报》这个平台来施展自己的才华，双方一拍即合，自 1903 年初开始正式合作。严复对于《中外日报》聘请夏曾佑为主笔一事赞不绝口，在致熊季廉的信函中提到，"《中外日报》近得巨手主笔，是以议论大抵皆谛当。弟欲知其人乎？则钱塘夏曾佑是也"④。

夏曾佑究竟给《中外日报》写过多少稿子？根据《夏曾佑集》的整理者杨琥先生的看法，大约有近 330 篇论说出自夏曾佑的手笔，疑似为夏所作的论说尚有 10 篇。据其"整理说明"可知，20 世纪 20 年代末，"钱玄同先生曾经整理了夏曾佑遗文的目录，编辑了夏氏的遗文和诗集"⑤，根据

①　沈松甫是画家沈逸千的父亲。张佩之则担任过《时务报》的翻译。

②　《书札》（二），孙翼中（3），第 1488 页。孙翼中先后推荐过"凤楼、文楙"担任主笔，但"均未能就"。

③　《金鼎致梁鼎芬书》，《近代史资料》，1956 年第 3 期。

④　《与熊季廉书》（16），载孙应祥、皮后锋编：《〈严复集〉补编》，福州：福建人民出版社，2004 年版，第 242 页。

⑤　杨琥编：《夏曾佑集》（上），上海：上海古籍出版社，2011 年版，前言第 16 页。根据笔者的简略统计，杨琥在整理夏曾佑文集时，出示抄本与报纸稿件有差别的文章大约有 170 篇。

钱氏当年留下的抄件，至少有 195 篇文章是夏曾佑所作。杨琥先生在给笔者的邮件中指出，"除抄件之外，钱玄同先生和夏曾佑的弟子戴克让还编有一份夏氏文集的存目，这个存目是份残稿，只有目录但没有文章抄件，约 90 多篇；夏氏的文章有些原件残稿，与报纸上发表的文字一致的，就不再出注，而未找到正式发表文字的，则以原件或抄件收录，约 20 篇"，再加上他自己考订出来的约 40 篇文章，就形成了《夏曾佑集》中所收录的《中外日报》论说文章规模。

从数量上来看，1903 年由于几次回乡，加之琐事缠身，夏曾佑实际撰文的数量并不多，只有 50 余篇；1904 年写的稿子最多，总共写了 170 余篇论说；1905 年底，因忙于准备出洋考察之事，夏曾佑撰文的速度趋缓，一年约作 100 篇文章，最后一篇是刊载于 1906 年 1 月 13 日《中外日报》上的文章《论中国宜再广设学堂》①。除了给《中外日报》撰稿之外，夏曾佑还给《新民丛报》《绣像小说》《东方杂志》写过文章：1903 年 6 月 25 日，《绣像小说》第 3 期，撰《小说原理》；1903 年 6 月至 8 月，《新民丛报》第 34 至 36 号，撰《中国社会之原》；1904 年 2 月 14 日《新民丛报》第 46、47、48 号合订本，撰《中国社会之原（汉儒通论）》；1904 年 3 月 11 日，《东方杂志》创刊号，撰《论中日分合之关系》；1905 年 9 月 23 日《东方杂志》第二年第八期，撰《论变法必以历史为根本》；1907 年 1 月《东方杂志》临时增刊，撰《刊印宪政初纲缘起》。

由于发表在《中外日报》上的文章并不署名，因此除了报馆同人及严复、张元济等友朋之外，知晓夏曾佑主笔身份的人并不多，夏元瑮、夏循垍等为夏曾佑作传时，丝毫不提主笔之事。连至交梁启超或许也不清楚，不然任公就不会在日后作纪念文时，说夏曾佑的思想"只是和欣赏的朋友偶然讲讲，或者在报纸上随意写一两篇"②。须知，自 1897 年至 1907 年，夏曾佑先后为《国闻报》《中外日报》《外交报》《东方杂志》等报刊撰文

---

① 杨琥先生还认为，1 月 28 日《丙午岁首本报发刊词》一文亦是出自夏曾佑之手。
② 梁启超：《亡友夏穗卿先生》，《东方杂志》第二十一卷第九号，1924 年 5 月 10 日。

近 400 篇，无论从文章数量还是从内容深度来看，他都堪称清末国内新闻业的一支笔，将其与海外的梁启超并称为"言论界的双璧"，并非过誉之词。

有意思的是，梁启超在清华大学时的学生吴其昌比较过几位文坛大家的笔法，谈到夏曾佑时称其文"更杂以庄子及佛语，更难问世"[①]，这一评论或许只适用于夏的佛学论著。观其政论文章，流畅浅白，富有锋芒，眼光"超远"[②]，几乎涉及当时发生的政治、经济、社会、军事等各方面的大事。而蕴含在《中外日报》论说文章中的开民智、倡立宪、求变法等理念，又与其之前发表于《国闻报》《时务报》上的政论文一脉相承。陈业东先生认为，"夏曾佑仅仅热衷于在理论上的寻求救国的道路，自始至终并不打算亲自去实行。联系到他在维新运动的表现，我们完全可以判定，即使在夏曾佑最进步的年代，他也只是一个思想家、理论家，而不是一位改革的实践家。对所涉猎的今文经学、新学、进化论、维新思想、史学乃至佛学，夏曾佑都只作为一种学问去研究，内向软弱的性格令他拿不出义无反顾的勇气去付诸实践"，并以"书生论政"四字对夏曾佑进行评价[③]，其实，在任何一个时代，"起而行"的人毕竟是少数，能做到"坐而言"，将思想观点传布四方，对数以万计的读者产生影响，进而形塑其对国家前景与社会现状的认识，同样是"实践家"的表现之一。

在《中外日报》担任主笔的三年内，夏曾佑保持着相对简单的工作状态，每日前往报馆与汪诒年商讨论说的题材、长度等问题，其交流方式或许与《申报》的工作流程类似，"论题由个人自拟，大概采取本报所载时事，或论或说或议或书后"[④]。篇幅则不太计较，稍长则分作两日甚至多日连载，最长的一篇文章《论中国前途当用何种宗教》，前后连载了三期，

---

① 吴其昌：《梁启超传》，天津：百花文艺出版社，2004 年版，第 23 页。

② 《书札》（一），吴士鉴（1），第 275 页。

③ 陈业东：《夏曾佑研究》，澳门：澳门近代文学学会，2001 年版，第 88 页

④ 雷瑨：《申报馆之过去状况》，见申报馆编：《最近之五十年》，载沈云龙主编：《近代中国史料丛刊三编》（893），台北：文海出版社，1989 年版。

汪康年曾希望报纸论说能够达到"远大精确，篇章但求简赅，务取冗长"的要求①，夏曾佑的文章理应符合标准。工作之余，夏曾佑还会留在报馆内阅读各地最新的电文②，或与汪氏兄弟、叶瀚、张元济、伍光建等同人在报馆中会饮，其相谈之热烈程度，与梁启超所言"穗卿是最静穆的人，常常终日对客不发一言"的形象并不一致③。

夏曾佑在《中外日报》的主笔生涯结束于1906年1月初。其时，考察政治大臣李盛铎邀请夏曾佑加入使团。夏曾佑有意出洋，但担心"不易对付同行者"，又不通外国语言文字，且素无恒产，"既入外国势利之场，必不能仍其韦素"，更忧虑的是，"近日贵人好为敷衍之举，其待我辈尤甚，言虽如此，而意则如彼，若如其言而应之，则转非彼意，弟前实不敢不虑及此，故未敢遽应"，因此托正在北京的汪康年探询李盛铎的真实意图、薪水几何，以及"请其咨明皖抚出洋期内仍可补缺"，汪康年深知机会难得，再三鼓励夏曾佑"勿辞"④。1906年2月，夏曾佑回到安徽进行准备，随后前往日本进行考察，由此告别了《中外日报》。

夏曾佑离开之后，报馆主笔"极缺人，然至今尚未得一当意者"⑤。与汪氏兄弟交好的王慕陶及黄笃恭不约而同推荐了湖南学子杨守仁（字毓麟），黄笃恭赞誉杨守仁"英年俊发，早有才名，其志趣之端正，为学之专勤，尤为同辈所推服。湘上时髦，洵属罕其伦匹者"⑥。最初汪康年希望杨守仁赴京助其创办《京报》，后者初意踊跃，后颇"思退"，担心《京报》有两江总督端方资助，无意入京。王慕陶又劝他加入《中外日报》，汪诒年"亦深以为愿"，嘱托他"每月作文字若干"⑦。杨守仁答应为《中

---

① 汪诒年：《汪穰卿先生传记》，北京：中华书局，2007年版，第78页。
② 《书札》（二），夏曾佑（83），第1393页。
③ 梁启超：《亡友夏穗卿先生》，《东方杂志》第二十一卷第九号，1924年5月10日。
④ 《书札》（二），夏曾佑（85），第1394—1395页。
⑤ 《书札》（一），王慕陶（4），第108页。
⑥ 《书札》（三），黄笃恭（3），第2323页。
⑦ 《书札》（三），杨守仁（1），第2367页。

外日报》撰论说，并为《神州日报》译东报，"盖为经济问题不得不如之耳"①。这种身兼二职的状态为期很短，因汪诒年希望杨守仁能先作一两篇文章试看，后者多少产生出一些不信任感，加之草创的《神州日报》求贤若渴，于右任亲自邀请杨守仁担任总主笔，遂使杨氏决定投身《神州日报》，这让推荐其加入中外日报馆的王慕陶颇感尴尬，只能在信函中替他说情②。

不过，王慕陶又提到，"弟又耻于自媒，反以需钱之故，致以论说鬻之《时报》，殊觉无以相对，尚望有以谅之"③，似乎触及了《中外日报》招不到得力主笔的问题根源，即报馆给出的薪资不高。1906 年之后，上海新闻界的竞争日趋激烈，《时报》为了抢夺人才，为主笔、编辑、翻译等核心岗位开出重酬。包天笑初入《时报》时，拿到的月薪高达 80 元④。《申报》《新闻报》为了应对《时报》的挑战，同样提高了工作人员的待遇。《中外日报》创立之初，充分借用关系网络的作用，依托社会关系招募资本，通过"人情价"聘请核心成员，这种做法成为报馆运作的惯例，但也未能及时捕捉到市场动向，对于主笔的"高薪化"趋势缺乏敏感。在清末的新闻界，"主笔跳槽会给报馆带来很大影响，如果没有合适的人接替，报馆甚至会走下坡路"⑤，夏曾佑离馆之后，《中外日报》再也未能找到合适的主笔人选，报纸的社会影响力与受欢迎程度的下滑，也就在情理之中了。

---

① 《书札》（一），王慕陶（10），第 117 页。

② "笃生如是真可怪，其人迂执，然意必无他望，兄谅之"，见《书札》（一），王慕陶（15），第 124 页。

③ 《书札》（一），王慕陶（15），第 124 页。

④ 包天笑：《钏影楼回忆录》，太原：山西教育出版社、山西古籍出版社，1999年版，第 530 页。

⑤ 王敏：《上海报人社会生活（1872—1949）》，上海：上海辞书出版社，2008年版，第 159 页。

三、同乡情谊与报馆成长

学者施坚雅发现，大部分中国人习惯从省、府和县这一行政地域出发，"来描述一个人的本籍——表示其身份的关键因素"①。变法维新时期，新闻界颇为盛行"地缘区隔"意识。时务报馆内，汪康年与黄遵宪、梁启超之间的纠纷，章炳麟与麦孟华等人的大打出手，被解读为"尽逐浙人，而用粤人"②。而从《中外日报》的情况来看，最突出的一点是核心团队汪康年、汪诒年、叶瀚和夏曾佑皆为浙江杭州府人。此外，汪诒年一度嘱托原《时务报》翻译、海宁人王国维"撰日报论说"③，上虞人许家惺也在戊戌政变之后担任过《中外日报》主笔。可以说，《中外日报》是一份"浙江色彩"十分浓厚的报纸。

《中外日报》的"浙江色彩"，在报馆宣传代售浙江士人出版的书刊方面得到充分体现。先看浙江同乡会所办的《浙江潮》。《浙江潮》1903年2月在东京创办，是一份"省界"意识很强的刊物④。《浙江潮》发刊词中称："浙江人之留学于东京者百有一人，组织一同乡会。既成，眷念故国，其心恻以动，乃谋集众出一杂志，题曰《浙江潮》。"⑤《浙江潮》主持人孙翼中、蒋方震皆与汪氏兄弟交谊匪浅：孙翼中多次与汪康年互通信函，对报馆事务发表意见，庚子前后，由于《中外日报》主笔悬而未定，孙翼中还提出"凤楼、文椒"等人选。他还通过《中外日报》订购《湖北商务

---

① ［美］施坚雅主编：《中华帝国晚期的城市》，叶光庭等译，北京：中华书局，2000年版，第1页。

② 《书札》（二），梁启超（31），第1855页。章炳麟也表示，康门弟子及其支持者多为广东、湖南士人，"若再忍诟以求铺啜，何以求见湘、粤之士"，故而离开时务报馆，见《书札》（二），章炳麟（2），第1949页。参见王惠荣：《〈时务报〉内讧背后的学派与地域之争》，《南通大学学报（社会科学版）》，2013年第5期。

③ 《致许家惺》（1898年10月23日），载谢维扬、房鑫亮主编：《王国维全集》（15），杭州、广州：浙江教育出版社、广东教育出版社，2010年版，第22—23页。

④ 章清：《省界、业界与阶级：近代中国集团力量的兴起及其难局》，《中国社会科学》，2003年第2期。

⑤ 《〈浙江潮〉发刊词》，《浙江潮》第1期，1903年2月17日。

报》《工商杂志》及《清议报》，"各处如必须先交报费，亦请暂为代垫"①；蒋方震与汪康年之间亦有交集，《浙江潮》与《中外日报》之间的合作，即是蒋方震通过叶澜、楼思诰向汪康年提出的建议②。

在朱联保所作的《近现代上海出版业印象记》中，关于中外日报馆的记录只有一条，即报馆代售《浙江潮》之事，"该刊系留日学生浙江同乡会出版，孙翼中、蒋方震等主编，共出12期，宣传民族民主思想，反对清朝封建专制政治，而被清政府查禁"③。《浙江潮》销售广告第一次出现在《中外日报》上是在1903年2月27日，说明该刊由中外日报馆与杭州白话报馆联合代售。从第二期起，《浙江潮》由"英大马路小菜场对过寿康里永记"发行，中外日报馆寄售④。永记发行所原先附设在中外日报馆内，"专代士商排印各种书籍报章仿单钱票杂种，并代办各种印书机器、铭字纸料"⑤。金粟斋译书处暂停营业之后，其位于大马路寿康里的旧址被《中外日报》盘下。报馆将永记独立经营，除了继续销售金粟斋的各类出版物之外，还成为《浙江潮》《日本变法次第类考》《社会主义神髓》等日本出版书刊的国内派发处，而《浙江潮》的预订事务、增价启事及催款声明，也一并以永记的名义对外宣告，如1903年7月，要求各地代派处"报资邮费全数缴足"，收齐之后汇寄永记⑥；1903年9月，永记发布告示，由于"除印资实贴若干不计外，其余小包邮便费运送费等赔累亦属不资"，因此"每册另加日邮二分，现定自第七期起，即行实施"⑦。1903年10月底，《浙江潮》于棋盘街惠福里国学社开设总分派处，"凡外部愿承分派及爱读诸君欲定阅全年与零售，均请向本分派所接洽可也"⑧，自第八期起，分派

---

① 《书札》（二），孙翼中（1）（3），第1486、1488页。

② 《书札》（三），蒋方震（1），第2917页。

③ 朱联保：《近现代上海出版业印象记》，上海：学林出版社，1993年版，第81页。

④ 《〈浙江潮〉二期已出》，《中外日报》1903年5月1日，广告版。

⑤ 《永记印书所》，《中外日报》1901年11月4日，广告版。

⑥ 《〈浙江潮〉代派诸君鉴》，《中外日报》1903年7月19日，广告版。

⑦ 《〈浙江潮〉紧要告白》，《中外日报》1903年9月22日，广告版。

⑧ 《〈浙江潮〉添设总分派所广告》，《中外日报》1903年10月31日，广告版。

及订报事务由国学社负责。永记结束代派《浙江潮》业务的原因，可能与寿康里屋宅的租赁合同到期有关①，但《浙江潮》最新一期一旦到沪，依然会通过《中外日报》等报刊进行宣传。

《浙江潮》创刊之后，在国内大受欢迎，"第一期、第二期再版后，未及一月又售罄，第三期前虽增印，亦已无存。现在索购者犹复纷纷不绝，同人竟无以报"②，根据《苏报》《国民日日报》《警钟日报》的统计，《浙江潮》在江西单期销80份，武汉销40份，扬州销30份，连泰兴、泰州、埭溪都有读者，销售状况明显优于同为留日学生编撰的《江苏》及《湖北学生界》，其中《中外日报》的宣传及代售的作用不可低估。一些读者也试图通过《中外日报》购阅《浙江潮》，如在陕西的叶尔恺就在信函中要求报馆主持人为其订购《浙江潮》与《游学译编》，"望酌行之"③。

再看《杭州白话报》。《杭州白话报》创办于1901年6月，经营者有项藻馨（兰生）、陈叔通等，其中杭州人项藻馨是汪康年的故交，《时务报》后期，汪康年一度打算寻找可以接替梁启超主笔的人选，项藻馨是人选之一。项之恩师陆懋勤认为，"如令兰生接卓如手，恐极盛难继也。或姑试之"④。庚子之后，汪、项关于杭州办学堂事多有书信来往，项藻馨要汪康年为其寻找可充教员的人选，得到了汪的积极响应⑤。另一个杭州人陈叔通亦与汪康年相识多年，他进入商务印书馆工作，与汪康年向张元济的推荐有关⑥。

《杭州白话报》创刊之后，《中外日报》先是在"专件"中刊载《〈杭州白话报〉序》，后又在"论说"中撰述《〈杭州白话报〉书后》，在"本

<hr />

① 自1903年11月后，在《中外日报》上再也不见关于永记的内容，可能说明永记在此时已结束了营业。

② 《本志紧要广告》，《浙江潮》第6期，1903年8月12日。

③ 《书札》（三），叶尔恺（21），第2480页。

④ 《书札》（二），陆懋勤（7），第2144页。

⑤ 《致项兰生函》，载《〈刍言报〉访稿不分卷》，上海图书馆馆藏稿本。

⑥ 陈叔通：《回忆商务印书馆》，载《商务印书馆九十年》，北京：商务印书馆，1987年版，第136页。

埠新闻"及"外埠新闻"中，亦出现了对《杭州白话报》的介绍，称其"欲去民蒙增人识见，而妙在皆以白话出之，即妇人稚子亦能一览便悉，蒙馆中尤宜各置一编，启蒙之捷无有逾于此者"，"于童蒙最有进步，是以日本销路甚旺，每期可售二千份，外埠宁绍及淮安等同志均有特捐寄杭者，此报可不虞中止矣"①。《中外日报》还在"来函"栏目中，专门登载了杭州求是书院学生致外府外省各学堂学生函，称"时至今日，苟欲变法，非开民智不可，吾杭志士创设白话报，专为农工商贾及妇孺而设，文理极浅，售价极廉，洵为开民智之善本，除随时随地劝人购阅外，深虑乡僻之处购阅为难，特设分送白话报社，其款即就院中肄业同人捐集，按月向该报馆购取分送，照善书例，不取分文"②。《中外日报》还描绘了读者追捧《杭州白话报》的场景，"榜其门曰'各种报章，随意纵览'，是以路过行人阅者纷纷，无阅报处之名，而有阅报处之实，是亦开通风气扩充报务之一法也"③，在"译报"栏目中也登载了《字林西报》对《杭州白话报》的报道，"如目不识丁者，有人在其旁大声诵之，即可晓然矣，该报各处有之，在上海则由《中外日报》代理"④。《杭州白话报》在上海的代售处一度是中外日报馆，而从1905年2月之后，《中外日报》在杭州的销售业务亦由杭州白话报馆负责。

《中外日报》对浙江书刊的积极代售，使得不少浙江人慕名而来，将出版物交付报馆，希望借由《中外日报》之力提升知名度，例如1906年8月，绍兴人秋瑾就在《中外日报》上刊载了《创办〈中国女报〉之草章及意旨》⑤，为这份筹划中的出版物进行宣传。《中外日报》还承担过杭州多个出版机构在上海的书刊发售业务，如崇实斋、史学斋、杭州图书公司、

---

① 《惠报志谢》，《中外日报》1901年7月5日，第四版；《再志白话报》，《中外日报》1901年7月21日，第三版。

② 《节录杭州求是书院学生致外府外省各学堂学生函》，《中外日报》1901年7月24日，第四版。

③ 《任人阅报》，《中外日报》1905年3月9日，第三版。

④ 《杭州近事述函》，《中外日报》1901年7月28日，第三版。

⑤ 《创办〈中国女报〉之草章及意旨》，《中外日报》1906年8月1日，广告版。

彪蒙书室、通记书局、回回堂、杭州武林印刷所、杭州编译局等。

汪康年在浙江士人群体中知名度极高。汪诒年指出，其兄"富于才识，在浙江甚有名，执学界牛耳……当《时务报》《昌言报》《中外日报》时代，君真可谓为报界之权威，《中外日报》读书人尤欢迎之"①。不少浙江士人冀望在《中外日报》上发表观点。如诸暨人蒋智由。1901 年 3 月 1日，夏曾佑在日记中记录，"晚与又公、仲宣、仲愚、诵逊、知游、菊生、毅白饮一品香"，次日，"又陵、神潢、钦甫、毅白、浩吾、菊生、仲宣、知游、诵逊、仲愚来"②，其中皆提到了知游（蒋智由）与毅白（汪康年）。几日之后，汪、蒋皆参加了为反对清政府与俄国签订密约的两次张园演说。在集会上，蒋智由继汪康年而发言，慷慨激昂地表示，"故今日之事，覆亡我中国之覆亡，存立我中国之存立，我国民之事，与他国无与焉。使我举国之人，人人以危亡为可惧，凌辱为可耻，万众一志，非理之来，合力与争。俄虽强暴，其如我人心不死何！民志不屈何！即各国之人，亦必环视惊起，以为支那民气不可犯矣"。他的演说全文刊载于《中外日报》上，会后还发布了由蒋智由起草的集议同人关于拒俄密约的办法③。不久，蒋智由、赵祖惪等在上海创办《选报》，由《中外日报》代售，《〈选报〉叙例》登载于 1901 年 10 月 20 日《中外日报》上。包天笑在金粟斋译书处工作时，由于隔壁就是选报馆，故而与蒋智由多有往来。他回忆道，蒋智由"写作很忙，他好像在什么杂志、日报上写文章（《中外日报》上有时也见他的著作）"④，他提到的应该就是刚才几篇演说稿，但也有可能是1906 年的《论议会之效用》《论社会当表彰特性之人》，这两篇刊登在《中

① 汪诒年：《汪穰卿先生传记》，北京：中华书局，2007 年版，第 190 页。
② 杨琥编：《夏曾佑集》（下），上海：上海古籍出版社，2011 年版，第 741 页。
③ 《记录味莼园集议电阻俄约演说·蒋君智由》，1901 年 3 月 18 日，第一版；《味莼园第二次演说·蒋君智由》，《中外日报》1901 年 3 月 27 日，第三版；《录蒋君智由论争俄约事》，《中外日报》1901 年 4 月 15 日，第一版。
④ 包天笑：《钏影楼回忆录》，太原：山西教育出版社、山西古籍出版社，1999年版，第 337 页。

外日报》的文章，蒋智由用的都是"性遂"的笔名[①]。

又如钱塘人孙宝瑄。《时务报》时期，孙宝瑄先后参加过汪康年主持的不缠足会及蒙学公会活动，亦是1900年中国议会的主要参与者，与唐才常、汪康年等10人同被选为干事。1901年3月的张园集会，孙宝瑄也是演说者之一，全文载于3月25日《中外日报》之上[②]，不过报纸上称呼孙宝瑄为张园集会主席，孙表示"不敢当，因令报馆更正之"，他的理由是"此事不足罹祸，余奚畏，只以有兄在陕督电局，万一事闻于行在，名公巨卿皆知某人之弟在海上聚众发电，则于兄实不利焉"[③]。孙宝瑄阅《中外日报》亦是习惯，在其日记之中亦常见相关记录。孙宝瑄不仅阅报，还会给报馆寄稿，发表对时局的看法，1901年底，他将其日记中关于"无父无君辨、自由平等辨、论修身学、论君权民权"的内容略改词句，交给《中外日报》，登载于12月16日"来稿"栏目中。友人吴保初"以为其理甚正，而不免张旧党之焰"，孙宝瑄回应道："天下只有是非，无所谓新旧，既知理正，则新旧两党皆宜各悟其偏，而趋于中道，何得曰张旧党之焰耶？且无臣无子一语，诋旧党亦无余地，张于何有。今以谈理之正者，即目为助旧党，是新党自居于理之偏，而以理之正者归之旧党矣，不亦大可笑耶！余之为是说者有二故，一以救新旧两党之弊，一以平旧党之心，免新党之祸，煞具苦心，而诸浮浪辈辄不以为然，盖其人以破坏为宗旨，谓天下不大乱则不大治，从《忘山日记》之说，足为破坏之阻力，故心甚恨。抑知今日我国之民受压已久，群力涣散，无权无势；又当列强并峙，火器盛行之时，欲鼓动百姓，破坏大局，难乎其难。盖朝廷所练之兵，御外敌不足，平内乱有余，即官军力不胜，外人惧损其商利，必助朝廷以除祸乱，虽欲破坏，乌得而破坏？此限于势，无可如何者也。曷若守保全之

① 性遂：《论议会之效用》，《中外日报》1906年9月8日，第一版；《论社会当表彰特性之人》，《中外日报》1906年11月17日，第一版。

② 《味莼园第二次演说·孙君宝瑄》，《中外日报》1901年3月25日，第三版。

③ 孙宝瑄：《忘山庐日记》（上），上海：上海古籍出版社，1983年版，第315页。

义，因朝廷变法之机，发明公理，徐辟民智。数十年后，全国之人皆通政治，本原则改宪，平上下之权，必有此一日。"[①]

无论是昌言报馆还是中外日报馆，都是与汪康年交往甚密的各地士人来沪聚会之场所，其中大多数都是浙江士人。如昌言报馆，根据孙宝瑄所记，1898 年 9 月 28 日，"诣昌言报馆，晤枚叔"，10 月 10 日，"诣昌言报馆晤穗卿，甫自津来小谈"，11 月 29 日，"闻穗卿在此，访之于昌言报馆"[②]。而揆诸夏曾佑日记，1899 年 11 月与 1900 年 1 月，他 8 次来到昌言报馆，在报馆中见到的人，有汪康年、叶瀚、汪大钧、张元济、章炳麟、宋恕、汪有龄、汪立元、胡惟志、孙宝瑄、叶澜、汤寿潜、唐才常、狄葆贤、黄受谦、罗振玉等，其中狄葆贤、黄受谦、罗振玉是江苏人，唐才常是湖南人，其余皆是浙江人。

中外日报馆的情况也极类似。清末各大报馆的硬件设施都不太好，连牌子最老的申报馆，都是"方广不逾寻丈，光线甚暗。而寝处饮食便溺悉在其中"[③]。包天笑回忆，中外日报馆主笔房"只有一大间，汪颂阁以总经理而兼总主笔，占了一张巨大的写字台，此外的编辑先生各占一席"[④]。不过，根据孙宝瑄的记载，"至中外报馆，未入门，有人拍余肩，视之枚叔也。因偕入登楼见穰卿、信侪，俄闻宗仰禅师来访，穰卿遂同下至客室纵谈"[⑤]，则报馆似乎还分楼上楼下，楼上是主笔房，楼下是会客室。而在夏曾佑日记之中，报馆首先是内部人员聚会谈天之所，夏曾佑多次记录其在报馆中与汪诒年、叶瀚"小饮"，时常来到报馆中的还有张元济、伍光建。除此之外，1904、1905 年来到报馆拜访汪氏兄弟的人主要有楼思诰、孙翼

① 孙宝瑄：《忘山庐日记》（上），上海：上海古籍出版社，1983 年版，第 451 页。

② 孙宝瑄：《忘山庐日记》（上），上海：上海古籍出版社，1983 年版，第 260、276 页。

③ 雷瑨：《申报馆之过去状况》，见申报馆编：《最近之五十年》，载沈云龙主编：《近代中国史料丛刊三编》（893），台北：文海出版社，1989 年版。

④ 包天笑：《钏影楼回忆录》，太原：山西教育出版社、山西古籍出版社，1999 年版，第 230 页。

⑤ 孙宝瑄：《忘山庐日记》（上），上海：上海古籍出版社，1983 年版，第 417 页。

中、袁希洛、戴克让、魏肋、姚文倬、黄受谦、钱恂、董鸿祎等，除了伍光建是广东新会人，黄受谦是江苏江都人，袁希洛是江苏宝山人，魏肋是湖南邵阳人外，其余均亦是浙江人。更确切地说，这些浙江人皆来自以杭州湾为中心的仁和、钱塘、海盐、归安等地，互相之间的方言十分接近，可以用乡音直接对话。而方言是界定同乡与非同乡极为重要的符号，能够让一个群体产生"共识"（common meanings）。语言限制对于报馆成员之间的交流往往会造成不小的影响，《时务报》时期，初入报馆的王国维因听不懂欧榘甲的广东方言，而"无从请益"[1]；《时报》主笔、广东人罗普身处一群江苏人之中，同样显得很不合群，很少与其他人接洽[2]；在《中外日报》办报群体之中，则较少遇到这些问题。

对于汪康年及《中外日报》来说，基于地缘形成的关系网络产生了极为重要的推动作用。汪康年组织正气会及中国议会，江浙派都是最重要的一支力量[3]，而一些决议、共识，似乎就是在报馆中商议而得的。尤其是在"己亥建储"的抗议过程中，由汪诒年、叶瀚、章炳麟等在沪浙江士绅联合署名上书之举，被宋恕认为大涨浙人士气，"此次首次名皆浙人，又如汪穰卿之弟诒年及章枚叔等浙中名士颇多列入，于是政府内外始有'浙中帝党'之目而忌及浙人，海外则亦因之看重浙人焉"[4]。浙江士人对上述行动的积极参与，展现出通过报馆这一空间所形成的人际网络，在面对政治变局之时爆发出的集体力量。

---

[1] 《致许家惺》（1898 年 2 月 17 日），载谢维扬、房鑫亮主编：《王国维全集》（15），杭州、广州：浙江教育出版社、广东教育出版社，2010 年版，第 1 页。
[2] 包天笑：《钏影楼回忆录》，太原：山西教育出版社、山西古籍出版社，1999年版，第 408 页。包天笑自言当时离开广智书局的原因，亦是由于书局之中多为广东人，"我和他们言语不通，未免有些扞格"。
[3] 桑兵：《庚子勤王与晚清政局》，北京：北京大学出版社，2004 年版，第 107—110 页。
[4] 《致孙仲恺书》（1900 年 2 月），载胡珠生编：《宋恕集》（下），北京：中华书局，1993 年版，第 698 页。

四、馆外同人的倾力襄助

通过以上分析可以发现，《中外日报》是一个由浙江人为主体组建起来的报馆组织。但是，如果单纯从同乡之中寻找合作资源，未免会显得局促狭隘。而且，汪康年的人际关系网络本来就不限于浙江一地，昔日在湖广总督幕府及时务报馆所结识的友朋同人，在《中外日报》时期保持密切联系的异乡人仍有江苏人张謇、罗振玉、陈庆年，湖南人邹代钧，福建人严复、郑孝胥、高凤谦等。而在办报过程中，他又与广东人朱淇、湖北人王慕陶成为好友。这些人不仅是《中外日报》的忠实读者，还会不时地在《中外日报》上发表文章。"读者兼作者"双重关系的叠加，使得作为商业性报纸的《中外日报》表现出"同人报刊"的色彩。

所谓"同人"，"乃情趣相投、志同道合之友也，实也就是同志"①。《时务报》就是典型的"同人报刊"，写作队伍一般集中在报馆之中。在《时务报》人才鼎盛之时，为了最大限度刊载馆内同人的稿件，甚至发布告白，"除应刊之论说及译报外，所余篇幅有限，尚有各种奏折章程等亟须陆续付印，以致不克即将来稿列入，实深歉仄"②。《中外日报》当然不能单纯用"同人报刊"的办报方式进行经营，毕竟"由于同人报刊以发表和宣传自己的观点为目的，一般没有商业动机，也不一定按照商业规律来运作。因此，它们的规模一般都不会很大"③，这是期望做大做强的《中外日报》无法接受的。但是，在《中外日报》办报人看来，通过刊载章程、公启的方式加强与知识精英的互动，不仅有利于报纸在士人群体中的发行，而且还能够在必要的时候得到这些人的赐稿，为报纸增添色彩。在《中外日报》上发表文章的士人，本身具有一定的社会地位，也不需要依

---

① 黄旦、詹佳如：《同人、帮派与中国同人报——〈时务报〉纷争的报刊史意义》，《学术月刊》，2009年第4期，第140页。

② 《本馆告白》，《时务报》第15册，1896年12月25日。

③ 马少华：《〈努力〉周报的新闻实践与"同人期刊"的运作特征》，《国际新闻界》，2006年第8期。

靠报纸提高名声，《中外日报》也无意将这些士人纳入写作队伍，并不承担"培养"新的"阅读大众"（reading public）的责任[1]，说到底还是出于一种同志之谊而采取的做法，让一些观点相近、私谊甚笃的同人能够找到传播个人意见的平台，这或许是《中外日报》承继《时务报》存留下来的遗风。

如福建侯官人严复。除了引介国外哲学、史学著作之外，严复也是"学有本源，长于文章，斯真近世所许为重言者也"[2]。早在变法维新时期，严复就与王修植、夏曾佑一起创办了《国闻报》[3]。在《国闻报》筹办之时，严复即致函汪康年，表示"资本已集，印机已购，开办之期，即在来月，伏乞将前寄启文赶为登录，将来出报之后，南中各省埠尚拟依附贵馆派报处代为分送，素纫公谊，当亦乐观其成也"[4]，希望时务报馆能够寄售《国闻报》。严复还在《国闻报》上连载过由他翻译的《劝学篇》，这是英国哲学家斯宾塞所著《群学肄言》的节译本，因故中辍，汪康年遂致信严复，希望他能将原书寄至上海，由他请人翻译。严复在回函中表示，"《劝学篇》不比寻常记论之书，颇为难译；大抵欲达所见，则其人于算学、格致、天文、地理、动植、官骸诸学，非常所从事者不可。今其书求得时姑寄去，如一时难得译手，则鄙人愿终其业"[5]，汪康年得书之后，交由曾广铨采译、章炳麟笔述，于《昌言报》上进行连载[6]。由此体现出汪、严良好的交谊关系，为之后二人的合作埋下了伏笔。

---

① 王汎森：《思潮与社会条件——新文化运动中的两个例子》，载氏著：《中国近代思想与学术的系谱》，长春：吉林出版集团有限责任公司，2010 年版，第 273 页。

② 胡汉民：《述侯官严氏最近政见》，《民报》1906 年 5 月 6 日。

③ 孔祥吉、村田雄二郎：《从中日两国档案看〈国闻报〉之内幕——兼论严复、夏曾佑、王修植在天津的新闻实践》（上），《学术研究》，2008 年第 7 期。

④ 《书札》（四），严复（2），第 3274 页。

⑤ 《书札》（四），严复（3），第 3275 页。

⑥ 连载《斯宾塞文集》亦收到了一些读者的訾议，张美翊言，"首篇《斯宾塞文集》颇不惬人意，似乎徒费重资，不如仍前用论为是"，陈庆年亦表示，"《斯宾塞尔文集》只宜附印报后……至于弁首之文，仍应选择论说，以符旧例"。见《书札》（二），张美翊（12），第 1764 页；陈庆年（9），第 2072 页。

1901 年，严复致函汪康年，表示"兹有告启千余言，可否求于《中外日报》中留数寸之纸为之地乎？此亦与外国力争利权之一大事也"[1]，这就是 7 月 1、2 日连载于《中外日报》上的《奉告开平矿务有限公司中国诸股东启》（署名"唐山人来稿"）。7 月 16 日至 25 日，《中外日报》又连续登载严复起草的《开平矿务有限公司广告》。随后，严复至上海暂居，与汪康年多有交际，至今还保留着当时汪康年邀请赴宴、严复应允"必到"的信函。严复为金粟斋译书处翻译《穆勒名学》，因蒯光典"译费尚未寄下"，还向汪康年借规元五百两，"一俟前途汇款到时，即当划还不误"[2]。而在先前随陆树德赴津京一带进行赈济之时，严复还托汪康年从报馆中取一筐废纸，以便将玻璃、瓷器等杂物裹塞，两人甚笃之私交可见一斑。1903 年 3 月 29、30 日，《中外日报》刊登论说《论张燕谋侍郎复奏开平矿务之欺罔》，指责开平矿务局督办张翼与外商合作，私自售卖矿产，严复并不认同《中外日报》的意见，于 4 月 16 日至 18 日的《大公报》上发表文章《论〈中外日报〉论开平矿事书》进行回应，但严复与汪康年及《中外日报》的合作关系，并没有因此出现裂痕[3]。

1905 年 8 月中旬，抵制美货运动纷纷扰扰，"不定美货""不用美货"两派人马争论不休，《中外日报》倾向于"不定美货"，招致工商界的群起抨击，《中外日报》不得不寻求外部支持。此时严复刚从欧洲回到上海处理复旦公学事务[4]，《中外日报》即盛邀严复为其撰稿，严复也想通过媒体

① 《书札》（四），严复（9），第 3278 页。

② 《书札》（四），严复（7），第 3277 页。

③ 孙应祥、皮后锋编：《〈严复集〉补编》，福州：福建人民出版社，2004 年版，第 5、8、13 页。关于严复与汪康年及《中外日报》的交谊关系，笔者受到皮后锋先生的指点，在此表示谢意。关于严复与《中外日报》的关系，王天根在《晚清报刊与维新舆论建构》中略有谈及，但基本没有使用报刊上的原始资料，参见该书第 213—215 页。

④ 蒋维乔在 1905 年 3 月 9 日的日记中记载，"是时严又陵尚漫游欧洲未返，渠本有在沪组织一学校之意。今晨与张菊翁谈及此事，张谓乘学生未散，驰函于严，嘱其回来办一学校，以使震旦学生无失所。因今日马湘伯至沪学会演说，遂怂恿蔡君鹤卿往与马计议此事"，见林盼、胡欣轩、王卫东整理：《蒋维乔日记》（第一册），上海：上海人民出版社，2021 年版，第 194 页。

表达对抵制美货运动的看法，双方一拍即合。

8 月 16 日，《中外日报》刊出严复的文章《论抵制工约之事必宜通盘筹划》，并加按语称，"惟欲慰欣仰先生之意及昌明言论自由之旨，用登远近报端，以告留心时务之君子"，这是严复早已做好的一篇文章，但报馆主持人"颇忧犯众，迟迟累日然后敢出"。对于抵制美货之事，严复的观点与《中外日报》相近，同样认为"不用美货，初未计在华有未售之存货也，更未计在美有未出之定货也。一旦行发传单，云不用美货，自某日始，使坐言者果能起行，是举市上数千万金之母本，付诸东流而已；而市面之大为动摇，更复何疑？夫商务千因万缘，往往一部分之受伤，株连且及全部。然则诸君此举，于侨美之工人未沾其远益，而于本国之商业先被其近灾，智者所为，宁有是乎"，希望工商界能够考虑商人的实际利益，勿要美国未伤分毫，"而吾各口之华商，则已实受其大害"。

严复的言论迅速激起热议。于右任在《附录书〈瘉壄堂论抵制工约之事必宜通盘筹划〉后》一文表示，抵制美货并不会给国内士商带来太大冲击，不用美货是为了迫使美国重订工约，严复之言，是在"从民气沸度最烈之时，而用水泼之，从国锋磨砺以须之余，而伸意见拒之"。《中外日报》刊载该文之后，又在此之前刊出严复的回函，指出"操不用美货之说者，有不顾一切之概，而商众有巨本破失之忧，匿名揭帖遍于通衢，群情汹汹，不知风潮之所。夫国民持议最忌主于一偏而不容他人之异说"，并呼吁保护因抵制美货而受到严重冲击的华商利益[1]。此文再度遭到其他报纸的攻击，严复不得不又作驳文加以申辩[2]，身心交瘁之下，严复在《中外日报》上发布公启，表示各处批评，"横厉如此，议虽未中节，其求必胜明矣。鄙人似毋庸再答，所有宗旨业已畅发，是非然否岂能强人，即该

---

① 《瘉壄堂主人答于君书后书》《附录书〈瘉壄堂论抵制工约之事必宜通盘筹划〉后》，《中外日报》1905 年 8 月 21 日，第一版。

② 《答某报驳议》，《中外日报》1905 年 9 月 2、3 日，第一版；《再答某报本月初六日驳议》，《中外日报》1905 年 9 月 6 日，第一版。

报再有齿及，亦不必取以相示，所谓眼不见为净也"①。在上述争论之中，严复意识到民众对于"立宪"与"自由"等观念的了解还相当缺乏，为此专门撰述长文《论国家于未立宪以前有可以行必宜行之要政》，于1905年9月20、21、28、29、30日，10月4日在《中外日报》上进行连载。

1905年夏，严复应上海基督教青年会之邀，以"立宪为何事"为主题进行了八次讲演，"其中虽多袭取西说，鲜有创解，然不失为中国人自著政治学概论之首先一部"②。自10月15日至12月8日，《中外日报》不定期地将《政治讲义》进行连载，且声明"将来刊登完竣后，严先生仍拟印行发售，远近诸书肆幸勿另行刊刻，致蹈侵犯版权之嫌"③，换言之，《中外日报》对于《政治讲义》拥有首发权。同时进行连载的还有《政艺通报》《广益丛报》《直隶教育杂志》等，不过上述几种刊物结束连载的时候都迟至1906年，且其销量及影响力皆不如《中外日报》。1906年3月，商务印书馆宣布获得《政治讲义》单行本的版权，并正式印行出版，"诚近时考求政治学者之借镜也"④。

1906年，严复连续在寰球中国学生会、上海基督教青年会、上海商部实业学校等教育机构举行讲演，即《论教育与国家之关系》《有强权无公理此语信欤?》《讲题教授新法》《实业教育》，上述讲演全文亦在《中外日报》上进行刊载。此外，严复还为《中外日报》撰写论说《论铜元充斥病国病民不可不急筹挽救之法》及《论小学教科书亟宜审定》，这些文章亦在《东方杂志》《广益丛报》《直隶教育杂志》等刊物上转载。《中外日报》还应读者之需，转载过《外交报》上严复的文章《续论教案及耶稣军天主

---

① 《致中外日报主人阁下书》，《中外日报》1905年9月10日，第四版。
② 参见戚学民：《严复〈政治讲义〉研究：文本渊源、言说对象和理论意义》，清华大学历史学系博士论文，2005年。参见孙德鹏：《历史精神与宪法：严复〈政治讲义〉论析》，《现代法学》，2012年第1期。
③ 《本馆特别广告》，《中外日报》1905年10月15日，第一版。
④ 《严又陵先生〈政治讲义〉出版》，《中外日报》1906年3月22日，广告版。

教之历史》及《论英国宪政两权未尝分立》①。此外，1906年4月，复旦公学校董熊季廉因病逝世②。4月28日在颐园举行了由复旦公学、青年会、寰球中国学生会组织召开的追悼会，"由郑苏龛、严几道诸先生演说，宣示其生平，以励薄俗，且以表哀悼之情于万一"，严复演说全文刊载于4月30日、5月1日《中外日报》"专件"栏目中，题为《四月初五日追悼会严几道先生演说》，"仆之获交季廉也，以庚子倾盖订交，知为国士，旧于顾、黄、船山之学，抗希、壮悔之文，极所服膺。仆尝微撼之曰：'此未足以限吾子也'，由是抟心揖志，力治西哲之学……此所谓浑金美玉，市有定价，非可以爱憎门户为毁誉者也。卒之次日，家人搜其裯褥，有片纸以铅书云，严又老视吾如子，不幸短命，永别师门，思之痛痛。呜呼，此知我之言也！使仆今日丧一爱子，其于吾心为不可合之创，不过如是而已，吾尚能复言乎"。

根据笔者的统计，自1905年8月至1906年10月，严复总共为《中外日报》撰稿7篇，演说稿5篇（其中《政治讲义》共分八会），自《外交报》转载2篇，总共14篇，虽然看似数量不多，但因绝大多数的文章均系连载，故而占据"论说"栏目的天数并不少。总而言之，《中外日报》是继《国闻报》之后，最为集中体现严复思想的出版物之一。由于《中外日报》销售渠道广、社会影响大，刊载在报纸上的文章，很快引起了不小的反响。如在日本求学的钱玄同通过《中外日报》读到了《有强权与公理此语欤？》，感叹"当今日道义沦丧，公德缺乏之候，得此真是暮鼓晨

---

① 如1906年6月16日，《中外日报》回复"寓洛阅报人"之函，表示"《外交报》所载严几道先生《天主教耶稣军之历史》，本馆业于三月二十二日、二十三日、二十九日、三十日、四月十一日报内全行转载，请细为检阅便知，并无遗漏"。

② 1905年12月3日，夏曾佑、张元济、叶瀚等人为时年虚龄40岁的汪诒年祝寿，参加活动的还有复旦公学校董熊季廉，见杨琥编：《夏曾佑集》（下），上海：上海古籍出版社，2011年版，第784页。参见张仲民：《严复和熊季廉的"父子"之交》，《史林》，2013年第6期。

钟"①。严复自己则对报纸的传播效果十分满意，"讲后刊列报端，颇闻都下士夫有以仆言为无以易者，此亦差足奉慰者也"②。

表 3-1 《中外日报》所刊严复文章一览表

序号	文章名称	刊载时间
1	论抵制工约之事必宜通盘筹划	1905 年 8 月 16 日
2	瘝懑堂主人答于君书后书	1905 年 8 月 21 日
3	答某报驳议	1905 年 9 月 2、3 日
4	再答某报本月初六日驳议	1905 年 9 月 6 日
5	论国家于未立宪以前有可以行必宜行之要政	1905 年 9 月 20、21、28、29、30 日，10 月 4 日
6	政治讲义（第一会）	1905 年 10 月 15、16、17 日
7	政治讲义（第二会）	1905 年 10 月 22、23、24 日
8	政治讲义（第三会）	1905 年 10 月 30、31 日，11 月 1 日
9	政治讲义（第四会）	1905 年 11 月 8、9、10 日
10	政治讲义（第五会）	1905 年 11 月 14、15、16 日
11	政治讲义（第六会）	1905 年 11 月 20、21、22 日
12	政治讲义（第七会）	1905 年 11 月 27、28、29 日
13	政治讲义（第八会）	1905 年 12 月 5、6、7、8 日
14	论教育与国家之关系（在寰球学生会演说）	1906 年 1 月 9、10、11 日
15	有强权无公理此语信欤?	1906 年 2 月 10、11 日
16	论铜元充斥病国病民不可不急筹挽救之法	1906 年 3 月 12、13、14、15 日
17	论小学教科书亟宜审定	1906 年 4 月 7 日
18	续论教案及耶稣军天主教之历史	1906 年 4 月 15、16、22、23 日，5 月 4 日

① 杨天石主编：《钱玄同日记（整理本）》（上），1906 年 2 月 23 日，北京：北京大学出版社，2014 年版，第 23 页。

② 《与曹典球书》（4），载王栻主编：《严复集》（5），北京：中华书局，1986 年版，第 569 页。

序号	文章名称	刊载时间
19	讲题教授新法（青年会第七次师范研究会）	1906 年 6 月 17、18、19、20 日
20	实业教育（丙午五月初七日在上海商部实业学校演说）	1906 年 7 月 2、3、4 日
21	论英国宪政两权未尝分立	1906 年 9 月 5、20 日，10 月 1、4、19 日

严复在《中外日报》上发布的启事还不止于此。1906 年 3 月 31 日及 5 月 17 日，《中外日报》两次刊载告白，皆为介绍良医张汝舟，张汝舟是复旦教员，在严复担任复旦监督时当过校医，为了增加宣传力度，5 月 17 日的告白由严复及郑孝胥、李登辉、方守六、颜惠庆等共同署名，告白中称"同乡张君汝舟家世业西医，父子兄弟皆以济世利人为己任，前十余年，不佞挈之赴北，入天津医学堂肄业，为英教习休士顿君所激赏，后游历内地各省，所至以其术鸣。去春赴南非洲，为金矿医官，既卒事，得其文凭。今来海上，其德配施女士，亦业医，旧学于福州妇幼医馆，有优等文凭，精于妇幼诸科，而妇产接生尤为得手，顷从张君居此，伉俪相庄，皆以治病安人为业，可尚也已。不佞与同乡知其根底，故乐以告此方之抱病求良医者。寓河南路中国药房。德律风九百零三。晚在百老汇路弄内六十八号"。

由于严复与《中外日报》有着合作关系，一些与严复有关的社会事务也通过《中外日报》这一平台对外发布信息。1905 年 7 月，复旦公学创立，因经费支绌，维持甚是艰难，担任校董的严复亲撰启事，表示"今者复旦募捐，确资兴学，其为社会利益影响垂百千年，遍各行省，关系本图尤远且大……惟是造端宏大，需款犹多，必资众擎而后克举。用敢据实布启于海内外诸公，上自公卿，下逮士庶，倘蒙慨助"，中外日报馆与时报馆为捐款代收处，汪诒年、狄葆贤列名启事之中①。1906 年 4 月，严复就任安徽高等学堂监督，因学堂缺少教员，在其返沪之后，通过《中外日报》及《时报》刊登广告，招揽昔日北洋海军学堂学生来安庆帮忙，"前北洋海军学堂前后各学生鉴：自遭乱停学之后，劳燕分飞，不知诸君现居何处，刻复在皖办理高等学堂，需用教员既多且亟，颇望同学诸君前来相助。为理为此登报，祈即通信前来，俾知居址；即在有事，诸君亦望以数行见教为恳"②。

　　《时务报》停刊之后，一些士人在痛心之余，将延续维新改良理念的希望寄托在《中外日报》之上。邹代钧认为，《中外日报》可以作为又一个"维新之起点，不过再加一番艰辛耳"③，高凤谦亦以《时务报》标准来要求《中外日报》，"须立定宗旨，不可随俗浮沉"④。夏曾佑与钱恂则多次在信函中评论《中外日报》"又有进步""颇有佳论""力似稍懈"，鼓励报纸"议论不妨日精，胆不妨日大"，其比照对象几近不言自明⑤，也就是说，在这些士人看来，《中外日报》直接承继《时务报》，堪称"维新萌蘖"⑥。夏曾佑与严复曾是《国闻报》的两大主笔。《时务报》和《国闻报》，昔日维新媒体的两大重镇在数年之后，奇妙地又一次形成了合作关系。庚子事变之后，严复、夏曾佑除了给《中外日报》撰稿之外，还在《外交报》上多次发表文章。《中外日报》《外交报》提供空间，由严、夏发表观点；严、夏的如椽巨笔，又为《中外日报》及《外交报》争取不少

　　① 《复旦公学募捐公启》，载孙应祥、皮后锋编：《〈严复集〉补编》，福州：福建人民出版社，2004 年版，第 20 页。
　　② 《几道启事》，《中外日报》1906 年 4 月 18 日，广告版。
　　③ 《书札》（三），邹代钧（68），第 2754 页。
　　④ 《书札》（二），高凤谦（41），第 1651 页。
　　⑤ 《书札》（二），夏曾佑（35）（37），第 1345、1346 页；《书札》（三），钱恂（32），第 3015 页。将《中外日报》视为《时务报》的延续，在时人的小说中亦有反映，《孽海花》中即有"胜佛"见中外日报馆"梁超如""王让卿"的情节，梁、王明显以梁启超（卓如）、汪康年（穰卿）为模板，则"中外日报馆"即是时务报馆的影射，见曾朴、金天羽：《孽海花》，北京：中华书局，2001 年版，第 411 页。
　　⑥ 《书札》（一），汪有龄（21），第 1090 页。

读者的关注。有论者指出，"《中外日报》论说向不署名，但汪氏兄弟管理报馆，报纸言论应代表汪等人的见解"①，确切地说，汪氏兄弟是选择了与他们观点接近的人担当《中外日报》言论的撰述者。

除了严复之外，多次在《中外日报》上刊登文章的异乡人还有罗振玉、张謇等。江苏淮安人罗振玉与汪康年早有交集，汪康年创办《时务报》之后，罗振玉来到上海，设立农学会及东文学社，办《农学报》，这些活动均得到了汪康年的协助，在罗振玉看来，汪康年"固笃厚君子，志在匡时，实无他肠"②。《时务日报》甫创之时，他就向报馆代订三份，"可按旬同《时务报》一齐寄至敝寓"③。《时务日报》更名为《中外日报》之后，罗振玉的名字更是多次出现在"专件""来函"之中，如 1898 年 9 月 2 日"专件"栏目刊载"上虞罗振玉"的文章《改寺院为学堂办法说帖》，1899 年 5 月 5 日刊载《支那通史序》，1901 年 11 月，罗振玉、章堪、毛乃庸合译日本涩江保《波兰衰亡战史》的信息刊登在"来函"。1906 年罗振玉与江苏教育总会关于江苏师范学堂是否违章占地的几次争论，全文登载于《中外日报》"来函"栏目之中。如上文所言，这几封罗的公开信，有可能出自汪诒年之手。

又如江苏南通人张謇。张謇与汪康年相识于 1894 年补应殿试的考场。1896 年，《时务报》创立，张謇被聘为 12 名报馆董事之一。1900 年，因"己亥建储"及绅商上书的过程中表现活跃，《中外日报》颇受官场的关注，张謇闻知张之洞派梁鼎芬来到上海监视各大报馆，马上致函《中外日报》提醒，"节庵于兄动膝及往来之人，知之甚悉，言之颇详"④。1901 年 3 月 23 日，张謇在日记中记载，"始定作'变法平议'，以六部为次，循梅

---

① 廖梅：《汪康年：从民权论到文化保守主义》，上海：上海古籍出版社，2001年版，第 270 页。

② 罗振玉：《雪堂自述》，南京：江苏人民出版社，1999 年版，第 11 页。

③ 《书札》（三），罗振玉（3），第 3155 页。《书札》中作《时事日报》，误，按照上下文及书信撰写时间，应是《时务日报》。

④ 《书札》（二），张謇（11），第 1806 页。

生'乡校丛议例',申其意也",4月初抄写完毕,5月3日,"有'变法平议'目补,专人去省"①,完成了这部两万余言的著作。《变法平议》共有内容 42 条,分吏、户、礼、兵、刑、工六大部类,提出分三个阶段逐步实施,希望逐步达到立宪的目的,5月10日,《中外日报》开始连载《变法平议》。连载两日之后,"因新闻译稿较多,以致变法平议续稿未能排入,兹特遵知友谅,嘱将平议全稿另印单张,按日随报分送,庶几不占新闻地步,而阅者亦可装计成帙,实为两便"②。5月15日,《变法平议》第一页随《中外日报》附送,5月16日"将第二页至第五页合成一纸,随报分送……其第六页以下须稍迟一二日印成后再行随送"。待分送完毕之后,《中外日报》又将《变法平议》重新刊刻,以铅印本的形式对外发售。《变法平议》出版之后,舆论多有赞誉,亦有读者认为该书"有诟骂而无商量,有意气而无条理,事岂得不坏"③。1902年7月28、29日,《中外日报》又在"论说"栏目中连载张謇的文章《录张季直修撰上江督刘制军文附跋》。1904年,《中外日报》发起抚恤日俄战争中伤亡日本兵士的活动,张謇创办的企业大生纱厂、广生油厂、大兴面厂共捐款一百二十五元,为此次活动中的主要捐款方④。1906年之后,张謇又几次在《中外日报》上发布个人启事,如 1906 年 10 月 3 日正告通五属办学诸君,"悲夫痛哉!以自命兴学之人而阻学也,自朝廷有不入祀典之庙宇准酌量改办学堂之诏,而各省寺院有引外人为保护者矣,有鼓煽愚民聚众毁学者矣,风声所播,凡寺院之稍有营殖与夫乡民之故步自封者,方汹汹疑惧,而地方营私自利与夫意气颛恣之绅智虑郏浅漫无阅历之士相高口耳之游",又如 1907 年 5

---

① 张謇研究中心、南通市图书馆编:《张謇全集》(6),南京:江苏古籍出版社,1994 年版,第 450—452 页。

② 《本馆广告》,《中外日报》1901 年 5 月 12 日,第一版。

③ 袁金铠:《傭庐日记语存》,1902 年 3 月 22 日,载国家图书馆编:《历代日记丛钞》(137),北京:学苑出版社,2006 年版,第 46 页。

④ 其中大生纱厂总理董事及各执事共捐墨银一百五十元,广生油厂总理及各执事共捐墨银七十元,大兴面厂董事及各执事共捐墨银三十元,合共二百五十元。其中一半捐给日本伤亡兵士,一半捐给上海万国红十字会,以抚恤东北灾黎。

月 14 日，"通州因平粜米垫款至巨，故有贷资于午帅之举，午帅以民瘼为怀，故允所请，三月初九日贵报载大生纱厂借资发息，想系传闻之误，兹将原电录上即希修正"。

由于汪氏兄弟在士人群体中具有的知名度，各地读者要求登载学堂、学会章程、启事的函件络绎不绝。如湖南大学堂监督李希圣致函汪康年，"欲以一二人之意见，范围天下之学术"，向报馆"寄上章程一本，请即登贵报，并乞代登各报，愿与海内外通人共任其责"①；又如福建一些士人集资兴办蚕桑公学，"现春蚕已有成效，兹将章程邮上，可否登诸日报，乞一酌"②。而像孙淦《红十字会章程》、罗振玉《农学会章程》《淮安蚕桑公学章程》、宗舜年《不食洋烟会章程》等，都是与汪康年直接沟通，希望能够登载于《中外日报》上。此外，一些友人亦将《中外日报》当作消息发布平台。如李希圣在庚子事变之后欲进京迎驾，请《中外日报》将其行程登诸报纸，"使京师诸友人见之，藉悉鄙人消息也"③；又如常州名医周雪樵，他在上海的办公地点，一度是集贤里中外日报馆，1902 年，上海爆发"喉痧"，《中外日报》随报附送周雪樵治疗喉痧的公启。报馆还代售过周雪樵编撰的《西史纲目》及《医学报》，由其撰写的文章《〈经国美谈〉书后》，亦刊登在《中外日报》上。

需要指出的是，无论双方的交谊如何紧密，上述士人皆未进入报馆担任管理之职，"浙人办报、众人关注"的局面，或许是报馆经营者最愿意看到的。从汪康年的办报实践可以发现，《时务报》甫创刊时，他尚能接受与广东、湖南的知识精英协同办报的模式。随着"杭粤遂分党派，渐成水火"④，与梁启超、黄遵宪的关系破裂之后，汪康年开始目光向内，从自己的亲缘关系中寻找合作对象，堂弟汪大钧、胞弟汪诒年就这样相继进入

---

① 《书札》（一），李希圣（3），第 553—554 页。
② 《书札》（二），高凤谦（48），第 1657 页。
③ 《书札》（一），李希圣（1），第 552 页。
④ 罗振玉：《贞松老人遗稿》，载中国史学会编：《戊戌变法》（4），上海：神州国光社，1953 年版，第 249 页。

《时务日报》，担当股东及经理等重要职位。囿于个人资本所限，汪康年不得不将此前并无深交的曾广铨引入《时务日报》的办报群体，并给予其足够的信任。但是，曾广铨阻止汪康年重新返回报馆的做法，将汪氏给予的信任完全击破。在结束了与曾广铨的股权纠纷之后，为了避免出现纷扰，汪康年、汪诒年决意将合作者限定于同乡与同人。无论是王国维、许家惺，还是叶瀚、夏曾佑，都与汪氏兄弟同乡。事实上，当《昌言报》于1899年夏一度传出"重办"的消息时，汪康年的外甥楼思诰在信函中所推荐的主笔人选是汤寿潜、夏曾佑、蒋国亮、章炳麟，清一色的浙江人及汪康年的旧友①。地缘关系能够产生天然的信任感。清末多数企业均呈现出"清晰的地域垄断倾向……大都以家族成员以及同乡合伙为主，非同乡合伙的例子不多，不仅如此，企业的雇员也大都雇佣同乡"②。而在同乡之外，汪氏兄弟又极为重视合作者之前的交往经历。从叶瀚、夏曾佑的例子来看，二人均与汪康年有着多年交情，早在《时务报》时期就已经与汪康年有过合作。此处可以对比杨守仁的例子，在王慕陶等人反复推荐的情况下，汪诒年依然对其不太信任，而要求杨先撰文再讨论合作事宜，使得杨守仁最终选择《神州日报》。让汪诒年谨慎行事的原因，还是担心一旦将话语权拱手相让，后果不堪设想。

对于汪氏兄弟来说，"集款必厚，用人必慎"③，这八个字成为经营《中外日报》的行动准则。以血亲兄弟掌握报馆经营权、任用同乡担任要职，而以友人作为馆外写手和读者的报馆经营模式，使得《中外日报》呈现出某些"私有化"的色彩。组织内部所有的人际关系，完全依附于报馆主持人身上而逐渐搭建起来，使得《中外日报》在十年的发展过程中，除了早期的汪、曾报馆所有权之争外，并未发生过内部的纷争与动荡。

但是，汪氏兄弟依靠社会网络经营报馆的做法，对报馆的长期发展也

<hr>

① 《书札》（四），楼思诰（27），第3949页。

② 宋钻友：《同乡组织与上海都市生活的适应》，上海：上海辞书出版社，2009年版，第6—7页。

③ 《书札》（一），汪有龄（24），第1094页。

出现不利因素。根据《夏曾佑日记》记载，1904 年和 1905 年，在"闲谈""共饮"的过程中讨论报馆事务的情况共发生 50 余次。换言之，报馆日常运作"依靠非正式制度与默会性知识"，各种非正式的人际交往充斥其间。对组织成员的行为进行管理约束，能够促进组织有序运转，保证组织决策和指令有效地贯彻执行；反之，一旦缺乏对组织成员，尤其是核心成员的有效约束，就会造成巨大的管理成本，降低组织的凝聚力。而且，非正式制度具有自发性、广泛性和持续性的特点，造成规范和意识的固化，提升组织的变革成本，进而形成组织惰性，无力应对外部环境的各种变化。叶瀚、夏曾佑等核心成员来去自由，一定程度上影响了报馆的竞争力。

同时，对关系网络的依赖，也容易造成"网络反噬"的现象，即组织在经营的过程中受到网络带来的反作用，限制组织变革的方向。关系网中的个体与组织构成一组互惠关系，个体对组织的资源索取受到网络内部强大规范的许可，并对组织产生约束，情感义务的激增使组织成为"福利客栈"，抑制了发展扩张和变革可能①。《中外日报》既然与关系网络深度绑定，就需要为网络成员的行为提供便利条件，例如代售浙江士人创办的刊物、低价甚至义务为同人出版物做宣传等，这些做法使报馆的广告收入长期处于较低水平。

此外，这种管理模式在一定程度上失去了吸纳"异质"力量进入组织的机会。如果组织的经营活动只限于特定的社会网络，则会遭遇由强关系带来的负向作用，造成组织获取信息的能力降低、外部资源的流入障碍等后果②。组织自身不可能拥有维持生存与发展的全部资源，大量决定组织

---

① ［美］波蒂斯、森森布伦纳：《嵌入性和移民：经济行动的社会决定因素》，载［美］弗兰克·道宾主编：《新经济社会学读本》，左晗、程秀英、沈原译，上海：上海人民出版社，2013 年版，第 274—276 页。

② F. Xavier Molina-Morales, M. Teresa Martínez-Fernández. Too Much Love in the Neighborhood Can Hurt：How an Excess of Intensity and Trust in Relationships May Produce Negative Effects on Firms. *Strategic Management Journal*，2009，Vol. 30（9）.

生存的稀缺资源存在于外部环境之中①。组织只有获取丰厚的外部资源才具有竞争优势，反之，一旦受到关系网络的裹挟而构成资源内聚，将会阻碍组织的扩张，导致组织惰性的出现。有学者提出，"对于中国社会关系网来说，最根本的局限可能来自于它们的排他主义。这些局限是建筑在家庭和家乡关系基础上的关系网所固有的"②。《中外日报》后期的举步维艰，本身资金短缺固然是一大阻碍，但人才引进不力亦是主要因素。正如马寅初认为，"吾国之各种事业除个人办理者外，虽尚有所谓合伙事业，最近更有公司之组织，然合伙之投资与办理非合亲戚朋友，素有相识者不可。否则如向所未谋面者，则各人之情性，尚未深悉，安能共谋一业哉。是故合伙之组织，其范围必狭"，"中国之营业，无论其为工为商，十分之八九为个人组织，最多亦不过亲朋之合伙，虽有股份公司，亦大半为 close company（封闭式公司）……欲大事业之发生，其可得乎"③。《中外日报》的发展历程，与马寅初所言不谋而合。

---

① 白景坤：《多维视角下的组织惰性理论研究》，《广州大学学报（社会科学版）》，2010 年第 2 期。

② ［美］高家龙：《大公司与关系网：中国境内的西方、日本与华商大企业（1880—1937）》，程麟荪译，上海：上海社会科学院出版社，2002 年版，第 229 页。

③ 马寅初：《中国之经济组织》，载田雪原主编：《马寅初全集》(4)，杭州：浙江人民出版社，1999 年版，第 131—132 页。

第四章

长桥卧波：携手同建关系网

1900 年后，随着知名度的提升和销售网络的建立，《中外日报》的销量与日俱增，与《申报》《新闻报》并驾齐驱。在日常办报事务之余，报馆还兼售其他书局、学堂等机构出版的书刊。一般来说，只要付讫代售费用，书刊便可进入报馆建构的销售系统，在短时间之内发送到各地的派报处，由派报者对外发售，"寻找一份销量不错的报刊代售不但对于推广报刊有益，而且可以增加报馆收入"①，故而不少报馆都乐于做这些代售工作。而对于派报者来说，每种出版物均可得二成提成，代售书刊越多，个人所能获得的利润也能相应增加。在派报处兼售其他书刊，对于报馆、出版方及派报处而言，都是一个三赢的局面。

由于清末邮政系统极为落后，当时各大出版机构普遍难以建立较为稳定的订购发行系统，只能委托报馆、学堂、阅报所、会馆、公司、民间社团等进行书刊发行，其中报馆是最主要的宣传代售机构。由报馆出版的各类报刊，往往会专门辟出版面刊登广告，而各种新书出版告白若能登载其上，能够起到事半功倍的效果，所谓"新出书籍，非广登启事，购者无从

---

① 参见张天星：《报刊与晚清文学现代化的发生》，南京：凤凰出版社，2011 年版，第 140 页。

知悉"①。清末出版商普遍希望依托新式媒体的力量，以提高销售利润，扩大自身影响。值得注意的是，虽然"报纸流行每出一书，长篇广告，烂然满目"②，但不是每一种书刊皆由报馆进行代售，影响报馆挑选代售书刊的标准，除了看其他出版机构的出资价格之外，更与报馆主持人的私谊网络密不可分，代售事务的展开，体现出了报馆经营活动的主体性。

一、售报纸与看报纸

中国近代的新式媒体，经历数十年的发展之后，逐渐在戊戌之后进入了一个高峰阶段，阅报读报成为许多人日常生活中不可或缺的组成部分。其中，上海更是领全国风气之先，报刊出版的种类、数量，远在各大城市之上。姚公鹤云，"北京称上海报为南报，而广东及香港、南洋群岛称上海报为沪报。凡事非经上海报纸登载者，不得作为证实，此上海报纸足以自负者"③。《申报》《新闻报》《中外日报》《时报》不仅是上海的报纸，更是远销全国，乃至欧洲、日本等地④。时人有言，上海各报"十之七销于外埠，十之三销于上海"⑤，所谓"上海每一报馆寄出外埠之报，多者万份，少亦数千"⑥。

在上海的读者阅报相对方便，"每日出报，外埠托信局分寄，而本埠则必雇有专人，于分送长年定阅各家外，其有剩余之报，则挨门分送与各商店"⑦。和《申报》类似，《中外日报》在上海的代销也是通过商铺对外销报、统一结账。如在广方言馆工作的萧穆，除了每日阅读由"上海馆

---

①　姚公鹤：《上海闲话》，上海：上海古籍出版社，1989年版，第136页。

②　孙毓修：《图书馆》，《教育杂志》第一年第十二号，1910年1月。

③　姚公鹤：《上海闲话》，上海：上海古籍出版社，1989年版，第128页。

④　参见朱至刚：《"阅报"何以能成为中国人的日常行为：对清末新式中文报刊空间分布的社会学考察》，《学术研究》，2018年第9期。

⑤　《上海各日报之销额》，《华商联合报》第13期，1909年8月30日。

⑥　《〈北京日报〉等报馆为沥陈北京报界艰苦情形仰求维持事致民政部察文》，载中国第一历史档案馆编：《晚清创办报纸史料（一）》，《历史档案》，2000年第2期。

⑦　姚公鹤：《上海闲话》，上海：上海古籍出版社，1989年版，第127页。

中"所寄之《申报》外，还会定期前往英市之"洋厂"与法市之"康泰永纸铺"，购买《中外日报》《同文沪报》及《新闻报》，每两个月结账一次，"以为常"①。但是，那些在外埠的读者，又是通过哪些途径阅到上述报纸的呢？

从《中外日报》的发展历程来看，派报处的设置及与民信局的合作，构成了《中外日报》销售网络的基础。派报处是指"报馆在外埠联系、委托销售报刊的代销点，在晚清亦称作派报社、售报处、寄报处、派报所等，相当于现代商业上的连锁店或代销点，属于今天出版物流通制度中的代理制"②，自《申报》创立这种经营模式之后，逐渐成为新闻界的通行惯例。派报处选择要求经营者能够提供固定住址，"必须择一土著永无迁移者，方能持久"③，一般需要进行担保，"请取殷实铺保，先期函告"④，一旦某地派报处无法经营下去，报馆即会就近寻找新的合作伙伴。至于派报处所能得到的收益，除了给予经营者两成的提成之外，还能获得报馆的权威认证，报纸会在头版写明派报处名称，希望读者"仅向各分派处订阅，切勿受彼等之愚弄也"⑤，派报处享受独家销售权。除非双方合作关系解除，否则报馆不允许其他未授权者大量售卖报纸。如 1901 年 4 月 9 日，《中外日报》发布告示，斥责"谋利之徒在杭擅立海昌报馆，专售本馆残报，以蒙阅者"，严重影响了派报处经营者汪傅臣的利益，经过协商之后，海昌报馆同意即行闭歇，不再混售，"本馆宽其既往，姑免深究，倘以后仍有前项情弊，定即禀请领事照会地方官严究"，保护了派报处的权益。即使出现读者致函报馆控诉派报处"办理颇未尽善"，一个月内"仅送数号至月底，核算总有十余号未到"，只要没有切实证据证明派报处消极怠

---

① 萧穆：《敬孚日记》，1898 年 9 月 25 日、1904 年 3 月 29 日，上海图书馆馆藏稿本。

② 张天星：《报刊与晚清文学现代化的发生》，南京：凤凰出版社，2011 年版，第 120 页。

③ 《书札》（一），汪立元（5），第 1024 页。

④ 《芜湖〈商务日报〉广告》，《中外日报》1905 年 8 月 22 日，广告版。

⑤ 《本馆告白》，《中外日报》1900 年 11 月 20 日，第一版。

工，报馆还会尽可能地回护派报处的利益，称其"认真从事者为多，间或照料不周或偶尔遗误，亮所不免"①。不过，如果出现如汉口小蔡家巷派报处沈宝卿那样"存心吞欠……屡次函催并无回信"的状况②，报馆不仅会"禀官讯追"，还会立即更换派报处，以保证售报事务正常有序地进行。

《中外日报》派报处的设置并非一成不变，而是根据经营状况、人员调动以及报馆的资金情况，多次发生调整。根据1898年8月17日、1900年7月1日、1902年7月1日三个时间点进行分析，可以发现各地派报处时有兴废，固定设置派报处的城镇只有天津、武昌、汉口、安庆、南京、南昌、苏州、九江、松江、常州、宁波、镇江等十余处，派报处最多时涉及十一个省份。如重庆的渝报馆，一度是《中外日报》外销四川的唯一售报点，在渝报馆受到戊戌政变的冲击无力维系之后，为了保证"日渐增多"的四川读者的需求，《中外日报》委托成都的志古堂书坊接力，成为新的派报处，"如川省诸君欲阅本报者，即向该堂购阅可也"③，而在1902年，重庆的"沙市分局"取代志古堂，开始经营《中外日报》西南地区的派售业务。又如湖南派报处，最初依托邹代钧主持的长沙矿务总局代售，戊戌政变之后，清廷颁布了封杀报馆的谕旨，"大家观望，不敢定看全年，敝处管事人亦不敢放手卖去"，因此邹处无法继续代售报纸，"如另有妥人办，当由该馆自觅，所余各报，均带鄂交声谷寄沪矣"④，鉴于《中外日报》在湖南"索购者颇不乏人"⑤，报馆多次更换派报处，维持着在湖南的代派业务，1901年由"西门正街乙海春药房"代派报纸，1904年3月再发告示，称长沙有愿承售《中外日报》者，"恳寄函告知本馆，并声明每日可销若干，本馆即当将报照寄，惟须由的实保人，或先寄报费若干方

① 《天津东里子来函》，《中外日报》1900年3月19日，第四版。
② 《本馆告白》，《中外日报》1899年9月27日，广告版。
③ 《成都代售本报启》，《中外日报》1899年10月9日，广告版。
④ 《书札》（三），邹代钧（77），第2772页。
⑤ 《书札》（三），黄笃恭（2），第2322页。

可"①，最终确定由"南阳街作民译社经手"，有意思的是，作民译社是革命团体华兴会在长沙的主要联络机关。

一旦派报处位置偏僻，"购报者每苦无处寻觅"②，或者派报处效率低下，无法及时派送报纸，报馆还会另换合作者。如嘉兴派报处原先由胡恒大负责，上海出版的报纸，嘉兴读者要第二天方能看到，报馆遂联系杭州派报处经营者汪傅臣在嘉兴设立分售处，"设法从速驰递当日之报，可于午后寄到，随到随送，他如石门、海宁、乍浦、平湖、嘉善、海盐、硖石、王店、乌镇、新市、西塘等处均可比前早到一天"③。无论派报处存废与否，由于各处之间互不统属，"报刊的发行实际是以报馆为中心，形成了一种散点状的辐射结构，即使偶尔有一两个点因故不能代销，其他点仍旧照常运转，不会对报刊的发行造成太大影响"④。

表 4-1　《中外日报》各省派报处数量抽样调查表

省份	1898 年 8 月 17 日	1900 年 7 月 1 日	1902 年 7 月 1 日
江苏	8	12	11
浙江	8	2	4
安徽	1	5	4
江西	2	3	3
湖北	2	6	5
湖南	1	1	2
福建	2	2	1
广东	2	0	0
四川	1	1	2
山东	3	0	0
直隶	3	1	3

① 《长沙福州诸君子鉴》，《中外日报》1904 年 3 月 8 日，广告版。
② 《镇江阅报诸君子鉴》，《中外日报》1904 年 12 月 16 日，广告版。
③ 《嘉郡各属阅报诸君子鉴》，《中外日报》1904 年 8 月 16 日，广告版。
④ 方平：《晚清上海的公共领域（1895—1911）》，上海：上海人民出版社，2007 年版，第 88 页。

省份	1898 年 8 月 17 日	1900 年 7 月 1 日	1902 年 7 月 1 日
奉天	0	1	2
山西	0	0	1
海外	2	0	0
总数	35	34	38

　　派报处的作用在于，各地读者可以就近订购报纸，省却不少邮递费用。若由上海的报馆寄出报纸，往往出现漏寄报纸的状况，"每迟误也"[①]。且一旦居住地没有派报处，只能通过邮政系统汇寄报纸，则"寄款定报，诸多不便"[②]。因此像住在如皋的周星诒，先是直接向报馆订报，后来发现这种方法费时费力，马上要求将报纸寄到苏州，由观前街九华堂销报点转寄报纸[③]。还有杭州知府林启，起先所阅的报纸由报馆直接邮寄，后改向当地派报处楼思诰订阅，"自送第一纸起，一切均与楼算，想自能寄还"[④]。此外，在祁门当县令的夏曾佑通过安庆派报处订阅《中外日报》[⑤]，在淮阳任兵备道的沈瑜庆阅读的《中外日报》，是由淮安（清江）派报处转寄而得[⑥]，而任保定莲池书院斋长的张以南，则借由书院本身为派报处的地理优势，直接向报馆订购一年的《中外日报》[⑦]。当然，一些原本不知《中外

　　[①]　《书札》（三），黄中慧（10），第 2274 页。

　　[②]　《长沙福州诸君子鉴》，《中外日报》1904 年 3 月 8 日，广告版。也有一些读者嫌派报处距家过远，取报不便，因此仍希望报馆将报纸单独寄到工作地点或自家府宅，如福州人高而谦言，"查福州城内，本有寄售各报之家，惟城内与马江有一水之隔，寄致匪易，亦费时。嗣后仍烦竟寄马江船政局，实为简便"，见《书札》（二），高而谦（3），第 1579 页。

　　[③]　《书札》（二），周星诒（3），第 1181 页。

　　[④]　《书札》（二），高凤歧（5），第 1600 页。

　　[⑤]　《书札》（二），夏曾佑（51），第 1361 页。

　　[⑥]　《书札》（二），沈瑜庆（2），第 1149 页。

　　[⑦]　《书札》（四），□以南（1），第 3680 页。从原文提及"莲池书院"及寄信人的名字来看，此人应为保定莲池书院斋长，国民党元老张继的父亲张以南。

日报》，只是从亲友那里耳闻该报之妙的读者①，或像直隶官报局总办颜世清这样，只是购买先前已经出版的旧报，"价虽略昂，无妨也"，还是会直接给报馆寄函以订购报纸②，以求便利。

其次，活跃在民间的各种民信局，也是寄送报纸的主力军。从派报处到阅报人，仍然距离遥远，"轮轨不通，交通迟滞，各埠访函之来，远道者十数日或数十日不等，即近如苏杭，亦需二三日始达"③。而通过官方的邮政系统，不仅收费过高，而且"若由邮局直寄，则稽延时日；若由上海寄杭州，转运余杭，分寄徽属，则极敏捷，但前后共须缴付三次邮运之费……于邮寄上极感不便"④。因此，"遇荒僻之地，若无官局，仍赖民局转投"⑤，由分布于城乡的分局、联号、支店等代送，"按日信局代售，而寄发直达苏杭……"⑥，以副读者先睹为快之意。《时务日报》筹办之时，就已经有友人建议报馆与民信局合作销报，"倘信局肯带来，自不患不立时销尽。若非由信局经手，则欲看者既不能尽有熟人可以来取报纸，而收费者又或有落空之弊"⑦。《中外日报》的早期派报处名录中，不乏全昌仁信局、全泰盛信局等民信局的身影。不少读者也要求将报纸交由民信局寄送，如张延辑，"如能由信局分次附寄，以期迅速，方为妥妙"⑧；如汪曾武，"请自十三日起，将《日报》添一分汇交该信局，寄至舍间，应缴之

① 如广西浔州读者赖瑾，"闻《中外日报》《游戏报》甚佳"，因此"乞代购（定看全年）各一份汇寄"，见《书札》（四），赖瑾（1），第 3508 页。

② 《书札》（三），颜世清（1），第 3110 页。

③ 孙玉声：《〈新闻报〉回顾》，载新闻报馆编：《〈新闻报〉三十年纪念刊》，上海：新闻报馆，1923 年版，第 26 页。

④ 《报界使用邮电案之陈请书》，载黄天鹏编：《新闻学刊全集》，《民国丛书》第二编（48），上海：上海书店出版社，1990 年版，第 469 页。

⑤ 中国近代经济史资料丛刊编辑委员会主编：《中国海关与邮政》，北京：中华书局，1983 年版，第 83 页。

⑥ 《申报馆赋》，《申报》1873 年 2 月 15 日，第一版。

⑦ 《书札》（一），汪立元（5），第 1023—1024 页。

⑧ 《书札》（四），张延辑（1），第 3453 页。

值，由局寄奉可也"①；如周星诒，"自廿七日始，或五、十日一次汇寄，交由邮政或民局带交，均惟主裁，应费当由弟出，开示即归，不迟延也"②。

不过，"民局规例不一，运送濡滞，于是各报仍有自设分馆之举"③，虽然报馆多次嘱咐"信局按期交行，勿致遗失"，但"屡有遗失"的状况依然层出不穷④，民信局还不时出现刁难报馆、坐地起价的现象⑤。温州士人林骏阅读的《中外日报》，原先由正和信局寄送，后该信局办事人员"竟如流水桃花，杳然去矣。询之比邻，谓店主人亏空倒闭，已计三日，闻之甚憾"，导致20多天的报纸未能及时看到，直到一个月之后转为福润信局寄送，方才续读⑥。随着全国性的邮政制度开始建立，通过邮局网点寄送报纸逐渐成为读者新的选择。此外，《中外日报》早期还与大东轮船公司合作，后者在苏州、杭州、嘉兴的分局代售《中外日报》。1899年，原先在杭州代销报纸的楼思诰不再担当派报业务，大东轮船淳佑桥分局成为《中外日报》新的派报处⑦。大东轮船公司是由日商大东新利洋行以十万元资本开办的企业，专门经营苏沪嘉杭四地的航运业务⑧。通过与民信局及大东轮船公司的合作，《中外日报》的销售范围藉此扩大，报纸的寄送时间也大大缩短。

新闻史学家赵君豪有言，"报纸为一种快速度之生产品，其生命至为短暂，今日之报纸迟至明日，其生命纵未完全消灭，其价值则必大为低减

① 《书札》（一），汪曾武（2），第1108页。
② 《书札》（二），周星诒（3），第1181页。
③ 姚公鹤：《上海闲话》，上海：上海古籍出版社，1989年版，第129页。
④ 《书札》（四），汪德年（6），第3876页。
⑤ 《书札》（四），楼思诰（19），第3938页。
⑥ 温州市图书馆编：《林骏日记》（下），1903年8月11日，沈洪保整理，北京：中华书局，2018年版，第498页。
⑦ 《杭州分馆》，《中外日报》1898年12月27日，广告版。
⑧ ［日］松浦章：《清末大阪商船公司开设长江航路始末》，徐建新译，《近代史研究》，1992年第6期。

无疑。故当日之报纸，而能当日到达数十里内之市场者，可保持其原有价值于不堕，反之，迟到一日，则减低一分，距离愈近者，其价值之低落亦愈大"①。在那个时代，报纸成为不少人了解信息的唯一途径，因此对于报纸的寄送速度提出了更高的要求，"此间谣传纷纷，不知谁是，每日惟望阅报，而送报者必迟至将暮始到，奈何奈何"②。清末各大报纸为了竞争报业市场，普遍在报纸的寄送方式上大做文章。《申报》能够成为上海发行量最大的报纸，"半因邮递神速而已"③，包天笑回忆年少时阅《申报》的情景，1884 年前后，各大民信局雇佣"脚划船"，"在内河里往来如飞"，可以在十几个小时内，从上海到达苏州，因此苏州的《申报》读者可以阅到隔天出版的报纸④。同样，《中外日报》也多次提高报纸的寄送速度。1903 年 6 月 16 日，皮锡瑞在长沙读到《革命驳议》一文，此文刊载于 6 月 8 日的《中外日报》上⑤。1903 年 11 月，报纸发布告白，宣布杭州、镇江、扬州、清江（淮安）、汉口、武昌、南京等地的读者，可以较之前早一日看到《中外日报》，报纸在编印出版之后，当晚即通过发行渠道向外埠寄送，如杭州甚至可以做到"初三日之报初二夜即已寄出，初四日即可分送"⑥。1905 年，报纸寄送进一步提速，苏州"每日之报皆于前一夜寄出，即日午后可到"⑦，时差缩减到半日，杭州则"交信船连夜递寄，故甲日之报乙日午前便可到杭，较沪上止迟一日"⑧。

---

① 赵君豪：《中国近代之报业》，载《民国丛书》第二编（49），上海：上海书店出版社，1990 年版，第 242 页。

② 《书札》（一），吴以棨（42），第 321 页。

③ 《书札》（二），高凤谦（35），第 1647 页。

④ 包天笑：《钏影楼回忆录》，太原：山西教育出版社、山西古籍出版社，1999 年版，第 132—133 页。参见蒋建国：《维新前后商业报刊的时政报道与读者阅读》，《新闻大学》，2018 年第 4 期。

⑤ 皮锡瑞：《皮锡瑞日记》（4），1903 年 6 月 16 日，吴仰湘点校，北京：中华书局，2020 年版，第 1235 页。

⑥ 《本馆特别广告》，《中外日报》1904 年 7 月 15 日，第一版。

⑦ 《本馆特别广告》，《中外日报》1905 年 4 月 4 日、4 月 12 日，第一版。

⑧ 《本馆特别广告》，《中外日报》1905 年 12 月 18 日，第一版。

寄报速度的提升，从一些长期阅读《中外日报》的读者日记之中可见端倪。如台州士人黄沅 1903 年所阅之《中外日报》，一般比报纸出版时间晚九天，而在 1904 年之后，他能够看到四五天前出版的报纸了①。又如温州士人林骏，1903 年由福润信局送到《中外日报》，往往晚于出报日十天，而在 1908 年，福润信局每十天送一次报纸，基本比出报日晚四到七天②。

在沪宁铁路逐步贯通之后，火车这种新型的运输工具也成为寄送报纸的利器，1907 年 10 月 18 日，《中外日报》对外宣布，"沪宁铁路现已直抵镇江，本馆从即日起，凡寄往镇江之报概行一早交付邮局，由火车寄镇，俾镇地阅报诸君每日午后即可得见上海当日之报"。这一时期，长三角一带主要城市的读者，基本上可以在当天下午看到清晨刚刚出现在望平街各大报摊上的《中外日报》，再也不是几年前包天笑所面对的"这时苏州还不能看上海当天的报纸，一直要等到苏沪火车通车之后"③ 的阅报环境了。

当然，报纸寄送速度的提升，带来的一个直接后果是成本的上涨，无论是使用最便捷的轮船，还是最快速的火车，都需要付出一笔不菲的雇佣款项。不少读者"实为少数之学生与夫幼稚之新党"，除非出版物价格极为低廉，否则无力购买④。因此，为了确保不将这些成本转嫁到消费者的头上，以提升报纸的竞争力，《中外日报》在告白中一再重申，"报费则一仍旧例，并不增加"⑤，即使在邮局另订新章，"凡轮船火车不通之处，其邮资较前须加三倍及六倍不等，因之本报邮资每张须分半或三分不等"的情况下，报馆依然坚持"于代派处及定报诸君处之报资仍暂行照旧，并不

---

① 黄沅：《黄沅日记》，载广东省立中山图书馆、中山大学图书馆编：《清代稿钞本》(21)，广州：广东人民出版社，2007 年版，第 24、56、122 页。

② 温州市图书馆编：《林骏日记》(下)，沈洪保整理，北京：中华书局，2018 年版，第 752—840 页。

③ 包天笑：《钏影楼回忆录》，太原：山西教育出版社、山西古籍出版社，1999 年版，第 282 页。

④ 鹤谷：《论中国书报不能发达之故》，《东方杂志》第二卷第一号，1905 年 2 月 28 日。

⑤ 《镇江扬州清江汉口武昌等处阅报诸君钧鉴》，《中外日报》1903 年 11 月 9 日，第一版。

加费"①。1904 年 5 月，清廷颁布邮政新章，凡寄往陕西、四川等省份的报纸，约计售出一张即须邮费一分，报馆实难赔累，故制定应对之策，寄往西安、重庆、成都等派报处的《中外日报》每张加收五文。数月之后，邮局又定新章，不再将川陕二省与其他省份区别对待，因而报馆所制定的规章相应取消，"惟为推广风气起见，不得不勉受亏损，概不增价，以副阅者厚意"②。上文提及寄送报纸到日本也不会增加额外费用，同样是报纸出于争夺消费市场的考虑而做出的选择。

此外，当出现派报处有意拖欠或克扣上缴报馆的费用，屡催罔应，"积欠报费甚巨延不清缴"的情况③，或出现因各种不可抗力（如罢工、抢劫、丢失等）报纸无法准时寄到外埠的状况时，报馆还会发布声明，"俟日内重印齐全后再行补寄"④，这种损失同样由报馆自行埋单。而在一些派报处成立之后，为了能够吸引读者的关注，《中外日报》还会举行减价促销活动，"减收半费一星期"⑤。这些做法一定程度上影响了报馆的资金状况，"销售日益加广，垫本亦日益加增"⑥，这是报馆长期维护销售网络的必然代价。

《中外日报》的上述举措，使得报纸不仅在上海拥有相当数量的读者群体，而且在外埠也受到不少读者的欢迎。1900 年之后，《中外日报》"乘时崛起，精神形式力求更新，以促世人注意"⑦，以迅捷、精细的报道风格，逐渐赢得了读者的青睐。报纸打出"五最"的旗号，即"论议最精，

---

① 《本馆特别广告》，《中外日报》1904 年 4 月 7 日，第一版。

② 《西安、成都、重庆阅报诸君鉴》，《中外日报》1904 年 9 月 3 日，第一版。

③ 《常州阅报诸君子鉴》，《中外日报》1904 年 4 月 30 日，第一版。

④ 《本馆特别广告》，《中外日报》1904 年 4 月 24 日，第一版。

⑤ 《松江益智社代派〈中外日报〉》，《中外日报》1906 年 11 月 25 日，第一版。

⑥ 《本报从本月拾壹日起每张暂加叁文共售拾伍文特此预白》，《中外日报》1900 年 8 月 8 日，广告版。

⑦ 胡道静：《报坛逸话》，载《民国丛书》第三编（41），上海：上海书店出版社，1991 年版，第 89 页。

消息最灵，译稿最详，访稿最多，小说最有趣味"①，风行全国。时任翰林院编修的徐兆玮在北京就通过看《中外日报》等报纸了解各界最新动向②。彭翼仲在《京话日报》开篇词中提到，在北京售卖的外埠报纸不到十种，其中首先提到的就是《中外日报》③。蔡元培在嵊县剡山书院任院长时，从《中外日报》中读到唐才常在汉口被捕的新闻："当往拿时，唐谓事既泄漏，有死而已，毋庸捆缚，同汝去耳。"④ 江瀚在重庆担任山长期间，通过《中外日报》了解到友人江标、何眉孙的死讯⑤。在湖南各书院教学的皮锡瑞，原本就是《时务日报》的忠实读者，1900 年之后又读起《中外日报》，多次在日记中做出"甚是""所言不谬"的评价，并对报馆所售《拳匪纪事》《清议报论说》《政海波澜》等出版物颇感兴趣，"俟到沪问之"⑥。余姚士人朱鄂生原先阅《新闻报》为多，后因该报"陈腐不可看也"，而改阅《中外日报》，并评价该报内容"头绪甚清""要问殊多""要语颇多"⑦。《中外日报》的"铁杆"读者还有温州士人林骏，他从 1901 年开始订阅，直至 1908 年去世，不间断地读了七年多的《中外日报》，不乏"彻夜阅《中外日报》""倚枕看《中外日报》竟日""挑灯阅《中外日报》""坐话至三漏始归，阅《中外日报》"这样的记录，并按日将报纸汇订成册，以备查阅。由于阅读《中外日报》体验甚佳，林骏还对办报人多有好感，当

① 蒋建国：《清末报刊的大众化与发行网络的延伸》，《新闻大学》，2014 年第 4 期。

② 如 1905 年 9 月 11 日，"阅《中外日报》。此次初三、四日飓风，上海马路水深二尺，各沙水有深至丈余者，淹没人口无算，实为数十年不经见之灾云"；1906 年 3 月 14 日，"近阅《中外日报》，有论外部内容之腐败，极为中肯"，见徐兆玮：《徐兆玮日记》（一），李向东、包岐峰、苏醒等标点，合肥：黄山书社，2013 年版，第 538、604 页。

③ 彭翼仲：《作京话日报的意思》，《京话日报》，1904 年 8 月 16 日。

④ 王世儒整理：《蔡元培日记》（上），北京：北京大学出版社，2010 年版，第 131 页。

⑤ 郑园整理：《江瀚日记》，1900 年 1 月 3 日、1901 年 4 月 10 日，南京：凤凰出版社，2017 年版，第 128、140 页。

⑥ 皮锡瑞：《皮锡瑞日记》（3），1901 年 6 月 18 日、6 月 24 日、6 月 26 日、7 月 22 日、9 月 7 日、9 月 13 日，吴仰湘点校，北京：中华书局，2020 年版，第 1018—1045 页。

⑦ 朱鄂基：《朱鄂生日记》（1），1905 年 7 月 17 日、1905 年 8 月 14 日、1905 年 9 月 6 日，朱炯整理，南京：凤凰出版社，2021 年版，第 170、173、176 页。

私塾所聘女仆谈起曾见汪康年、梁启超等名士时，他"闻而心羡之"①。

海外同样能够读到《中外日报》，如在日本的钱玄同，就多次留下阅读《中外日报》的记录，除了上述读严复讲话后的感慨之外，还有1906年1月10日"午后看《中外日报》，知湖州两学校均大起风潮"，1月27日"见《中外日报》……知复旦公学以曾少卿及袁观澜两人闹意见，险致解散"等，从其所记的内容和时间来看，日本读者见到《中外日报》的时间，一般晚于出报日两周②。1906年，在日华商提出，中国货物进口日本关税与欧美各国不同，向驻华日本公使及日本外务省提请商改税则，也是通过《中外日报》大造舆论，所作论说"震动钦使"，商会感叹报馆"热心公益，极力鼓吹，意殊可感"③。此外，王慕陶称，"欧洲以《中外日报》及《时报》销行最多，他报竟不见也"④。1903年12月，时在英国的张德彝，两次在日记中记录了阅读《中外日报》的过程⑤。

此外，在一些小说里，也能看到《中外日报》的身影，如《中国白话报》连载小说《娘子军》，主人公"随手拿张《中外日报》一看，头一段是满洲女主那拉氏谕旨一道，说满人自从入关以来二百余年，满汉向不通婚，如今中外一家，不必显分界限，自此以后满汉可以随便通婚，以泯猜嫌等语……说罢就把那《中外日报》撕了粉碎"⑥；又如忧患余生（连梦青）著《邻女语》，主人公1900年春夏之交一路北上，"只见《新闻报》《中外日报》都载着：各国联军，已于十九日攻破京师。两宫西幸，已驻

---

①　温州市图书馆编：《林骏日记》，沈洪保整理，北京：中华书局，2018年版，第309—825页。

②　杨天石主编：《钱玄同日记（整理本）》（上），北京：北京大学出版社，2014年版，第16、19页。

③　程淯：《丙午日本游记》，张晶萍校点，长沙：岳麓书社，2016年版，第168—171页。

④　《书札》（一），王慕陶（5），第111页。

⑤　张德彝：《八述奇卷十》，《八述奇》（第三册），北京：朝华出版社，2018年版，第1005、1011页。

⑥　《娘子军》，《中国白话报》第3期，1904年1月17日。

踔贯市……不觉心更皇皇，再望楼下看时，那江岸逃难的官员家眷，更比昨日多了好几倍，洋街码头栈房，已有人满之患"[①]。

从报纸的销量情况来看，1901 年 12 月，美国传教士潘慎文在《教务杂志》上发表题为《上海本地报纸》（The Native Press in Shanghai）的文章，指出《新闻报》每天的发行量超过 10 000 份，《中外日报》次之，每天近 10 000 份，《申报》从巅峰时期的 12 000 份下降至 9000 份[②]，而《同文沪报》与《苏报》相差前三者甚远，分别只有 5000 与 3000 份[③]。1907 年 6 月，《德文新报》刊发了一篇名为 "Die Chinesische Press"（The Chinese Press，中国媒体）的文章，其中谈到《中外日报》每日发行量为 9000 份，《申报》为 11 000 份，《南方报》为 6000 份，《新闻报》为 8000 份，而《时报》"在当时是最重要的，也是被最广泛阅读的报刊之一，其日发行量可达 13 000 份"[④]。根据日本外务省的调查，在 1908 年《中外日报》被官方收购之前，《时报》每日发行 17 000 份，《中外日报》11 000 份，《申报》10 000 份，《新闻报》11 000 份，《神州日报》6000 份，《时事

① 忧患余生：《邻女语》，上海：上海文化出版社，1957 年版，第 4 页。本回小说原载于《绣像小说》第 6 期（1903 年 8 月 7 日）。

② 《申报》在庚子之后销量下滑至 9000 份，还有一处史料可以证明：1901 年 9 月 24 日，英敛之与朋友前往申报馆看印书机器，"知现销九千张"，见方豪编：《英敛之先生日记遗稿》，载沈云龙主编：《近代中国史料丛刊续编》（21），台北：文海出版社，1972 年版，第 316 页。

③ Rev. A. P. Parker, The Native Press in Shanghai: Our Relation to It and How We Can Utilize It, *The Chinese Recorder*, Vol. XXXII, No. 12 (1901), pp. 577-580. "The Chinese Recorder" 中文译作 "教务杂志"，廖梅在其著作中写成 "中国记录报"，误，见廖梅：《汪康年：从民权论到文化保守主义》，上海：上海古籍出版社，2001 年版，第 242 页。《中外日报》在 1901 年 12 月 7 日对该文进行转载，将 "教务杂志" 翻译为 "上海科利德旬报"，见《论本埠华字各报》，《中外日报》1901 年 12 月 7 日，第二版。

④ 牛海坤：《〈德文新报〉研究（1886—1917）》，上海：上海交通大学出版社，2011 年版，第 206—207 页。

报》和《舆论日报》各 3000 份[①]。

再看外埠的调查数据。1903 年，海盐县的销售情况是：《新民丛报》《中外日报》各销售 30 份，《浙江潮》《湖北学生界》等 15 种报刊共销售 49 份，"日报除《中外日报》《新闻报》外，亦皆销于读书社会为多"[②]。江西各报销量情况大致是：《新民丛报》250 份，较去年增 1/3；《新小说》40 份；《译书汇编》120 份；《浙江潮》80 份；《女学报》40 份；《苏报》200 份，较去年增 3/4；《中外日报》280 份；《新闻报》70 份[③]。同年，常熟县"行销各报亦正可观"，主要包括《新闻报》250 份、《中外日报》40 份、《国民日日报》40 份、《申报》30 份、《同文沪报》5 份[④]。1904 年 12 月，《警钟日报》统计杭州的报刊销量：《中外日报》约 500 份，《新闻报》约 300 份，《申报》约 600 份，《时报》约 300 份，《警钟》约 200 份，《杭州白话报》约 1000 份，《新民丛报》约 200 份[⑤]。1905 年 1 月，浙江衢州共有《申报》《中外日报》《新闻报》《新民丛报》《警钟日报》等 17 种报刊销售，除了《中外日报》和《新闻报》每日销量超过 10 份之外，其他报刊仅能销售数份[⑥]。武汉的报刊销量如下：《中外日报》500 份，《申报》300 份，《新闻报》300 份，《同文沪报》200 份，《时报》300 份，《警钟》300 份，《汉报》300 份，《武汉小报》20 份，《外交报》50 份，《政艺通报》70 份，《浙江潮》40 份，《江苏》30 份，《政法学报》30 份，《汉声》20 份，《东方杂志》80 份，《中国白话报》80 份，《安徽俗话报》20 份，《新白》

---

① 考虑到日本外务省的调查报馆之中，《中外日报》的"支配人"注明是汪康年，主笔是"汪仲容"（可能是汪仲阁，即汪诒年）。笔者有理由相信，这是《中外日报》在 1908 年 8 月被官款收购之前报纸的大致销售数据，见《清国ニ於ケル新闻纸ニ关スル调查》，1909 年，日本外务省文件，卷宗号 B02130815800。

② 《海盐报纸之销数》，《浙江潮》第 7 期，1903 年 9 月 11 日。

③ 《来函述江西发达之现状》，《苏报》，1903 年 5 月 30 日。

④ 《常熟报纸销数》，《国民日日报》1903 年 9 月 22 日。

⑤ 《杭城报纸销数之调查》，《警钟日报》1904 年 12 月 10 日。

⑥ 《报纸销数表（衢州）》，《警钟日报》1905 年 1 月 2 日。

10 份，《新小说》30 份，《新民丛报》50 份，《新新小说》10 份①。从这些销售数据可以看到《中外日报》在清末新闻界的显赫地位，足以与《申报》《新闻报》《时报》相提并论。

二、《昌言报》的余绪

1900 年前后，《中外日报》上出现了大量由昌言报馆派售书刊的广告。由于昌言报馆代售书刊在社会上非常有名，当《中外日报》获得代售权之后，还要在告白中说明"本馆代售各种书报价目，与昌言报馆如出一辙"②。《昌言报》和昌言报馆的经营活动，是《时务报》的延续，体现出汪康年鲜明的个人意志及其人际关系。而昌言报馆所代售的书刊，也在一段时间内成为《中外日报》营销网络的主要组成部分。

《昌言报》创刊于 1898 年 8 月 17 日，由《时务报》改组而来。创刊伊始，《昌言报》即宣布，"一切体例均与从前《时务报》一律，翻译诸人亦仍其旧"③。汪康年还动员友人邹代钧、潘清荫、外甥楼思诰等人派售报刊。如 10 月底，身在湖南的邹代钧收到《昌言报》"六月卅日贰包，七月卅日贰包。八月初四壹包，十六贰包又贰包，总计五大包"④。而夏曾佑、楢原陈政、郁传鍫等旧友，亦从各处致函报馆要求订购。但《昌言报》的销量并不理想。邹代钧为《时务报》作代售的两年中，该报在长沙等地保持着近 90％ 的销售率，然而在他代售《昌言报》期间，每次只能销售出 315 份，连 40％ 的销售率都达不到⑤。若以湖南的销售情况作为参照，则

---

① 《武汉报纸销数调查》，《警钟日报》1905 年 11 月 30 日。

② 《时务要书》，《中外日报》1901 年 7 月 30 日，第一版。

③ 《本馆告白》，《昌言报》第 1 册，1898 年 8 月 17 日。

④ 《书札》（三），邹代钧（74），第 2767—2768 页。

⑤ 《书札》（三），邹代钧（77），第 2771—2775 页。根据邹代钧的统计，丙申（1896 年）下半年，《时务报》每次来报 600 份，出报 547 份；丁酉（1897 年）上半年每次来报 900 份，出报 864 份；丁酉（1897 年）下半年每次来报 800 份，出报 655 份，销量均在八成以上。第一年甚至达到了九成。

《昌言报》每册的销量大约只有 4000 份①。邹代钧总结的原因，是由于"各省官款所销之报必然停止"②，他最后开出的解决药方是等待"明白督抚肯为作主"③。而这又是打算自力更生的汪康年不能接受的。由于黄遵宪、梁启超等人指责汪经营不善，"亏空八千金"，汪为表心迹，两次在《昌言报》上刊载时务报馆财务报表，客观上造成了汪康年无法自由地使用报馆资金。并且，由于《中外日报》经营困难，《昌言报》还借出了千余元作为资助，让报馆经营更显支绌。加之戊戌政变之后，维新思潮又被视为"逆流"，本已不畅的销路更是购者寥寥，加剧了《昌言报》的经营危机。

报资无法收齐导致欠款现象严重，是《昌言报》面临的另一大难题。各地代派处私自克扣报资的现象时有发生，而报馆除了散发公开信进行斥责之外，几乎毫无办法。1899 年 1 月 18 日，昌言报馆在《中外日报》上刊布了第一篇催款告白，说明该报不出的缘由"实因各处报费久不寄到，共计积欠至万余圆"。几天之后，《中外日报》再度刊载昌言报馆的启事，宣布"将十一期以下之报暂行停印"④。对于各地派报人不及时上报资的行为，楼思诰在信函中愤而斥责，"《昌言报》事竟至如此结局，可恨，似乎

---

① 1898 年上半年《时务报》的单册销量大约是 8000 份左右，"报事自今年以来销数渐不如前，现约销至八千份"，见《致许家惺》（1898 年 4 月），载谢维扬、房鑫亮主编：《王国维全集》（15），杭州、广州：浙江教育出版社、广东教育出版社，2010 年版，第 5—6 页。

② 《书札》（三），邹代钧（72），第 2765—2766 页。参见廖梅：《汪康年：从民权论到文化保守主义》，上海：上海古籍出版社，2001 年版，第 237 页；李仁渊：《晚清的新式传播媒体与知识分子——以报刊出版为中心的讨论》，台北：稻乡出版社，2005 年版，第 139—140 页。

③ 《书札》（三），邹代钧（80），第 2779 页。《昌言报》出版一个月后，汪康年致函张之洞，希望能够提供一些经费作为周转，"《昌言》无款，有人允接办。恩公暂假二千元，以资接济，俟顶出后即还，否则即停"，张之洞并不见回复。见茅海建：《张之洞与〈时务报〉〈昌言报〉——兼论张之洞与黄遵宪的关系》，《中华文史论丛》，2011 年第 2 期。

④ 《昌言报馆启》，《中外日报》1899 年 2 月 1 日，广告版。

他省皆托场面人，何竟不顾体面，亏空至二万多，则必各处皆有积累至此也"①。不过，报款无法收取，并非完全是派报人的过失，武昌昌言报分馆的办事人员就在记账之后发现，"各阅报诸君积欠报资至有三百余元之多"，对这类情况亦只能"过正月不交即将未付报资之诸君台篆登报声明，以明敝分馆并非亏食，事出无奈"②。楼思诰亦提出，很多人都以为办报是大利所在，因此总想着少一份报资亦不妨事，而且订报的往往是熟人，即使赖账不缴，派报人也拿他们无可奈何③。

在缺少外部资金支持的情况下，《昌言报》长期挣扎于破产边缘的局面，如夏曾佑所言，"弟等固知其竭据，而不知兄之艰状若此"④。《昌言报》正常出报 8 册之后，第 9、10 册"因纷纭之故，叠与同志函商，致稍稍稽迟"⑤，由于屡拖未出，舆论界甚至传出报馆已闭门谢客的谣言，昌言报馆不得不发表公开信，申明"并未停止"，同时声言第 9 册《昌言报》将在 1898 年 11 月 30 日继续发售⑥，然而该册刊物的问世时间，一直拖到了 12 月 4 日⑦，至于第 10 册报纸究竟何时与读者见面，目前尚缺少材料说明⑧，原先声称的"至本年之报亦必出足三十六期并不缺少"，也只能沦为一张

---

① 《书札》（四），楼思诰（10），第 3927 页。

② 《武昌昌言报分馆启》，《中外日报》1899 年 2 月 23 日，广告版。

③ 《书札》（四），楼思诰（27），第 3949 页。

④ 《书札》（二），夏曾佑（29），第 1337 页。

⑤ 《本馆告白》，《昌言报》第 9 册，1898 年 11 月 9 日；《〈昌言报〉告白》，《中外日报》1898 年 11 月 19 日，广告版。

⑥ 《〈昌言报〉来函照登》《附录〈新闻报〉原文》，《中外日报》1898 年 11 月 28 日，第二版。

⑦ "第九册现已印出分派"，见《〈昌言报〉告白》，《中外日报》1898 年 12 月 4 日，广告版。

⑧ 在重庆的读者沈瞻云有"既有三月间不出报"的言论，此函于 1899 年 4 月 28 日寄到汪康年手中。以沪渝两地的寄信周期倒推三个月，大致推定《昌言报》第 10 册正式出版时间为 1899 年 1 月初，比其预定时间（11 月 19 日）晚了一个半月。见《书札》（四），沈瞻云（1），第 3373 页。此时尚在江阴南菁书院读书的蒋维乔，则是在 1 月 6 日读到了第 10 册《昌言报》，见林盼、胡欣轩、王卫东整理：《蒋维乔日记》（第一册），上海：上海人民出版社，2021 年版，第 31 页。

空头支票①。

1899 年 1 月，第 10 册《昌言报》出版之后，再也未出版新刊，但昌言报馆并没有结束营业，报馆还在 1899 年 11 月从四马路惠福里搬到了大马路泥城桥东 363 号②。为了扩大知名度，报馆将场地租给"嘉永轩主人"，举行"曷格司射光"（即 X 光）的演示，据闻观者络绎不绝③。直到 1900 年 12 月，在解决了《中外日报》股权纷争之后，汪康年决定将个人联络地址改为中外日报馆，这次更改也标志着汪康年彻底放弃了重兴《昌言报》的计划。不办报刊的昌言报馆，则转型成为专业出版发行机构，负责代售及印刷书刊的工作。

保留昌言报馆作为书刊营销机构，首要原因在于《昌言报》直接承继《时务报》，而《时务报》的资金来源多数来自各界人士的捐款。倘若昌言报馆就此歇业，很有可能遭致昔日股东的责难，因此曾广铨在劝说汪康年将昌言报馆附入《中外日报》的言辞中，提到此举"外可以对谢《时务》从前股友，内可尽开办《日报》同志之谊"④。《昌言报》停刊之后，"索退报资者、索报书者纷纷而来"，"嗷嗷索将报资退还"⑤，各地派报人也来函询问该报的命运，陶葆霖亦建言，"阁下急欲收束馆事，自当速销存报"⑥。1899 年 5 月，昌言报馆发布告白，表示自 5 月 24 日为始，"已出去冬报资及三年五年报资者，可持票来敝馆划取书籍，至外埠各处……已付去冬报资，应由本馆寄去书报划抵，或有不愿取书必欲收回报资者，须俟敝馆收

---

① 有一些读者在 1899 年初订了一年《昌言报》之后，发现 10 册之后再不见新报寄来，故发函质询，见《书札》（四），李芳荃（1），第 3381 页。能收到 10 期报纸，其实已经是很幸运的事情了。晚清落后的物流系统，以及政变后政府对维新派的打压，使得《昌言报》的传布变得极其困难，一些偏远地区如甘肃，收到 4 期报纸之后，就再也没见到第 5 期《昌言报》的影子了，见《书札》（三），冯恕（1），第 2259 页。

② 《李提摩太先生演说》，《中外日报》1901 年 7 月 4 日，第二版。

③ 《请看透骨奇光》，《中外日报》1899 年 8 月 28 日，广告版。

④ 《书札》（三），曾广铨（7），第 2206—2207 页。

⑤ 《书札》（四），吴兆麒（4），第 3409 页。

⑥ 《书札》（二），陶葆霖（8），第 2122 页。

到外欠当即照数算还",这是昌言报馆第一次提出解决方案。此外,报馆还不定期地举行馆存书报打折发卖活动,在赔偿读者损失之余,也可以筹集资金补贴报馆之用。如 1899 年 5 月 3 日,昌言报馆在《中外日报》上刊登告白,说明"本馆存报尚值二万元,现定三月廿三日(即 5 月 2 日)起将存报跌价发售以期集款出报",所发卖的旧报主要是《时务报》、《时务报》缩印报及《昌言报》,减价活动持续到 7 月 6 日。后因前来换购书报的读者稀少,昌言报馆又在 10 月 1 日发布告白,希望读者能从速来取,若购买旧报,亦按照 5 月减价活动中的价格提供优惠①。

代售及代印书刊,同样是报馆获利的途径之一。在《昌言报》尚在出版之时,报馆已经开始代售书刊。这一时期以报馆的名义销售的书籍如《新译中外交涉记》《新译西伯利亚避虐记》《法国赛会物件分类名目》《昌言集》及《各国宝星考略》,均为《时务报》及《昌言报》连载之作,译者为曾广铨与黄致尧;代其他出版机构所售之书则是《新译归槎丛刻七种》与大版《中西纪事》,作者为谢希傅与江上蹇叟(夏燮),上述书籍都没有出现在《中外日报》的告白之中。昌言报馆第一次代售的报刊是《亚东时报》,该报由日本乙未会主办,倾向变法及中日合作,主要的写手是唐才常,汪康年与《亚东时报》的关系十分密切,还为该报撰写了序言②。戊戌政变之后,该报新一期迟迟未能出版,直到 1898 年 11 月 23 日,《中外日报》上刊布告白,声明第 4 号《亚东时报》面世,上海的售报处为昌言报馆、中外日报馆、苏报馆等。由昌言报馆与中外日报馆联合代售的报刊,还有由日本人佐原笃介创办、沈士孙支配的《五洲时事汇报》,该报"悉仿时务、昌言报之例",冀望维新改革,主要写手为《昌言报》前主笔

---

① 据《中外日报》广告,在《昌言报》停刊之后,为了保证订阅报纸三五年的读者利益不受太大损失,也让报馆可以通过售卖旧报的方式"以期集款出报",昌言报馆与北京、天津、武昌、汉口、南京、南昌、安庆、苏州、常州、镇江、扬州、杭州、绍兴、香港等十余个代售点继续密切合作,将售卖之权全权委托,所得按比例分成。见《昌言报馆告白》,《中外日报》1899 年 5 月 3 日、5 月 19 日,广告版。

② 戴海斌:《山根立庵、乙未会与〈亚东时报〉》,《复旦学报(社会科学版)》,2017 年第 3 期。

章炳麟①，在中外日报馆、昌言报馆、苏报馆等同步发售②。

由昌言报馆单独代售的书刊，还包括《工商杂志》《国闻报》《翼教丛编》《黑龙江舆图》《地球韵言》等。《工商杂志》由邹凌瀚、邹凌沉、汪德年等人合作经营的江西致知书局创办，其中邹凌瀚曾与汪康年、梁启超、黄遵宪等人共同创办《时务报》，汪德年则是汪康年的堂弟，在南昌代售《中外日报》与《昌言报》。《工商杂志》出版之后，邹凌沉即致函汪康年，望其在沪代售③。1899年6月底，昌言报馆开始代售该报④。《中外日报》原先在江西的代派处马王庙前德隆酱园陶菊如因事停止派送，自7月8日开始由致知书局代派⑤，而昌言报馆所积压的各类书刊，在江西也是通过致知书局进行代售⑥。而在1899年4月，天津国闻报馆宣布，《国闻报》现寄昌言报馆出售，愿阅者乞就近往该报馆购取⑦，《国闻报》虽然此时售与日本，仍与维新士人关系密切，王修植等原《国闻报》经营者不时在该报上发表文章⑧。《黑龙江舆图》作者屠寄与汪康年昔日同为张之洞帐下两湖书院教员，汪康年曾让屠寄于黑龙江代售《时务报》，屠寄不仅卖出汪所托付的十份，还说"此间共须二十分……应补寄十分"⑨，由于有之前的合作关系，昌言报馆代售《黑龙江舆图》也在情理之中。《翼教丛编》提出"邪说横溢、人心浮动，其祸实肇于南海康有为"⑩，与汪康年等

----

① 《记〈时事汇报〉》，《中外日报》1899年10月5日，第四版。

② 《书札》（二），章炳麟（8）（9），第1956—1957页。

③ 《书札》（三），邹凌沉（1），第2819页。

④ 《节录浦左经十四通斋主人来函》，《中外日报》1899年7月28日，第四版。

⑤ 《本馆告白》，《中外日报》1899年7月9日，第一版。早在《中外日报》创办之时，汪德年就曾独力担任过该报在江西的代派工作，见《各地代派处》"南昌福康公司汪寿卿"，《中外日报》1898年8月17日，广告版。

⑥ "外埠寄售处……江西致知书局汪漱青"，《昌言报馆告白》，《中外日报》1899年5月3日，广告版。

⑦ 《天津国闻报馆告白》，《中外日报》1899年4月2日，广告版。

⑧ 孔祥吉、村田雄二郎：《从中日两国档案看〈国闻报〉之内幕——兼论严复、夏曾佑、王修植在天津的新闻实践》（下），《学术研究》，2008年第9期。

⑨ 《书札》（三），屠寄（7），第2189页。

⑩ 苏舆编：《翼教丛编》，上海：上海书店出版社，2002年版，第1页。

人反感康有为的情绪如出一辙，且《翼教丛编》中收入了张之洞、梁鼎芬等人的文章，昌言报馆代售该书，似有修复汪康年与两湖方面关系的意味。至于《地球韵言》，作者张士瀛是张之洞的门生，该书原由两湖书院出版，与汪康年及昌言报馆亦有关系。此外，前时务日报馆经理、身在日本的王仁乾给汪康年去函，介绍了亚细亚协会成员松本正纯与吾妻兵治，以及由二人所译的《新译日本维新史》《国家学》《日本警察新法》等书籍，希望昌言报馆能够"推情酬接，以联海外之盟"。不久之后，昌言报馆成为上述书籍的代售机构①。尚有《日本国志》《日本杂事诗》《玉台书史》等，"名目繁多，不克登载，另备有书目，诸君欲购者请到馆取阅可也，其价较书肆格外便宜"②。

最能体现出昌言报馆代售书刊与汪康年人际网络相关性的例子，是林纾、王寿昌合译的《巴黎茶花女遗事》（下简称《茶花女》）。代售《茶花女》，缘起于汪氏友人高凤谦的提议。高凤谦原本与汪康年并不认识，读了《时务报》之后，倍感惊喜，致书"报馆诸先生足下"，希望能有幸为报馆代撰论说，"或可为土壤细流之功"。汪康年得信之后，以"勤勤恳恳几千言"回函，双方书信自此不断，汪康年还想请高凤谦来报馆工作，被其婉拒③。1899年初，高凤谦致函汪康年，提及《茶花女》一书已付梓印行。在读完高凤谦寄呈的畏庐版《茶花女》之后，汪康年意识到该书可能大受欢迎④，因而提出以昌言报馆的名义购买版权。负责该书版权工作的高凤谦一开始并不同意，担心汪将《茶花女》内容刊于报刊之上，有可能

———————————

　　① 《书札》（一），王仁乾（8），第49页。《代售善邻译书局各书》，《中外日报》1900年1月24日，广告版。"1900年1月5日……吾妻兵治因善邻译书局之事来到上海"，参见［日］中村義著并整理：《白岩龍平日記——アジア主義実業家の生涯》，东京：研文出版，1999年版，第348页。

　　② 《昌言报馆代售书籍启》，《中外日报》1899年3月23日，广告版。

　　③ 《书札》（二），高凤谦（1）（3）（13），第1608、1610、1629页。

　　④ 汪康年与林纾的合作，在《时务报》时期便已开始。1897年12月，林纾托高凤谦将其所作《闽中新乐府》三十二首交给汪康年，望时务报馆代印，"用活字版排印千册，以速为妙"，因而汪对林的才华早有所闻。见《书札》（二），高凤谦（22）（23），第1639页。

碍于该书的销路，最好"能出雕刷各费，则原版可以奉送……或登报，或印行，敝处并不过问"①。汪康年收到该信是在 4 月 23 日，次日，《茶花女》的宣传广告就出现在《中外日报》之上，宣布昌言报馆用巨资购得《茶花女》，"另用铅字排印，发各省销售，并附《新译包探案》《长生术》二种，不日出书"②。其中《长生术》与《包探案》先前在《时务报》与《昌言报》连载，其内容已为读者所知③，利用三书合刊、共同发售的方式，可以起到密集宣传、互相烘托的效果。在用一个月的时间处理完铅印事宜后，6 月 1 日，《茶花女》正式对外销售，译印方依然是昌言报馆，该则广告总共在 6 月的《中外日报》中出现了 16 次。有学者指出，这一版本的《茶花女》"明显将此书与新兴的印刷技术、西学以及现代都会联系了起来"，标志着"这部译著第一次基本脱离译者，展开其自身命运"④。

汪康年急不可耐地购入《茶花女》的印售版权，且以昌言报馆作为独家销售机构，究竟存有怎样的目的？有学者认为，"《中外日报》是股份制，《昌言报》此时基本归于汪康年个人名下，让昌言报馆代售对汪康年而言可以获得更多的利润"⑤。实际上，在汪康年与高凤谦探讨《茶花女》的版权归属之时，他正在同曾广铨就《中外日报》的所有权问题进行谈

---

① 《书札》（二），高凤谦（43），第 1653 页。

② 《昌言报馆启》，《中外日报》1899 年 4 月 24 日，广告版。

③ 《长生术》由英国小说家解佳（又译作哈葛德）创作，曾广铨翻译，刊载于《时务报》第 60—69 册，后在《昌言报》第 1 册继续连载，描绘旅行者游历中部非洲荒野之过程。《新译包探案》又名《包探案》，收入英国文学家柯南·道尔所作的福尔摩斯探案小说，署"丁杨杜译"，其中《英国包探访喀迭医生奇案》刊于《时务报》第 1 册，《英包探勘盗密约案》刊于《时务报》第 6—9 册，《记伛者复仇事》刊于《时务报》第 10—12 册，《继父诳女破案》刊于《时务报》第 24—26 册。参见［日］樽本照雄编：《新编增补清末民初小说目录》，济南：齐鲁书社，2002 年版，第 29 页；郝岚：《从〈长生术〉到〈三千年艳尸记〉：H. R. 哈葛德小说 She 的中译及其最初的冷遇》，《外国文学研究》，2011 年第 4 期。

④ 胡缨：《翻译的传说：中国新女性的形成（1898—1918）》，龙瑜宬、彭姗姗译，南京：江苏人民出版社，2009 年版，第 91 页。

⑤ 张天星：《汪康年铅印林译〈茶花女〉考论》，《济南大学学报（社会科学版）》，2011 年第 4 期。

判，想尽办法通过各种渠道加以筹资。将《茶花女》尽快推向市场，目的也是利用昌言报馆的营销网络与《中外日报》的广告宣传，达到筹集钱款的目的。汪康年还动员各地友朋同人为其广为传布，如在四川的吴德潚在1899年8月致汪康年的信函中，提到"《茶花女遗事》，此间可消廿册……如有新译奇书可消闷及增拓识见者，乞早寄"①。在报纸广告与友人的推介之下，《茶花女》的发行量十分可观，号称发行数超过万本，再加上中外日报馆欠昌言报馆的几千两经费，成为汪康年购回《中外日报》的主要资金来源。

1900年12月7日，汪康年宣布将办公地点转至中外日报馆。12月19日，《中外日报》刊登告白，表示"昌言报馆各书现均交与本馆代售"。1901年之后，还有几种书刊以昌言报馆的名义继续代印，通过《中外日报》对外销售。1901年8月12日，《中外日报》宣布，昌言报馆将代印《白话丛书》第一集，每部四册，实价四角，另印《〈女诫〉注释读本》，每本八分②。1902年6月，昌言报馆刻印了袁世凯编撰的《训练操法详晰

---

① 《书札》（一），吴德潚（64），第454页。汪康年的推销活动还可能影响张元济，因林纾在致汪康年的信函中称，"闻张菊生颇称吾书，此君品学皆高，恨未之见"，见《书札》（二），林纾（2），第1160页。参见 ［美］韩嵩文：《"启蒙读本"：商务印书馆的〈伊索寓言〉译本与近代文学及出版业》，载王德威、季进主编：《文学行旅与世界想象》，南京：江苏教育出版社，2007年版，第125—132页。

② 《白话丛书》由《无锡白话报》创办人裘廷梁编撰，其中收入不少《无锡白话报》（《中国官音白话报》）的文章。《〈女诫〉注释读本》编者为裘廷梁侄女裘毓芳，从《无锡白话报》的第3期起，裘毓芳的《〈女诫〉注释》便以连载的方式面世。一直到第17、18期将"和叔妹第七"刊载完毕为止，是《无锡白话报》中为数不多的长篇连载完毕的著作之一。《中外日报》给该书所作的广告语是"书共六种，曰女诫注释、曰农学新法、曰俄皇彼得志略、曰日本志略、曰印度纪、曰海外拾遗，而皆出以白话，有类演文，欲令妇孺农人皆能阅之了了，听之娓娓，藉以开启其维新之志，奋发其自强之心，诚善本也"，见《惠书志谢》，《中外日报》1901年7月31日，第四版。

图说》①，9 月，昌言报馆先后出版了京师大学堂管学大臣张百熙制定的《钦定学堂章程》及湖南邹代钧等刊刻的五味书斋木板《读史方舆纪要》。1905 年，报馆铅印重排了章炳麟的《訄书》。上述书籍的代售处均为中外日报馆及其他书坊。

计而言之，昌言报馆通过《中外日报》进行代印代售的书籍报刊有百余种，其中《国闻报》《工商杂志》《五洲时事汇报》《亚东时报》等刊物，《茶花女》《长生术》等书籍，都在当时的士人群体中激起过反响。如杭州人孙翼中在函件中希望购买昌言报馆代售的《工商杂志》《湖北商务报》《清议报》三种报纸②，身在江西的汪德年从《中外日报》中知晓昌言报馆有《国闻报》寄售后，即嘱咐汪康年寄报，同时订购《清议报》《亚东时报》《循环日报》等报③。在昌言报馆代售《五洲时事汇报》停刊之后，在四川的周善培致函中外日报馆，询问该报是否续出，"何以二月皆不一寄，请君速之，有则速寄，无则速报"④，夏曾佑、陈汉第亦在信函中提到阅读《五洲时事汇报》之事⑤。《茶花女》在《中外日报》刊载译印广告之后，在如皋的周星诒即从报纸上获悉这一消息，马上致函汪康年，希望能将"新出西书《茶花女》等书，千万速速寄示一部"。此函写于 1899 年 6 月 15 日。6 月 21 日，周星诒再次致函，说明已经收到《茶花女》及新出之

---

① 关于《训练操法详晰图说》，广告词中赞誉道："是书为袁制军巡抚山东时奉旨编纂进呈，制军兵学本自家传，逮领练军阅历益深，复兼采西法参互变通，于用兵之道实能神而明之，是书于操法营制详悉备载，实为讲求兵学者不可不读之书，本馆特付石印，兹已出书。"见《袁慰庭制军训练操法详晰图说出书》，《中外日报》1902 年 6 月 28 日，广告版。

② 《书札》（二），孙翼中（1），第 1486 页。

③ 《书札》（四），汪德年（6），第 3876 页。

④ 《书札》（二），周善培（5），第 1195 页。根据信函所示，周善培所经营的志古堂书坊还负责《亚东时报》在四川的销售工作，该报每期可在四川售出四十份。由于该报在 1900 年 4 月 28 日停刊，周善培亦托《中外日报》问询《亚东时报》主持人白岩龙平是否还出新报。

⑤ 《书札》（二），夏曾佑（34），第 1344 页；《书札》（二），陈汉第（13），第 2051 页。

《中外日报》等书刊①。7月12日，在天津的夏曾佑读完了《茶花女》②。而在宜昌的黄毅元也提出，"谨寄上弟处收单一纸，敢乞代为算明取书，如《茶花女遗事》均可，总择其新要者为最，多少即乞代寄宜昌为祷"③。到了1899年底，在长沙的黄笃恭也收到了汪康年所寄的《茶花女》④。1901年来沪的英敛之，亦在中外日报馆购买了《茶花女》及《长生术》，他评价《茶花女》"有摧魂撼魄之情，万念灰靡，不意西籍有如此之细腻"，《长生术》则是"情节离奇，莫喻其命意之所在"⑤。周星诒、黄毅元等读者，都在信函中表示，他们是读了《中外日报》上昌言报馆告白之后，才知道《茶花女》一书出版的消息的，新式媒体的传播威力可见一斑。

除了代售书刊之外，昌言报馆还担当一些学堂的报名招生工作，如专教东文英文算学的速成学堂、专教英文汉文的经正书院、专教英文算学地理测绘的萃英书室等⑥。细究下来，速成学堂校长藤田剑峰、经正书院代理董事叶瀚等，均为汪康年私谊网络中的成员。经正书院创办公启一文，由经元善转交汪诒年，并"恳多登时日"⑦，《中外日报》遂于1899年9月18日将该公启随报附送，并撰论说《重开经正书院章程书后》进行宣传⑧；速成学堂西学章程拟定者陈寿彭，亦托汪康年将章程交给叶瀚，经元善、陈寿彭等亦与汪康年交好多年。换言之，昌言报馆所选择的合作对象，往

---

① 《书札》（二），周星诒（3）（4），第1181页。

② 杨琥编：《夏曾佑集》（下），上海：上海古籍出版社，2011年版，第721页。

③ 《书札》（四），黄毅元（1），第3485页。

④ 《书札》（二），黄笃恭（5），第2324页。

⑤ 方豪编：《英敛之先生日记遗稿》，1901年9月27、28日，载沈云龙主编：《近代中国史料丛刊续编》（21），台北：文海出版社，1972年版，第319、320页。

⑥ 《速成学堂招生启》，《中外日报》1900年2月13日，广告版；《经正学院迁移告白》，《中外日报》1900年2月21日，广告版；《萃英书室》，《中外日报》1900年9月22日，广告版。

⑦ 《书札》（三），经元善（6），第2428页。

⑧ 《开办经世塾》，《中外日报》1899年9月19日，第四版；《重开经正书院章程书后》，《中外日报》1899年9月25日，第一版。

往是汪康年友人创办的出版机构及学堂，双方之间的互动，是汪康年人际网络的具体展现，在史料中均有迹可循。

三、既卖报、也卖书：双重角色

在刊载昌言报馆代售书刊广告的同时，中外日报馆亦在构建自身的营销网络，这种对于代派书刊事务的热衷，缘起于此前《时务日报》的实践。《时务日报》自创刊之始，即已经利用各地派报处对外销售书刊。如《无锡白话报》，1898 年 5 月 19 日《申报》告白有云，"此报尽人能阅，较闲书有益万倍，每月六册，每册六份，定阅长年章程详载本报告白，集贤里时务日报馆代启"。又如《求我报》，《时务报》第 62 册刊载了该报的销售广告，建议阅者向时务日报馆账房及各外埠售《时务日报》处取购。《时务日报》更名为《中外日报》之后，代售活动依然延续。如 1898 年 9 月，《中外日报》在南京设立分馆，兼售旬日各报及时务经济书籍①，在杭州经营派报业务的楼思诰，多次在《中外日报》及《昌言报》上发布广告，称其位于九曲巷之宅"转代派《昌言报》及《中外日报》，又兼派《农学》《蒙学》《湘学》等报，杭城诸君如有愿阅以上诸报者，祈即移玉到本处定购可也"②，又如报馆的江西派报处，除了寄售《中外日报》之外，还兼售《译书汇编》《译林》《励学译编》《亚泉杂志》《国民报》《工艺报》《集成报》《商务日报》《天津日日新闻》等报刊③。

戊戌政变发生之后，"事新学者少，新书新报出版亦不多"④，对《中外日报》代售书刊的工作造成了很大的冲击。近两年的时间之内，报馆除

---

① 《南京〈中外日报〉分馆》，《中外日报》1898 年 9 月 20 日，广告版。

② 《杭州〈昌言报〉代派处告白》，《中外日报》1898 年 9 月 18 日，广告版。

③ 《江西分派各报处告白》，《中外日报》1901 年 6 月 10 日，广告版。

④ 吕思勉：《三十年来之出版界（1894—1923）》，载《吕思勉遗文集》（上），上海：华东师范大学出版社，1997 年版，第 374 页。

了代售《白话报》①《求我报》《工商学报》《岭学报》《经史歌略》《中外京城歌》《速成教习学堂讲义汇编》《寿椿庐富强刍议》《中西权度合数考》等书刊，以及与昌言报馆合作销售《亚东时报》《五洲时事汇报》及《新辑华英读本三种》之外，并未进行大规模的代售活动。《工商学报》由《时务日报》前股东汪大钧主办，参与者有前《时务报》翻译张坤德，"以振兴商业收回利权为宗旨"②。《岭学报》创刊于 1898 年 2 月，自称"凡有西学西政，皆考其源流，详其得失"③，主笔朱淇与汪康年长期交好，后鼓励汪氏北上进京办报④。《岭学报》附设的《岭海日报》于 1898 年 9 月 2 日开始承担《中外日报》在广东的代派工作，而在 10 月 21 日，中外日报馆内设立了岭学报分馆，负责上海的代售。《经史歌略》《中外京城歌》编撰者许家惺曾在时务报馆工作，亦一度为《中外日报》撰稿。速成教习学堂由叶瀚经营，汇编分为"政治学、博言、普通、数理"四部，先由《中外日报》分送三日，随后结集出版⑤。《寿椿庐富强刍议》《中西权度合数考》作者杨毓辉是浙江仁和人，与汪康年是同乡，他还在上海格致书院求学，在书院认识了叶瀚、叶澜。1899 年 7 月 28 日，《中外日报》宣布代派《湖北商务报》，该报由何熙年、朱克柔、陈衍等编撰。其中何熙年是安徽开明绅士，曾在《时务报》上发表文章《裁兵私议》⑥；朱克柔曾任上海维

---

① 该《白话报》本由游戏报馆经理，1898 年 10 月 5 日开始由中外日报馆经理，见《〈白话报〉告白》，《中外日报》1898 年 10 月 6 日，广告版。关于该《白话报》的创办人及报纸内容，目前尚缺少材料。

② 方汉奇主编：《中国新闻事业编年史》（上），福州：福建人民出版社，2000 年版，第 151—152 页。

③ 参见李默：《辛亥革命时期广东报刊录》，载丁守和主编：《辛亥革命时期期刊介绍》（5），北京：人民出版社，1987 年版，第 679—682 页。1899 年 1 月 1 日，《中外日报》刊发告白，称该报自出版第十五期之后，"久不出报，传闻实因党祸猝起恐被株连，因此停办"。

④ 参见朱传誉：《朱淇与〈北京日报〉》，见氏著：《报人、报史、报学》，台北：商务印书馆，1980 年版，第 12—15 页。

⑤ 《今日附送〈速成学堂讲义〉》，《中外日报》1899 年 3 月 23 日，广告版。

⑥ 何熙年在庚子之后辞职回乡，创办了安徽省藏书楼，该楼成为公共图书馆的先导，见庄华峰、刘和文：《何熙年与皖省藏书楼》，《国家图书馆学刊》，2006 年第 3 期。

新派刊物《萃报》的主笔，该报以摘录各种新闻及言论为特色①；陈衍为当时著名诗人，变法时期作《戊戌变法榷议》，分议相、议兵等十条，提出变法主张，三人均与汪康年有所往来。此外，《中外日报》还派售张荫桓编撰"西学富强丛书"②，以及将"专件"中连载过的沈逌梅《铁路律例》及樊少泉《日本报律》编成小册发售③。总体来说，上述书刊的作者或编者皆是汪康年的网络成员。

庚子事变之后，随着帝后驻跸西安，清廷对新闻界的政治高压大为削弱，氛围相对宽松自由。《中外日报》也一改之前谨小慎微的办报态度，积极参与书刊的宣传及代售工作，逐步确立报馆在营销网络之内的核心地位。据笔者统计，自 1901 年至 1908 年，《中外日报》先后代售《工艺报》《蒙学报》《国民报》《励学译编》《杭州白话报》《苏州白话报》《京话报》《便蒙丛编》《选报》《译书汇编》《史学报》《工艺书报》《浙江潮》《政法学报》《新算界》（《中外算报》）《医学报》《卫生学报》《商务官报》《学部官报》《广东七十二行商报》等 20 余种报刊，并成为正记新学书局、江南书局、开明书店、竞化书局、崇实斋、金粟斋译书处、舆地学会、商务印书馆、乐群书局等 20 余家出版机构的合作发行方，且连续在"专件"栏

---

① 梁启超：《〈萃报〉叙》，《时务报》第 33 册，1897 年 7 月 20 日。萃报馆地址与汪康年、罗振玉、狄葆贤等人创设的东文学社同在新马路梅福里，朱氏曾就印刷机器的功能、报纸销路及报馆伙食费用等问题向汪康年咨询，见《书札》（四），朱克柔（1），第 3365 页。

② 在"西学富强丛书"的告白中提到，"南皮尚书观此书，不胜鉴赏，且序以弁其首"，见《重校西学富强丛书》，《中外日报》1899 年 7 月 25 日，广告版。

③ 沈逌梅（1855—1928?），名翊清，一作翊青，号逌梅，或作补梅，另号瓠叟，浙江平湖人。他精通英文，"办理诸事尤极精细老当"，曾随薛福成出使英法意比等国，著有《英国岁计汇编》《铁路纪要》等，参见《铁路律例》，《中外日报》1899 年 8 月 6 日，"专件"；熊月之主编：《晚清新学书目提要》，上海：上海书店出版社，2007 年版，第 33、174、180 页。沈逌梅与叶瀚交好，叶瀚曾向汪康年推荐此人，见《书札》（三），叶瀚（42），第 2590 页。《日本报律》译者樊少泉（1877—1929），字炳清，号抗父，山阴（今绍兴）人，1898 年与王国维同入东文学社，后曾任《农学报》《教育杂志》、南洋公学译书院、商务印书馆编译所编辑、翻译，是"清末民初少数能兼顾新旧治学取向之成就者"，参见《日本报律》，《中外日报》1899 年 8 月 8、9 日，第四版。

目内刊载杭州译林、苏州励学译社、日本译书汇编等出版机构的创办章程。而由报馆发售的书籍数量更是惊人，1907 年 6、7 月间出现在《中外日报》告白内的发兑书刊要目，共分六辑，总数超过 200 种。这一数字显然不是《中外日报》代售书籍的全部，如金粟斋译书处总共出版书籍 10 种，出现在 1907 年新书目录上的只有《世界地理志》《西洋史要附图》《地理学讲义》《穆勒名学》等 4 种。

从代售活动的频率来看，1902、1903 年无疑是一个高峰，1902 年出现报馆代售广告 60 余条，1903 年亦出现 40 余条。尤其是 1902 年，打开任何一期《中外日报》，各种书刊宣传及发售的广告密集地出现在报面之上，经常占据单日广告总数的八成，"新出书目告白，充斥报纸"[①]，包天笑言《中外日报》"常年刊发一些义务广告，宣传新出现的书报与学堂"[②]，大致就出现在这一时期。出于对代售活动的重视，报馆还专门设置售书处。由于《中外日报》派售活动广受欢迎，有一些书刊在销售过程中，并未与报馆商议，就将《中外日报》列于发行要目之中，报馆不得不发布启事，要求"此后各种书报如欲属本馆代售，并将本馆列入代售处者，务须先行商妥方可，否则定行登报更正"[③]。

《中外日报》将大量版面资源用于刊载书刊宣传及销售广告之上，使得官员、士人、学生等读者热衷于通过《中外日报》了解新出书刊的信息，如 1901 年底，《中外日报》刊登售书广告，其中有日本涩江保著，罗振玉等人翻译的《波兰衰亡战史》以及美国斯陀夫人著，林纾、魏易合译的《黑奴吁天录》。上述广告刊布几日之后，时在陕西的官员顾忞斋就通过《中外日报》知晓了这两本书的出版信息[④]。同时，前往派报处购买书刊亦成为一种习惯，所谓"立新名于报端，作数行告白，在可解与不可解

① 《青年之堕落》，《新民丛报》第 25 号，1903 年 2 月 11 日。

② 包天笑：《我与新闻界》（上），《万象》第四年第三期，1944 年，第 13 页。

③ 《本馆特别广告》，《中外日报》1903 年 10 月 30 日，第一版。

④ 顾忞斋：《庚辛顾氏日记》，1902 年 1 月 5 日，载国家图书馆编：《历代日记丛钞》（149），北京：学苑出版社，2006 年版，第 139 页。

间，便得利市三倍"①，换言之，只要能够进入报馆的宣传及销售系统，就能够借助这一网络获得名利双收的结果。在表 4-2 中，笔者以 1902 年为例，对《中外日报》代售书籍的特点进行简要探讨。

表 4-2 1902 年《中外日报》代售书籍情况一览表

书籍名称	作者或编者	出版方	联合代售方
最近支那史	河野通之、石村贞一	振东室学社	普通学书室、广学会、农学报馆等
东文新法会通	廖宇春	东亚善邻学馆	新闻报馆、理文轩、普通学书室
中外约章分类辑要	湘抚俞廉三鉴定，王先谦、吴树梅序，蔡乃煌汇集	纬文阁书局	
中学日本文典	盐井正男		新闻报馆、金粟斋译书处、广学会、普通学书室、东文学堂、农会报馆
续西国近事汇编	钟天纬、郑昌棪、凤仪等		文贤阁书坊
南皮张宫保政书	张之洞	图书集成印书局	千顷堂、文瑞楼、江左书林等
东文典问答	丁福保	文明书局	广学会、会文堂、广智书局、商务印书馆
仁学	谭嗣同		普通学书室、会文堂、苏州东来书庄、杭州译林

---

① 《严复与熊季廉书》（8），载孙应祥、皮后锋编：《〈严复集〉补编》，福州：福建人民出版社，2004 年版，第 237 页。

书籍名称	作者或编者	出版方	联合代售方
直隶大学堂章程	袁世凯编		商务日报馆、广学会、杭州译林、杭州白话报馆等
中国江海险要图志	英国海军海图官局编，陈寿彭译	经世文社	
日本小学新校令	李宗棠		广学会
寄学速成法	林文潜	温州寄社	杭州日文学堂、求是学堂、杭州白话报馆、译林编印所、浙西书林、上海普通学书室、广学会
考察日本学校记	李宗棠		广学会
万国教育大源流	李宗棠		广学会
东瀛闻见录	李宗棠	宝善书局	广学会
蒙学修身书	汪钟霖	蒙学报馆	农学报馆、苏州开智书局
中小学校英史记课本	佳尔毅	杭州智育译社	杭州浙西书林，德记书坊、杭州白话报馆、上海维新书局、广学会、商务印书馆、苏州励学译社
全谢山先生经史问答	全祖望		宝善斋、江南书局
经义史论寻源	郑文耀		广学会、格致书室、千顷堂、普通学书室、会文堂、广益书局、杭州申昌书室
东文动词汇			农学报馆

书籍名称	作者或编者	出版方	联合代售方
普通学	杜亚泉	普通学书室	
列国岁计政要	麦丁富得力编，林乐知译，郑昌棪述		著易堂、申昌书室、慎记、大成书庄、广学会、格致书室、农报馆、新闻报馆
天演楼课艺	黄庆澄	寿昌编译局	格致书室、普通学书室
世界大同议	藤泽南岳著，汪荣宝译	砚云译书斋	广智书局、广学会、格致书室、普通学书室、会文堂
古今人物论正续集	郑贤		点石斋、普通学书室、千顷堂
万国地理统记	若原君	励学译社	蒙学报馆、普通学书室、会文堂
黄氏数学启蒙	黄庆澄		格致书室、普通学书室
日本全史	高谷欻夫	教育世界	纬文阁、农会报馆、会文堂、普通学书室、广学会
欧洲历史揽要	长谷川君著，敬业学社译	敬业学社	扫叶山房、新闻报馆、广学会、格致书室、普通学书室、会文堂、中西书室、点石斋、千顷堂
中西经济策论通考	姚松泉辑		江左书林、扫叶山房、笑林报馆
东华约录	刘省夫、王景澂同辑		千顷堂、慎记、鸿宝斋、普通学书室
训练操法详晰图说	袁世凯	会文堂	千顷堂、昌言报馆、纬文阁书局

书籍名称	作者或编者	出版方	联合代售方
西洋通史前编	驼愰屡著，村上译	会文编译社	会文堂、农会报馆
吾妻镜	杨凌霄	杭州图书公司	
变雅堂集	杜浚		
英法日清四国会语			开明书店
谭浏阳远遗堂集外文	谭嗣同		开明书店、广智书局、商务印书馆、会文堂、普通学书室
石菊影庐补识	谭嗣同		开明书店、广智书局、商务印书馆、会文堂、普通学书室
孔夫子各国人种图考			会文堂、普通学书室、千顷堂、广益书局
新广东（附康南海辩革命书）			开明书店
石印九通		贯吾斋	
穆勒名学	穆勒著，严复译	金粟斋译书处	
法学通论	矶石幸太郎著，王国维译	金粟斋译书处	
世界地理志	中村五六编纂，顿野广太郎修补，樋田保熙译	金粟斋译书处	
日本变法次第类考	程思培编辑，程尧章译	政学译社	格致书室、广学会、广智书局
四书义尸圣篇		仪师室	普通学书室、格致书室、大成书庄、广学会

书籍名称	作者或编者	出版方	联合代售方
各国学校制度	寺田勇吉	上海海上译社	普通学书室、格致书室、大成书庄、广学会
论文不犹人		嘉兴撷新书庄	扫叶山房、鸿宝斋、点石斋、江左书林、广益书局、普通学书室、新闻报馆、南洋七日报馆
平方大地全图	鄂省地图公会		
亚细亚东部舆地图	河合喜太郎		
福建沿海图说	朱正元		
外国地理学校教科书	白洋一夫	同文沪报馆	会文堂、理文轩、普通学书室、文明书局
钦定学堂章程	张百熙编	经世文社	文贤阁、昌言报馆
读史方舆纪要	顾祖禹	湖南新化邹氏	昌言报馆
家政学	下田歌子著，钱单士厘译	作新社	
周礼政要上下编	孙诒让		广智书局、普通学书室、会文堂
《湘报》文编	梁启超编	广智书局	苏报馆、会文堂、日新书局、开明书店、文明书店、普通学书室

书籍名称	作者或编者	出版方	联合代售方
两朝评鉴汇录		通志学社	千顷堂、普通学书室、会文堂、醉六堂
东游纪要			杭州图书公司
文变	蔡元培编	外交报馆	广益书局、会文堂等
和议商约全文			
新旧税则详表			
汉文教授法	伟庐主人（戴克敦）		杭州大学堂、开明书店
爱国精神论			开明书店
欧美各国政治详考	单冀民		开明书店
中学物理教科书	水岛久太郎著，陈乐译		开明书店
中学生理教科书	片山正义著，何锡侯译		开明书店
中英文通	林孟重		农会报馆
古今楹联汇刻法帖	吴隐		朵云轩
黄氏白话舆地课本	黄庆澄		理文轩、格致书室、寿昌编译局
绝岛漂流记	狄福撰，沈祖菜译	开明书店	开明书店等
日本语言集		同文学社	扫叶山房、广智书局、会文堂、普通学书室、开明书店
日本新辞典合璧		同文学社	扫叶山房、广智书局、会文堂、普通学书室、开明书店

书籍名称	作者或编者	出版方	联合代售方
和文读本文法		同文学社	扫叶山房、广智书局、会文堂、普通学书室、开明书店
东文语言辑要	陆□松		理文轩、中外书会、新闻报馆、日清书馆
三江墨变		寿昌编译局	
女权篇	斯宾塞著，马君武译	上海少年中国学会	广智书局、开明书店、文明书店
俄罗斯大风潮	克喀伯著，马君武译	上海少年中国学会	广智书局、开明书店、文明书店
达尔文天择篇	马君武译	上海少年中国学会	广智书局、开明书店、文明书店
废物利用篇	高桥橘树	正记书局	
南阿新建国史	福本诚撰，贺廷谟译	广智书局	广智书局、文明书店
侯官严氏丛书	严复		广学会、格致书室、千顷堂、普通学书室、会文堂、广益书局

由上表可以发现，这一时期的《中外日报》所代售的书籍来源多元，80 余本著作由 30 余家书局出版，内容也不局限于介绍西方知识、呼吁国家革新的"时务"，如《两朝评鉴汇录》《古今人物论》《四书义尸圣篇》《全谢山先生经史问答》、"九通"等偏向"旧学"的书籍也位列报馆寄售的目录之列，正如冯绍霆先生所言，"辛亥革命前夕，上海书业公所名下各书局登记的书底中，新学书籍、通俗日用书籍和教科书合计要占到总数的六成以上，经史艺文类书籍只占三成……旧学书籍，在当时还有相当大

的市场需要"①。

需要关注的是，《中外日报》主要代售的出版物，多数仍与报人的私谊网络有着紧密关系。以上表为例，作者、译者或编者本身与《中外日报》办报人往来密切的例子，有严复、陈寿彭、马君武、黄庆澄、孙诒让等。严复论著，如"侯官严氏丛书"，包括《救亡决论》《论世变之亟》《原强》等，均由《中外日报》代为宣传②。如陈寿彭译《中国江海险要图志》，原书由汪康年在上海购得，陈寿彭翻译此书时，时时与汪康年报告最新进展，并一度打算将汪康年的名字署上，以感谢汪氏购书与宣传之功③。又如先前在《中外日报》工作过一段时间的马君武离馆赴日，于《新民丛报》工作期间，连续翻译了《女权篇》《达尔文天择篇》《俄罗斯大风潮》等书，交由《中外日报》及广智书局、开明书店等共同代售。而《天演楼课艺》《黄氏数学启蒙》《黄氏白话舆地课本》的作者黄庆澄，戊戌变法时期创办了《算学报》，被后世学者誉为"科技刊物的肇始"④，《算学报》及报馆所出版的《代数论》《训蒙捷径》《几何第十卷释义》等著作，主要的代售地点即是时务报馆，之后，昌言报馆代售过黄庆澄的《比例新术》《开方提要》《东游日记》《中西普通书目表》等⑤。黄庆澄是孙诒让的弟子，他能够拜孙为师，联系人是汪康年。孙诒让和汪康年系旧友，孙诒让的《墨子闲诂》一书，曾由《时务报》公开派售，1902 年之后交由《中外日报》售卖。

另有一些出版物，其作者、译者或编者似乎与《中外日报》主持人关

---

① 冯绍霆：《从清末上海几份书目说起》，载上海市档案馆编：《档案里的上海》，上海：上海辞书出版社，2006 年版，第 253—254 页。

② 《侯官严氏丛书》，《中外日报》1902 年 7 月 11 日，广告版。又见 1903 年 4 月 14 日《中外日报》广告，宣布销售《严侯官文集》，由浙绍特别书店出版，联合销售处有新民丛报支店、作新社、科学仪器馆、千顷堂、新中国图书社、文明书局、支那书店等出版机构。

③ 《书札》（二），陈寿彭（5），第 2025 页。

④ 潘君祥：《戊戌时期的我国自然科学学会》，《中国科技史料》，1983 年第 1 期。

⑤ 参见洪震寰：《〈算学报〉与黄庆澄》，《中国科技史料》，1986 年第 5 期。

联不大，但若观察其出版方、发行方或联合代售方，不难发现报馆愿意加入销售活动的缘由。如《穆勒名学》《法学通论》《世界地理志》三书出版于金粟斋译书处，该译书处与《中外日报》之间有着密切的人员交往，下文将作详细介绍。又如顾祖禹的《读史方舆纪要》，《中外日报》代售的是由"湖南新化邹氏刊刻"的版本，湖南新化邹氏即汪康年好友邹代钧。而像谭嗣同的《仁学》，根据包天笑的说法，是他与商务印书馆总经理夏瑞芳商谈之后，由商务排印一千五百本，交由中外日报馆、普通学书室、苏州东来书庄、杭州译林等机构发售，"出书以后，送给了横滨数十部，赠给了朋友的也不少，其余则分散在各寄售所"①。由上表可见，与《中外日报》进行联合代售的书局，主要有商务印书馆、普通学书室、广智书局、广学会、扫叶山房、千顷堂、开明书店、文明书店、杭州白话报馆、杭州译林编印所、苏州励学译社等。要之，报馆与书局通过代售活动的开展，形成了一张民营出版机构共同编织的书刊销售网络。

从 1904 年开始，随着《时报》《神州日报》等报纸的创刊，出版商可供选择的合作对象不再仅限于《中外日报》，尤其是《时报》，报纸经营者狄葆贤、陈景韩及幕后的主持人梁启超等，在士人群体中的影响力更大，销量也迅速超越《中外日报》，使得更多的出版商将宣传与发行事务交付《时报》，张仲民就观察到，"《时报》甫创刊，广智书局及新民丛报支店的书籍广告就频频出现在其上，而在以后《中外日报》上出现的频率则大为降低，只偶尔刊出"②。1906 年、1907 年出现的书刊代售广告总共只有近20 条，这与报馆的经营策略转移有关。1904 年之后，由于日俄战争等国内外重大事件频发，各地又屡次遭受自然灾害，报馆将更多的资源投入到新闻报道与社会赈济活动之中，同时争取以这些活动为契机，寻求与官商的互动合作，以便获得更大的社会影响力，无形中削弱了书刊代售事务的

①　包天笑：《钏影楼回忆录》，太原：山西教育出版社、山西古籍出版社，1999年版，第 355 页。

②　张仲民：《出版与文化政治：晚清的"卫生"书籍研究》，上海：上海书店出版社，2009 年版，第 170—171 页。

关注程度。

清末的上海滩，涌现出了不少新式出版机构，所谓"上海书局之设立，较粪厕尤多，林立于棋盘街、四马路之两旁，莫不借输入文明之美名，而造出总总新名目、新样式、新装订、新纸张之书"①。这些出版机构之中，有些附带设有发行处，负责书刊的出版发行工作，但亦有不少书局，因本小利薄，并不专门设有发行部门，只能依托各类报刊进行出版物的宣传；即使有发行处的出版机构，为了能够扩大自身的影响力，亦需要通过在报刊上刊载书籍广告。对于出版商而言，"自始至终必须面对的基本问题，便与其他行业里，从事相同产生大量生产的制造商，并无二致，亦即：如何找到足够的零售之路"，因此他们所持续关注的中心议题，"在于如何组织商业网络，好让自己生产的书本能尽速销出"②。

而从报馆的角度来看，代售活动本身并不能获得太多的利润收益，之所以坚持进行出版物的派售工作，一定程度上体现出《中外日报》"同人报刊"的特点，通过代售活动的开展，巩固报人与士人群体之间的私谊关系。《中外日报》在代售书刊的过程中，扮演着"推销员""皮条客"的角色③。"新式印刷出版机构与新式传播媒介"的发展与合作，"使得大量廉价、标准化的出版品，可以在较短的时间内同时为互不相识的读者所阅读"④。而不少士人也会身兼几职，既是出版机构的经营者、书籍的编纂者，又是报刊的读者、作者，同时"作为文学和艺术的接受者、消费者和

---

① 《新书评骘》，《国民日日报》1903年8月15日。

② ［法］费夫贺、马尔坦：《印刷书的诞生》，李鸿志译，桂林：广西师范大学出版社，2006年版，第214页。

③ "推销员"的比喻来自江鸿的论文《〈时务报〉在维新报刊中的角色分析》，见《新闻窗》，2010年第1期；"皮条客"的比喻来自张仲民的著作《出版与文化政治：清末的"卫生"书籍研究》，上海：上海书店出版社，2009年版，第42—43页。

④ 王飞仙：《期刊、出版与社会文化变迁——五四前后的商务印书馆与〈学生杂志〉》，台北：台湾政治大学历史系，2004年版，第6页。参见［美］本尼迪克特·安德森：《想象的共同体：民族主义的起源与散布》，吴叡人译，上海：上海人民出版社，2005年版，第41—42页。

批评者的读者和听众"①，机构之间的人员往来极为频密，共同承担起"看门人""决策者"及"教师"的责任②。换言之，"晚清媒介的总体形态基本上呈现出类型较多而又相互粘连的特征，大众媒介与辅助媒介交相网织、互为渗透的格局已渐次形成"③，正如张灏先生所言，"利用现代的印刷技术与企业组织大量出版与行销书籍，对于当时思想与知识的散布以及文化的变迁也是一大动力"④。

四、一起做大：《中外日报》与金粟斋译书处

本节以清末著名的出版机构金粟斋译书处与《中外日报》之间的交往为例，探讨这一时期报馆与书局的合作情况。金粟斋译书处与《中外日报》存在着紧密的互动关系，前者所出版的所有书籍，都在后者的报面刊载了广告，并通过后者的发行渠道进行寄售。同时，由于金粟斋的主要经理人包天笑留有较为详尽的回忆录，便于研究者窥探双方合作关系的生成及演变情况，这是研究清末出版机构难得的一手资料。有学者指出，现有关于清末书局的研究成果，绝大多数处于一片空白的状况，"即使有一些认知，也只是点到为止，甚或存在一些问题，尚欠深入的资料发掘"⑤。金粟斋译书处的经营过程，可以作为从江南到上海的士人群体如何与既有的

① ［德］哈贝马斯：《公共领域的结构转型》，曹卫东等译，上海：学林出版社，2004 年版，第 33—34 页。

② ［美］施拉姆：《大众传播媒介与社会发展》，金燕宁译，北京：华夏出版社，1990 年版，第 39—40 页。

③ 刘增合：《媒介形态与晚清公共领域研究的拓展》，《近代史研究》，2000 年第 2 期。

④ 张灏：《中国近代思想史的转型时代》，载氏著：《幽暗意识与民主传统》，北京：新星出版社，2010 年版，第 135 页。

⑤ 张仲民：《清末上海书局名录》，载复旦大学历史系、出版博物馆编：《历史上的中国出版与东亚文化交流》，上海：上海百家出版社，2009 年版，第 366 页。

社会力量结盟，在竞争激烈的出版市场存活下去的典型案例①。

目前关于金粟斋译书处的研究成果，主要由业师邹振环教授完成②。根据邹老师的考证，所谓"金粟斋译书处"是指李鸿章侄婿、合肥人蒯光典在上海设立的翻译出版机构，又称"金粟斋译书社""金粟斋编译社""金粟斋译书局""金粟斋书局""金粟斋译局"和"金粟斋译社"，简称"金粟斋"③。无论是蒯光典，还是金粟斋译书处经营事务负责人包天笑、方守六、汪允宗，都与《中外日报》主持人汪康年、汪诒年有着千丝万缕的联系。蒯光典（1857—1911），安徽合肥人，字礼卿，亦作理卿，一字季述，金粟斋是他的室名，1883 年中进士，1895 年入张之洞幕府，1897年应张之洞之邀，任两湖书院监督④，1898 年改任外官，长期居住在南京。在张之洞幕府，蒯光典与汪康年得以相识，1895 年上海强学会成立时，蒯、汪均列名会籍。邹代钧、叶瀚、叶澜、钱恂等人，亦在信函中多次提及蒯光典与张之洞、梁鼎芬之间的交往细节。1899 年 4 月，汪康年与曾广

---

① 孟悦：《人·历史·家园：文化批评三调》，北京：人民文学出版社，2006 年版，第 105 页。邹振环亦以金粟斋的案例，指出"近代上海的发展很大程度上依赖于江南地区的经济基础、文化条件和人力资源，上海文化在近代的崛起与江浙为重心的江南腹地的支持有着密切的关联。晚清上海出版业之所以迅速崛起并很快发展成为中国出版业的中心，除了西方传教士将新式译书机构迁至上海外，还有一个重要的因素就是江南传统出版业的文化、技术和资金等向上海的转移"，见邹振环：《金粟斋译书处与〈穆勒名学〉的译刊》，《东方翻译》，2011 年第 2 期。

② 参见邹振环：《晚清西方地理学在中国的传播与影响——以 1815 至 1911 年西方地理学译著为中心》，上海：上海古籍出版社，2000 年版，第 186—190 页；《20 世纪上海翻译出版与文化变迁》，桂林：广西师范大学出版社，2000 年版，第 70—73 页；《金粟斋译书处与〈穆勒名学〉的译刊》，《东方翻译》，2011 年第 2 期；《赞助者与清末新知识的传播——上海金粟斋刊行的译书及其影响》，载王宏志主编：《翻译史研究 2017》，上海：复旦大学出版社，2018 年版，第 149—191 页。另外，李仁渊在《晚清传播媒体与知识分子：以江南为例》（载许纪霖主编：《公共空间中的知识分子》）及一系列探讨严复、王国维等人的研究成果中，也部分涉及了金粟斋译书处创办及经营的内容。

③ 参见邹振环：《金粟斋译书处与〈穆勒名学〉的译刊》，《东方翻译》，2011 年第 2 期。

④ "闻近日用蒯礼卿为提调，星海为总稽查"，见《书札》（三），邹代钧（47），第 2713 页。

铨商议重回报馆之事，提出让蒯光典担任董事，遭到曾拒绝，"似难应允，请即作罢论"，希望汪康年代为转达①。由此可以表明，汪、蒯之间有"幕缘"之交，虽然关系不算密切，却也互为熟人。

包天笑（1876—1973），初名清柱，又名公毅，字朗孙，笔名天笑，江苏吴县人，他是《中外日报》的忠实读者，1900年前后，他在南京蒯光典公馆出入时读到了《中外日报》，非常兴奋，立即订了一份。他觉得《中外日报》读来让人有耳目一新之感，"当时申、新两报都是用那些油光纸一面印的，《中外日报》却洁白的纸两面印的，一切版面的编排，也和那些老式不同"②。由于包天笑对《中外日报》的热衷，当他的祖母猝然离世、家中族人需要联系他时，第一反应即是拍电报到中外日报馆，"因知道我是看《中外日报》的，登一广告，传此噩耗，促我即回，后亦未果"③。包天笑不仅读报，而且还给《中外日报》投过稿。1901年3月24日，《中外日报》来函刊载了"苏州包君公毅"的函件，题为《议拒俄约告吴中诸君子文》，讨论的是当时的热门话题——中俄密约④。而包天笑所编之《苏州白话报》，上海的寄售处亦是中外日报馆⑤。日后汪康年在北京筹办《京报》时，王慕陶还向汪推荐了逐渐在新闻界扬名的包天笑，后因包不愿北上而作罢⑥。

方守六，又作方漱六，安徽人，是蒯光典的侄女婿。他比包天笑、汪

---

① 《书札》（三），曾广铨（6），第2204页。

② 包天笑：《我与新闻界》（上），《万象》第四年第三期，1944年，第13页。

③ 包天笑：《钏影楼回忆录》，太原：山西教育出版社、山西古籍出版社，1999年版，第271、343、383、399页。

④ 包天笑在文中写道，"今沪上士大夫集议，电阻俄约，我吴中通达有志之士甚多，宜合筹抵俄密约之策，以尽国民之责。苟人人有此性质，何畏乎狡悍之俄耶？昔我乡范文正为秀才时，便以天下为己任，顾宁人言'天下兴亡，匹夫与有责焉'。明之季世，吴中士气振于天下，诸君所闻也，况在今日存亡危急之乎？愿我同志思之"。

⑤ 《苏州白话报》，《中外日报》1901年10月6日，广告版。《中外日报》还在1902年5月12日的"论说"栏目中，刊载了《〈苏州白话报〉序》。

⑥ "天笑不愿来京，报中若须用小说，弟可设法觅稿，或冷血或天笑所著，均可请示照办"；"小说如要稿，弟可觅冷或笑担任"，《书札》（一），王慕陶（5）（12），第111、118页。"冷"即陈景韩，《时报》主笔。

允宗早来上海，租定了译书处的办公地点，而金粟斋的经营管理与财政分拨工作，亦由其负责。1901年3月，上海绅商在张园聚会，商谈公拒俄约之事，方守六与汪康年、温宗尧等均登台演说。该年底，英敛之来沪为《大公报》选聘主笔，汪康年先推荐蒋智由，因蒋认为"难得昌言之权，故不愿去"，随后毛遂自荐愿意北上赴津，因条件未谈拢而作罢，随即又推荐了方守六。12月7日，英敛之"至南隔壁之金粟斋，晤方守六"，在商谈合同细节的过程中，汪康年代方出面，洽谈薪水数目和主笔权限。英敛之两次至报馆与汪谈定之后，遂至金粟斋，将合同交给方守六，"伊云无不可，俟晚商之汪穰卿"，几日后，"方守六至"，告知汪、方已同意合同，每月薪水百元[①]。1910年11月20日，陶葆廉致函汪康年，托其转交《修正刑律草案》与《教习问答》给汪诒年及方守六，汪、方交谊绵长，略可见之[②]。

汪允宗（1873？—1918），原名德渊，安徽歙县人[③]。早年曾在芜湖道袁昶门下做幕僚，后考入江宁高等学校，深得督办蒯光典的赏识，不久之后即受其派遣，来沪参与筹办金粟斋译书处。他与包天笑负责寻访印书机构及校对文稿等工作。1901年3月15日，上海绅商在张园集会，抗议中俄密约。汪康年、温宗尧、蒋智由均出席并发表演说，汪允宗则撰《告中国文》一篇，传示同人，并全文刊载在当天的《中外日报》上[④]。4月8日，蒋智由、汪允宗又在《中外日报》上公开表示，将以拒俄同人的名义向日本近卫首相复电，表明其集体立场。由此可见，汪允宗在金粟斋开办之前，就已经是江浙士绅群体中的重要人物，他与汪康年的交往也要早于

① 方豪编：《英敛之先生日记遗稿》，载沈云龙主编：《近代中国史料丛刊续编》(21)，台北：文海出版社，1972年版，第396—417页。

② 《书札》(二)，陶葆廉(2)，第2105页。

③ 汪允宗的生平，参见郭静洲、姚长鼎：《辛亥时期报坛先驱汪允宗》，《江淮文史》，1995年第3期。

④ 《照录味莼园集议电争俄约汪君德渊告同志文》，《中外日报》1901年3月16日，第一版；《记张园会议电争俄约事》《汪君德渊告同志文》，《中外日报》1901年3月16日，第一版。

包天笑、方守六。金粟斋译书处结束营业之后，汪允宗作为士绅领袖，在上海参与地方事务，不时会通过《中外日报》发布个人声明①，由其撰写，署名为"允宗"的文章《米禁刍言》亦在《中外日报》上连载五日②。

由于蒯光典在士人群体中地位甚高，包天笑、汪允宗等又善于交际，使得金粟斋译书处不仅是出版书籍的机构，亦是"朋济憩坐清谈之所"③。在包天笑的回忆中，汪康年、汪诒年并没有来过金粟斋，但在金粟斋进出的那些人，却分明与《中外日报》有着千丝万缕的联系。《钏影楼回忆录》中提到的人名，有吴保初、薛锦琴、邱公恪、吴孟班等。吴保初在《时务报》时期就与汪康年相识，《时务报》上的一篇文章"读有用书室主人来稿"《论阴挠新法之害》，闾小波认为该文作者即是吴保初④，1900年，汪康年组织中国议会，吴保初担任干事。薛锦琴是1901年3月张园集会中登台演说的唯一女性，全文登载于3月27日《中外日报》上，夏曾佑阅报后，即向汪康年询问"薛锦琴是何处人？谁人之女？何以得此？可为支那之破天荒"⑤。邱公恪与吴孟班是夫妻，吴孟班曾在《中外日报》上发表文章《拟上海女学会说》，并以"归安吴长姬"的署名致函汪康年，"悼女学之式微，悲女权之放失，思有以匡救之"，希望汪康年以其影响力"悲其

---

① 如1906年1月4日，汪允宗通过《中外日报》表示，"连日贵报所登安徽铜陵县属铜官山矿地收回纪事其中有涉及德渊者，证以所闻所行不尽符合，德渊不能承认，盖皖省留学诸君之出而争执，并非由德渊所运动，德渊虽因此事用其私财七百余元，然并无用于电费者，作者云云殆为传闻之误，敬希更正以昭核实"。1907年4月21日，汪允宗在《中外日报》上发布公启，"不佞居上海白克路永年里四百六十五号之宅，凡三年矣，柴门却扫，于身外事多不乐闻，近以永年里中移来同姓者甚多，尝有误投信函等事故，今特改署其门曰古歙汪公馆，以示区别，往后亲友惠书务希注意为荷"。
② 《米禁刍言》，《中外日报》1906年8月19、20、21、22、24日，第一版。
③ 严独鹤：《辛亥革命时期上海新闻界动态》，载中国人民政治协商会议全国委员会文史资料研究委员会编：《辛亥革命回忆录》（4），北京：中国文史出版社，2012年版，第84页。
④ 读有用书室主人来稿：《论阻挠新法之害》，《时务报》第67—68册，1898年7月19、29日，见闾小波：《中国早期现代化中的传播媒介》，北京：生活·读书·新知三联书店，1995年版，第64页。
⑤ 《书札》（二），夏曾佑（65），第1376页。

志，悯其弱，起而倡导之、赞助之"①。1902年，吴孟班、邱公恪相继因"喉痧"离世，吴保初、蔡元培、章太炎、蒋智由、叶瀚等人致以挽联，叶瀚所撰"中国少年死，知己一人亡"固然最为知名，汪康年、汪诒年联名所撰"君真视死犹生必当竟愚公移山精卫填海之志，我欲长歌当哭一为写处仲碎壶士雅击楫之心"亦甚精彩②。还有一人是包天笑未提到的，即是1902年底接受汪氏兄弟邀请，来沪担任《中外日报》主笔的夏曾佑。1903年3月，夏曾佑将家人安顿回安庆之后，自己则"留上海，住金粟斋"，那里靠近医馆，可以治疗因先前堕车而造成的头部伤势。他在金粟斋住了十七天，"独居无事"，每天与汪康年、汪诒年、叶瀚、章炳麟及汪允宗、金粟斋隔壁选报馆经理蒋智由闲谈，后因久伤不愈而回到安庆养伤③。

金粟斋译书处是一个小本经营的出版机构，不仅未设发行所，连印刷所也没有。汪允宗与包天笑来到上海筹办译书处时，第一件事就是寻访印刷所，最终选定了吴云记与商务印书馆两家。随后便是联系发行事宜，包天笑早早地与《中外日报》接洽，几次登门拜访报馆，双方一拍即合，很快开始了紧密合作。"金粟斋出版的书，必须在《中外日报》登广告。后来因为金粟斋没有办发行所，出了书也就由《中外日报》寄售了。"④ 也是就说，《中外日报》与金粟斋签订的是一个排他性的协议，报馆拥有译书处的所有宣传权利，后者不得将售书广告刊载于其他报纸。由此可以理解，当方守六北上担任《大公报》主笔之后，《大公报》一度刊登过金粟斋广告，称"本馆寄售上海金粟斋新译各书，《文学丛书》第一集，《日本

---

① 吴长姬：《拟上海女学会说》，《中外日报》1901年4月7日，第四版；《书札》（一），吴孟班（1），第333—334页。参见夏晓虹：《吴孟班：过早谢世的女权先驱》，《文史哲》，2007年第2期。

② 《上海邱公恪、吴孟班夫妇追悼会挽联续选录》，《大公报》1902年7月19日，第四版。

③ 杨琥编：《夏曾佑集》（下），上海：上海古籍出版社，2011年版，第759页。

④ 包天笑：《钏影楼回忆录》，太原：山西教育出版社、山西古籍出版社，1999年版，第291页。

印纸税法》，《日本违警治罪法》"①，但该则广告很快就消失了。《中外日报》已经意识到，金粟斋准备出版的严复译著《名学》，将会在当时的社会产生广泛的关注度。这一协议的签订，等于获得了严译的独家报道权，严译一旦大卖，不仅金粟斋译书处有利可图，《中外日报》也将获利不少，形成双赢的结果。另一个成为金粟斋译书处宣传平台的是《外交报》。由于蒯光典兼任张元济主持的南洋公学译书院代销商，且与蔡元培交好，后者创办的爱国学社，就是在蒯光典的支持下筹建起来的，而《外交报》正是由张元济、蔡元培、《中外日报》翻译温宗尧等人共同创设，因此在《外交报》上出现金粟斋译书处的广告也显得理所应当。《外交报》是十日一期的旬刊，《中外日报》是每天出版的日报，双方不存在互相抢占市场的问题。《中外日报》与金粟斋签订的排他性协议，并不适用于《外交报》②。

依据《中外日报》上广告材料的揭橥，金粟斋译书处的实际创立时间在 1901 年初。该年 1 月 30 日，《中外日报》"专件"栏刊登了《金粟斋译书章程》，内容如下：

一，现赁定上海新马路登贤里四百五十五号屋为办事之所③，署

---

① 《大公报馆告白》，《大公报》1902 年 7 月 3 日，第四版。

② 登载过与金粟斋译书处相关广告的报刊亦有不少，如《金粟斋译书章程》在 1901 年 2 月的《北京新闻汇报》中全文转载，《新民丛报》第 32 号登载过《西洋史要》出版告白，称该书之价值 "早喧腾于禹域，其叙列之翔实，译笔之高洁，洵如侯官先生所谓信达雅三长者"。但均为一时性的广告宣传，并不像《中外日报》《外交报》那样连续刊登广告，估计是与双方签订的 "排他性" 协议有关。

③ 新马路即后来的凤阳路，包天笑与方守六在登贤里找到了一座 "三上三下石库门式的房子"，成为金粟斋译书处最初的办公地点，蔡元培亦在 1901 年 2 月 9 日的日记中记载："金粟斋译书处在上海新马路登贤里"，见王世儒整理：《蔡元培日记》（上），北京：北京大学出版社，2010 年版，第 142 页。1902 年 6 月 15 日，金粟斋译书处迁至英大马路小菜场对面青年会间壁寿康里（云南路与贵州路之间），当日《中外日报》刊载了迁址广告。包天笑在《钏影楼回忆录》中描绘得绘声绘色的 "叶浩吾夜遇野鸡" 一事就发生于此。而登贤里原址，则成为支那翻译社及《翻译世界》杂志社的办事处。由于是几十年后的回忆，包天笑在行文中常有前后颠倒的问题，譬如他在对金粟斋的回忆中，先谈及大马路寿康里，再介绍新马路登贤里，事实上金粟斋的办公地点是先在登贤里，一年多之后再迁至寿康里。参见包天笑：《钏影楼回忆录》，太原：山西教育出版社、山西古籍出版社，1999 年版，第 283 页。

曰金粟斋译书处。

一，敝处译书宗旨专为疏通民智，并非牟利，其应译诸书，分政、学、业三类。

一，创办资斧暂由任事者筹措，若有同志发大心资助者，敝处当授以凭单，如天之福，风气大开，将来或获赢利，按照资助之数，一律分派。二十周之世纪神皇胜举，兹为最先，甚愿大雅宏达有以扶持之也。

一，专门西书切于世务者，拟次第请通才翻译，其普通诸书，选择东西教科善本，以周我学士之用，至译书一切事例，应与译者订立合同，以昭妥洽。

一，自译之外，兼收外来译稿，如有译成之书，当于时用，无力剞劂者，敝处可代为刊行。其无用者与译文陋者，则随时发还，不赠笔资。书成时，视成本之多寡，斟酌馈书，以旌其劳。惟交稿之时，必须将原文一并惠畀，以便核对卷数，字数亦请书明简端。若有未当之处，应由敝处往复商订，以期美备。至译者之姓名必为表出，不敢掠美。

一，新学日昌，旧时名谊往往不能包括，译者遇此事势不得不造作名目，以图不失原意。初学阅之多有不能骤解者，拟将此等名目悉为抉出，重加注释，引伸其谊，使之显达，附于卷后，将来日积月累，则效普润大师编为翻译名谊集以公同好。至遇西国地名人名，皆将原文缀录，以便读者审音定名。若曾见他书而译音歧者，并拟录为一表。

一，中外译书之处极愿与之联约，凡译一书，彼此预先知照，以免耗财力于重复。其有私家译述者，亦请投函相告。若敝处所译之书，则皆先期登诸日报，有约之处，仍重行知照。

一，敝处所译书籍，皆仿日本版权之意，禀明官府存案，禁止翻刻。

一，诸事草创，所定章程挂一漏万，海内同志有以嘉言相贶者，敝处择善而从，并无畦町。

这一章程的公布，基本可以确定金粟斋译书处的创立时间是在1901年1月。章程明确提及，"自译之外，兼收外来译稿，如有译成之书，当于时用，无力剞劂者，敝处可代为刊行"，为代售其他出版机构发行的书刊提供了规则上的说明。2月4日，《中外日报》"来函"登出了金粟斋译书处的函件，提出了"凡译一书彼此预先知照，以免耗财力于重复"，希望能有同志合群殚精毕力，在一二年内译出东西切务之书千百种的主张，随后公布了金粟斋已经译成与方译未竣的书籍名录，前者包括伊藤博文著《日本宪法义解》《皇室典范义解》，中村五六编纂、顿野广太郎修补《大地志》（即《中等地理》），志贺重昂著《地理学讲义》，小川银次郎著《西洋史要》，矶石幸太郎著《法律原论》，田中敬一编《学校管理法》，能势荣著《西洋教育史》（即《内外教育史之外编》）；后者包括英国穆勒著《名学》、英国马协著、日本井上辰九郎原译《经济原论》、依田雄甫著《世界读史地图并说》。

这一雄心勃勃的出版计划，最后有多少书籍面世呢？根据《中外日报》上刊载的广告，最终译出的书籍有《名学》（严复译）、《法学通论》（王国维译）、《西洋史要》（樊炳清、萨端合译）、《泰西教育史》（叶瀚译）、《日本地理志》（王国维译）、《地理学讲义》（萨端译）、《日本宪法义解》（附《皇室典范义解》）（沈纮译）、《世界地理志》（樋田保熙译）[①]。其中《法学通论》由《法律原论》易名、《日本地理志》由《大地志》易名、《泰西教育史》由《西洋教育史》易名。而《学校管理法》《经济原论》二书，在广告词中不见记载，前者后来由《教育世界》出版。而依田雄甫的《世界读史地图并说》，可能就是后来金粟斋石印过的《西洋史要

① 包天笑在其回忆录中提及，严译《名学》《原富》《社会通诠》《群学肄言》以及叶瀚译出的《日本宪法》中的《皇室典范》，均是金粟斋翻译出版的著作，这一记录讹误甚多。如《原富》出版于南洋公学译书院，《社会通诠》由商务印书馆出版，《群学肄言》由上海文明编译书局出版，均非金粟斋译书处出品。

图》一册①。至于同样由中村五六编纂、顿野广太郎修补，日人樋田保熙译的《世界地理志》，估计是由于《日本地理志》与《地理学讲义》较受欢迎，而临时被列入翻译出版的计划之中，正式出版时间比之前的书籍晚了近半年②。

上述翻译书籍之中，较早出版的书籍有《地理学讲义》《日本宪法义解》《皇室典范义解》。1901 年 5 月 14 日，这些书籍的销售告白就在《中外日报》上刊载了出来。此时译书处的代售点仅有中外日报馆、广学会、东来书庄、杭州译林编印所等四处，为了增加影响力，译书处还在告白中加入"外埠有愿代售者，以二成酬劳，先缴价值而后发书"的词句，并通过"惠书志谢"一栏，为《地理学讲义》做了一个"软广告"③。第二批出版的书籍是《日本地理志》《泰西教育史》《西洋史要》，发行于 1901 年 12 月。此时金粟斋译书处的售书处已经增加到了近二十个④。有意思的是，根据笔者的观察，1901 年 4 月 19 日，《中外日报》在论说中，就已经引用了《地理学讲义》中的内容，谈论了英国在缅甸筑铁路一事，比该书正式

---

① 为了刊印这份地图，金粟斋译书处还在《中外日报》上专门发布告白，希望聘用"有精于写地图中之宋字者"，见《招请善写宋字者》，《中外日报》1901 年 7 月 13 日，广告版。该年 12 月 16 日，金粟斋发布广告，表示《西洋史要》已经出版，连图廿九幅定价一元，可能该图就是依田所绘之图，参见邹振环：《金粟斋译书处与〈穆勒名学〉的译刊》，《东方翻译》，2011 年第 2 期。

② 《金粟斋〈世界地理志〉》，《中外日报》1902 年 11 月 7 日，广告版。

③ 《中外日报》对《地理学讲义》的介绍词如下："其书博大精深，于地学中应讲求之事理无不赅备，附表四纸于各洲列国之位置、面积、人情、种类、地势、政体以及气候、物产、户口、职业、防军、宗教、税项、度量等均一一详载，地学之书更无善于此者。"当时有一些读者阅读报纸，专阅上谕、论说及新闻，对广告并不关注，而这种以"惠书志谢""惠书志谢"出现的介绍性文字，实质上是在新闻版面插入广告，同样是宣传策略的一种，参见张仲民：《出版与文化政治：清末的"卫生"书籍研究》，上海：上海书店出版社，2009 年版，第 69 页。

④ 《金粟斋广告》，《中外日报》1901 年 12 月 16 日，广告版。除了中外日报馆、广学会、东来书庄、杭州译林编印所之外，金粟斋代售处先后还有上海普通学书室、苏州开智书室、苏州白话报馆、杭州德记书庄、南京森宝书局、安庆藏书楼、江西广智书庄、北京工艺局、公慎书局、天津东华译书局、只家胡同刘榕生君、福州台南乾昌福、扬州泰西医局、无锡梁溪务实学堂、广州莲塘街章贡陈公馆、福建藏书楼等。

发行早一个月①，蔡元培在 9 月 21 日即从金粟斋购入了《泰西教育史》，早于该书公开问世 2 个多月②。金粟斋所出版的书籍交由多人翻译，完成时间有先有后并不足怪。而包天笑、汪允宗等人不愿单独发售该书的原因，或许是希望利用批量出版的方式，将该书与其他书籍"一齐出版，便是在报纸登广告也合算些，全面些，或可以轰动一时"③。

还有一点需要提及，《中外日报》上的金粟斋广告内容，比起《外交报》而言明显简略，如《西洋史要》，《中外日报》的介绍词是"详于泰西政事消长，为欧洲通史之最善者"，17 个字④，《外交报》则是"叙事简洁严谨，于太西治化之所以然尤三致意，久为日本中学校最通行之教科书，故其声价颇高，今欲于我国译辑中求欧洲通史之完善者，诚无逾于此矣"，62 个字⑤。估计是由于《中外日报》告白以字数多寡为计，规定"直行告白以三百字为率"，如果想要在该报上连续刊登一个月甚至更长时间的广告，对金粟斋而言是一笔不菲的支出。相对而言，《外交报》十日一期，一年也只有三十余期，相当于《中外日报》一个月的广告刊载量。因此金粟斋在《中外日报》上做了"简洁版"广告，而将"扩充版"给了《外交报》，经济方面的考量，无疑是资金有限的金粟斋经营者着重关注的。

不过，如果受到金粟斋译书处重视，并作为主打产品进行宣传推广的话，那么译书处并不会吝惜钱款，在《中外日报》《外交报》等报刊上作长篇广告，如英国哲学家穆勒著、严复译的《名学》。当初正是由于严复向蒯光典借了 3000 元，而以正在译述的《名学》一书"作为偿债之资"，

---

① 《论所处之危险》，《中外日报》1901 年 4 月 19 日，第一版。

② 王世儒整理：《蔡元培日记》（上），北京：北京大学出版社，2010 年版，第 182 页。

③ 包天笑：《钏影楼回忆录》，太原：山西教育出版社、山西古籍出版社，1999 年版，第 304 页。

④ 《金粟斋广告》，《中外日报》1901 年 12 月 16 日，广告版。

⑤ 《金粟斋译社出版广告》，《外交报》壬寅第 1 号，1902 年 1 月 4 日。

最终催生了译书处①。由于翻译了《天演论》的缘故，严复在当时已暴得大名，时人目为"欧洲大家名著殆非严氏，莫克任翻译之责也"②，因此金粟斋显然将《名学》视为最重要的产品，为了给该书的出版预热，还邀请严复举行名学讲演，系统地讲一讲这一"即使听了也莫名其妙"的"深奥学问"③。1901年4月7日《中外日报》新闻版"英租界·开讲名学"中，对这一活动进行了报道："本埠名学会同人于前礼拜四齐集，严几道先生寓沪，听讲英儒穆勒名学大旨，原定章程以十六人为限，乃人情向学者溢额，室小难容，故特变通章程，于本月廿日即礼拜一（4月8日）为始，借之南京路幼徒会楼上演讲，自晚间八点钟至十点钟为止，嗣后每逢礼拜一、礼拜四由晚间八点至十点均在幼徒会开讲，闻有志听讲者仍至金粟斋方君处报名"。根据包天笑的回忆，来参加这次讲演活动的人委实不少，"留着一抹浓黑的小胡子，穿了蓝袍黑褂，戴上一架细边金丝眼镜"的严复站在桌边，整整讲了一个小时有余④。方君即为方守六。在严复来沪之前，蒯光典还致函包、方、汪三人，称要"略尽招待之责"⑤，方守六遂成为严复在沪各项事务的联络人。严复对此事的回忆是"庚子之役，身困租界之中者匝月，颠沛南下，栖栖沪滨，而金粟斋译局诸贤当有以激发，一

---

① 蔡元培也在自写年谱中指出，金粟斋开办，"其任务在为严君幼陵刻所译之书"，见高平叔编：《蔡元培年谱长编》（第一卷），北京：人民教育出版社，1999年版，第194页。

② 贺葆真：《贺葆真日记》，载国家图书馆编：《历代日记丛钞》（131），北京：学苑出版社，2006年版，第307页。

③ 包天笑：《钏影楼回忆录》，太原：山西教育出版社、山西古籍出版社，1999年版，第290页。

④ 不过包天笑的回忆仍有些许偏差：他说此时严译《名学》刚在金粟斋出版，事实上此时距离该书部甲正式问世尚有一年之久；他还提及前来听讲的众人之中有郑孝胥，其实这一时期郑孝胥主要在武昌张之洞幕府活动，4月并不在上海，因此"郑孝胥听名学讲演"也只能是子虚乌有之事，见劳祖德整理：《郑孝胥日记》（2），北京：中华书局，1993年版，第970—971页。

⑤ 包天笑：《钏影楼回忆录》，太原：山西教育出版社、山西古籍出版社，1999年版，第289页。

时学者以名学为格致管钥，而仆又适业是书，则取之以开讲社"①。这次讲演的影响范围很大，譬如"《天演论》的第一位读者"②、当时主讲莲池书院吴汝纶即言，"阅《中外日报》，知先生近开名学会，可见达人善己，兼怀济物之盛心，企佩无量"③。

该次讲演一年之后，严复译本《名学》部甲姗姗来迟，金粟斋遂不惜成本，在《中外日报》《外交报》等媒体大作广告。《中外日报》上的广告词称"名学者，致知明辨自明而诚之学也，盖人类尊于群动亦赖有此，推知明辨之能力耳，所推愈广所辨愈审也，其文明之程度亦愈高。太西自希腊古德阿里思大德勒以还，治此学者萃众，近且列为专科，而穆勒氏之作最为精深闳大。敝社敦请严几道先生释而传之，先生发大愿译此书，期二年卒业，比以志愿喁喁投书敦促者往往来自数千里外，故分部出版，以慰欲读者之望，兹部甲告成先印行世，定价银币八角"。同期广告还对矶石幸太郎著、王国维译的《法学通论》的出版进行了宣传："文明寝辟，事务滋多，苟无法律以保护调持，则必多伤夷，而为治化最大厄运，且吾人处近日社会，立己立人尤贵有法律思想，否则权利不知伸、义务不知尽，充类至尽亦必为群蠹也。本书为日本法学士矶石氏所著，推论法律之原理原则至为精审。学者观于此，不特得普通法律知识之益，且于心思之判决力亦必有增长之助也，定价五角。"④这两段广告在《中外日报》上连续刊行了几个月。在同时出版的第10号《外交报》上，也刊载了《名学》与《法学通论》的长篇告白，只是广告词稍有不同。而在包天笑与中外日报馆进行商议之后，由金粟斋翻译出版的书籍，很快进入《中外日报》的发

---

① 《与曹典球书》（1），载王栻主编：《严复集》（3），北京：中华书局，1986年版，第566页。

② 王宏志：《翻译与文学之间》，南京：南京大学出版社，2011年版，第75页。

③ 王栻：《严复传》，上海：上海人民出版社，1976年版，第93页。王栻先生认为此次名学会的举办时间是在1900年，但根据严复的夫子自道、包天笑的回忆及《中外日报》的报道，名学会的举行时间应是1901年4月。

④ 《金粟斋新译〈名学〉、〈法学〉出版》，《中外日报》1902年6月6日，广告版；《金粟斋译社出版广告》，《外交报》壬寅第10号，1902年6月1日。

行渠道，成为报馆代售的出版物①。

除了上述介绍的出版物之外，金粟斋似乎还计划翻译其他书籍。1901年7月29日与9月16日，《中外日报》连续刊登了"苏州金粟斋"正在翻译的书籍名录，包括蟹江义丸著《西洋哲学史》，森山守次郎著《政治史》，涩江保著《法国革命战史》《西洋事物起源》《日清鸦片战史》《人类学》，高山林次郎著《世界文明史》，文部省编《商业沿革史》，中村正直著《西国立志编》，美国瓦达宝著《美国富豪传》，辰巳著《德国工商勃兴史》《海上权力史论》，隈本著《比公时代独逸帝国史》，剑持有喜著《欧洲外交史》（原名《近世欧洲均势及外交》），法国坡留著《露西亚帝国》等。其中《西洋哲学史》与《欧洲外交史》出现在两次广告之中，似乎已是译讫待出之书。这个"苏州金粟斋"的创办及经营情况，目前尚缺乏材料进行详述，仅知该译书处亦与包天笑有关。

清末主要出版机构往往身兼多重角色，金粟斋译书处也不例外，不仅在书籍翻译及出版方面做出了不少努力，还为一些书刊作代售工作。虽然金粟斋并没有发行所，不过还是通过各种私人渠道，尽其所能为其他出版物进行宣传。在此期间，《中外日报》仍然扮演着合作者的角色，除了提供版面刊载各类代售书刊的广告之外，还与金粟斋译书处合作，共同承担寄售工作，而在书刊的选择上，亦是以《中外日报》及金粟斋经营者的人际网络为旨归。

金粟斋译书处所代售的书刊，首先值得关注的是《励学译编》，该刊物隶属于苏州励学译社，同样是由包天笑参与编辑。在《金粟斋译书章程》刊载后的第二天，《中外日报》即登出"苏州来稿"《励学会译编章程》，宣告将"搜译东西有用书籍"，分政治、地舆、格致、历史等学科而

① 由于中外日报馆与金粟斋之间的合作关系，在金粟斋新书出版的广告刊登之后，很快亦成为《中外日报》所代售的书籍，如1902年12月5日《中外日报》刊载的"本馆代售最要书第一次广告"中，就已经将《名学》《法学通论》等金粟斋书籍列入其中。

译之，联络地址则是"苏州盘门内梅家桥北堍汪宅"，应为该会主持人汪郁年的住处，此后，励学译社给《中外日报》寄来了已译及未竣的书目，这是继金粟斋后又一家公布翻译书目清单的出版机构。1901 年 4 月 15 日，包天笑等人创办了月刊《励学译编》，内容主要译自日文，连载社会及自然科学著作。该刊出版后不久，即交由《中外日报》进行宣传，"苏州励志学社昨以《励学译编》第一册见赠，所译者为《欧洲近世史》《印度蚕食史》《化学原质论》《普通地理学》《迦因小传》五种，其启人智慧动人兴感，有与日本《译书汇编》、杭州《译林》互相发明者"①。《励学译编》在上海的寄售处是金粟斋译书处、中外日报馆与蒙学报馆。有意思的是，由于金粟斋代售《励学译编》，且包天笑均参与其中，不少读者将两个出版机构混为一谈，一些寄给励学译社的信函直接投递给了金粟斋苏州分译处，《励学译编》专门发布告白，表示"本译社原与苏州新设之金粟斋分译处各分界限，彼此并不关涉，乃外来函件往往有误二为一者用，特此声明。嗣后如蒙同志惠教本社者，请迁寄本发行所，其有专寄金粟斋者，本社仍可转交。惟请勿牵混可也"②。

在《励学译编》之外，金粟斋译书处与中外日报馆还为《译林》《中学日本文典》等书刊作寄售。《译林》与《励学译编》类似，同样为一份翻译东西文著作的出版物，由商务印书馆代印，1901 年 3 月问世，月刊，参与编辑的人员有林纾、林獬、林长民、魏易等出版文化界名人，林纾、魏易与《中外日报》由《茶花女》《黑奴吁天录》而结缘，林獬、林长民参与过《杭州白话报》的出版工作，与《中外日报》亦早有合作，因此在《译林》出版之后，即由中外日报馆负责上海的代售工作③。由于译林编印所已经成为金粟斋新印书籍《地理学讲义》《日本宪法义解》在杭州的寄售点，因此自第六期《译林》起，金粟斋译书处也成为该刊在上海的代售

---

① 《惠书志谢》，《中外日报》1901 年 4 月 18 日，第四版。
② 《励学译编》第 8 册，1901 年 10 月 26 日。
③ 林纾：《译林序》，《清议报》第 69 册，1901 年 1 月 11 日。

点之一。《中学日本文典》由日本文学士盐井正男著，周维椿译，经由当时任职于东文学社的日本汉学家藤田剑峰（又名藤田丰八）的鉴定，"专讲东邦文法，凡语尾变化音变及用法，皆详晰无遗，诚初学东文者不可不读之书"①。东文学社与金粟斋译书处同在新马路，因此两个出版机构时有往来，东文学社的简明章程，曾交由金粟斋代为寄阅②。藤田剑峰与汪康年也有关系，藤田来沪担任东文学社教习，汪康年为致函人之一，信函中称，"今敝国当衰微之时，上之教化，下之师法，皆稍衰息，故弟等延阁下来兹土，为东文学社教习，方冀阁下以贵国师范之道表率后进"③。因此，《中学日本文典》在上海的寄售工作，藉此由金粟斋与中外日报馆及东文学堂、农会报馆等共同负责。

此外，金粟斋译书处亦有独力负责一些书籍代售工作的事例，同样通过《中外日报》《外交报》等新闻媒体广而告之，包括《佛学书目表》《日本印纸税法》和《日本违警治罪法》等。《日本印纸税法》和《日本违警治罪法》因资料所限，无法考证其作者及出版商。《佛学书目表》由杨文会编，分华严、方等、净土、法相等十六类，共收经籍一百一十四种，其中收刻经处八十二种，约一千三百卷。蒯光典曾担任过由杨文会创办及主持的金陵刻经处流通部主任；杨文会创建于1907年的佛学堂祗洹精舍，蒯光典亦在该学堂章程和募捐缘起上签名，考虑到蒯光典与杨文会之间的深厚交情④，《佛学书目表》极可能是杨文会交给蒯光典所经营的金粟斋代为宣传与销售的。汪康年与杨文会也并不陌生。《时务报》时期，谭嗣同曾以时务报馆的名义，托杨文会代购一批西洋仪器，其中包括天地球（即地

---

① 《新译中学日本文典出书》，《中外日报》1902年3月10日，广告版；《新译中学日本文典出书》，《外交报》壬寅第2号，1902年3月14日。

② 《读东文社》，《中外日报》1901年8月22日，广告版。

③ 《致藤田剑峰先生书》《再致藤田剑峰先生书》，载汪林茂编校：《汪康年文集》（下），杭州：浙江古籍出版社，2011年版，第577—579页。

④ 根据缪荃孙日记所示，蒯光典几次举行宴会，杨文会必是相邀之人，如1900年9月11日与1901年5月25日，均注明"礼卿招饮，……杨仁山全席"，见《艺风老人日记》，北京：北京大学出版社，1996年版，第1282、1352页。

球仪）。1902 年 8 月至 9 月，汪康年在《中外日报》上连续刊载署名告白，宣传这种天地球"现京师及各省府县公私大小学堂均须接踵兴办，不啻万计，此项天地球每堂必须一二副，如能制售，获利必丰，如愿办者，机不可失，请速来商订勿迟"①。

因资金拮据及盗版横行②，金粟斋译书处很快就面临资金不敷的困境，草草经营两年之后，就把上海办事处大马路寿康里的房子盘给了《中外日报》，包天笑等"经理人自行告退，故将发行所迁至南京水西门大街安徽会馆内"，也就是蒯光典的办公地点。尽管此时已很难继续经营，金粟斋还是在《中外日报》上做广告，表示将会继续出版由山本利喜雄所著的《露西亚史》（即《俄罗斯史》），及《哲学流别》《世界读史图说》《西洋哲学史》《欧洲外交史》等书③，即包天笑所称未印的"三分之一二"书籍。然而，上述出版物最终还是没有在金粟斋出版，而是交由商务印书

---

① 《天地球》，《中外日报》1902 年 9 月 2 日，广告版；《书札》（二），梁启超（45），第 1866 页。

② 关于金粟斋译书处终止营业的缘由，包天笑认为主要是由于"人情"所困，蒯光典时常"介绍他所认识的人，到上海来，要我们招待请吃饭，太太又要在上海托买东西"，好不容易赚了一些钱全部花在了请客吃饭上面，见包天笑：《钏影楼回忆录》，太原：山西教育出版社、山西古籍出版社，1999 年版，第 282、303 页。除此之外，还需要考虑当时盗版泛滥的状况。在那个著作权意识还未普及、随意翻印书籍不必承担法律风险的时代，虽然地方政府制定了一些条例，亦在报刊上三令五申严令不得盗印出版物，但盗版状况仍然屡禁不止，金粟斋译书处也不能幸免。金粟斋曾专门发布公启，说其翻译的书籍，是经过"钩稽留考校、经年累月，而后出版"，然而某些不良商贩"乘时规利，巧获苟得"，这种"蜈蚣"之行为，让译书处深恶痛绝，要求诸官严惩这种"非分翻印敝社书籍"的行径。但种种愤慨，无法改变译书处因经营不善、盗版横行而导致的经营困境。由于盗版现象屡禁不止，1905 年之后金粟斋出版的书籍卷末"盖有铜章篆字'金粟斋版权之证'七字，以资识别，倘无此章即系私印，必当送官严究，幸勿尝试"，见《校正三版〈穆勒名学〉出书》，《中外日报》1905 年 6 月 21 日，广告版。

③ 《金粟斋紧要广告》，《中外日报》1903 年 3 月 12 日，广告版。金粟斋译书处一直有启动翻译《露西亚史》的计划，1901 年 5 月 11 日还在《中外日报》上刊载告白，称"新译日本早稻田学会所编历史丛书中之《露西亚史》即《俄罗斯史》，原书凡四百六十二叶，为山本利喜雄所著"，但该书最终的出版权属于广智书局，估计是由于译者翻译的周期过长，金粟斋又遭遇资金短缺，未能及时出版。

馆、广智书局等资本更为雄厚的民营出版机构刊行①。事实上，从金粟斋在《中外日报》上所作的广告频率来看，自1901年5月以《地理学讲义》为代表的第一批书籍问世之后，基本保持着三四个月推出一两种成品，直至《名学》与《法学通论》。但在此之后，金粟斋仅仅在1902年11月出版了《世界地理志》，虽然不惜用夸大的广告词对该书进行了宣传②，亦无法掩盖译书处艰难维系的颓势。而《世界地理志》，也成为最后一种由金粟斋译书处翻译出版的书籍。

有意思的是，虽然金粟斋小本经营，利润有限，但在时人看来，金粟斋却能和广智书局、泰东时务印书局、商务印书馆等并称，同为"资本充足，有通人主持"③。显然，以《名学》《法学通论》为代表的出版书籍，以及每期必见于《中外日报》等报刊上的广告，让金粟斋译书处在1902年前后的趋新人士视野中，赢得了广泛的认可与尊崇。以严译《名学》为代表的金粟斋出版书籍，在译书处暂停营业之后，依然通过《中外日报》的代售，而在图书市场上盛行。1903年8月3日，《中外日报》刊载"《西洋史要》重版"广告，表示"是书初版发行不数月而告罄，后承各埠来函纷纷索购，竟致无以报命，深负阅者之望。今夏特延通人将初版体例大加改良，刊误悉行纠正，俾与原书一律精妙"，其他金粟斋出品的书籍也同时一并发卖，发行方为中外日报馆与永记发行所④。1905年5月，《名学》"校正版"问世，此时已是该书的第三版，所谓"校正版"，由于1904年出

---

① 森山守次郎著《政治史》、涩江保著《法国革命战史》等在1903年由商务印书馆出版。而像《哲学流别》《世界读史图说》《欧洲外交史》等书籍，并未见到出版信息。

② 《世界地理志》广告语称，"最近最新，宜于中学教科之善本"，其特色在于"译事详审，文词渊雅，无他书佶屈聱牙、潦草塞责之弊；秩序井然，条理完备，无他书以意割裂首尾之弊；地名皆用最遐迩者，无他书率意填写、译音纷歧之弊，且级以英文，尤便与西国查对；情事最新，无他书形势改易、记载犹昔之弊"，见《金粟斋〈世界地理志〉》，《中外日报》1902年11月7日，广告版。

③ 《购书宜慎》，《中外日报》1902年8月22日，广告版。

④ 《〈西洋史要〉出书》，《中外日报》1903年8月3日，广告版。

版的该书第二版"因各埠索书过急，未及校正即付石印，以致张数倒置，字迹模糊，殊为憾事"，因此"特聘请名儒详加校误，并用坚白纸张排印，虽成本较大，而价目不增"①。而根据同年 6 月《中外日报》的广告，金粟斋出版的书籍，绝大多数都已经再版或三版②。而在"癸卯学制"颁布之后，各地普遍设立学校，课程中皆列地理一门，因此金粟斋出版的地理类书籍销售情况甚好，尤其是《世界地理志》，更是极为畅销，《中外日报》遂专门遣人撰写新广告词，助其推广③，而在《中外日报》寄售新书的目录上，亦将《世界地理志》字码加大，以吸引读者的注意力。1906 年之后，金粟斋出版物统一以《金粟斋〈世界地理志〉》为名，登载于每一期的《中外日报》上，还出现在中外日报馆寄售图书的目录中，并用大号字体说明"上海均托中外日报馆一家批售"，且警告称，"倘别家不顾颜面私自翻印，一经查出，定必禀官严惩，切勿轻于尝试为要"④。至 1908 年夏，《金粟斋〈世界地理志〉》的广告在《中外日报》上刊载了近两年。而在《中外日报》成为官资报纸之后，商务印书馆成为这些书籍新的发行方。1911 年 8 月，商务印书馆在《申报》上连续刊载广告，说明"金粟斋创办之《世界地理志》一元、《西洋史要》一元、《穆勒名学》八角、《地理学讲义》四角、《法学通论》五角、《日本地理志》三角五分、《日本宪法义解》一角五分。共计七种。自本月起均归本馆发行，嗣后无论何人不得翻

① 《严译〈穆勒名学〉校正之版出书》，《中外日报》1905 年 5 月 10 日，广告版。
② 再版的有《世界地理志》《日本地理志》《日本宪法义解》（附《皇室典范义解》）《法学通论》，三版的有《地理学讲义》《西洋史要》，见《校正三版〈穆勒名学〉出书》，《中外日报》1905 年 6 月 21 日，广告版。
③ 《世界地理志》，《中外日报》1904 年 6 月 15 日，广告版。广告词为"舆地之学不讲久矣，近年来朝廷力图自强，广设学校，课程中皆列地理一门，诚世界之急务也。惜坊间所有地理各书，凡译自日本书者类多，详于东方而略于外域，惟此书于欧非两洲及南北美诸国叙述独备，推测独精，洵地学家及学堂中不可不读之书。全书三册，定价一元，现存无多，购者从速"。1904 年 7 月，《中外日报》刊登告白，说明《世界地理志》与《地理学讲义》属于"除零售外兼可批发"的书籍，而其他金粟斋出版物只能寄售，无法批发，并将《世界地理志》与《日本地理志》《地理学讲义》合称"地理教科要书"，吸引读者合购。
④ 《金粟斋广告》，《中外日报》1906 年 3 月 22 日，广告版。

印，特此声明"①，此时距离金粟斋停业已经过去八年，这家民营出版机构的威名，在《中外日报》等报纸的宣传代售之下，不绝如缕地在读者群体中流传了下来。

通过《中外日报》这个影响力巨大的媒介平台，金粟斋将其翻译与代售的书刊向数以万计的读者群进行传播，引起读者的广泛关注。当时不满20岁的周作人，就是通过《中外日报》上的广告，了解了《名学》部甲的出版情况，并托友人前往购买，当然他读完该书的感受，是与其他大多数的读者一样，"苦不甚解"②。又如蔡元培记载在日记之上的金粟斋、苏州励学译会的翻译出版名录，由于其文字内容、书目名称及记录时间与《中外日报》的告白较为吻合，考虑到蔡元培日常有阅读报纸的习惯，因此似可推断日记上的书目，亦是摘抄自《中外日报》③。此外，邹代钧在《中外日报》上看到金粟斋译书目录之后，托汪康年为其购买《舆地讲义》（即《地理学讲义》）④。当时的诸多民间出版机构早已意识到了，在日趋激烈的市场竞争中，必须借助大众媒介的力量作为宣传载体，因此选择与最受读者追捧、销售渠道亦最广的报纸进行合作，《中外日报》就是一个合适的对象。从《中外日报》与金粟斋译书处的合作过程可以发现，双方合作的基础及代售书刊的选择，主要是由人际关系网络所决定的，蒯光典、包天笑、汪允宗、方守六，都是汪康年社会网络中的成员，《励学译编》《译林》《中学日本文典》及《佛学书目表》的宣传出版，皆与《中外日报》及金粟斋译书处经营者共同的人际关系圈有着直接的关系。关系网络的存

---

① 《商务印书馆广告》，《申报》1911 年 8 月 14 日，第一版。

② 鲁迅博物馆藏：《周作人日记》（影印本），郑州：大象出版社，1996 年版，第344—345 页。

③ 如 1900 年蔡元培所记的日记中，提及《中外日报》共有近十处，联军进京及唐才常湖北起事等消息，俱是通过该报而得知的，另有阅读《申报》《汇报》等报纸的记录，不过数量很少。参见王世儒整理：《蔡元培日记》（上），北京：北京大学出版社，2010 年版，第 142 页。该日记整理本关于金粟斋所译书籍的书名及作者名出现了不少错漏，如"顿野广太郎"作"板野广太郎"、"依田雄甫"作"依田雄市"等。

④ 《书札》（三），邹代钧（97），第 2808 页。

在，不仅让金粟斋译书处获得了一定的社会效益，《中外日报》也得到了不少经济及社会回报。

目前，已经有越来越多的学者不满足于单纯解析出版物的文本内容，而是将注意力放在了书籍的出版过程、传播途径、读者反映等问题，罗伯特·达恩顿提醒我们，需要关注书刊出版发行过程中的"中间人"，"他们的主要职能在于理顺供求关系，把文学作品在付印之前就先进行一番筛选，然后才是印刷、装车、运输。在这一切之后，文学作品才在发行网络的终端与读者见面"，书刊自作者编撰完成之后，即开始漫长的文本旅行（textual travel），在其中负责推介与销售这些书刊的"老实的送信人"所付出的汗水，并不比原作者来得少①。从上述讨论可以发现，正是在《中外日报》的宣传、代售活动的推动下，不少书刊藉此走向读者。梁启超罗列的戊戌政变之后"颇阐新理""能输入文明思想"的六种报刊《亚东时报》《五洲时事汇报》《中外大事报》《译书汇编》《国民报》与《开智录》②，除了《中外大事报》与《开智录》之外，其他四种出版物皆由《中外日报》代售，可见报馆派售系统的价值与意义，也在一定程度上印证了戈公振当年的说法，"广告不仅为工商界推销出品之一手段，实负有宣传文化与教育群众之使命也"③。

在主持《中外日报》的过程中，汪氏兄弟在相当程度上延续了《时务报》的经营模式，包括对知识精英读者的着意拉拢。报纸大量刊登各种学堂、书局的广告，"以无数新名词敷衍长篇论说，无数新书目敷衍满纸广告，脍炙于仕商伪学者之口"④，吸引思想趋新的士人及学生购报阅览。仔

① ［美］罗伯特·达恩顿：《拉莫莱特之吻》，萧知纬译，上海：华东师范大学出版社，2011 年版，第 110—121 页。

② 梁启超：《本馆第一百册祝辞并论报馆之责任及本馆之经历》，《清议报》第 100 册，1901 年 12 月 21 日。

③ 戈公振：《中国报学史》（插图整理本），上海：上海古籍出版社，2003 年版，第 175 页。

④ 长沙孤愤子：《日报缺点之大问题——所望于上海日报大主笔诸君》，《新民丛报》第 42、43 号合刊，1903 年 12 月 2 日。

细观察《中外日报》的营销网络，不难看出这一网络多数基于报人与出版商之间的私谊关系而建立。由此可以看到报人的经营策略，即利用代售活动维持人际关系，构建以中外日报馆为中心的销售网络，提高报馆的声望和地位，影响全国的文化市场。当然，这些依托人际关系而刊载的"人情稿"，时常是"义务的"①，客观上影响了报馆的经费来源。《中外日报》长期面临资金匮乏的状况，与这种经营模式有着一定关系。

---

① 包天笑：《我与新闻界》（上），《万象》第四年第三期，1944 年，第 13 页。

第五章

"请励同学"：汪张交谊起波澜

清末最后十余年，报馆与出版机构之间的交流与互动极其频繁，大抵说来，有两种形式是最常出现的。一是"登告白"，即在报纸上登载各大书局出版的最新书目清单，广而告之，以招徕读者；二是"作代售"，各大书局所发行的出版物进入报刊的营销网络，由各地的派报处代为售卖。一般拥有发行所的出版机构如文明书局、中国图书公司等，往往利用第一种形式，即可"朝甫脱稿，夕即排印，十日之内，遍天下矣"①；而对于本小利薄，无法配备发行部门的小作坊式出版机构如金粟斋译书处，或者一些刚刚问世的书局如开明书店，则需要借助报刊的销售系统打开市场，扩大知名度。无论哪一种方式，无外乎借助报刊作为营销平台，以登载广告为路径，达到利益与名誉双丰收的目的。由于当时能够承担宣传工作的报刊不到十家，因此这些报刊在市场博弈的过程中处于相对优势的地位，广告价码及代售费用均由其控制，卖方市场的形态十分明显。在此情况之下，有些出版机构开始寻求与报馆展开更深程度的合作，商务印书馆收购《中外日报》的股份就是一个典型案例。

从早期的历史来看，商务印书馆与《中外日报》的主持人之间并无太多交集，双方合作的例子也非常有限，那么，商务印书馆缘何会在1904年

---

① 解弢：《小说话》，北京：中华书局，1924年版，第116页。

寻求与《中外日报》进行合资呢？双方合资的背后动因及前后过程又是如何？此前相对有限的资料，使得对这些问题的探究变得困难重重，关注各种商务印书馆同人的回忆录，几乎无人提及双方自 1904 年至 1908 年所出现的合资局面，之后的研究者也因此未能深察①。商务印书馆与《中外日报》的合资，张元济的出现是一个至关重要的因素，他在两个组织之间的串联，以及汪康年、张元济人际网络的重叠，成为商务印书馆与《中外日报》深度合作的基础。不过，由于张元济的"中间人"角色的作用过于突出，双方高层之间并未真正互信，最终导致了之后合资关系的终结。

一、风云际会，旨趣相投

1897 年创办的商务印书馆，最初只是一个以印刷为主业的机构②，承印上海各大商号的传单、文件，并接受新式学堂教科书的订单，"各样机器，都有备置，中西文书籍，全都能印，而且自己有浇字机，可以卖铅字"③，由于商务印书馆机器先进，印刷质量上佳，不少报馆寻求与商务合作，将报刊的承印权相托，"如代印之昌言、格致、无锡、新闻等报，纸张精洁、字画清秀"④。1900 年，在印锡章的建议下，商务印书馆收购了日本人在华开设的印刷出版机构修文堂，将其设备迁入总馆，很快"成为一

---

① 目前关于商务印书馆的研究，主要有汪家熔：《商务印书馆史及其他——汪家熔出版史研究文集》，中国书籍出版社，1998 年版；[法] 戴仁：《上海商务印书馆（1897—1949）》，李桐实译，北京：商务印书馆，2000 年版；杨扬：《商务印书馆：民间出版业的兴衰》，上海：上海教育出版社，2000 年版；李家驹：《商务印书馆与近代知识文化的传播》，北京：商务印书馆，2005 年版；刘增兆：《清末民初的商务印书馆：以编译所为中心之研究（1902—1932）》，台北：花木兰文化出版社，2008 年版等。上述研究成果都未提及这次出版机构之间的合资活动。

② 庄俞：《三十五年来之商务印书馆》，载《商务印书馆九十五年》，北京：商务印书馆，1992 年版，第 730—731 页。

③ 高翰卿：《本馆创业史》，载《商务印书馆九十五年》，北京：商务印书馆，1992 年版，第 4 页。

④ 《商务印书馆迁移告白》，《中外日报》1898 年 9 月 20 日，广告版。

家拥有现代印刷机器的企业"①，慕名来访的各地出版人络绎不绝，例如筹办《大公报》的天津报人英敛之、经营金粟斋译书处的苏州文人包天笑等。除此之外，商务印书馆还积极涉足书籍出版业。主持人夏瑞芳敏锐地意识到戊戌变法之后，将会有大量士人关注时务与西学，因此利用早先在清心书院读书、略通英文的优势，组织力量编译了一些英语教材，如谢洪赉译注的《华英初阶》《华英进阶》，就是早期商务印书馆出版的书籍中卖得最好的，号称"在当时初学英文者甚便之"②，"一个星期之内就售出3000本以上"③，所谓"行销极广，利市三倍"，成为"商务印书馆经营出版事业的开端"④。有研究者提出，这是由于书籍出版之后，夏瑞芳等人"亲自到上海各学校去推销"的缘故⑤，但还有一个原因需要提及，即《华英初阶》《华英进阶》在出版之初，即在《中外日报》上大作广告，并藉由《中外日报》的营销网络对外销售。

上文已经提到，在《昌言报》的承印事务中，汪康年与商务印书馆进行了初次合作，对商务的印刷质量非常满意。因此，当商务准备出版《华英初阶》《华英进阶》等书籍时，《中外日报》成为主要的宣传合作方。报纸先是刊登广告，介绍书籍的内容，又在不久之后与昌言报馆、苏报馆等联手为书籍进行代售，此时《华英进阶》仅出版了一、二集，故而将初阶、进阶统称为《华英读本三种》⑥。类似的合作事例，还有《华英要语类

---

① 杨扬：《商务印书馆：民间出版业的兴衰》，上海：上海教育出版社，2000 年版，第 13—14 页。

② 蔡元培：《商务印书馆总经理夏君传》，载《商务印书馆九十年》，北京：商务印书馆，1987 年版，第 1 页。

③ 参见［法］戴仁：《上海商务印书馆（1897—1949）》，李桐实译，北京：商务印书馆，2000 年版，第 9 页。

④ 邹振环：《20 世纪上海翻译出版与文化变迁》，桂林：广西师范大学出版社，2000 年版，第 46 页。

⑤ ［新西兰］叶宋曼瑛：《从翰林到出版家——张元济的生平与事业》，张人凤、邹振环译，香港：商务印书馆，1992 年版，第 99—100 页。

⑥ 《新辑〈华英读本三种〉》，《中外日报》1899 年 1 月 9 日，广告版，其广告语为"均请淹博中西名士详译英文，旁加华字习语"。

编》，该书"为习英文捷径学者急宜购读，得益甚大"①，代售处是中外日报馆及美华书馆、格致书室、格致新报馆、广学会等；另有约翰书院教习、美国人 E. A. Spencer 著，颜永京译《英华初学》等，同样进入了中外日报馆的营销网络②。除此之外，商务印书馆与《中外日报》还为其他书局出版的一些书籍合力进行代售、寄售工作，如日本佐原笃介著《拳匪纪事》与英国佳尔穀著《中小学校英史记课本》，前者是浙西沤隐所辑之铅印本，对"古今未有之奇变"的庚子事变进行"原原本本、详尽无遗"的记载③；后者是较早出版的面向中小学堂的国别史课本，由杭州浙西书林译刊④。借《中外日报》之东风，商务印书馆早期出版的书籍大受欢迎，证实了"这样一个非文人、非商人的新的普通读者群是可以培育的。于是，商务发起人计划进一步扩大自己的下层社会读者群，力图依赖这些新读者完成从印刷业向出版业的转变"⑤。

不过，庚子前后的商务印书馆，远没有达到之后在出版界一呼百应的地位，与其他出版机构的互动也非常有限。这与商务的经营特点有关，夏瑞芳、鲍咸昌、鲍咸恩等商务印书馆的创始人，早期都是在捷报馆与美华书馆的印刷部门工作，在鉴别印刷机器方面确是行家里手，但有学者分析，"几位创办人是印刷厂工人出身，不懂出版事业，只凭大胆的创业精神经营印刷"⑥。夏瑞芳虽然看到了出版新学书籍要比单纯的印刷业务更能够赚取利润，但因"少年失学，于文学知识上是有限的。他极思自己出版

① 《新出〈华英要语类编〉》，《中外日报》1899 年 6 月 3 日，广告版。

② 《颜译〈英华初学〉》，《中外日报》1900 年 5 月 8 日，广告版。

③ 《新辑〈拳匪纪事〉》，《中外日报》1901 年 3 月 12 日，广告版。当时来沪筹办《大公报》的英敛之，就在中外日报馆内购买了《拳匪纪事》，见方豪编：《英敛之先生日记遗稿》，1901 年 4 月 6 日，载沈云龙主编：《近代中国史料丛刊续编》（21），台北：文海出版社，1972 年版，第 232 页。

④ 《新译中小学校英史记课本》，《中外日报》1902 年 4 月 9 日，广告版。

⑤ 孟悦：《人·历史·家园：文化批评三调》，北京：人民文学出版社，2006 年版，第 115 页。

⑥ 李家驹：《商务印书馆与近代知识文化的传播》，北京：商务印书馆，2005 年版，第 46 页。

几种书，但不知何种书可印，何种书不可印"，收购日文书而大规模组织翻译，最终只是落得"徒耗人工纸张，并无销路"的结果，因此在出版界的涉足浅尝辄止①。囿于个人文化知识与企业经营范围之所限，夏瑞芳、高翰卿、鲍氏兄弟等并不是变法维新时期的潮流人物。从现有的资料上看，四人与《时务报》办报群体之间并无交集，时人致汪康年、梁启超、黄遵宪等人的信函之中，也几乎没有提及夏、高、二鲍。换言之，虽然创立于1897年的商务印书馆，赶上了戊戌变法的时代，但并没有能力"参与"其中，在汹汹而起的时代潮流之中，只能做一个单纯的"看客"。

"草率从事的翻译作品"无法为商务印书馆带来预想中的效果，夏瑞芳等人感到"单单印书是不够的"，因此邀请在南洋公学译书院饱受掣肘的张元济入股，并专门建立编译所②，由此"掀开了商务印书馆走向现代出版新的一页。此后的中国出版史、中国近代文化史也因他们的结合而气象万千"③。有学者指出，"中国现代出版业的兴起，与商务印书馆分不开，而商务从一爿印刷工厂转变成中国近代最大的文化出版机构，张元济功不可没"④。

张元济究竟给商务印书馆带来了什么呢？笔者以为，张元济之于商务的意义，不仅仅是专业的鉴书眼光⑤，对商务未来发展的路线设计，还有他所具有的丰富而广阔的人际网络。张元济进过翰林院，办过西学堂，主持过译书院，编过《外交报》，每一项事务的开展，都使他增加了不少合

① 包天笑：《钏影楼回忆录》，太原：山西教育出版社、山西古籍出版社，1999年版，第376页。

② ［法］戴仁：《上海商务印书馆（1897—1949）》，李桐实译，北京：商务印书馆，2000年版，第10页。

③ 史春风：《商务印书馆与中国近代文化》，北京：北京大学出版社，2006年版，第29—30页。

④ 杨扬：《商务印书馆：民间出版业的兴衰》，上海：上海教育出版社，2000年版，第20页。

⑤ "当时商务印出的新书，质量不高，五人购买，亏本将近万元，夏认为内容定有问题，请菊老代为审阅，果然错误百出"，见章锡琛：《漫谈商务印书馆》，载《商务印书馆九十年》，北京：商务印书馆，1987年版，第106—107页。

作者。英敛之评价张元济"人甚平和圆活"①。他所在的地方，很快就能成为思想、文化、出版等领域的中心区域，马叙伦就表示，"上海是维新派集中的地方……戊戌党人里'硕果仅存'的张元济先生就在这里，隐然是个龙头"②。商务元老陈叔通也回忆，"在士大夫中，大家知道张元济，特别是有进步倾向的人都向着他，彼此通气"③。对于商务印书馆来说，"交游广，结识的上层人物多，有号召力"④ 的张元济的到来，将商务直接从"边缘"带入了"中心"，藉由张元济这一支点，商务印书馆真正进入时人的视野之中，也由此拉拢了一批思想文化界的重要人物。陈叔通谈到张元济对人才的搜罗，在进入商务后，"不能一人独搞，于是第一个拉蔡元培。张和蔡都是同年的举人翰林，相知甚深，可能结过金兰之谊，一拉便拉来了。由于蔡的关系，再拉杜亚泉（搞科学的），以后再由杜延聘了其他不少人……谈到商务编译所，不能不提到高梦旦。高写文章在《时务报》（梁启超办的）上发表，张很赏识，于是再延请高梦旦入商务"⑤。正如齐美尔（G. Simmel）所言，"当个人进入网络时，他不仅仅是这个网络中的一个点，而是将其他网络关系带入现在的网络"，"一个人和另一个人建立的关系不是点与点的关系，也不是人与人之间的关系，而是网络之间的关系。在这个意义上，个人和关系是不可分解的，一个人是带着其他群体的

① 方豪编：《英敛之先生日记遗稿》，载沈云龙主编：《近代中国史料丛刊续编》(21)，台北：文海出版社，1972 年版，第 340 页。

② 马叙伦：《我在六十岁以前》，北京：生活·读书·新知三联书店，1983 年版，第 11 页。

③ 陈叔通：《回忆商务印书馆》，载《商务印书馆九十年》，北京：商务印书馆，1987 年版，第 133 页。

④ 汪守本：《菊老和他的科举朋友》，载海盐县政协文史资料委员会、张元济图书馆合编：《出版大家张元济——张元济研究论文集》，上海：学林出版社，2006 年版，第 269 页。

⑤ 陈叔通：《回忆商务印书馆》，载《商务印书馆九十年》，北京：商务印书馆，1987 年版，第 135 页。

关系印迹来和其他人发生关系的，所以个人和群体之间的关系具有双重性"①。当张元济进入商务印书馆之时，他将之前的社会关系带入了这个新网络，先后介绍蔡元培、高凤谦（梦旦）、颜惠庆、夏曾佑、恽铁樵、孟森等，蔡元培介绍蒋维乔、杜亚泉，蒋维乔又介绍庄俞、庄适，庄俞又将人演译社的沈颐、严练如、谢仁冰、胡君复等人介绍进馆。如同滚雪球一般，各方人才"咸踵于商务印书馆，扩大其事业，为国家谋文化上之建设"②。

作为张元济的好友，汪康年及其《中外日报》也成为商务印书馆重点关注的合作对象。虽然已有多篇文章谈及汪、张交谊，如汪守本所言，两人来往信函中的一些话语，往往让"外人读来一时捉摸不出所指，唯其含意深邃，也正可以看出他们两人思想感情的不一般"③，但真正分析二人交谊过程及意义的文章似还并不多见。汪康年与张元济相识于1889年浙江己丑恩科的考场。随后数年，汪康年辗转于杭州、汉口与上海，张元济供职于北京翰林院。《时务报》的创办，给了二人相交的机会，张元济甫阅该报八册，即致函汪康年，赞颂《时务报》"崇论闳议，以激士气，以挽颓波，他年四百兆人当共沐盛德"，他多次在信函中鼓舞汪氏"毋使倦懈"，力图"歔动群论"。张元济还提出将《时务报》《蒙学报》《农学报》《译书公会报》等各报售报点汇为一处的想法，后在康有为的推荐下，认识了在京城颇有人脉的张小义，后者租借琉璃厂土地祠内的屋企设立总报局，一并发售上述报刊。而在汪、梁发生矛盾之时，张元济也分别给二人去函，希望二人能捐弃前嫌。为了给筹办已久的西学堂招揽翻译人才，张元济托汪康年在"新学枢纽之所"的上海，帮忙寻觅"贯通中西文字，兼知他项

① 周雪光：《组织社会学十讲》，北京：社会科学文献出版社，2003年版，第114—115页。

② 杜亚泉：《记鲍咸昌先生》，载《商务印书馆九十年》，北京：商务印书馆，1987年版，第10页。

③ 汪守本：《菊老和他的科举朋友》，载海盐县政协文史资料委员会、张元济图书馆合编：《出版大家张元济——张元济研究论文集》，上海：学林出版社，2006年版，第273页。

西学，而言行不苟，足膺讲席"之人，汪康年还为西学堂购办了全份的天文、百鸟、百兽之书籍以及光、电、热各种一切图说，张元济复以"请励同学，以副公望"以表谢意①。《时务日报》创办之初，报馆面临经费短缺的困难，多亏"菊之借款"方勉强度日②。在汪康年与张元济的事业起步之时，二人的互相鼓励与扶持，起到了重要的推动作用。

1898 年秋，戊戌政变事发，"永不叙用"的张元济在李鸿章、盛宣怀的建议下来到上海，汪、张二人的交谊关系更为紧密。1900 年，汪康年创立中国议会，在 7 月 26 日与 29 日的两次集会上，都可以看到张元济的身影，他还在第二次会议上，与孙宝瑄一起被会长容闳提名为会计，因二人不愿就任，而改由唐才常、孙多森担当③。参与此次活动的日本人井上雅二在日记中提到，汪康年一派中，主要追随者有张元济、沈士孙、赵仲宣等人，他们"与汪意见一致"④。汪康年与张元济长期交谊甚笃，《中外日报》也由此成为张元济出版事务的主要宣传空间，早在张元济主持南洋公学译书院时，就在己亥年总报告册中指出，虽然将来或广登告白，但由于各种条件限制，"现在只在《中外日报》间日一登"⑤，而《中外日报》与商务印书馆的合作，亦是汪康年、张元济私谊网络的一种延续。

关于《中外日报》的资金状况，早在报纸创办之初，即面临"经费支绌"的局面⑥，王国维即言，"日报恐非长局，现款甚支绌"⑦，故而提醒汪

---

① 《书札》（二），张元济（2）（3）（8）（9）（10）（32）（33），第 1676—1678、1682、1685、1688、1728—1733 页。参见张树年编：《张元济年谱》，北京：商务印书馆，1991 年版，第 17—21 页。

② 《书札》（三），曾广铨（7），第 2206 页。

③ 桑兵：《庚子勤王与晚清政局》，北京：北京大学出版社，2004 年版，第 34 页。

④ 何凤圆译、黄绍海校：《井上雅二日记》，1900 年 7 月 30 日，载《辛亥革命史丛刊》（第九辑），北京：中华书局，1997 年版，第 184 页。

⑤ 张人凤、柳和城编：《张元济年谱长编》（上），上海：上海交通大学出版社，2011 年版，第 91 页。

⑥ 汪诒年：《汪穰卿先生传记》，北京：中华书局，2007 年版，第 76 页。

⑦ 《致许家惺》（1898 年 6 月 30 日），载谢维扬、房鑫亮主编：《王国维全集》（15），杭州、广州：浙江教育出版社、广东教育出版社，2010 年版，第 14 页。

康年，报纸"唯急须筹款，但既有兴旺气象，则招股较易也"①，也就是以报纸良好的销售业绩，吸引同人与读者进行再投资。事实上，《时务日报》更名为《中外日报》之后，确实搞过一次招收新股的活动，在日本的王仁乾就收到报馆寄来的招股章程②，在湖北担任张之洞幕僚的姚锡光亦接到报馆信函，答应与钱恂商议，共筹十股③。根据楼思诰的信函，这次招股活动持续至次年7月，大约获得资本二千元④。对于报馆而言，这些经费仍然是杯水车薪。

长期来看，中外日报馆的资金状况一直不太理想。根据井上雅二1900年4月对报馆的观察，馆内每月亏损200元，靠着德文书局与《德文新报》的资助，由后两者每月为报纸提供250元合计500元的补助，报纸的头版之下注明 "Printed and Published by the German Printing and Publishing House for the Proprietor C. Fink"，也就是德文书局和《德文新报》老板芬克成为《中外日报》名义上的所有人，报馆以出卖"冠名权"的方法获取经济支持，才得以填补资金窟窿⑤。为了摆脱资本不足的困境，《中外日报》还在这一时期接受过湖广寄来的津贴，每月获得资助一百元，另外还有译书费的补贴⑥。虽然在庚子事变之后，《中外日报》销量猛增，成为国内影响力最大的报纸之一，但报馆的资金状况似乎并未得到太大改善。1902年10月，报馆宣布"前出之股票概行换给新票，并将戊戌至辛丑之

---

① 《书札》（一），王国维（3），第88页。

② 《书札》（一），王仁乾（2），第36页。

③ 《书札》（二），姚锡光（11），第1271页。

④ 《书札》（四），楼思诰（35），第3945页。

⑤ ［日］井上雅二：《支那新闻事业》，1900年5月20日，《东亚同文会第八回报告》，第63页，转引自廖梅：《汪康年：从民权论到文化保守主义》，上海：上海古籍出版社，2001年版，第240—241页。1901年12月，美国传教士潘慎文发表文章，说明《中外日报》由德文新报馆出版，芬克为《中外日报》所有人，见 Rev. A. P. Parker, The Native Press in Shanghai: Our Relation to It and How We Can Utilize It, *The Chinese Recorder*, Vol. XXXII, No. 12 (1901), pp. 577-580.

⑥ 《张之洞公文函电稿》，所藏档号：甲，182-216，转引自茅海建：《张之洞的别敬、礼物与贡品》，《中华文史论丛》，2012年第2期。

收支账目刊印成帙，藉供众览"，并向股东派给股息，股票持有人只需持票至报馆支息即可①，此举证明报馆经营四年之后，终于第一次赢利，但是之后再未举行类似活动，又表明资金状况的好转，似乎只是昙花一现。1904年，《中外日报》在经营了6年之后，所拥有的资本只是"存项洋三千元，生财等对折作洋九千元"②，也就是三千元现金，九千元固定资产。

1904年，商务印书馆高层做出了一个重要决定，正式入股《中外日报》。在双方所签署的合同中，规定增添股本一万元，每五十元为一股，计共二百股，由张元济、夏瑞芳等人认付。其时汪康年身在北京，参加合同签订仪式的是汪诒年。合同全文如下③：

一、股东应得权利新旧一律，毫无歧异。

一、报馆帐目、生财，均以现有帐册为凭。自本年八月初一日起，所有赢亏彼此相共。

一、股本按月官利六厘，一年分两次支给。自四月至九月为一次，自十月至次年三月为一次。

一、如有赢余，作十成分派：以六成归股东，一成为公积，三成为办事人花红。

一、报馆事务公推汪仲阁为总理，各股东并不干预。

一、由新旧股东公举四人每月星期在报馆会议一次，讨论报馆改良、进步、推广事宜。如有要事，由总理召集股东临时特议。

一、每年春二月由总理将前一年支收帐目造缮齐全后，由股东公举查帐董事一位到馆查阅帐目。其余股东如欲查阅，亦可到馆查看。

关于商务印书馆入股《中外日报》一事，由于并未广为声张，报纸上

---

① 《本馆谨告与股诸君鉴》，《中外日报》1902年5月16日，第一版；《本馆敬告与股诸君鉴》，《中外日报》1902年10月31日，第一版。

② 张人凤、柳和城编：《张元济年谱长编》（上），上海：上海交通大学出版社，2011年版，第146页。

③ 张人凤、柳和城编：《张元济年谱长编》（上），上海：上海交通大学出版社，2011年版，第146—147页。

也不见报道，故而先前学界几乎无人关注，即使提到也错漏百出，如《上海新闻志》中称"中外日报馆在光绪三十一年（1905年）扩资时，曾引进过商务印书馆张元济的股份"①，事实上，早在1991年《张元济年谱》出版时，张树年先生就已经写明，商务印书馆入股中外日报馆是在1904年②。张人凤、柳和城二位先生编《张元济年谱长编》时，将这份合同的内容全文录出，双方的合作细节由此大白于天下。

商务印书馆入股《中外日报》的缘由，笔者以为有两个原因：首先，入股一事，张元济应该是其中至为关键的核心人物。庚子事变之后，先后有叶瀚、温宗尧、夏曾佑等人进入报馆，伍光建也有可能在一段时间担任过报馆翻译。《中外日报》聘用的这些重要成员，均与张元济关系密切，如叶瀚与他共同参与过中国议会的活动，温宗尧是《外交报》创办人之一，夏曾佑在办《国闻报》时就与张元济多有来往，伍光建曾在南洋公学译书院任职。换言之，在商务印书馆与《中外日报》的互动过程中，张元济扮演着桥梁式人物的角色。故而，当《中外日报》面临资金困难的情况下，张元济鼓动商务高层出手相助，自然在情理之中。

不过，商务印书馆毕竟不是张元济的一言堂，决定权一直掌握在夏瑞芳及鲍氏兄弟手中，因此这次入股行为，必然得到了商务高层的认可。这就牵涉到第二个问题：商务入股《中外日报》，究竟目的何在？首先来看商务印书馆此时的资金状况。1903年，日本印刷出版业巨头金港堂来华，与商务印书馆进行合资，夏瑞芳"念我国之印刷术及编辑上之经验，皆甚幼稚，非利用外资，兼取法其经验不可，遂与订约合资，改商务印书馆为有限公司，华股日股各半，而用人行政权，悉归本国人，并遵守我国商

<hr />

① 贾树枚：《上海新闻志》，上海：上海社会科学院出版社，2000年版，第477—478页。

② 张树年编：《张元济年谱》，北京：商务印书馆，1991年版，第51—52页。

律。自是以来，编辑印刷，均大进步，营业亦益扩张"①，这段记录与高翰卿的说法基本吻合，即日方出资 10 万，商务"除原有生财资产，另加凑现款亦并足 10 万"②。合资之后，商务的资本在两年内翻了四倍，并将经营方向从印刷业完全转向出版业，"整个营业额的比值中，出版所占十分之六，印刷占据十分之三"③，一跃成为国内最大的书刊出版商，利润滚滚，1905 年馆内资本已经增至 100 万元。

资本的充裕，只是商务入股《中外日报》的必要条件，而充分条件在于，商务印书馆的经营者已经意识到，报刊宣传对于出版机构所起到的重要作用。商务印书馆此时已经自办月刊《东方杂志》，又拥有半独立的旬刊《外交报》，但碍于出版周期较长，不能给予读者连续的视觉冲击。如果能够与一份日报合作，天天登载商务印书馆的新书广告，必然有利于提升商务的知名度。有学者指出，"企业本身有寻求新的扩张的动机。对绩优企业来说，为进一步拓展经营范围和业务，需要为资金寻找新的盈利机会和出路"④。基于上述理念，促成商务高层决定出资入股《中外日报》。一万元的股本看似不少，但每天刊载一整版的广告，加上"惠书志谢"之类的"软广告"，每年的支出同样不菲。根据包天笑的回忆，在报纸头版

---

① 蒋维乔：《夏君瑞芳事略》，载《商务印书馆九十年》，北京：商务印书馆，1987 年版，第 4 页。参见邹振环：《商务印书馆与金港堂——20 世纪初中日的一次成功合资》，《出版史料》，1992 年第 4 期；尤怡文、迟王明珠等：《金港堂与商务印书馆：中日近代教科书出版业的互动》，载吴伟明编：《从近现代中日交流史看现代性及身份认同》，香港：中文大学出版社，2012 年版。商务印书馆还代售过金港堂出版的各类书刊，不少日文出版物的发行处注明商务印书馆与"日本东京金港堂图书总发行所"，并在《中外日报》上刊载广告，见《上海商务印书馆广告》，《中外日报》1903 年 12 月 20 日，广告版。

② 高翰卿：《本馆创业史》，载《商务印书馆九十五年》，北京：商务印书馆，1992 年版，第 8 页。

③ 杨扬：《商务印书馆：民间出版业的兴衰》，上海：上海教育出版社，2000 年版，第 29—31 页。

④ 梁新华、吴扬：《资产重组与企业扩张》，上海：上海社会科学院出版社，1998 年版，第 144 页。

刊登广告，包月需要二千元①。更重要的是，《中外日报》此时日销万张，用一万元的资本，可以成为大报的主要股东，其价值远在经济利益之上。同样，《中外日报》亦可藉此扩充资本，增加竞争的砝码，保持在上海主流报纸的行列之内，双方可谓各取所需。

二、"同频共振"的组织合作

商务印书馆与中外日报馆的密切合作，首先可以关注《中外日报》《外交报》《东方杂志》三大出版物的互相转载。转载是指从其他报刊或书籍中抄录已经发表过的作品，刊登于自己的出版物上，"转载中外文报刊的讯息，不需许可，无需付费，成为晚清报界，尤其是上海报界能够维持发展的优势之一"②，在庚子前后的出版界非常盛行，还有一些专门以转载为主业的报刊，如《述报》《集成报》《萃报》等。转载之后需注明来源，"否则以窃盗论"③。《中外日报》就转载过不少出版物的论说文章，例如《外交报》。

《外交报》由张元济与蔡元培、温宗尧等人合办，1901 年 12 月创刊，最初由杜亚泉创办的普通学书室发行，第 29 期以后由商务印书馆印行。需要指出的是《外交报》只是将发行与印刷工作交付商务，该报编辑部仍然独立，商务印书馆仅仅是股东之一（夏瑞芳为股东代表）④，但考虑到其他股东如张元济、杜亚泉、徐珂等，之后都陆续进入商务，《外交报》可以

① 包天笑：《钏影楼回忆录》，太原：山西教育出版社、山西古籍出版社，1999年版，第 499 页。

② 张天星：《报刊与晚清文学现代化的发生》，南京：凤凰出版社，2011 年版，第 80 页。

③ 《录报须知》，《万国公报》第 128 册，1899 年 9 月。

④ 张树年编：《张元济年谱》，北京：商务印书馆，1991 年版，第 39—40 页。而在创设《外交报》的几位股东之中，只有温宗尧、夏瑞芳身负官职（分别为试用县丞与候选巡检），因此有关《外交报》与官方交涉的事务，主要由温、夏二人出面，见《分省试用县垂温宗尧等为请行令各省阅〈外交报〉事致外务部察文》《分省试用县垂温宗尧等为请编译〈外交报〉行令各省购阅事致外务部察文》，载中国第一历史档案馆编：《晚清创办报纸史料（一）》，《历史档案》，2000 年第 2 期。

看作商务印书馆主办的刊物。日后商务编写大事记时，则将《外交报》称为"本馆最早之杂志"①，列入其自办刊物的谱系之中。在《外交报》创办之初，《中外日报》即给予大力宣传，不仅登载出报广告②，还将张元济所作《〈外交报〉叙例》通过营销网络分送各埠③。根据笔者的统计，《中外日报》从1902年至1906年，总共转载《外交报》文章近70篇，其中刊登在"论说"栏目中的共有50篇（1902年9篇、1903年15篇、1904年12篇、1905年6篇、1906年8篇），其他文章分别刊于"外论""专件"及"紧要新闻"等栏目。最初的《外交报》转载不分译稿与原创，全部列在《中外日报》"论说"栏目中，共有9篇转译自美国、英国及日本报纸的文章。1904年开始，《中外日报》特设"外论"栏目，将译稿与原创分开。在这些转载的《外交报》文章中，有41篇文章属于原创文章，其中署名的文章为《路矿议》《续论教案及耶稣军天主教之历史》及《论英国宪政两权未尝分立》3篇④，都是严复所作。根据杨琥先生的统计，在其余38篇未署名的文章中，有10篇出自夏曾佑之手⑤。另有学者指出，"《外交报》的主旋律及风格，主要由张元济一手擘划而成，其中登载的不少未署名社论所阐述的观点往往散见于同时期张元济的书札或序跋中，因而不难推定

---

① 《本馆四十年大事记》，载《商务印书馆九十五年》，北京：商务印书馆，1992年版，第678页。

② 《新出〈外交报〉》，《中外日报》1901年12月4日，广告版。告白中透露，《外交报》原先拟名为"尊闻"，"汇译东西各报百数十家，专重外交及各国远东政策，尊闻未名副其实，普通学书室发售"。

③ 《今日随报附送〈外交报〉叙例，不取分文》，《中外日报》1901年12月16日，广告版。

④ 《路矿议》登载于《中外日报》1902年6月6—9日，6月18、19日，原载于《外交报》第12、13期；《续论教案及耶稣军天主教之历史》登载于《中外日报》1906年4月15、16日，4月22、23日，5月4日，原载于《外交报》第138—140期；《论英国宪政两权未尝分立》登载于《中外日报》1906年9月5日、9月20日、10月1日、10月4日、10月19日，原载于《外交报》第153—158期。

⑤ 参见杨琥编：《夏曾佑集》（上），上海：上海古籍出版社，2011年版，第14—510页。

为他的手笔"①。如果上述判断属实，那么张元济不啻为《中外日报》的一个"隐形主笔"，与夏曾佑、严复一起，引导了1902年至1906年《中外日报》的观点与倾向。

表 5-1 《中外日报》转载《外交报》文章一览表

篇名	来源	《外交报》原载时间	《中外日报》转载时间
论禁止无君党之策	美国《更敦周报》	1902 年 1 月 4 日	1902 年 1 月 15 日
论美国禁止华工之故	美国《而利费报》	1902 年 1 月 4、14 日	1902 年 1 月 16、17、21、25 日
论澳洲宜禁止亚人附跋	美国《而利费报》	1902 年 5 月 2 日	1902 年 5 月 5、6 日
论法在中国之布置	日本《外交时报》	1902 年 5 月 22 日	1902 年 5 月 26—28 日
路矿议	严复撰	1902 年 6 月 1、10 日	1902 年 6 月 6—9、18、19 日
论加税厘之不可行	英国《翻连苏报》	1902 年 6 月 20 日	1902 年 6 月 27 日
论在华英国公司不得政府之助	英国《泰晤士报》	1902 年 9 月 16 日	1902 年 10 月 7 日
论中英商约		1902 年 9 月 26 日、10 月 1 日	1902 年 10 月 24—26 日
论中国大势	英国《摩宁普士报》	1902 年 10 月 16 日	1902 年 11 月 20 日
论海参崴、旅顺、大连湾之大势	日本《外交时报》	1902 年 11 月 4 日	1902 年 12 月 9、10 日
论云南矿务情形	英国《意考烈密斯报》	1902 年 11 月 4 日	1902 年 12 月 11、12 日

---

① 张荣华：《引导舆论与权力制衡的追求——张元济与〈外交报〉》，《编辑学刊》，1996 年第 6 期。

篇名	来源	《外交报》原载时间	《中外日报》转载时间
论中国关税宜按金镑时价征收	美国《士勃林非尔报》	1903 年 3 月 23 日	1903 年 3 月 31 日
论各省派员赛会办法未合		1903 年 4 月 2 日	1903 年 4 月 7 日
法国议院辩论中国教务	法国《法兰西报》	1903 年 4 月 12 日	1903 年 4 月 20、21 日
论选派游学有裨外交		1903 年 4 月 12 日	1903 年 4 月 23 日
论外患之亟		1903 年 5 月 1 日	1903 年 5 月 10、11 日
论俄国无用兵保护满洲铁路之权	日本《东京朝日新闻》	1903 年 5 月 1 日	1903 年 5 月 12 日
东三省辟公地论		1903 年 5 月 21 日	1903 年 6 月 3、4 日
论造就外交人材	日本《外交时报》	1903 年 6 月 20 日	1903 年 7 月 10 日
俄国户部大臣维忒奏陈巡阅东省铁路工程折	《俄罗斯官报》	1903 年 6 月 10、20、29 日	1903 年 6 月 27、28、30 日，7 月 1、19、20、23、25、26、27、28、29 日
论外交治末之法		1903 年 7 月 9 日	1903 年 8 月 2 日
论俄窥西藏	日本《东邦协会会报》	1903 年 7 月 19 日	1903 年 8 月 7 日
教皇病逝感言		1903 年 7 月 28 日	1903 年 8 月 24、25 日
论外交不可专主秘密	夏曾佑撰	1903 年 9 月 6 日	1903 年 10 月 7 日

篇名	来源	《外交报》原载时间	《中外日报》转载时间
论俄约决议后之情形	夏曾佑撰	1903 年 9 月 16 日	1903 年 10 月 21、22、30、31 日
论各国与满洲交涉之关系	日本《大阪朝日新闻》	1903 年 11 月 13 日	1903 年 11 月 27、28 日
论藏务亟宜留意		1903 年 12 月 3 日	1903 年 12 月 9、10 日
论各国攘夺中国政策	英国《泰晤士报》	1903 年 12 月 23 日	1903 年 12 月 26 日
论中国兴亡决于今日		1904 年 1 月 2 日	1904 年 1 月 14 日
论癸卯俄约之沿革及其前途		1904 年 3 月 11 日	1904 年 3 月 17 日
论中国不宜委弃西藏	夏曾佑撰	1904 年 4 月 10 日	1904 年 4 月 22 日
论中国要事不可全付外人		1904 年 4 月 20 日	1904 年 5 月 2 日
记列国互订保守中土政策事		1904 年 4 月 30 日	1904 年 5 月 7、8 日
论日本归我东三省之难	夏曾佑撰	1904 年 5 月 10 日	1904 年 5 月 20 日
论今日与战国时之异同	夏曾佑撰	1904 年 5 月 29 日	1904 年 6 月 11、12 日
论伦贝子赛会之结果		1904 年 9 月 14 日	1904 年 9 月 29 日
论中国近日之外交		1904 年 10 月 4 日	1904 年 10 月 24 日
论在华各教皆有受外人保护之渐	夏曾佑撰	1904 年 10 月 13 日	1904 年 11 月 7 日

篇名	来源	《外交报》原载时间	《中外日报》转载时间
论美国禁止华工进口事	美国《拿呼美报》	1904 年 11 月 2 日	1904 年 11 月 20、21 日
论黄祸	英国《康顿白烈报》	1904 年 11 月 2 日	1904 年 11 月 28 日
论学问上之外交	夏曾佑撰	1904 年 11 月 10 日	1904 年 12 月 8 日
论黄祸	美国《而利费报》	1904 年 12 月 1 日	1904 年 12 月 13 日
论日俄战后之经营	日本《东邦协会会报》	1904 年 12 月 11 日	1905 年 1 月 2 日
论近日派遣留学生之利害	夏曾佑撰	1904 年 12 月 21 日	1905 年 1 月 3 日
论日本对华政策	日本《国民新闻》	1905 年 3 月 10 日	1905 年 4 月 6 日
论日本开放满韩之意见	日本《东方协会会报》	1905 年 3 月 10 日	1905 年 4 月 8 日
论中国财政商务	英国《泰晤士报》	1905 年 3 月 30 日	1905 年 5 月 1 日
论政府宜竭力援助外交官		1905 年 5 月 18 日	1905 年 6 月 18 日
论藏英新约	英国《斯弗亚报》	1905 年 5 月 18 日	1905 年 6 月 29 日
论中国宜筹保全土地权之策		1905 年 6 月 17 日	1905 年 7 月 22、23 日
论中国外交当廓清陈见		1905 年 7 月 17 日	1905 年 8 月 24 日
论日俄战后之时局		1905 年 7 月 27 日	1905 年 9 月 13 日
论德人经营山东之政策	日本《外交时报》	1905 年 9 月 23 日	1905 年 11 月 27、28、29 日
论近世无公是非	夏曾佑撰	1905 年 10 月 23 日	1905 年 12 月 24 日
论排外当有预备	夏曾佑撰	1905 年 12 月 21 日	1906 年 1 月 16 日

篇名	来源	《外交报》原载时间	《中外日报》转载时间
论中国改革之弊	日本《国民新闻》	1906 年 3 月 19 日	1906 年 3 月 25 日
续论教案及耶稣军天主教之历史	严复撰	1906 年 4 月 8、18、28 日	1906 年 4 月 15、16、22、23 日，5 月 4 日
论俄约之不可轻许		1906 年 5 月 18 日	1906 年 5 月 20 日
论吾民亟宜解释外人之疑		1906 年 6 月 6 日	1906 年 6 月 10 日
论内乱牵涉外交为亡国之总因		1906 年 6 月 26 日	1906 年 6 月 29 日
论中国内情	英国《泰晤士报》	1906 年 7 月 16 日	1906 年 7 月 20 日
论英国宪政两权未尝分立	严复撰	1906 年 9 月 3、13、22 日、10 月 2、12、22 日	1906 年 9 月 5、20 日，10 月 1、4、19 日
论国民当略知外交		1906 年 11 月 11 日	1906 年 11 月 16 日

注：标明"夏曾佑撰"的 10 篇文章，系杨琥先生整理《夏曾佑集》所给出的判断。上表收录的是刊载于《中外日报》"论说""外论""专件"栏目的《外交报》文章，登载于"紧要新闻""外埠新闻""各国新闻"及"本埠新闻"栏目的文章不计其内。

另外，《外交报》一般不转载国内报纸的新闻报道，但仍然在乙巳第 7 号、丙午第 33 号、丁未第 3 号三期之中，转录了《中外日报》的译稿①，其他报纸如《申报》《新闻报》《同文沪报》等均未得幸，由此或可看到

———————

① 《开平矿务局控案伦敦按察使佐斯君堂断》，《外交报》乙巳第 7 号，1905 年 4 月 29 日；《中英新订九广铁路合同》，《外交报》丙午第 33 号，1906 年 12 月 30 日；《法国政教分立新律》，《外交报》丁未第 3 号，1907 年 3 月 28 日。

《外交报》对《中外日报》翻译能力的信任①。即使一些读者需要订阅《外交报》，也会通过《中外日报》进行转达，如在四川总督奎俊帐下担任幕僚的周善培，就在致汪康年的信件中提到，"《白话报》《外交报》都未来，何耶？善培与菊生订二十份，公为代交否？……《外交报》奎乐帅不甚谓然，（川藩甚顽固），其立说则谓四川州县尚无阅报之知识，幸亦告菊生也"②。

关于《东方杂志》对《中外日报》论说的选择与转载，丁文已经在其论文中专力讨论③，根据她的统计，自 1904 年至 1908 年，《东方杂志》总共转载《中外日报》121 篇文章，列入"社论"栏目的文章有 43 篇，均为各报之最。但《中外日报》不仅在"输出思想"，同样也在"输入观念"。《中外日报》并不像《东方杂志》那样，专门辟出版面来"选录各种官民月报、旬报、七日报、双日报、每日报名论要件"④，将选录作为一种制度性设计进行延续，是否转载他报的文章，完全看办报人的意愿，由此更可体现出《中外日报》对《外交报》的青睐有加，不仅是汪康年与张元济私谊关系的一种延续，亦应该看作两份出版物在观念上的接近。有意思的是，《外交报》上的一些文章，不仅《中外日报》进行转载，还登载于《东方杂志》之上，形成了"三角转载"的形式，根据笔者的统计，这种"三角转载"总共发生过六次。《中外日报》《东方杂志》与《外交报》互相转录对方的文章，叠加了各方的社会影响力，便于将共同的政治理念向外传递，形成了一种"同频共振"的效应。

---

① 1902 年 6 月 21 日，盛宣怀幕僚梁兰芬在信函中提到，"顷由陈观察发来昨日《字林西报》登录英商立尔君续论裁厘加税一事，着卑职译呈览，兹查原函业已译登今日《中外日报》，卑职悉心合校，均与原文无异，并无添漏改易"，可见《中外日报》的翻译能力在当时颇受官方与民间人士之赞誉，见《梁兰芬致盛宣怀函》，上海图书馆藏盛宣怀档案，索取号 103156-4。

② 《书札》（二），周善培（3），第 1192 页。

③ 丁文：《"搜罗宏富"背后的"选择精审"——1904—1908 年〈东方杂志〉"选报"体例初探》，《首都师范大学学报（社会科学版）》，2007 年第 2 期。

④ 《新出〈东方杂志〉简要章程》，《东方杂志》第一卷第一号，1904 年 3 月 11 日。

表 5-2　《外交报》《中外日报》《东方杂志》的"三角转载"

表 5-2　《外交报》《中外日报》《东方杂志》的"三角转载"

篇名	《外交报》刊载时间	《中外日报》转载时间	《东方杂志》转载时间
论中国不宜委弃西藏	1904 年 4 月 10 日	1904 年 4 月 22 日	1904 年 4 月 10 日
论中国要事不可全付外人	1904 年 4 月 20 日	1904 年 5 月 2 日	1904 年 5 月 10 日
论今日与战国时之异同	1904 年 5 月 29 日	1904 年 6 月 11、12 日	1904 年 6 月 8 日
论政府宜竭力援助外交官	1905 年 5 月 18 日	1905 年 6 月 18 日	1905 年 9 月 23 日
论俄约之不可轻许	1906 年 5 月 18 日	1906 年 5 月 20 日	1906 年 7 月 16 日
论国民当略知外交	1906 年 11 月 11 日	1906 年 11 月 16 日	1907 年 2 月 3 日

　　商务印书馆与《中外日报》的合作，还体现在《中外日报》宣传及代售商务印书馆出版的书刊之上。《中外日报》每期都会列出《外交报》《东方杂志》的目录，只要商务印书馆出版新书，必然会在报面刊登大幅广告。在双方合资之前，商务印书馆虽然将售书广告分别刊于各大报纸之上，但往往会将篇幅最长的"广告特稿"登载在《中外日报》上。如 1904 年 4 月，商务印书馆出版初等小学堂用《国文教科书》，"日本文部省图书审查官兼视学官小谷重君、高等师范学校教授长尾慎太郎君，及曾从事中国学堂之福建高君凤谦，浙江张君元济详加校订，一字不苟经营数月始成数册"，并在广告中说，"欲知本书详细情形者，请观二月十三、十四、十五日《中外日报》告白"①，《中外日报》还在几天之后刊载了论说文章《〈国文教科书〉第一册书后》②，为该书造势。

　　在商务印书馆出资入股之后，《中外日报》某种意义上成为其所属的出版物，因此在 1906 年、1907 年的《中外日报》上，每天皆可看到一整

---

　　① 《现在第一蒙童读本》，《中外日报》1904 年 4 月 1 日，广告版。

　　② 《〈国文教科书〉第一册书后》，《中外日报》1904 年 4 月 5 日，第一版。

版的商务印书馆新书广告，甚至公开宣布"本馆新书广告定登《中外日报》第二张"①，《时报》《申报》等报纸也间或出现商务广告，但远没有《中外日报》出现得那样频繁。甚至商务印书馆在其他报纸刊登宣传广告时，还因担心篇幅过长，而加上一句"本书详细情形，请观二月十三、十四、十五日《中外日报》告白"②。此外，《中外日报》还多次附送商务新书的广告传单。如1906年11月，商务印书馆即将出版《日本法规大全》，为了扩大影响力，由《中外日报》随报附送该书的预约广告；又如1907年7月，商务印书馆迎来了创业十年及新厂落成两大重要庆典，纪念赠品章程同样通过《中外日报》的派报系统对外传送；1907年8月底，因《简明国文教科书》及《女子国文教科书》第一、二册正式发行，上海本埠的《中外日报》读者又在报纸之内，看到了商务印书馆的广告传单。

同时，商务印书馆还会借由《中外日报》这一媒介发布各种启事，如1904年7月，因有人将商务出版发行的《群己权界论》《社会通诠》及《马氏文通》三书私自翻译，商务在《中外日报》上刊登告白，"特悬赏格募人侦缉，如有能查获实在凭据交送本馆者，每一种书酬洋一百元，通风报信因而缉获者每一种书酬洋五十元"③。1906年3月，商务印书馆通过《中外日报》发布消息，表示"近来各同业及著作家新印书籍，往往未经知照，遽列本馆为发行所或寄售处"，因此特意"登报布告，嗣后各同业及著作家新出图书，如欲以本馆为发行所或寄售处者，务须先与本馆总经理人商妥，得其许可，方能刊列，否则本馆只可登报辩诬，声明在先"④。同年9月，因沈知方离馆，夏瑞芳专门在《中外日报》上发布告白，称由沈知方经理之事"更有他友接办，如蒙惠顾及赐函，即请径致敝馆经理人接洽可也"⑤。1907年1月，淮安、徐州等地发生水灾，商务印书馆举行售

① 《恭贺新教育家新年之禧》，《中外日报》1907年2月16日，广告版。
② 《订正三版第一册蒙童读本〈国文教科书〉》，《警钟日报》1904年5月16日。
③ 《赏格》，《中外日报》1904年7月19日，广告版。
④ 《书业同行及著作家公鉴》，《中外日报》1906年3月4日，广告版。
⑤ 《上海商务印书馆广告》，《中外日报》1906年9月6日，广告版。

书助赈活动,"将出版图书酌提若干捐助灾区……书价无论多少,悉数拨充工赈之用",所售卖的书刊"均照定价发售,惟购买五元以上照九折计算,十元以上照八折五计算,三十元以上照八折计算,以广招徕而襄善举",并特制江北工赈纪念券,"凡购书至一元以上,每元送券一枚,以后持券购书,均照七五折算价",广告全文刊载于《中外日报》上。售书助赈活动吸引了学界商界人士计294人,收到书价约1418元,取得了良好的社会效果①,作为赈款代收处的《中外日报》,还收到了商务印书馆印刷所寄来的善款100元,发行所善款27元,同时,高凤谦、庄俞、蒋维乔、戴克敦、沈颐等人以个人名义集资62元,亦托《中外日报》转交灾区。

另外,一些由商务印书馆策划并展开的活动,同样通过《中外日报》的传播渠道进行信息扩散,最典型的例子是1904年至1905年的征文活动。11月7日,《中外日报》刊载广告,宣布商务印书馆征文活动开始,总共分为三类题目,第一类国文教科书题、第二类小说题、第三类论说题,国文教科书题希望以公德、敝俗、实用器具、游戏器具、各地物产为内容,小说题提倡四种小说,即教育、社会、历史、实业,要求"用章回体、或白话文、或文言文,听任自便。先作数回,并用白纸将全书结构及作书宗旨及全书约有几回,现行示及",该广告的刊登时间,早于《申报》一个月,比《新闻报》也要早一个星期。根据张天星的统计,征文广告在《中外日报》上"至少刊登22次"②。1905年1月29、31日和2月11、13日,商务印书馆又通过《中外日报》发布征文截稿时间延期的广告,表示"本馆征文收卷期限现展至乙巳年正月底为止,揭晓仍限二月,并不延期"。4月4日,《中外日报》刊登"商务印书馆征文题名",连续刊登5天之后,征文活动宣告结束。虽然各类宣传广告亦出现在《申报》《新闻报》《绣像小说》之上,但以《中外日报》刊载数量最早最多。

---

① 《商务印书馆售书助赈》,《中外日报》1907年1月4日,广告版;《论上海各工商宜以余资助工赈》,《中外日报》1907年1月18日,第一版。

② 张天星:《1904年商务印书馆征文活动小考》,《台州学院学报》,2010年第4期。

更重要的是，商务印书馆所出版的各种书刊，一般也会进入《中外日报》的售书网络，到了 1906 年之后，基本形成了商务印书馆一出版新书，即在《中外日报》上做广告，随后通过商务设于各地的分馆以及《中外日报》的各埠派报处，将书刊短时间之内发售全国的"流水线"过程。如1907 年出现在《中外日报》上一整年的各种寄售、发兑书刊广告之中，商务印书馆所有出版的教科书、地图及各种文史类书籍赫然在列。有意思的是，商务印书馆在对外宣传书刊时，时常采取以一种报纸为主体，连续在该报上登载整版广告的方式。这可能是考虑到经费问题，毕竟整版广告的费用巨大。《中外日报》之后，和商务印书馆合作的是《时报》，"有一时期，商务每日出版新书两种，规定登《时报》封面报头旁边"①。民国初期，担任商务印书馆交通科科长的汪诒年告知张元济，《时报》此时的销售数量只有《新闻报》的三分之一，应当将《时报》上所刊登的告白转移到《新闻报》上，这样才能取得事半功倍的效果②，汪诒年的提议，得到了商务高层的认同。在重点报纸上刊登大幅广告，在其他报纸上零敲碎打，似乎是商务印书馆长期以来的经营策略。

此外，在商务印书馆与《中外日报》的合作过程中，《中外日报》并非只是担当"商务宣传平台"的角色，同样从商务那里获得了不少资源。1904 年，日俄战争爆发，《中外日报》通过商务印书馆，"觅得日本金港堂日俄战地图原稿，由本馆摹绘发印，不日告成。是图于东省地方详列靡遗，阅者按图而稽，即于驻军开战各地无不了如指掌"③，待地图印完之后，即随报附送各埠。而且，原先连载于《中外日报》上的一些文章、小

① 包天笑：《钏影楼回忆录》，太原：山西教育出版社、山西古籍出版社，1999年版，第 499 页。与《中外日报》合作结束之后，商务印书馆新书出版的广告主要刊登在《时报》上，双方为此签订了特别的合同。参见［加］季家珍：《印刷与政治：〈时报〉与晚清中国的改革文化》，王樊一婧译，桂林：广西师范大学出版社，2015 年版，第 58 页。
② 张人凤整理：《张元济日记》（上），石家庄：河北教育出版社，2001 年版，第498、890 页。
③ 《本馆特别广告》，《中外日报》1904 年 6 月 16 日，第一版。

说，结集之后也会通过商务印书馆进行寄售，如《政治讲义》《庄谐选录》及《花因》。严复之《政治讲义》上文已有论述。《庄谐选录》为汪康年所编撰，"往往朋友聚处，抵掌谈笑，酣嬉淋漓，各有所述，晨书冥写，得卷盈束，不佞见之，以为此真近人所希望之史矣"①，长期在《中外日报》上连载，并在1903年结集出书，由夏曾佑作序，原先仅由报馆单独发行，几经重订之后，自1907年11月开始，商务印书馆及其合作方中国教育器械馆成为《庄谐选录》的主要代售点。《花因》是林纾与魏易合译的英国小说，"蹊径曲折，饶有趣味"，自1907年3月15日至4月22日连载于《中外日报》，11月结集出版之后，由商务印书馆印售，"纸墨精良，装潢工雅，悦目娱神兼而有之"②。

三、"你中有我"的人才流动

商务印书馆与《中外日报》的合作，还体现在双方主要成员身份的高度重合之中。蔡元培曾言，在张元济的建议下，商务印书馆"常以重资购当世名士严复、伍光建、夏曾佑诸君之著作"③，严、伍、夏皆是商务在清末赢得社会声望与经济效益的核心力量，而此三人与《中外日报》亦有着密切关系。而商务印书馆馆员蒋维乔等人不仅是《中外日报》的读者，还不时在报纸上发表文章，对一些社会事务发表看法，体现出极为密切的互动关系。

伍光建（1867—1943），字昭宸，笔名君朔、于晋等，早年留学英国伦敦大学，攻读文学专业，后进入南洋公学，担任总办提调及师范院英文教习等职。关于伍光建在《中外日报》的工作经历，其子伍蠡甫提到，"张元济和父亲有一好友——汪康年，在上海创办《中外日报》，通过社

---

① 夏曾佑：《〈庄谐选录〉叙》，载杨琥编：《夏曾佑集》（上），上海：上海古籍出版社，2011年版，第130页。
② 《〈花因〉出售》，《中外日报》1907年11月2日，广告版。
③ 蔡元培：《商务印书馆总经理夏君传》，载《商务印书馆九十年》，北京：商务印书馆，1987年版，第2页。

论、副刊和漫画等栏，批评时政，揭露清政府和贵胄、大官等昏庸无能，宣传改良主义。社论由汪主稿，张元济和先父不时参与漫画的构思，颇极讽刺之能事。此外，先父还应约开始用白话翻译外国小说，在报上发表，署名'君朔'，译笔生动，读者耳目为之一新"①。伍蠡甫的说法，初步揭示了伍光建与《中外日报》的关系，但仍有些问题亟待解答。

首先，伍光建与汪康年何时相识？从现有史料来看，最初向汪康年推荐伍光建的，应该是《时务报》同人李维格。1898 年 1 月 30 日，李维格在给汪康年的信函中提到，"既尊处之事急不待缓，拟代函致新会伍昭扆名光建，询其能否就尊处一席？昭扆中西学问远胜鄙人，现当天津水师学堂教习，月薪百金，倘渠能来，可谓人地相宜"②，希望伍光建能够来馆接替其翻译外国报纸的工作。1900 年后，汪康年、叶瀚、张元济等人多次在张园举行集会，其中也包括伍光建。汪、伍二人相交于戊戌、庚子之间，当为事实。换言之，早在进入报馆之前，伍光建就已经是汪康年人际网络中的重要成员，他与汪诒年、叶瀚、夏曾佑等报馆同人之间也并不陌生，如夏曾佑于 1897 年就已经在日记中记录"伍昭扆来"。

其次，伍光建是否进入过中外日报馆工作？对比史料可知，1902 年底，伍光建辞去南洋公学提调一职，前往京津协助张翼办理开平煤矿事务③。1903 年 11 月，严复致函张美翊，提及伍光建新近"南归"，托其带话与南洋公学督办盛宣怀④，伍自此来到上海。而翻阅夏曾佑日记，12 月 1 日，伍光建与汪康年、夏曾佑、叶澜等聚餐，次日又与张元济、汪康年、夏曾佑、许宝蘅等聚餐，12 月 4 日，上述人等再次聚会，或许就在这几次聚餐中，汪康年向伍光建提出了加入报馆的建议。1904 年 1 月底，夏曾佑

① 伍蠡甫：《伍光建与商务印书馆》，载《商务印书馆九十年》，北京：商务印书馆，1987 年版，第 79 页。

② 《书札》（一），李维格（8），第 582 页。

③ 伍光建辞去南洋公学提调之时，就有人向汪康年推荐，但伍光建执意北上，并未接受报馆的邀请，见《书札》（二），张鹤龄（6），第 1822 页。

④ 《与让三书》（3），载孙应祥、皮后锋编：《〈严复集〉补编》，福州：福建人民出版社，2004 年版，第 269 页。

记录，"访昭扆，同至报馆"。随后，关于伍光建与中外日报馆的记录开始多了起来，如 1904 年 12 月 1 日，"夜与昭扆、菊生至报馆"；1905 年 3 月 19 日，"午刻至馆，与印锡翁、夏瑞芳、昭扆、菊生、浩吾、颂谷闲谈，共饮"；3 月 27 日，"夜复至报馆，与浩吾、公达、昭扆、庐林谈至三更而归"；6 月 8 日，"晚至报馆，昭扆亦至，与昭扆、浩吾闲话"等。同时，汪康年、汪诒年、夏曾佑、叶瀚、张元济、伍光建等多人共饮的记录，在日记中出现逾三十次。同行者或为报馆成员，或为报馆股东商务印书馆馆员。1906 年初，张元济致函汪康年，表示"穗卿新正三日即东渡，昭扆已先行，馆中愈形寂寞，有事无人可与商榷，殊以为忧"[①]。其中"穗卿东渡"指的是夏曾佑接受五大臣的邀请，离馆出洋考察，伍光建亦是随同考察的人员之一[②]。1905 年 12 月 19 日，夏曾佑在日记中记录，"昭扆决计随端、戴出洋，是日午前十下行"，伍光建由此踏上了出洋的旅程，担任一等参赞，兼事口译、笔译[③]。上述记录可以证明，伍光建在 1904 年、1905 年的两年期间，确实与中外日报馆联系紧密，或者很有可能就在报馆工作。

自离开京津回到上海之后，伍光建就开始为商务印书馆编撰教科书，最早出版的是《京师大学堂讲义二编》与物理学教科书中的《热学》。伍光建甫入出版界，知名度不高，故《中外日报》借《热学》一书的出版，专门为伍氏撰写了广告词，"伍君游学英国，曾肄业海军学校及伦敦大学

① 《书札》（二），张元济（41），第 1742 页。

② 作为天津北洋水师学堂毕业生，又曾留学于英国格林威治皇家海军学院学习军事，伍光建很早就被出洋考察政治大臣列为正式随员。在五大臣遇刺事件发生之前，端方就已经电聘伍光建随同出洋，见《端午帅电聘伍光建随同出洋》，《申报》1905 年 7 月 31 日，第三版。《申报》标题作"伍建光"，系排印错误。

③ 杨琥编：《夏曾佑集》（下），上海：上海古籍出版社，2011 年版，第 771—786 页。陈三立在《伍昭扆自欧西、夏穗卿自日本先后归，书以贻之》一诗中说"昭扆天西至，穗卿还自东。两贤安所得，一世不能同。泪并乘桴海，魂翻拔木风（自注：五月十四日沪上大风雷成灾）。轩窗问奇画，澹澹意无穷"。五月十四日是 1906 年 7 月 5 日。参见陈丹：《清末考察政治大臣出洋研究》，北京：社会科学文献出版社，2011 年版，第 251—252 页。不过伍光建返沪的时间要早于考察政治大臣，6 月 19 日，郑孝胥见到伍光建，后者"谈端、戴所历各国情形，嗟讶久之"，见劳祖德整理：《郑孝胥日记》（2），1906 年 6 月 19 日，北京：中华书局，1993 年版，第 1046 页。

校，素精格致，归国以后，叠任南北洋各学堂教习，于教育确有心得"①。1905年，伍光建编撰的《力学》《静电学》《磁学》相继出版，《中外日报》同样在广告中为其造势，并将其与严复并提，称二人为"近时译学家泰斗"，借严复的声名来烘托伍光建②。1906年初，伍光建随考察政治大臣出洋数月，编撰工作暂时停止。待其归来之后，将教科书后四册《气学》《水学》《动电学》《声学》及《帝国英文读本》六册整理完毕，交予商务印书馆出版，同样在《中外日报》上大做广告，不久，伍光建开始为《中外日报》写稿。1907年2月16日，《中外日报》设立"新译小说"一栏，说明"本馆从今年为始，延请译学专家择取西国专门名家所著小说译成华文，刊诸报端，不稍间断"③，首先刊列的是伍光建以"君朔"之笔名翻译的三篇小说，即《母猫访道》（The Cat's Pilgrimage）（2月16日—2月23日）、《瓶里小鬼》（2月24日—3月7日）、《打皮球》（3月8日—3月14日）④。虽然三篇小说均未说明所翻译的文本，但伍蠡甫在《伍光建翻译遗稿》的前言中说明，"当时较多取材于英国弗劳德（James Anthony Froude）的《大问题小议论》（*Short Studies on Great Subjects*），读者最喜爱的是几篇寓言故事，例如《母猫访道》"⑤。同年7月及11月，伍光建所译《侠隐记》与《续侠隐记》（即法国小说家大仲马所作小说《三个火枪手》与《二十年后》）先后由商务印书馆出版⑥，由此揭开了他光辉灿烂的翻译生涯。

在伍光建之外，《中外日报》主笔夏曾佑，自1903年入馆，至1906年初随五大臣留洋，3年之内为报纸撰写了论说文章300余篇，同时他还给

① 《赠书志谢》，《中外日报》1904年9月13日，第四版。
② 《名家译本》，《中外日报》1904年10月23日，广告版。
③ 《本馆特别广告》，《中外日报》1907年2月16日，第一版。
④ 陈大康：《晚清小说与白话地位的提升》，《文学评论》，2011年第4期。
⑤ 伍蠡甫编：《伍光建翻译遗稿》，北京：人民文学出版社，1980年版，前言第2页。
⑥ 邹振环：《影响中国近代社会的一百种译作》，南京：江苏教育出版社，2007年版，第215—217页。

商务印书馆出版发行的《外交报》与《东方杂志》写过文章。根据杨琥的统计，夏曾佑总共为两刊撰文 16 篇。其中《东方杂志》两篇，均署名"别士"。《外交报》上的 14 篇未署名的文章（《读西人黄祸说感言》是否出自夏曾佑之手尚存疑问），能够完全确定由夏曾佑撰写的只有第 100 期《论瓜分变相》，这是因为 1904 年底，张元济向夏曾佑约稿，希望他能为第 100 期《外交报》论说撰稿，"预留地位稍宽，能篇幅略长为妙"①。在上述 14 篇文章中，除了《论联俄联英》《书本报所纪法国禁约教会事后》《论瓜分变相》及《读西人黄祸说感言》4 篇文章之外，其余 10 篇均转载于《中外日报》。事实上，夏曾佑为《东方杂志》创刊号所撰之文《论中日分合之关系》，亦转载于 1904 年 4 月 14 日的《中外日报》上②。此外，夏曾佑还编撰过《中国历史教科书》，1904 年 11 月、1905 年 7 月、1906 年 10 月出版三册，由商务印书馆出版，《中外日报》进行广告宣传，赞誉"遐稽故籍，博验新知，以阐发其源流，旁推交通妙契微茫，诚辨章学术者所宜先究也，施之教育，尤为中学以上所最宜"，"萃史汉三国之精华，而运以新思想，久为学界所脍炙，兹复出第三编，已入魏晋六朝时代，宗教种族最为复杂，读史者所共苦其繁赜，兹册提纲挈领，朗若列眉，使九折羊肠坂化为坦途，当为有目者所共见"③。

至于严复，在为《中外日报》撰文之前，他就已经是《外交报》的主要执笔者，前后发表《论教育书》《一千九百五年寰瀛大事总述》《论南昌教案》《与〈外交报〉主人书》《论英国宪政两权未尝分立》等近十篇文

---

① 《致夏曾佑》，载《张元济全集》（第 3 卷），北京：商务印书馆，2007 年版，第 33 页。《外交报》第 100 期出版于 1904 年 12 月 31 日（光绪三十年十一月二十五日），不是七月二十五日，因此该信应不会如《张元济全集》中所标明的"写于是年七月"。

② 值得注意的是，夏曾佑为《中外日报》撰写的文章，转载至《东方杂志》的文章亦有不少，据笔者统计，大略有 58 篇，占《东方杂志》转载《中外日报》文章总数的一半左右。

③ 《钱塘夏穗卿先生新撰最新中学中国历史教科书》，《中外日报》1904 年 11 月 10 日，广告版；《钱塘夏穗卿先生新编中国历史教科书第二册出版》，《中外日报》1905 年 7 月 2 日，广告版；《夏穗卿先生中国历史第三册出版》，1906 年 10 月 13 日，广告版。

章，而他在《中外日报》上发表的文章《论教育与国家之关系》《论铜元充斥病国病民不可不急筹挽救之法》《论小学教科书亟宜审定》《实业教育》等，也先后转载于《东方杂志》之上。此外，严复译著的《穆勒名学》，由金粟斋译书处出版，商务印书馆印刷，中外日报馆代售；而《群己权界论》《社会通诠》《法意》《群学肄言》等，则由商务印书馆出版，《中外日报》进行广告宣传，如《群学肄言》出版之后，《中外日报》的广告词称，"严先生为吾国现世惟一之大著作家，译《群学肄言》又严先生之第一大著作"①，评价甚高。

除了以上三人，商务印书馆馆员蒋维乔与《中外日报》的互动亦值得一提。蒋维乔早年在南菁书院求学时，曾将舆地课作业整理成文，题名《重筹海编》，寄给汪康年，希望刊载于《时务报》，后该文刊于第 2 册《昌言报》上②。他还自言"《中外日报》无日不阅也"③，堪称忠实读者。1903年，蒋维乔在蔡元培的推荐下进入商务印书馆工作，1904 年 11 月初，他收到了友人王冠时的信函，邀请他在年底回乡担当理化讲习会教习工作，蒋维乔欣然接受，不仅相邀同事严练如等同人同往，还为此自费购置各种实验器具。1905 年 1 月 25 日，蒋维乔、严练如借年假之机返回常州，当天下午即召开讲习会。二人连续教习半个多月，至 2 月 16 日为止，当时只有《中外日报》对这次教育活动进行了报道："理化讲习会自讲员严练如、蒋竹庄两君回常之后，于去腊二十日开会，每日自九时至十二时，三小时中接连讲授，兼以试验，讲员学员俱极辛勤，至正月十三日，业将无机化学讲毕，乃于次日合撮一影，以为纪念，该会由蒋、严两君主讲，而赵午桥君亦曾相助，学员共得二十八人：沈朵山、徐镜澄、岳友苕、蒋月帆（以上皆正则学堂教员）、吕诚之、刘眷生（以上溪山学堂教员）、赵咏怀（冠英学堂教员）、顾铁峰（争存学堂教员）、许志毅、谢慎冰、王坤厚、

---

① 《群学肄言》，《中外日报》1903 年 7 月 15 日，广告版。

② 《书札》（三），蒋维乔（1），第 2926 页。

③ 林盼、胡欣轩、王卫东整理：《蒋维乔日记》（第一册），上海：上海人民出版社，2021 年版，第 62 页。

汪培林、汪培钦、余青屏、程瑶会、刘庭幹、刘庭械、屠谔生、杨宗复、赵条卿、徐锡桐、李稚莲、史锡鼟、胡宝英、何海樵、段雪年、钱炳耀、王贯湜（以上皆学界同志）。"① 理化讲习会总共举办了三期，《中外日报》每一次都进行了报道②。而在 1906 年 8 月，蒋维乔在《中外日报》上发布公开函，批评武阳师范传习所总教程瑶笙"前数日购东书后，数日即能教人，以一人而兼八科学，虽以鄙人之素信足下至此，亦未免怀疑，毋亦强不知以为知之，弊耶？虽彼私塾教员得藉足下之力，而知世界固有教育心理论理等科学名目，然以鄙人私见度之，则宁实事求是缺而不滥之为，得足下所居址席。总教也，所教者师范生也。常州武阳二邑又别无所谓师范学校及传习所也，则异日里中芸芸之青年，皆惟此师范生是赖，且闻足下之讲各科学多不用成书，喜自编讲义，夫以一人之精神，于一星期内编辑八种讲义，纵各科皆神而明之，度亦未必无谬误，他科学吾不言，至教育心理论理等科，倘有贻误，则此师范生者皆将本足下之学说以流播于后生，吾乡之青年恐胥受其弊矣"，并认为程"以金钱主义故抵死而不肯他去……足下名誉心太重也。若足下闻吾言而改其所为，则固吾常青年之幸福"，希望他能"谨慎从事"③。蒋维乔和程瑶笙是多年好友，蒋回常州办理化讲习会之时，程不仅参与其中，还登台讲演商务及生理，他的不满主要针对程瑶笙办武阳师范传习所的过程中暴露出的质量粗疏、贪图钱财等问题，考虑到蒋维乔全程参与了传习所的创办与经营，因此他的批评属于对事不对人，这封公开信也没有影响二人的友谊。

此外，张元济本人也多次通过《中外日报》发表公开声明。1907 年 8

---

① 《记理化讲习会》，《中外日报》1905 年 2 月 27 日，第二版。

② 《第二期理化会毕业》，《中外日报》1905 年 8 月 19 日，第二版；《第三期理化会开会》，《中外日报》1906 年 1 月 14 日，第二版。理化讲习会新聘奚伯绶讲授英文、刘子楷讲授日文，相关内容的广告由蒋维乔提供，登载在《中外日报》上。见林盼、胡欣轩、王卫东整理：《蒋维乔日记》（第一册），上海：上海人民出版社，2021 年版，第199—200 页。

③ 《致常州武阳师范传习所总教程瑶笙书》，《中外日报》1906 年 8 月 19、20 日，第四版。

月，《中外日报》刊载"浙江旅沪学会暂定章程"，说明这一组织由旅沪同人张元济、王震、林亮功、汤寿潜、沈毓麟、沈祖绵、朱佩珍等人创办，张元济很快致函报馆，表示"贵报以鄙人居首，实系错误，应请更正为荷"①。10 月 4 日和 10 月 9 日，张元济连续发布声明，先是"自维才力实不胜任"，故而辞去旅沪浙江同乡会会长及浙江教育总会副会长等职务，后又于旅沪绅商欢迎美国陆军大臣的活动中，提出"鄙人并未在各铁路公司办事，不应居代表之名，亦未知何处所派，故于知单来时即注明不到字样"②。同时，张元济还与汪康年一样，面临江浙铁路风潮造成的压力。虽然与浙江铁路公司主持人汤寿潜、刘锦藻在聘请洋工程师、利用外资方案等问题上多有分歧，"与诸君子暨蛰公（指汤寿潜——笔者注）意见不敢苟同"③，但为了士绅的整体利益及维护汤、刘的威信，张元济还是以"极为和平"的措词相回应，以"不与争辩"为主旨，要求对浙江旅沪学会章程中将其名字列于汤寿潜之前的报道进行修正④。

由于汪康年与张元济的私谊关系，两人在某种程度上"共享"了一套人际网络，推动了《中外日报》与商务印书馆之间的深入合作。商务印书馆与《中外日报》的合资，用"天作之合"来形容并不为过。但是，这段合作关系却在进入第四个年头之后戛然而止，商务印书馆声明退股，《中

---

① 《浙江旅沪学会暂定章程》，《中外日报》1907 年 8 月 24、25 日，第四版；《张君元济来函》，《中外日报》1907 年 8 月 29 日，第四版。

② 《旅沪浙江同乡会诸君公鉴》《浙江各府学界诸君公鉴》，《中外日报》1907 年 10 月 4 日，广告版；《张菊生启事》，《中外日报》1907 年 10 月 9 日，广告版。

③ 《复全浙铁路公司董事会》，载《张元济全集》（第 3 卷），北京：商务印书馆，2007 年版，第 615 页。

④ 《致伍光建》（1），载《张元济全集》（第 1 卷），北京：商务印书馆，2007 年版，第 390 页。以维持群体稳定为目的而隐忍不发，到最后忍无可忍挂冠而去，张元济的这种处事方式，并非仅在浙路事件中体现出来。民元之后，张元济与高凤池（翰卿）在商务印书馆的人才引进、资金管理、制度建设等方面，多次出现矛盾，张元济在 1920 年 3 月 26 日的日记中自言"自民国五年与翰卿共事，意见即不相同，遇事迁就，竭力忍耐"，他在写给梁启超、孙壮的信函中，也多次提及"隐忍"。这种"隐忍"最终在 1920 年"爆发"，张元济辞去经理之职以表其志。参见仝冠军：《张元济辞职风波始末》，《出版史料》，2009 年第 4 期。

外日报》则成为半官报，并在几个月之后彻底被官方收购。从经济绩效和控制报馆的角度来看，放弃与商务印书馆的合作都是得不偿失的，报馆和他本人都为此付出了巨大的代价。汪康年为何会做出如此决定？为何双方的合作关系难以稳定持久？

四、渐生嫌隙，分崩离析

1908 年 2 月，"北漂"数年回到上海的汪康年致函堂兄汪大燮，谈到了重返中外日报馆之后所发现的一些问题。汪大燮在回信中称："来书言报馆棘手，代思良久，而实无善策，如此咄咄逼人，真不可忍。惟不解当时何缘入彼等股份至如此之多，从前万余能支持七八年，而三年余乃增三四万，若遂得厚利亦一说也，乃仍支绌至此，又何弄于从前六年间之情形也。细思彼等所以弄到如此者，其始便已心怀不良，不过欲下逐客令耳。兄所能为弟代筹者三四千耳，相去太远，直是杯水车薪，如用得着，请示知。然鄙意以此事以能否收回为断。如此全盘收回，犯得着做，可以全权在己，如不能收回，仍是太阿倒持，则不如撤出为念。报体一事终久必定，而彼等如此办法，断然不能无事，与其受累，不如干缘洁净之妙也。"①

从这封信函中，大略可以读出以下信息：首先，汪康年在去信之中，必然抱怨商务印书馆对报馆事务的干预，甚至影响到了大股东汪康年及经理汪诒年的决策；其次，当初《中外日报》同意与商务印书馆合资，主要由于报馆常年处于亏损的状态，希望商务的股份加入能够推动报纸的发展，甚而赚取"厚利"，但三年多以来，资金状况仍然不容乐观，严重束缚了《中外日报》与其他来势汹汹的报纸之间的竞争。根据汪大燮的分析，商务印书馆可能在其中"捣鬼"，从入股一开始"便已心怀不良"，想将汪氏兄弟从《中外日报》之中驱逐出去。他的建议有二：要么多方借款填充商务合资的股份，将商务印书馆请出报馆，全盘收回之后，可以全权在手；如若不能收回，汪氏兄弟不如主动撤出报馆为妙。

---

① 《书札》（一），汪大燮（185），第 994 页。

事实上，这已经不是汪大燮第一次担忧《中外日报》与商务印书馆合资之后的前景了。1906 年 12 月，汪大燮在信函中提及，"弟办报馆事，兄不谓然，如专为政府作机关报，事甚无谓。因政府识量不广也。如不为彼说短长，必站不住，受人之命令而为之，而又不从，岂能立哉？况又羼商股，又为夏瑞芳等不明不白、来历不清之本，必多辗轕，万能得当，不如已也"①，表达了对商务资本来源的怀疑。商务印书馆的日资背景，在当时屡遭诟病，1906 年 4 月，中国图书公司成立，在发起宣言中称，"编辑、印刷、发行之权在我，则组构书籍之权在我，而教育之权亦在我。编辑、印刷、发行之权在人，则组构书籍之权在人，而教育之权亦在人。今之爱国之士动曰保国权；今之谈国权者动曰保教育权。然而书籍所出之编辑、印刷、发行书局之不注意，何也"，而以本国资本经营公司，"上可以保国权，下可以免侵略"②，在宣扬自身合法性的同时，不点名地将矛头指向了商务印书馆③。

对商务印书馆资本来源的抨击，也影响到《中外日报》的声誉。1905 年 8 月，《上海泰晤士报》报道汪康年、张元济、夏曾佑、叶瀚四人与日本驻沪领事松冈洋右私议借款建造浙江铁路一事，其中有言，"《中外日报》半为日人之报"，而张元济"亦为日人资本所开商务印书馆经理人之一"。对此，《中外日报》不得不借古柏律师之名义发表声明，在否认私议借款一事的同时，回应道，"《中外日报》半系日人，此语尽属不确，该报主人之利益，日本人并未与有关系"④。汪大燮称商务资本为"不明不白、来历

---

① 《书札》（一），汪大燮（157），第 899 页。

② 《中国图书有限公司缘起》，《申报》1906 年 4 月 25 日，第二版。参见汪家熔：《近代出版人的文化追求：张元济、陆费逵、王云五的文化贡献》，桂林：广西师范大学出版社，2000 年版，第 167—168 页。

③ 叶宋曼瑛谈到商务印书馆与金港堂合资的问题时表示，"由于种种原因，无论商务印书馆还是金港堂这个卷入其中的日本出版公司，都不愿意强调这一时期的合作，事实上，双方都试图忘记他们这一段历史"，见氏著：《从翰林到出版家——张元济的生平与事业》，张人凤、邹振环译，香港：商务印书馆，1992 年版，第 105 页。

④ 《西报登录古柏律师函》，《中外日报》1905 年 8 月 17 日，第二版。

不清"，大致反映了汪康年的一些友人对商务印书馆入股《中外日报》一事的态度。当然，虽然不少人对商务与《中外日报》合资一事持怀疑甚至反对的态度，但双方的合作仍然相对顺利地维持了下来。那么，双方的矛盾为何会在1908年初集中爆发呢？这就牵涉到以下三个问题，首先，商务印书馆是否干预了《中外日报》的经营事务；其次，汪康年在这一时期表示对合资的不满，其背后的动因究竟何在；其三，对于汪康年的抱怨，商务印书馆又作何反应？

关于商务印书馆干预报馆一事，由于现有材料极为有限，因此只能进行有限度的推测。

首先，根据商务与《中外日报》合资的合同规定，报馆事务由汪诒年总理，股东并不干涉，而根据现代化股份制企业的规章制度，经理一职由董事会决定聘任或者解聘，经理对董事会负责，其所有的职权由董事会授予，只有在一些股东人数较少或者规模较小的有限责任公司，可以由执行董事兼任公司经理。而在商务印书馆的入股合同之中，则明文规定股东不对汪诒年的权力进行限制，这是对之前汪氏兄弟自上而下管控报馆方式的一种默认。

根据《夏曾佑日记》所示，张元济在双方合资前后，就已经是中外日报馆的常客了。如1905年3月19日，"午刻至馆，与印锡翁、夏瑞芳、昭扆、菊生、浩吾、颂谷闲谈，共饮"；7月17日，"夜至报馆，与菊生、昭扆、道士闲谈"；7月24日，"晨与菊生、穰卿、郁堂、迪庵至报馆"；8月2日，"与芷生、菊生、穰卿至报馆一谈"；8月8日，"晚至馆，与毅白、菊生谈"[1]。而在汪康年北上参与政治活动之后，张元济更是多次至报馆，协助汪诒年办理事务[2]。如1904年11月，两江总督李兴锐去世的消息传至报馆，汪诒年托张元济询问张之洞幕僚赵凤昌此消息是否确凿，以免出

---

① 杨琥编：《夏曾佑集》（下），上海：上海古籍出版社，2011年版，第776—779页。

② 浙江商人高尔伊在给张元济、叶瀚的公开信中称，"尔伊前年冬月（指1903年底——笔者注）至日报馆诘问穰卿，浩兄在座聆听斯语，菊丈亦常至报馆，岂竟绝无所闻耶？"见《致张菊生刑部叶浩吾广文函》，《申报》1905年8月5日，第一版。

现误报新闻的情况①。日本人则将张元济与汪治年、叶瀚、夏曾佑等并提，视为"中外日报社社员"②。《大阪朝日新闻》访事堀扶桑表示，"余与汪氏素有交谊，且以曾为中外日报馆尽微力，而与夏、张、叶三人相识"，专门点出了三人③，而在汪、张、夏、叶四人涉及社会事务的时候，亦会在新闻报道与调查报告中，明确提及四人与《中外日报》之间的关系④。

夏曾佑日记中提及"菊生"并不稀奇，但是否提及商务印书馆的其他高层呢？摈诸日记可见，1904 年 10 月 13 日，"午刻与瑞芳、颂谷小饮"；1905 年 3 月 19 日，"午刻至馆，与印锡翁、夏瑞芳、昭宸、菊生、浩吾、颂谷闲谈"；7 月 30 日，"余与菊生至馆，偕穰卿、瑞芳至万年春午饭"。这是夏曾佑日记中仅有提及夏瑞芳、印锡章等商务高层的记录。又如张元济在 1906 年初致在北京的汪康年的信函中亦提到，"《中外报》近年闻仍亏折，仲兄深以为忧，坚欲告退。弟与夏瑞芳竭力劝慰，然经济上无能为力，馆中办事人亦不敷，明年仲兄拟添清一二人，看来只可作守势，而不能取攻势矣"⑤。可见，在商务印书馆与《中外日报》合资之后，商务高层如夏瑞芳、印锡章等，确有参与《中外日报》经营的记录，甚至在《中外日报》要不要继续办下去的问题上，都有一定的发言权。商务和《中外日报》的合作，推动者自然是张元济，但他只是夏瑞芳为推进教科书编撰工作而设立的编译所主事，核心事务（如聘人与用钱方面）都要得到夏瑞芳

① 《致赵凤昌》(1)，载《张元济全集》(第 10 卷)，北京：商务印书馆，2007 年版，第 417 页。

② 《在上海〈タィムス〉所载清國ノ将来卜云ヘル社説中事実無根ノ廉取消一件》，1905 年，日本外务省文件，卷宗号 B03040811300。

③ 《录日本堀扶桑君函》，《中外日报》1905 年 8 月 18 日，第一版。

④ 《附西报论浙江铁路自办事》，《中外日报》1905 年 8 月 17 日，第二版；《在上海〈タィムス〉所载清國ノ将来卜云ヘル社説中事実無根ノ廉取消一件》，1905 年，日本外务省文件，卷宗号 B03040811300。汪治年与夏曾佑、叶瀚之间的交谊，在民元之后依然延续，浙江人徐际元即在 1912 年的日记中记载：4 月 8 日，"午饭罢，穗卿、揆初来，在浩吾处纵饮，又偕至颂谷处复饮"；6 月 23 日，"今日浩吾五十生辰，约颂谷、穗卿……"，见徐际元：《徐善伯先生日记》，上海图书馆馆藏稿本。

⑤ 《书札》(二)，张元济(41)，第 1742 页。

的授权和认可。如邀请夏曾佑担任商务印书馆兼职编辑一事，张元济便提到："适商务印书馆主人欲延聘通才，主持编译，属济举荐。其职为编纂课本，校润译稿。"①又根据商务印书馆编译所会议记录，张元济所提出的延聘编辑、增设刊物等建议，均需先与夏瑞芳商议，"决议可办"，方可执行②。因此，对双方合股事宜，商务高层夏瑞芳表达意见，并参与组织建设及资金管理，并不算逾规。

其次，汪康年为何会选择在这一时期表达对商务印书馆的不满呢？上文已经提到，1904年，汪康年赴京补应朝考，并以此为名留在京城，积极奔走于政界参与各种事务，力求通过自上而下的方式影响朝政，但1907年发生的两件大事，断绝了汪康年的政治生涯。6月，汪康年的业师、大学士瞿鸿禨卷入"丁未政潮"，被迫开缺回籍，长期追随瞿鸿禨，希望能够实现立宪主张的汪康年也遭牵连，所办的《京报》被清廷查封。

1907年9月，汪康年堂兄汪大燮作为代表，与英国商议江浙铁路事务，他认为"借债与集股两事不同，亦竟举国之人无有能办置者……盖吾浙路亦不知股债之分，以至全体人皆成股东，事必办不好。且不知公司集股借债系属两事，则万种营业皆难发达也"③，在他的推动之下，中英双方签署了《中国国家沪杭甬铁路五厘利息借款合同》，合同的主旨倾向于借款建路，"路由中国自造，除华商原有股本尽数备用，不使稍有亏损外，约仍需款英金一百五十万镑，即向英公司筹借，另指的款为抵押"④，并没有遵照浙江士绅的意愿，将铁路的建设权收归己有。汪大燮的决定激起了江浙士绅的愤怒，绅商多次举行集会，要求由民间人士自行筹集资金建造

---

① 栾伟平辑：《夏曾佑、张元济与商务印书馆的小说因缘拾遗———〈绣像小说〉创办前后张元济致夏曾佑信札八封》，《中国现代文学研究丛刊》，2014年第1期。

② 张人凤：《张元济初入出版界前后若干史实的补充与再考》，《中国出版史研究》，2016年第1期。

③ 《书札》（一），汪大燮（170），第942页。

④ "外务部奏报磋议借款情形折"，见宓汝成编：《中国近代铁路史资料》（中），载沈云龙主编：《近代中国史料丛刊续编》（392），台北：文海出版社，1972年版，第856页。

铁路，并呼吁将"罪魁祸首"汪大燮削去浙籍。汪康年也大受牵连，成为"上海五毒"之一，在同乡群体中失去了以往的核心位置①。

由此，1907 年底回到上海的汪康年，无论在政治资源还是在社会地位上，都已彻底失势，能够依靠的只有《中外日报》了，他必然会尽一切可能抓住这一根最后的稻草。恰逢此时，舆论界又传出了一个惊人的消息：据说张元济在汪康年不在上海的时候，筹划以第二大股东的身份渐进式地占据《中外日报》，甚至还放出话"君能偿则已，否则以报归我"。这种说法对汪康年的判断造成了很大的影响，双方之间的信任关系遭到了严重的挫伤②。

上述原因的共同作用，促使汪康年向汪大燮抱怨商务印书馆对报馆事务的干预。谣言往往不是空穴来风，而是基于现实的一种客观反映。汪康年虽然是《中外日报》的大股东，但由于经济资本的限制，汪实际上从未在股份比重上占据绝对多数。在商务入股之前，他并不担心对报馆失去控制，首先与汪诒年坐镇报馆有关，其次，《中外日报》创办之初，向各界同人派售股份，客观上形成了股东资本的碎片化，且股东只有分红之利，不参与报馆的管理。这些因素的存在，使得汪康年能够较为稳固地掌控《中外日报》。但随着"丁未政潮"及浙江铁路风潮的出现，汪康年的社会资本迅速丧失。而商务印书馆在资本数额、经营规模、行业地位等方面的强势地位，必然导致双方的合作基础产生动摇。

汪大燮在回函之中，除了深表同情之外，还提及因融资困难，无法帮

---

① 《书札》（一），汪大燮（184），第 991 页。此前徐兆玮便指出，汪康年等人介入江浙铁路事宜，"极为难"，见徐兆玮：《徐兆玮日记》（一），1906 年 2 月 19 日，李向东、包岐峰、苏醒等标点，合肥：黄山书社，2013 年版，第 591 页。

② 马叙伦：《石屋余沈》"《中外日报》归官办之经过"，载《民国丛书》第三编（87），上海：上海书店出版社，1991 年版，第 37 页。张元济的这番言论，目前只有马叙伦在笔记《石屋余沈》中有所记载，但孤证难立，且马氏著此书时是 1947 年的事情（1947 年 3 月 9 日上海《文汇报》"浮世绘"版开始连载），距离《中外日报》归官办已经过去近 40 年；且马叙伦当时仅有 23 周岁，从 1906 年开始即在广州两广师范馆和方言学堂教书，应该并不清楚个中秘闻，笔者推测这些话更有可能是传言。

助汪康年将商务印书馆的资本逐出报馆。不过汪康年的动作非常快，在收到汪大燮信函的一个月内，他就向两江总督端方与上海道台瑞澂借款，将商务印书馆所拥有的股份全部赎回。1908 年 4 月 11 日，《中外日报增添股本合同》宣布作废，一切股本及股利归还投资人[1]，《中外日报》与商务印书馆的合资关系就此中止。这件事对张元济触动很大，在致浙江铁路公司同僚孙廷翰的信件中表示，"穰卿屡言济等谋吞伊报，故于前月杪将股本垫款收回，不再与闻。关系业已断绝"[2]，愤怒、不解与无奈的情绪，溢于言表[3]。同年 8 月，上海道台蔡乃煌以各大报纸"昌言无忌，据实直书，有碍行政"的名义，斥巨资将《中外日报》《申报》《舆论日报》等报纸"购回自办"[4]，汪康年、汪诒年兄弟发布公告离开报馆，此时距离《中外日报》结束与商务印书馆的合作，才过去了区区四个月。

商务印书馆与《中外日报》的合资，虽然看似是一次带有商业利益的经济性活动，实质上却是人际网络多元性及传递性共同作用的结果[5]，汪康年与张元济的私谊关系，对于双方的合作起到了至关重要的作用。在张元济进入商务之前，商务高层与《中外日报》经营者之间虽有互动，但从未发生私谊关系。罗纳德·伯特（Ronald Burt）曾提出过一个由人际关系而产生组织交往的"结构洞"（structural holes）模式，如果有两个个体或

① 张人凤、柳和城编：《张元济年谱长编》（上），上海：上海交通大学出版社，2011 年版，第 258 页。

② 《致孙廷翰》（1），载《张元济全集》（第 1 卷），北京：商务印书馆，2007 年版，第 518 页。

③ 1916 年，有人告知张元济，"《时报》将不支"，询问商务是否愿意"附股"，张元济明确表示，"本馆近来对于报事甚淡，恐难附股"，或许这也是之前不愉快的合作经历对张元济带来的负面影响。见张人凤整理：《张元济日记》（上），1916 年 3 月 13 日，石家庄：河北教育出版社，2001 年版，第 38 页。

④ 《上海报界之一斑》，《东方杂志》第六卷第十二号，1910 年 1 月 6 日。

⑤ 网络的多元性体现在各种资源的交换（包括物质的和非物质的资源），而传递性是指一个网络成员直接或间接地通过其他成员而形成一个链接行为模式，见［美］关文斌：《网络、层级与市场：久大精盐有限公司（1914—1919）》，载张忠民、陆兴龙、李一翔编：《近代中国社会环境与企业发展》，上海：上海社会科学院出版社，2008 年版，第 198 页。

群体之间缺少连结，彼此不产生互动，将会形成一个"洞"，此时就需要有某个个体能够在此"结构洞"上扮演"桥梁"（bridge）的角色，将两个不接触不来往的群体联结起来[①]。张元济正是扮演着这样一个中间人的角色，他的存在，使得商务印书馆同人群体与《中外日报》经营者之间，形成了组织之间稳定的社会网络，关联的建立与深入，最终出现了企业之间的股份收购。

　　尽管张元济和汪康年之间交往密切，但两人的关系一直未能在组织层面构成更广泛的凝聚和团结。商务印书馆高层夏瑞芳、鲍氏兄弟与《中外日报》大股东汪康年之间，始终没有建立相互信任的私谊关系，双方"缺乏正向连带"，则有可能出现一种"心理上的紧张"状态（psychological strain）[②]。在双方的合作过程中，一系列非正式制度（informal norms）充斥其中，而能够推行的基础则是双方的互相信任，信任感又重点建立在中间人的"中介接触"之上。换言之，组织之间的合作关系建立在极为脆弱的个人信任基础之上，一旦个体间关系进入不稳定状况，必然连带导致组织合作发生破裂。即便组织间的合作让双方都受益，也很难继续开展下去，最终出现汪康年宁可"引狼入室"也要终止合作的非理性后果。

---

　　① ［美］罗纳德·伯特：《结构洞：竞争的社会结构》，任敏、李璐、林虹译，上海：格致出版社，2008 年版，第 30—34 页。

　　② ［美］马克·格兰诺维特：《弱连带的优势》，载氏著：《镶嵌——社会网与经济行动》，罗家德译，北京：社会科学文献出版社，2007 年版，第 70—71 页。

第六章

刀锋舞者：有形之手断前程

报人的人际网络并不局限在士人阶层，还会外扩至官员、商人群体，尤其与官员的关系网，更是报人需要着力经营与加固的。在清末官方势力依然十分强大又没有报律进行保护的情况下，报馆如何构建出一个"不算大也不算小的空间"发出自己的声音，就显得尤为重要了。对立与合作、冲突与妥协，在《中外日报》与官方的互动过程中长期存在。况且，汪康年、叶瀚等报人皆是从"体制"中走出来的，所谓"官僚体制的候选人"及"帝国与地方沟通桥梁"①，与官员往往有着"幕缘"之情，他们不可能、也不愿意站在官方的对立面。

本章主要讨论《中外日报》与张之洞、盛宣怀及端方、蔡乃煌的互动。张之洞一度是维新派势力的支持者，戊戌政变之后压制新式媒体，影响报馆生存，《中外日报》谋求与张之洞的合作，基本平息了来自湖广的压力。盛宣怀"亦官亦商"，他对《中外日报》持有较为正面的评价，《中外日报》亦主动介入盛宣怀主持的地方义赈事务，双方保持紧密的合作关系。至于端方，他与张之洞的观念较为相近，同样希望将报馆限制在官方可控的范围之内，但是他的做法并不是简单地进行政治打压，而是采用对

---

① 李仁渊：《晚清的新式传播媒体与知识分子：以报刊出版为中心的讨论》，台北：稻乡出版社，2005 年版，第 291 页。

报馆进行经济渗透的方式，逐步将报馆收买。1908年，在端方的指使下，汪康年的"熟人"，上海道台蔡乃煌出资将《中外日报》收购，报纸成为官报，汪氏兄弟也由此离开报馆。这一结局表明，虽然经历了十余年的发展，但报馆所拥有的政治资本与社会资本仍然薄弱，体现出报人关系网络的局限性与脆弱性。

一、张之洞：又支持又钳制

在《中外日报》兴起之前，官绅掌握最新资讯的方式，主要是阅读《申报》，"阅《申报》者以官绅为多"[①]。《申报》创刊之后，经过一系列的改良，成为"一个英国人为老板的报馆，请了一批本土秀才主持笔政，将自己变成了以清朝政府官员为服务对象的、有王朝体制特色的'新智库'"[②]。譬如《申报》对邸报的重视，就迎合官员"专阅所纪论事一篇，次阅奏折以广见闻"的阅读口味[③]。郭嵩焘、曾纪泽、沈葆桢、翁同龢以及张之洞等官员，都时常在日记及书札中提及《申报》。如张之洞在给大学士李鸿藻的信函中，即援引《申报》新闻，介绍中俄关于伊犁的纷争[④]。翁同龢评价《申报》的观点"未尝无中肯者"[⑤]。

---

① 邵志择：《近代中国报刊思想的起源与转折》，杭州：浙江大学出版社，2011年版，第79—82页。

② 王维江：《"清流"与〈申报〉》，《近代史研究》，2007年第6期。

③ 黄沅：《黄沅日记》，载广东省立中山图书馆、中山大学图书馆编：《清代稿钞本》(21)，广州：广东人民出版社，2007年版，第223—224页。官方发布的邸报在清末士人群体中读者甚夥，即使在新式报刊相继问世之后，亦有不少人将邸报作为主要的信息来源，为了争取读者青睐，新式报刊不得不采取应对举措，在版面中加入邸报内容。即使像汪康年、梁启超等原计划以"沪上各报早已将上谕录诸篇首……无烦重复"为由，在《时务报》中不登邸报，亦很快遭到了读者的批评。邹代钧即言，"寒素不能遍阅各种报，仅购《时务报》阅之，而无上谕，甚视为缺典……为销路起见，仍以录入为妥"，亦有读者认为"中国士贫而俭，往往不能兼阅各报"，因此最好继续刊载上谕，若担心篇幅过多影响其他版面，不妨将字体缩小。《时务报》只能恢复刊载邸报，见《书札》(三)，邹代钧(56)，第2731页，屠寄(6)，第2188页。

④ 李宗侗、刘凤翰编：《清李文正公鸿藻年谱》(上)，台北：商务印书馆，1981年版，第256页。

⑤ 谢俊美编：《翁同龢集》(上)，北京：中华书局，2005年版，第273页。

作为新闻界的后起之秀，《中外日报》相对缺少官员群体的关注。即使一些官员自称看过《中外日报》，也只是将该报作为《申报》的一种补充，如十数年间从未中断阅读《申报》的翁同龢，在其日记中仅有两次提到了《中外日报》：1900 年 11 月 29 日，"《新闻》及《中外日报》今日起须压一日"；1904 年 2 月 21 日，"见《中外报》，于俄日战事颇详，然各有损，非日全胜也"①。又如担任过徽州知府的王振声在其日记中记载，"阅《中外日报》七月十一日预备立宪上谕一道，两江总督端方调补"②。此外，如杭州知府林启、上海道台蔡钧、南昌知县江召棠等，也表示看过《中外日报》。而在《中外日报》官员读者之中，提倡报纸"有裨时政，有裨学术，为留心经世者，必不可少之编"③ 的张之洞应该算是一个，他和《中外日报》之间既对立又合作的态度，可以作为官员群体看待《中外日报》的代表。

在各地督抚之中，张之洞算是较早认识到新式传媒的作用的。他认为，"凡国政之得失、各国之交涉、工艺商务之盛衰、军械战船之多少、学术之新理新法"，都能在报纸上一一体现出来，报纸"可以扩见闻，长志气，涤怀安之鸩毒，破扪籥之瞽论，于是一孔之士、山泽之农始知有神州，筐箧之吏、烟雾之儒始知有时局"，因此鼓励各阶层民众阅读报纸。张之洞阅报时间甚早，1884 年中法战争期间，他就已经要求幕僚为其搜寻国内外出版的各种报纸。1897 年 6 月，他叮嘱上海的幕僚为其订购"上海所有华字各报"，1898 年 2 月，为了了解德国在山东修建铁路之事，他又命令幕僚将"所有在中国刊售之德文洋报，望速询明，全数订购，嘱寄来鄂"④。《时务报》创办之后，张之洞称赞该报"识见正大，议论切要，足

---

① 陈义杰整理：《翁同龢日记》，北京：中华书局，1989 年版，第 3298、3499 页。

② 王振声：《心清室日记》，1906 年 9 月 8 日，载国家图书馆编：《历代日记丛钞》（152），北京：学苑出版社，2006 年版，第 153 页。

③ 《札湖北善后局筹发〈时务报〉价附单》，载苑书义、孙华峰等主编：《张之洞全集》第 5 册，石家庄：河北人民出版社，1998 年版，第 3317 页。

④ 《致上海义昌成樊时勋》，载苑书义、孙华峰等主编：《张之洞全集》第 10 册，石家庄：河北人民出版社，1998 年版，第 7473 页。

以增广见闻，激发志气。凡所采录，皆系有关宏纲，无取琐闻。所采外洋各报。皆系就本书译出，不比坊间讹传臆造。且系中国绅宦主持，不假外人"①。

尽管张之洞称颂《时务报》等维新报刊的价值，并要求湖北各道府州县"发给书院诸生阅看"②，但对于报刊之中不时出现的激烈言论，他也感到"太悖谬……恐招大祸"③。吴樵所言"须设法牢笼，使就我范围"，甚是一针见血④。有学者指出，张之洞对于报刊的观点，首先是看重"见闻的增长"，然后是防止"过激化"⑤。为了"纠正"报馆的言论，张之洞派出心腹梁鼎芬参与报馆运作。汪康年、梁鼎芬展开多次争斗，从《时务报》《昌言报》延续到《中外日报》，进而影响到张之洞对《中外日报》及办报人的看法。

梁鼎芬（1859—1920），字星海，号节庵，广东番禺人。作为张之洞帐下的头号幕僚，张、梁二人关系颇为密切，梁曾回忆，"文襄大事必以咨询，辄深谈竟夜，习以为常"，时人有言，"天下崇拜张之洞者，必并崇拜鼎芬，唾骂之洞者，必并唾骂鼎芬，鼎芬即小之洞，之洞即大鼎芬"⑥。1898年4、5月间，由于黄遵宪多次施压，要求汪康年放弃时务报馆，张之洞曾提议由梁鼎芬进入报馆，后者也一度"独出为鲁仲连，电达湘中，词气壮厉"⑦。但在暂时度过危机之后，邀请梁鼎芬的计划遂不了了之，不

---

① 《鄂督张饬全省官销〈时务报〉札》，载《时务报》第6册，1896年8月22日。

② 《两湖督院张咨会湘学院通饬湖北各道府州县购阅〈湘学报〉》，载《湘学报》第15册。

③ 《致长沙陈抚台、黄署臬台》，载苑书义、孙华峰等主编：《张之洞全集》第9册，石家庄：河北人民出版社，1998年版，第7403—7404页。

④ 《书札》（一），吴樵（28），第522页。

⑤ ［日］增田武一郎：《〈時務報〉と情報管制體制》，《中國文學研究》，1995年第21期。

⑥ 吴天任：《梁节庵先生年谱》，台北：艺文印书馆，1979年版，第91页。关于张、梁之交，参见武增锋、韩春英：《试论梁鼎芬与张之洞的关系》，《历史档案》，2005年第1期。

⑦ 陈庆年：《戊戌己亥见闻录》，载《近代史资料》总81号，北京：中国社会科学出版社，1991年版，第110—111页。

仅梁本人颇为不悦①，同人也有劝汪康年"旧日朋友不可轻弃，不可予智自雄，要知文芸阁、梁心海都还是旧日朋友，此时尚能助君"之语②。1898年7月，汪康年和康有为、梁启超就《时务报》的归属问题展开争斗。康有为意图以《时务报》改官报的形式获得该报的所有权，张之洞提议改"时务"为"昌言"③，并与总理此事的大学士孙家鼐进行协调，为报馆争取继续主办的权力④。

随后，张之洞致函汪康年，提出让梁鼎芬担任昌言报馆经理。梁鼎芬讥讽汪康年是"急来抱佛脚"⑤，不过，既然是幕主的要求，梁鼎芬也无法推脱。8月初，梁致函汪康年，"兄出死力为弟，幸勿怯。无论如何，有我在"，表明了对汪康年的支持态度⑥。对于梁鼎芬的即将东来，汪康年表面接受，心里则是想法多多。张之洞幕僚叶澜在信函中，斥责汪康年"有不仗梁力之意……盖帅欲梁为总理，专为助汪敌康起见。梁为总理，并不须报馆另筹薪俸，而可以出面挡康。申报一切事，会归兄经理，而兄何以接帅电后尚有活动之说？梁见此大不悦，幸帅极力为兄说项，梁始允至申一行。故帅虽怪兄不知好歹，而又怒康太横，怜兄太弱，必力为扶助，亦为大局起见，望兄此后善体帅意"⑦。此函表明，在张之洞提出让梁鼎芬担任《昌言报》经理的建议之后，汪康年仍然多方活动，希望能够改变张之洞

　　① 《书札》（三），叶澜（9），第2610页。

　　② 《书札》（一），汪大燮（94），第780页。

　　③ 在汪康年致宗方小太郎的信函中，有"敝馆自改为官报后，现与南皮函商，改名《昌言报》，盖谨遵六月初八日'据实昌言'之谕也"的内容，见《复宗方书》（一），载汪林茂编校：《汪康年文集》（下），杭州：浙江古籍出版社，2011年版，第572页。

　　④ 张之洞在给孙家鼐的电文中，说明"《时务报》乃汪康年募捐集资所创开，未领官款，天下皆知，事同商办"，由此禁止《昌言报》之事，"碍难照办"。9月初，孙家鼐给张之洞回电，表示"弟所见正与公同，并无禁发昌言之意，皆康自为之"，支持了张的观点。见《致京管理大学堂孙中堂》，载苑书义、孙华峰等主编：《张之洞全集》第9册，石家庄：河北人民出版社，1998年版，第7646—7647页。

　　⑤ 《书札》（三），叶澜（9），第2610页。

　　⑥ 《书札》（二），梁鼎芬（62），第1909页。

　　⑦ 《书札》（三），叶澜（10），第2611页。

的想法。毕竟，汪康年不愿放弃报馆经理之职。此前黄遵宪、梁启超屡次要求汪交出时务报馆经营权，汪奋力抵挡，终使康门势力离开报馆。而在梁鼎芬东来的问题上，汪康年原先只是希望梁能够来沪，与其商量如何对抗康有为要求改办官报之事，张之洞则直接提出请梁为经理，等于剥夺了汪主导报馆的权力，这是汪万万不能接受的。因此在向张之洞进言无果的情况下，汪康年开始想方设法将梁鼎芬挡在报馆之外。

从时人信函中可知，因身体状况不佳，梁鼎芬到 9 月份还留在湖广①。10 月 2 日，梁鼎芬致函汪康年，说明"五六日后，兄来料理，并细商各事"②，定下了来沪的时间。但在 10 月 20 日刊印的《昌言报》第 7 册的告白中，就已经说明"梁君因有要事不能兼顾馆务，已自行专函告辞"。这十余天的时间究竟发生了什么变故，现有的材料并没有完全揭示③。总之，兜兜转转之下，昌言报馆仍然留在了汪康年的手里④。

汪康年将梁鼎芬拒斥在昌言报馆之外的举动，让后者十分恼怒，此后数年，汪、梁二人频繁交恶。1900 年，邹代钧在信函中提到，"梁髯与公隙深矣，颇难立言。凡上海各报馆之谣言，均归之于尊昆玉"⑤。而在汪康

---

① "梁髯近日病，故子培来亦不能久坐常谈。梁髯本欲与公度同来，现已不果，半因有病，半思我馆之事，莫若在鄂可设法"。梁髯即是梁鼎芬，见《书札》（四），翟性深（11），第 3640 页。

② 《书札》（二），梁鼎芬（63），第 1910 页。

③ 张之洞幕僚陈庆年在给缪荃孙的信函中称，"自节庵至沪昌言报馆，报馆议论大转，《申报》《中外日报》皆有《书劝学篇后之作》，揭其宗旨，湘中《翼教丛编》亦录数首，海内狂惑，遂亦用是语解，复镂之，议遂亦中止"。见《陈庆年来函》（5），1898 年 12 月 9 日，载《艺风堂友朋书札》（下），上海：上海古籍出版社，1981 年版，第 961 页。但笔者目前所见《中外日报》上并没有相关文章，倒是《申报》在 1898 年 11 月 9 日登载了一篇论说《读南皮张制军〈劝学篇〉书后》，称《劝学篇》"综中西之学，通新旧之邮，今日所未有，今日所不可无之书也"。

④ 1898 年 10 月底，张之洞幕僚赵凤昌致函湖广，其中提及"《昌言报》坦初劝其（即汪康年——笔者注）停止，不可归洋人，即亦劝改名，汪均不听"。汪康年用"不听"的态度回应赵凤昌，可见此时张之洞很难再对《昌言报》进行遥控，报馆的主导权已经完全握在他的手里。参见茅海建：《张之洞与〈时务报〉〈昌言报〉——兼论张之洞与黄遵宪的关系》，《中华文史论丛》，2011 年第 2 期。

⑤ 《书札》（三），邹代钧（92），第 2800 页。

年与张之洞之间关系缓和后，他和梁鼎芬之间又恢复了之前的关系。1907年，汪氏创办的《京报》仅出版了几个月，就因为涉及"丁未政潮"被迫停刊，梁鼎芬闻之此事，连发两封短函，表达了"发指眦裂""必伤涕零"①的心情。1910年，梁鼎芬听说汪康年办《刍言报》时身染重病，马上发去了慰问信函，"鼎芬此时无所望，望吾穰卿多作几首、几十首、几百首、几千首好文字。无所祷，祷吾穰卿病好，精神好，百岁不死"②。汪康年去世之后，梁鼎芬撰挽联云，"惜此伤心人，寒竹荒梅寻故宅；频闻救世论，断金攻玉怆生平"③。综观汪、梁交往的二十余年，唯有在1899年前后出现过严重矛盾，其他时候都关系亲密。由此似可看出，汪康年在1898年有意慢待梁鼎芬，不让他插足报馆，其目的确实不是针对梁鼎芬本人，而是他的幕后指使人张之洞。

因汪康年的抵制，梁鼎芬无法进入昌言报馆，这一举动也影响到张之洞对汪康年的评价。在张之洞看来，汪康年虽"讲经济，办事有力"，但更有"不甚明白，亦有不定处"④。不仅如此，张之洞对《中外日报》也多有批评。如1898年10月，张之洞幕僚冯嘉锡致函汪康年、曾广铨，言及9月16日《中外日报》上有"碎筑操场"一条新闻，其中称张之洞"拟于东门外洪山开辟操场一所，习演西操，是处坟墓累累，闻每棺给钱二十串，以作迁枢费用等语。荒谬怪诞，毫无影响，煽惑人心，实堪诧异……种种不近情理，明系奸民痞匪造作谣言，煽惑人心，实堪痛恨"，并回溯此前报纸曾报道枪炮厂事，称"每枪一枝，约合银七十余两。此事则又如此诬妄，是《日报》于湖北事屡次虚捏，皆属关系紧要之事，似系有心诬

---

① 《书札》（二），梁鼎芬（80）（81），第1917页。
② 《书札》（二），梁鼎芬（88），第1919页。
③ 吴恭亨：《对联话》卷九"哀挽四"，长沙：岳麓书社，2003年版。
④ 《书札》（二），梁鼎芬（72），第1914页。参见李里峰：《汪康年与政治权威的依违离合》，《福建论坛》，2000年第2期。汪康年对张之洞也有"张聪明虽绝世，惟于利害二字太分明也"的评价，见李大钊：《〈支那分割之运命〉驳议》，载《李大钊全集》（第1卷），石家庄：河北教育出版社，1999年版，第379页。

诋",要求《中外日报》立即修正,更换驻武汉访事①。1900年7月9日,张之洞致电刘坤一、盛宣怀及上海道台余联沅,称7月5日的《中外日报》"'传谕报馆'一条,亦谓'东南各督抚等亦同心抗阻'云云,'抗阻'两字万万不可,亦须更正,以免讹传"②,又如7月23日,张之洞致各省制台、抚台,其中言"检阅十七、十八《中外日报》所登孙书,议论狂悖,直欲激成不测之祸,实属悖逆之语。乃该委员胆敢为之推波助澜,冒昧妄渎,通电各省,既云原书未足尽凭,又云酌采其说。若非丧心病狂,何荒谬至此。已电请刘岘帅、盛京卿严查撤参,恐诸公未悉其详,特此驰告。此等狂吠之词,幸共斥之,盼甚"③。

1900年初,《中外日报》针对"己亥建储"事件,不仅斥责"预备内禅,太后摄政"之举,还提到张之洞"允其议"。张之洞愤怒异常,要求在上海的幕僚赵凤昌去见汪康年,"诘以我历年待渠兄弟不薄,何以捏造此等不根之事、悖谬之言,诬我害我,并煽乱大局耶?况穰卿曾中进士,食毛践土,必欲中国肇乱,有何好处?务须速即切实更正。不然,造言诬蔑,有干报律,中外同此一理,我断不能默然听之"④,在给湖南巡抚俞廉三的电牍中,亦言"在沪真康党有五六人,并未出名,每日在各报馆主笔,造谣煽乱,捏造事实,诬诋朝廷,狂悖已极,凶狠已极"⑤,《中外日报》的主笔很有可能也在"狂悖""凶狠"的黑名单之中。张之洞还宣布

① 光绪二十四年八月二十三日未刻发,《张之洞电稿》光绪二十四年一月至八月,所藏档号:甲,182-455。转引自茅海建:《张之洞与〈时务报〉、〈昌言报〉——兼论张之洞与黄遵宪的关系》,《中华文史论丛》,2011年第2期。
② 《致江宁刘制台,上海盛京堂、余道台》,载苑书义、孙华峰等主编:《张之洞全集》第10册,石家庄:河北人民出版社,1998年版,第8106页。
③ 《致各省制台、抚台》,载苑书义、孙华峰等主编:《张之洞全集》第11册,石家庄:河北人民出版社,1998年版,第8164页。
④ 光绪二十五年十二月十四日亥刻发,《张之洞电稿》光绪二十五年十至十二月,所藏档号:甲182-457,转引自茅海建:《张之洞与〈时务报〉、〈昌言报〉——兼论张之洞与黄遵宪的关系》,《中华文史论丛》,2011年第2期。
⑤ 《致长沙俞抚台》,载苑书义、孙华峰等主编:《张之洞全集》第10册,石家庄:河北人民出版社,1998年版,第7903页。

两湖地区禁阅除《申报》以外的所有报纸①。此外，张之洞致电湖北留日学生监督钱恂，提出《中外日报》《国闻报》《苏报》《汉报》《同文沪报》《便览报》等报纸"皆日本保护，阁下务访其外部，并商近卫伊藤，述鄙意，与之婉商。言此各报多误信康党谣言，不知康党逆谋，有意危乱中国，中国乱于日本亦不利，且非日本力助自强之意。务请其速电驻华公使及各领事，切告各报馆，事事务须访实，勿信逆党讹言，刊报勿用康党主笔，万不可诋毁慈圣，有碍邦交"②。同时，他还派梁鼎芬等人前往上海，对各大报馆进行监视，邹代钧因此关照汪康年，"香帅颇以《日报》为不然，意似归过于公。窃谓《日报》取译西报言南皮已允内禅一节，本可不载。嗣后虽属译报，似宜稍加抉择"③。

虽然张之洞多次批评《中外日报》，但他已经无法做到昔日对《时务报》那样，轻易控制《中外日报》的销售渠道与资金来源了。上文提及1898年冯嘉锡所发之函，在斥责《中外日报》报道失实之余，以"倘以后《日报》于鄂事再听匪徒讹言，则不敢令鄂中官民阅看矣"之言相威胁。1900年3月，张之洞要求长沙等地禁售历来在该地颇有销路之各种报纸，如《同文沪报》《申报》《中外日报》④。但《中外日报》有着较为完善的营销网络，独立于官方系统之外。单纯发布几项禁令，难以限制《中外日报》的售卖活动。同时，中外日报馆位于租界之中，中国官吏的权力无法深入其间，在收到张之洞要求各报注意言行的函电之后，钱恂回复，"饬国闻、沪、汉三报慎言，余无权"⑤，也就是说，《国闻报》《同文沪报》

---

① 《致孙仲恺》，1900年4月，载胡珠生编：《宋恕集》（下），北京：中华书局，1993年版，第700页。

② 《致东京钱念劬》，载苑书义、孙华峰等主编：《张之洞全集》第10册，石家庄：河北人民出版社，1998年版，第7900页。

③ 《书札》（三），邹代钧（86），第2791页。

④ 刘望龄：《黑血·金鼓——辛亥前后湖北报刊史事长编（1866—1911）》，武汉：湖北教育出版社，1991年版，第39页。

⑤ 《钱守来电》，载苑书义、孙华峰等主编：《张之洞全集》第10册，石家庄：河北人民出版社，1998年版，第7901页。

《汉报》由日本人主持，钱恂尚可通过与日本政府交涉的手段饬令三报，而《中外日报》《苏报》与《便览报》与日资并无瓜葛，中国政府没有权力加以干预。不过这一事件也给汪氏兄弟提了个醒，湖广方面已经对《中外日报》极不满意，办报人必须要及时采取动作，缓和与张之洞之间的关系，亦有友人提及，"报章不可与官场反对，宜留办事地步"①。

早在 1899 年 7 月，《中外日报》即以代售《湖北商务报》的方式，表达了与官方的合作意愿。《湖北商务报》由朱克柔、陈衍等人编撰，但幕后的策划人是张之洞，"香帅因商务消息非有报纸不克灵通，爰命商务局总办程观察仪洛、王观察秉恩等会商商报体例，即拟开办"②。张之洞对于《湖北商务报》的经营十分重视，要求各道府、各处各购 3 份，大州县购 20 份，中等州县购 10 份，小州县购 5 份，总计派销 755 册，下令咨送全国 19 省区的总督巡抚若干册③，并亲自撰写推荐信札，赞誉《湖北商务报》"均于互市大局、振商要图有关，非寻常民报可比"④。《中外日报》负责《湖北商务报》在上海的派售工作，早在《湖北商务报》尚未开办之时，就已经在报章上刊出了宣传通告。1899 年 5 月 8 日，《中外日报》"专件"栏目刊载《〈湖北商务报〉略例》。7 月 28 日，《中外日报》获得了《湖北商务报》的代派权，并公布售例：一，每册售价一角三分，另加由鄂至申邮费一分；二，来购者如原班寄回自给信资，即不再行加费，倘需交邮局寄上，即应每册加邮费一角；三，愿购者务须将报资、邮费照章寄下，如仅空函嘱寄，概不应命，以免赔累；四，本馆为简便起见，故概行零售，其价目则照全年四年之例折算，以便阅者；五，每期报到后，本馆随即登报声明，阅者自可随时函购⑤。此后，《湖北商务报》凡出版新一

---

① 《致冠堂先生》，载《〈刍言报〉访稿不分卷》，上海图书馆藏稿本。

② 《开办商务报》，《中外日报》1899 年 1 月 1 日，第三版。

③ 参见刘望龄：《张之洞与湖北报刊》，《近代史研究》，1996 年第 2 期。

④ 《湖广督宪张派阅〈湖北商务报〉札》，载《湖北商务报》第 3 册，1899 年 5 月 20 日。

⑤ 《本馆代售〈商务报〉告白》，《中外日报》1899 年 7 月 28 日，广告版。

期，《中外日报》均会在头版用粗体字标出，以飨读者，这一代售活动一直持续到 1904 年①。

代售活动本身不一定盈利，《湖北商务报》仅派售半个月，《中外日报》即刊载告白，表示因"邮费较巨，嘱为再加一分……现本馆零售每册一角三分，加邮费二分，外埠再加转寄邮费一分"②。报馆主持人的目的或许在于通过代售活动的开展，获得与张之洞等官员接触的机会。另一方面，《湖北商务报》关于各地的新闻报道也大量转录自《中外日报》，总数近 200 条，鉴于《湖北商务报》在官员阶层中广泛订购，这种互动也能够带来《中外日报》知名度的提升。除此之外，《中外日报》还代售过一些张之洞编撰的著作，如 1900 年底宣布代售张之洞的《劝学篇》。1901、1902 年，《中外日报》又先后代售《张香涛制军劝戒上海国会文及代国会复书》及《南皮张宫保政书》③。

值得一提的合作事项，还有《中外日报》对湖南水灾的赈济活动。1906 年上半年，湖南多个府县普降暴雨，数十万民众无家可归。5 月，《中外日报》与《申报》《新闻报》等联合发起湖南水灾捐募活动，"哀此小民猝罹巨酷，器用则漂没矣，家室则倾覆矣，求食则不得，求居则无所"，呼吁"学界商界诸君子念邻省之怀襄，轸生灵之颠沛，当亦共表同情也。本馆敢援前例，兼收湖南水灾赈捐，所望诸君子乐善而能不倦，见义而更勇为，以救邻灾，以恤余黎"④，并将《续募湖南水灾赈捐启》随报附送。在此后的一个月内，《中外日报》逐日将最新捐款者名讳及钱款数量在"本馆特别广告"中进行刊列，并连续刊登《湖南绅士告灾乞赈函》《寓宁安徽学界同人急募湖南水灾赈捐公启》等公开信，以及转载《字林

---

① 1904 年 9 月 15 日，《中外日报》刊载告白，称《湖北商务报》"创办六年已出报一百七十期，自本年起每月改出一册约七十叶，商报十之二三，工商译书十之七八，上海寄中外日报馆，湖北本馆及汉报馆"。

② 《〈湖北商务报〉第十期》，《中外日报》1899 年 8 月 13 日，广告版。

③ 《张香涛制军劝戒上海国会文及代国会复书》，《中外日报》1901 年 3 月 19 日，广告版；《南皮张宫保政书》，《中外日报》1902 年 3 月 10 日，广告版。

④ 《续募湖南水灾赈捐启》，《中外日报》1906 年 5 月 15 日，第一版。

西报》《文汇西报》关于湖南水灾的最新报道,将这一活动的影响力推向高潮,捐款者中不乏社会知名人士,如地理学家傅云龙之子傅范初捐款一百元,澄衷学堂、圣约翰书院捐款数十元不等,复旦公学筹助一百零八元①,连海外的革命党人宋教仁也"寄金二元至中外日报馆,以为湖南水灾救济之助"②。报馆主持人汪诒年、叶瀚还向汉阳萍煤运销局负责人卢鸿沧汇去五千两银,其中部分款项由报馆筹垫,托其代购米石,运往湖南散放或办平粜。上述活动得到湖南巡抚庞鸿书的赞许,"顷阅报章,得悉贵馆轸念湖南灾重,代为募赈,足见谊重,同胞至为钦佩,如募有成数,尚望随时汇寄,以惠灾黎"③。湖南筹赈总局还专门致函《中外日报》,赞誉报馆承运的白米六百包,"其佳好独为各处之冠",而受灾最重的湘潭县,亦收到报馆运来赈米一千包④。《中外日报》的善举,终于等来了张之洞的好评。1906 年 6 月 7 日,张之洞电函报馆,称"湘灾奇重,待赈孔殷,虽蒙圣主发给巨款,鄂省亦经由官筹十万两,由商筹五万串,已分批解往协济,惟灾区太广,散布难周,沪上素多好义善士,敢祈贵馆代发广告,普为劝募拯救灾黎,至感至祷"⑤,言虽简短,意味深长。

从《中外日报》与张之洞的互动案例可以发现,报馆经营者竭力希望通过与官方恢复合作的方式,换取官方对办报活动的支持,以此为报馆的发展创造一个有利的外部环境。清末最后十余年,虽然政府对于社会的控制力度已经大为下降,但依然有能力对报馆进行管控。根据方汉奇先生的统计,从 1898 年至 1911 年,至少有 53 家报纸遭到官方的打压,占当时报刊总数的 1/3 强,其中有 30 家被查封,14 家被勒令暂时停刊,其余分别遭到传讯、罚款、禁止发行、禁止邮递等处分。报人之中,则有 2 人被杀,

---

① 《本馆特别广告》,《中外日报》1906 年 5 月 25 日、5 月 29 日、6 月 1 日,第一版。
② 《宋教仁日记》,1906 年 8 月 8 日,长沙:湖南人民出版社,1980 年版,第 195 页。
③ 《本馆特别广告》《湘抚庞致本馆电》,《中外日报》1906 年 5 月 27 日,第一版。
④ 《本馆经理湘灾赈款征信录》,《中外日报》1906 年 9 月 26、27 日,第一版。
⑤ 《照录鄂督张制军来电》,《中外日报》1906 年 6 月 7 日,第一版。

15 人被捕入狱，还有百余人遭到拘留、警告、遣送回籍等处分①。亦有学者指出，在清廷制定报律之后的几年内（1906 年至 1911 年），全国发生大小报案 62 起，主要罪名有革命言论、抨击官员、报道失实及披露外交密件等②。至于在各个海关、商埠查禁各种激进报刊的案件更是不胜枚举。

在上海办报有一个天然的优势，即租界的存在。在租界中，"外国人不仅享有治外法权和特权，公共租界当局还实际上行使对中国居民的司法权。中国人虽在人口中占绝大多数，但在市政机构中却毫无参与权。中国当局只有得到有关外国领事的批准，才能逮捕在租界里的中国人。在上海的公共租界，中国人之间的民事或刑事案件是由会审公廨审理的，而会审公廨实际上（并非根据条约赋予的权利）经常由外国陪审员控制"③，使得官方的政治压迫很难取得效果，但从《苏报》《国民日日报》的例子可以看到，即使有租界的保护伞，也无法将官方的力量完全消解，更何况，在租界中也面临着工部局的管控，一样存在风险④。"《苏报》案"发生之后，汪康年致函工部尚书、商约大臣吕海寰，表示"办理之始，苟得握要之

---

① 方汉奇：《中国近代报刊史》，太原：山西教育出版社，1981 年版，第 596—597 页。

② 李斯颐：《清末报律再探》，《新闻与传播研究》，1995 年第 1 期。

③ 费正清主编：《剑桥中华民国史》（上），章建刚等译，上海：上海人民出版社，1991 年版，第 146—147 页。张静庐故而言之，"中国人办的新闻纸一定要在租界上出版，才敢说话"，见张静庐：《中国的新闻记者与新闻纸》，载《民国丛书》第三编（41），上海：上海书店出版社，1990 年版，第 48 页。

④ 如 1905 年底，在一次工部局董事会会议上，"总办提请会议注意最近华文报纸所刊登的一些文章，特别是其中刊登在《中外日报》的一篇，据认为这篇文章是要煽动群众闹事。总办建议，根据目前情况，既然在会审公堂提出起诉是不可能的，董事会就应警告这些报纸的编辑：如果他们继续在这个问题上触犯法律，他们的报纸可能会被查封。董事会反对这一做法，会议决定写信警告这些报馆说，他们的行为可能会导致严重后果"，见上海市档案馆编：《工部局董事会会议录》（第 14 册），上海：上海古籍出版社，2001 年版，第 611 页，转引自徐中煜：《清末新闻、出版案件研究（1900—1911）：以"〈苏报〉案"为中心》，上海：上海古籍出版社，2011 年版，第 26—27 页。同年，"《济南报》及上海《中外日报》《时报》《警钟日报》屡载德国在山东有不利于中国，德领请鲁当道及上海道禁止登载"，见戈公振：《中国报学史》（插图整理本），上海：上海古籍出版社，2003 年版，第 204 页。

方，而不多诛求，则波澜自不难立定。今都中捕杀沈荩外，忽又有捕杨度之事，又闻有言官劾杨道霖、俞陛云、端绪等四人之事，于是遂有遍捕留学生之谣。又有将来株连新党之谣。夫经济特科者，朝廷所以待非常之士，而尚不免于捕劾，则海内稍讲新学之士，谁不寒心……窃谓国家实无多杀新党之意，而惜乎朝廷之上，无主持不杀新党之人，于是不解事之人争以多劾新党，为取悦朝廷之计，则株连穷究，将无已时"[1]，表达了对官方巧立名目打压民众的不满，亦是担心《中外日报》有朝一日也会步《苏报》的后尘。

进一步言，汪康年的办报活动，本身就带有强烈的政治目的。有学者表示，康有为、梁启超、汪康年等人从事报刊活动的目的，"不仅仅是宣传自己的政治主张，而是要施展自己的政治抱负，他们的报刊活动是他们政治活动的有机组成部分……他们办报，不是想当一个职业报人，不是以办报作为自己的安身立命的职业"，换言之，"他们的办报活动是为了他们的政治活动服务的"[2]。还有学者提出，报人的做法可称为政治为"体"，报刊为"用"[3]。对于《中外日报》的主持人而言，办报与问政是硬币的两面，其目的仍然是希望通过舆论进行政治宣传、影响时局。1900年，汪康年与唐才常、叶瀚等人合作创办中国议会，为了扩大政治影响力，汪康年"特至湖北以剿拳匪、劾政府之说上诸张孝达制军，又至江宁托人将前说

---

① 《上吕镜宇尚书书》，载汪林茂编校：《汪康年文集》（下），杭州：浙江古籍出版社，2011年版，第618—619页。

② 吴廷俊：《论中国文人办报的历史演变》，《新闻春秋》第6辑，第87页。

③ 樊亚平：《中国新闻从业者职业认同研究（1815—1927）》，北京：人民出版社，2011年版，第84页。

上诸刘岘庄制军"①，虽然游说张之洞的计划"毫无结果而归来"，但至少表达了汪康年欲在政治上有所作为的想法②，所谓"归重于朝廷，致望于督抚"③。1901 年 1 月，清廷颁布上谕宣布变法，《中外日报》专门刊载《辛丑新年祷祝文》，"朝廷幡然改图，咸于维新之至意，而适在旧岁之终，改岁之始，则足以动环海之观听，使之欢欣鼓舞而不能自已，此则宗社之福，而四万万臣民之幸也"④。此后数月之间，汪康年向当朝重臣、地方督抚、日本实力派等呈上说帖，条分缕析地将他对国家政策、改革方案以及急宜办理之事宜进行系统陈述⑤，《中外日报》上刊出的《变法条目私议》，提出朝廷宜"开学堂以造人才、变科举以别士类、多保荐以广登进、开党禁以收废弃、设译局以广见闻、广报馆以开风气、广制造以蓄军备"，这些主张与汪康年的观念一脉相承，亦有可能是汪康年亲手撰述之作⑥。游说、上书等举动，表明此时只是"一介布衣"的汪康年，深深地卷入到政治漩涡之中。

办报人的主张，对《中外日报》的影响是显而易见的。戊戌政变之后，报人群体不再寄希望于官方给予的经济资本与销售渠道，而是力求通

① 汪诒年：《汪穰卿先生传记》，北京：中华书局，2007 年版，第 112 页。宗方小太郎对此事件的评论是，"张之洞、刘坤一二人为长江一带最为有力之人物，必预先说服此二人，做好迎驾准备。本日派汪康年（张之洞信任之人）前赴湖北劝说迎驾之事，另派人向刘坤一游说。只是张之洞胆怯，刘坤一过于老成，能否应承此事，难以预料"，见《义和团事件私信》，明治 33 年 6 月 12 日，神谷正男：《宗方小太郎文书》，东京：原书房，1975 年版，第 85 页，转引自戴海斌：《"题外作文、度外举事"与"借资鄂帅"背后——陈三立与梁鼎芬庚子密札补证》，《近代史研究》，2011 年第 2 期。

② 何凤圆译、黄绍海校：《井上雅二日记》，1900 年 6 月 25 日，载《辛亥革命史丛刊》（第九辑），北京：中华书局，1997 年版，第 180 页。

③ 《上江督刘岘庄制军书》，载汪林茂编校：《汪康年文集》（下），杭州：浙江古籍出版社，2011 年版，第 580—581 页。

④ 《辛丑新年祷祝文》，《中外日报》1901 年 1 月 22 日，第一版。

⑤ 《上某疆臣说帖》，载汪林茂编校：《汪康年文集》（下），第 590—594 页；《上政府说帖》，载汪林茂编校：《汪康年文集》（下），杭州：浙江古籍出版社，2011 年版，第 595—602 页；李廷江编著：《近代中日关系源流：晚清中国名人致近卫笃麿书简》，北京：社会科学文献出版社，2011 年版，第 133—167 页。

⑥ 《变法条目私议》，《中外日报》1901 年 2 月 7 日，第一版。

过独立经营的方式寻找新的生存之道。但不少报人原本拥有的"体制内"身份，加上渴望以言论为世所用的理念，使得他们与官员群体仍然保持紧密的互动关系，轻易不触碰官方的政治底线。《中外日报》可以作文"南皮制军屡劝人阅报，梁太守所为，毋乃与之相反耶"，讽刺一下梁鼎芬①，却不可能真正将矛头对准张之洞。不仅如此，《中外日报》还撰文称赞张之洞"有关于国事折，如是其重且要，今则位极人臣，年臻大耋，且达其最后目的之时会已至，窃料相国此行必能力行其所怀之主义，于以救中国之危而收晚节之效，未可知也……窃愿相国深筹大计，俯顺人心，有以收旋乾坤之功也"，以"不负天下人之期望"②，甚至夸赞其为"中国一人"③。总体而言，汪康年与张之洞"既有不同的政治取向，又有共同的行动内容；既有合作，又有对抗"④，再加上幕主与幕僚之间类同于公共的"君臣"关系⑤，导致《中外日报》自我定位为朝廷政策的建言者、官僚制度的批评者、社会事务的观察者，而不会简单地质疑与否定官方的权威性。这种言论上的倾向也招致批评，认为《中外日报》"乃满政府之报馆，非我汉族之报馆也，乃官场之走狗，我同志之蟊贼也……该报馆于吾国之进化实具有大阻力焉，凡我同志不可不鸣鼓以攻之者也……万一使吾国报馆而皆与《中外日报》等，则中国前途真无望矣"⑥。

要之，随着国内新闻业的日趋壮大，不少官员逐渐意识到了舆论工具的威胁性与破坏力。张之洞在变法维新时期尚能提出"报之益于人国者，博闻次也，知病上也……勤攻吾阙者，诸葛之所求；讳疾灭身者，周子之

---

① 《〈汉口日报〉停止》，《中外日报》1903年6月5日，第二版。

② 《论张相国入京之关系》，《中外日报》1907年8月21日，第一版；《论袁、张二公入军机事》，《中外日报》1907年9月5日，第一版。

③ 皮锡瑞：《皮锡瑞日记》（3），1901年7月22日，吴仰湘点校，北京：中华书局，2020年版，第1028页。

④ 廖梅：《汪康年：从民权论到文化保守主义》，上海：上海古籍出版社，2001年版，第215页。

⑤ 参见熊月之：《略论晚清上海新型文化人的产生与汇聚》，《近代史研究》，1997年第4期。

⑥ 孙汉：《告报馆记者》，《警钟日报》1904年1月5日。

所痛"①，认为政府理应有雅量容忍舆论的指摘之声，但在戊戌政变之后，张之洞则不再发表类似言论。更多的官员则对"报馆昌言"多有不满，如广东巡抚张人骏在家书中直言《中外日报》"肆无忌惮，但有人以一纸交之，不独刊登报章，且复力肆诋毁"，指责其"赞者皆虚词，其攻击者皆实处。忽赞忽毁，阳示直道之公，阴行倾挤之计。此等侜张之术，汝能尽防之乎"②。虽然此番言论只是流行于私人领域之中，但将其化为实践，封杀报馆、抓捕报人的事件亦是层出不穷。汪康年感叹，"若夫报馆之设，所以监督官吏、通达民隐，意在使官之所为，民无不知之；民有所苦，官无不知之……惟其然，而疾视报馆者遂至多，所以掎扼之者无不至。《左传》言'盗憎主人'，《老子》言'多言贾祸'，此其证矣。盖必统中国无报馆，即使有之，而一事不敢言，与无报馆等"③。

在这样的情况下，报馆为了自身的生存与发展，必须要寻求与官方的共处之道。《中外日报》的做法是"向上进言"与"打擦边球"，"承平之时，基本不参与政治，更愿意介绍西学、鼓吹洋务事业，或者就上海地方事务发表一通感言和议论。国家多事之秋，议政热情偶尔也会高涨，但对政治参与有分寸，不发过激之言，更不把自己当作政治工具"④。同时，报馆主持人积极与各级官员进行沟通，加强双方的交流与互动，一个具体表现是利用销售渠道，对官方系统的出版物进行派售，如公开发售《商务官报》《学部官报》等官报，管学大臣张百熙主编的《钦定学堂章程》、山东巡抚（后任直隶总督）袁世凯编撰的《训练操法详晰图说》《东抚学堂奏稿》等著作，以此改善与官方之间的关系。

---

① 《劝学篇》"阅报第六"，载苑书义、孙华峰等主编：《张之洞全集》第 12 册，石家庄：河北人民出版社，1998 年版，第 9745—9746 页。

② 《致张允言》，1904 年 5 月 20 日，载张守中编：《张人骏家书日记》，北京：中国文史出版社，1993 年版，第 43—44 页。

③ 《论粤督限制报馆》，载汪林茂编校：《汪康年文集》（上），杭州：浙江古籍出版社，2011 年版，第 95—96 页。

④ 王敏：《政府与媒体——晚清上海报纸的政治空间》，《史林》，2007 年第 1 期。

二、盛宣怀：有限度的合作

与《中外日报》关系紧密的官场人物不仅有张之洞，盛宣怀也算是其中之一。盛宣怀虽然有经营企业的经历，但其自认为是官员身份①，可视作官员看待报馆的代表。盛宣怀与汪康年的交往始于《时务报》，在黄遵宪的劝说下，盛宣怀答应给报馆捐银五百两，但要"分年清交"，最后一笔款项到账是 1897 年下半年②。上文业已指出，在《时务日报》创刊之时，因经费短缺，曾广铨、汪康年多次致函，希望盛宣怀拨款襄助，盛随即出资五百元购了报馆股份，也就是说，盛宣怀一直是《中外日报》的股东。不过，盛宣怀与报馆管理层之间初期并无太多交集，双方关系的实质性发展，源于 1904 年后官商两界多次发起的赈济活动。《中外日报》作为主要的参与方，与盛宣怀密切合作，承担了重要的社会宣传与收受善款的工作，双方的互动，是报馆与官员之私谊关系转化为实际行动的典型例证。

作为报纸的出资人，盛宣怀对于《时务日报》及之后的《中外日报》并不陌生。在其档案之中，笔者找到了由其抄录的一篇刊登自《时务日报》"答问"栏目内的文章，内容涉及"外国公私银行是否皆可出钞票，每本银若干可出票若干，其出票已若干，应存国家银行银若干，存本银行若干"等问题③。而且，笔者还发现盛宣怀的档案中存有一些《中外日报》的剪报，如 1902 年 12 月 2 日与 1908 年 4 月 28 日的《中外日报》，剪报目的大概希望保留此二日的论说文章《论设立商务部事》与《救江浙说》④。《论设立商务部事》涉及当时最热门的事件之一，即商部的成立与商部尚

---

① ［美］陈锦江：《清末现代企业与官商关系》，王笛、张箭译，虞和平审校，北京：中国社会科学出版社，2010 年版，第 58—59 页。

② 《书札》（三），黄遵宪（19），第 2340 页。

③ 《录〈时务日报〉文》，1898 年 7 月 6 日，上海图书馆馆藏盛宣怀档案，索取号 020653。

④ 《论设立商务部事》，1902 年 12 月 2 日；《救江浙说》，1908 年 4 月 28 日，上海图书馆馆藏盛宣怀档案，索取号 041859-2、076774。

书的人选。盛宣怀一直是成立商部的呼吁者，早在 1899 年，他就上奏提出设立商务衙门，"专门主持商务，以与外交划清界限"①。1902 年，盛宣怀出任会办商约大臣，前往上海与美、英、日展开谈判，在给朝廷的奏折中，他明确提出，"光绪二十四年四月二十二日奉旨各省会地方设立商务局，亦已开办多年，但局为官设，仍用候补人员，不用商董，未免官与商视同秦越，商情甘苦，终难上达于官"，导致的结果是"局所虽多，徒滋纷扰"，因此再次奏请朝廷设立商务专部。而在《论设立商务部事》中，该文作者指出，"今日执政诸公与夫各部司员固鲜有通晓商务者，若欲择胜其任者而用之，则非求诸商人不可"，同时建议商部所在地"似当以上海为最宜，取其消息灵通，为各省之总汇，即曰体制所载，不能不设于京城，而亦当设行台于上海，由堂官轮流驻扎，即就上海选派明白事理之司员分往各商埠，详考其工商情形，据实禀陈，酌定办法"，文中所提出的意见或许与盛宣怀不谋而合，且作者所认为的商务部尚书的人选，也或明或暗地指向盛宣怀。当然，由于清廷对汉人官员的不放心，最终出任商部尚书的是庆亲王奕劻的长子载振。

至于《救江浙说》，由江浙绅商掀起的保路风潮，在 1907 年之后日渐扩大化，从地区性事件发展成为令全国瞩目的大事。而此事的缘起，亦与盛宣怀有关：1898 年，英商银公司向清廷提出建设苏杭甬铁路的计划，盛宣怀代表政府与英商签订了苏杭甬铁路草合同四条。之后数年，英商并未启动工程，让盛宣怀等官员以为对方"逾期不复，默认作废"②，故而允准浙江士绅自办铁路的请求。但英商不久之后提出，当初的合同并未废止，浙路建设权仍然归其所有，且指责清廷"早已许我英国，归英商承办，立

---

① 王尔敏：《商战观念与重商思想》，载氏著：《中国近代思想史论》，北京：社会科学文献出版社，2004 年版，第 281—282 页。

② "盛宣怀致英银公司函"，见宓汝成：《中国近代铁路史资料》（中），载沈云龙主编：《近代中国史料丛刊续编》（392），台北：文海出版社，1972 年版，第 839 页。

有合同。商部又奏请归华商承办，失信孰甚"①，苏杭甬铁路风潮再起。不少江浙士绅认为，出现英人阴谋掠夺铁路建造权的原因，与盛宣怀早先与银公司订立合同有关，因此在《救江浙说》的文章中，作者在斥责盛宣怀之余，提出保路运动的几项策略，即"窃借钱著为江浙筹之，款拒不借为上策，款存不用为中策，集内款压外款求不续借为下策，款用不敷续借为无策。上策救国，中策救江浙，下策与无策非所忍言矣。其中利害不可不一研究之也"，此处所表述的观点，代表了江浙士绅关于保路运动的主流立场，故而令盛宣怀关注与思考。他还让其幕僚整理了1906年刊登于各大报纸的《苏杭甬铁路废约抄存》，其中大多数文章录自2月17日与2月26日的《中外日报》，冀望通过《中外日报》的报道，了解舆论界的反应。

此外，在盛宣怀档案中，笔者还找到了若干与《中外日报》有关的内容，如1900年8月20日的《中外日报》传单，刊布了徐用仪、联元、立山因反对义和团而被清廷处斩的消息。又如1907年10月至11月《中外日报》连载的小说《孽报录》与《商界鬼蜮记》。其中《商界鬼蜮记》讲述了戚氏兄弟制售以吗啡及烟灰制成的"支那戒烟丸"，销量甚佳，数月之间赚取了几千两银子，而卖春药的王太医开了一家华佛大药房，专门制售假药"人和戒烟丸"及"蒲缎益身汁"，王太医因此也发了大财。小说对当时在市面上流行一时的"艾罗补脑汁"进行了揭示与讽刺②。盛宣怀自言，读《中外日报》"载录文件，颇关紧要于时事，裨助极多，官商士民，阅贵报者获益当非浅鲜，开通风气亟应如此办法，甚为佩慰"③。

不仅盛宣怀自己看《中外日报》，他的幕僚如陈善言、朱有濂、郑观

---

① "朱尔典与奕劻晤谈纪要"，见宓汝成编：《中国近代铁路史资料》（中），载沈云龙主编：《近代中国史料丛刊续编》（392），台北：文海出版社，1972年版，第857页。

② 张仲民：《补脑的政治学："艾罗补脑汁"与晚清消费文化的建构》，《学术月刊》，2011年第9期。

③ 《盛宣怀致中外日报馆函稿》，1904年4月22日，上海图书馆馆藏盛宣怀档案，索取号117082-2。

应等也常引《中外日报》上的新闻报道，发表个人的看法。如陈善言之函，"昨夜奉示饬将昨日《字林西报》所载英国来电彼相澜侯宣言一条译出云云，兹照译呈览，查此条今早《中外日报》《新闻报》均有译刊，但词语不甚切实耳"①；如朱有濂之函，"昨见廿二日《中外日报》所登兴办上海至无锡铁路，需用土方，招人承办，由总工程师奉总管理处之命登列告白，内载有人愿办者，可于九月廿七八日至总工程师格林森处领取标样，一切准于十月初三日投到，听候顶多等。因司员已转属朱少兰包俊山如期领样投标，并属其开列价目核实，估计格外从廉，惟告白中言明投到之标即系估价最廉者，本总管理处如不给予承办，该投标人须无嫌怨，即于全标中，本总管理处一概不予承办，亦无不可云云"②；又如郑观应之函，"顷阅《中外日报》传单，惊悉德人率胶州兵赴沂州，查沂州府属地出金刚钻及产磷合种田之用，较煤矿价尤贵，经矿师看过，其地价极□□□。我公有可靠之人否？兹将传单呈阅"③。

《中外日报》还担当过盛宣怀对外发布声音的平台，如 1907 年 3 月，招商局股东在愚园集议注册事务，公举专办公牍五人，以盛居首。盛遂于《中外日报》"来函"栏目刊登公函，表示"奈贱体年来既衰且病，众所共知，自揣精力实难谬承此选，且现尚忝膺使命，公呈领衔一节亦觉稍有未宜，伏乞阁下普告各股商，允将公举鄙人一事撤销，查照票数，以子英观察递推，俾足五人之数，实于商局公事、鄙人病体两皆有裨，至纫公谊，各股商处均望代达下忱，不胜感幸"④。由于双方良好的交流关系，盛宣怀主办的通商银行、轮船招商局等企业公告，也多由《中外日报》对外传达，报馆主持人只要求"惟送去之件不可落他报之后"⑤。因此香港通商银

---

① 《陈善言致盛宣怀函》，上海图书馆馆藏盛宣怀档案，索取号 010780。

② 《朱有濂致盛宣怀函》，1904 年 11 月 1 日，上海图书馆馆藏盛宣怀档案，索取号 102234。

③ 《郑观应致盛宣怀函》，上海图书馆馆藏盛宣怀档案，索取号 048600-2。

④ 《盛宣怀来函》，《中外日报》1907 年 3 月 2 日，第四版。

⑤ 《徐庆沅致盛宣怀函》，上海图书馆馆藏盛宣怀档案，索取号 050769。

行洋大班拉打在函件中专门提及，"窃晚前奉总行来信，嘱为刊登《中外日报》告白，招一熟识生意之人为明年香分行买办一节。兹查告白刊登之下，当有十六人具名投函求补斯缺。所有十六人之名氏，业经汇寄交总行洋大班美德伦收存。查十六人内，鄙见推韦华廉、张怡桓、周达堂三人为最出色。其一切分别详载于左，衹请钧鉴"①。

既然盛宣怀习惯看《中外日报》，一旦报纸上有若干内容犯了盛宣怀的忌讳，马上就会引起盛的强烈回应。如1904年4月21日，日本驻沪领事小田切万寿之助致函盛宣怀，提到《中外日报》与《新闻报》连续刊登"宣城矿事冶矿借款金钱定价之来去函及第二次银行借票"，甚为不解，猜测是中方或日方的某个环节出了问题，导致内容泄露；又提及4月11日《中外日报》"紧要公文"栏目中刊载了"安徽巡抚诚咨铁路大臣盛公文"，小田切认为"此项公文未交敝署，亦被抄刊，尤为不解，相应函复贵大臣查照，俟询得该报馆等实在来历，再行核办可也"，抗议之意跃然纸上②。盛宣怀不敢怠慢，马上致函报馆，说明"敝处公文，往来甚夥，公事公办，无不可以告人。间有经贵执事函询者，但有所知，随时答复，其有非敝处答复者，则贵馆或由他处传钞，或由访事转觅，此亦报馆力争上流之办法，原不足怪"，但4月6日、7日、9日《中外日报》"所登矿价、借票及宣城矿事，又矿价金钱定价各函件，皆未经贵馆函索及敝处答复者，阅之甚觉诧异，盖此等文件只有弟处及日本领署有案。贵馆系从何处抄来？如系敝处及日署中人所赠，即望明告。缘敝处专送与他人窃送有公私之别，公则可行，私则有碍，拟请以后如再有人窃送贵处，望即摒却，并请一面示知敝处查究，以慎关防，倘系日署送来亦望函告，俾敝处可以释疑矣，论前件既已登报，本不甚关机密，可以置诸不问，不过来路不明，亦

① 《拉打致盛宣怀函》，1902年1月15日，载陈旭麓、顾廷龙、汪熙主编：《中国通商银行（盛宣怀档案资料选辑之五）》，上海：上海人民出版社，2002年版，第268—269页。

② 《小田切万寿之助致盛宣怀》，1904年4月21日，上海图书馆馆藏盛宣怀档案，索取号117082-1。

劝贵馆不必收受，因有碍公事，将来反致不便也，仍希惠复为盼"①。盛宣怀还让幕僚金世和调查《中外日报》及《新闻报》刊载新闻之事，后者函询之后，得知"此函可发可不发，盖恐彼等主笔不明事理，重查前报所载，反将冶矿借价一事糊涂议论，或将此函入报，而附以赘语，更多枝叶也。最好宫保将前相报登之件发一论单，晓谕行辕办公人等务慎关防等语，并与小田切晤面，请其同此办法。如此正本清源，两处办公之人当知警惕矣"②，经过商议之后，方将事态平息了下去。

又如 1907 年 9 月，盛宣怀在《中外日报》上读到《中德商约草稿》，注明译自《上海泰晤士报》，而此项条约"所议而未定，尚未宣布"，且"文词多与本公所议者不符"，故而询问报馆是否由《上海泰晤士报》译出，"抑经他处传抄而来，事关中外交涉，诚恐外人诘问"。汪诒年接信之中，迅即复函，"敝报所载《中德商约草稿》，确系从《上海泰晤士报》译出，请饬贵公所翻译诸君将该报检出核对可也"③，从 9 月 8 日、9 日连载《中德商约草稿》，到 14 日汪诒年致函盛宣怀进行解释，其间只过去了区区六天。

《中外日报》不仅是盛宣怀获取国内外新闻的主要信息来源，更是其开展各项社会事务的合作对象，集中体现在地方义赈事务。所谓"义赈"，一般作为民间助赈活动的专有名词，其形式是"民捐民办"，"即由民间自行组织劝赈、自行募集经费，并自行向灾民直接散发救灾物资"的赈灾活动，与官方主持的"官赈"相区别，如经元善所言，"原不必受制于官吏，

① 《盛宣怀致中外日报馆函稿》，1904 年 4 月 22 日，上海图书馆馆藏盛宣怀档案，索取号 117082-2。

② 《金世和关于致中外日报函稿的说明》，1904 年 4 月 22 日，上海图书馆馆藏盛宣怀档案，索取号 117082-3。

③ 《盛宣怀致中外日报馆函》，1907 年 9 月 13 日，上海图书馆馆藏盛宣怀档案，索取号 010191；《汪诒年复盛宣怀函》，1907 年 9 月 14 日，上海图书馆馆藏盛宣怀档案，索取号 050761。

而听其指挥"①。近代义赈活动甫兴之时，新闻媒体只是承担报道的工作，"赐助赈款，当即掣奉收条，按日刊布日报"②。随着新闻业的快速发展，报馆作为活动的参与者，逐渐在义赈事务之中担当主要角色。庚子年间，"因京师拳匪为非，激成大变。列国师船连樯北上，竟以全球兵力，决胜中原。炮火环轰，生灵涂炭，兵刃交接，血肉横飞"③，为了对北方同胞提供援助，江浙一带著名绅商严信厚、陆树藩、庞元济、施则敬等在上海组织了"救济善会"与"济急善局"，在《申报》《中外日报》等报纸上发布创办及募捐启事④，申报馆还成为济急善局的办事处，并承担着救济善会的钱款收捐工作。而《中外日报》连续在"专件"栏目中刊载两广总督李鸿章、上海道台余联沅与施则敬、陆树藩等人的来往信函，表示登载此类紧要文件"均不取分文"⑤，同时随报附送救济善会之捐册，报馆大股东汪康年还将五十部《时务报》捐给救济善会，由善会组织义卖以筹集善款⑥。不过这一时期的《中外日报》，对于义赈事务的参与力度并不算高，由于报馆未设协赈所，一旦收到读者来函要求赈捐，甚至只能"拨交新闻报馆协赈所充作善举"⑦。

《中外日报》真正将资源投入到义赈事务，是在万国红十字会成立之

---

① 经元善：《送两弟远行临别赠言》，载虞和平编：《经元善集》，武汉：华中师范大学出版社，2011年版，第12页。参见李文海：《晚清义赈的兴起与发展》，《清史研究》，1993年第3期；王卫平：《光绪二年苏北赈灾与江南士绅——兼论近代义赈的开始》，《历史档案》，2006年第1期。

② 《上海陈家木桥江浙闽粤同人苏州天库前电局内桃坞同人顺直山东沙洲赈捐公所告启》，《申报》1883年11月14日，第四版。

③ 《救济善会公启并章程》，《中外日报》1900年9月17日，第四版。

④ 《救济善会启》，《申报》1900年9月9日，第二版；《救济善会公启并章程》，《中外日报》1900年9月17日，第四版；《济急善局启》，《申报》1900年9月18日，第一版；《济急善局公启并章程》，《中外日报》1900年9月21日，第四版。参见阮清华：《非常时期的民间救济——以"庚子之变"后上海绅商义赈为例的探讨》，《华东师范大学学报（哲学社会科学版）》，2005年第1期。

⑤ 《本馆告白》，《中外日报》1900年10月23日，广告版。

⑥ 《救济善会志谢汇登》，《中外日报》1900年12月7日，广告版。

⑦ 《本馆告白》，《中外日报》1901年11月25日，广告版。

后。1904 年 3 月 3 日，沈敦和、施则敬等二十余人集会于上海英租界六马路仁济堂，发起成立东三省红十字普济善会①，与会者有《申报》《新闻报》掌门人席子佩、汪汉溪，而没有汪氏兄弟。数日之后，由普济善会发展而来的万国红十字会发布创办启事，"所有向收义赈之申报馆、新闻报馆、仁济善堂及现收恤款之中外日报馆，拟请分别代收"②，其中"向收""现收"的不同措词，反映了报馆参与义赈活动的前后顺序。3 月 10 日，上海万国红十字会正式成立，申报馆、新闻报馆、中外日报馆、仁济善堂及丝业会馆成为收受善款的主要机构。《中外日报》同时刊发告白，望"各省忧时君子乐善仁人念同胞同与之谊，尽己饥己溺之怀，解囊慨助，同襄义举，曷胜祷兮。凡有捐款，请交本馆代收，除给付收条外，集有成数，即汇交会董验收，并刊登报端，以昭征信"，捐助因日俄战争而被迫流离失所的数千万东北同胞③。

投入义赈活动的《中外日报》，就此与"义赈活动的重要支持者和积极参与者"盛宣怀挂上了钩。此时盛宣怀投身义赈已有近三十年④，1880 年，他"先是署理天津河间兵备道，后又主持直隶筹赈局，从而与义赈同人进行了更多的沟通"⑤，用他自己的话来说，"平生最致力者实业之外，唯赈灾一事"⑥。与之前不同的是，他在处理事务的过程中，前所未有地倚重报馆的力量，认为一旦将捐款信息登载于各大报纸之上，首先可以在短时间内传布各埠，其次可以取信于社会，显示义赈活动的公开规范。

发生在 1906 年至 1907 年的淮徐海水灾，就是盛宣怀与报馆密切互动

① 《记普济善会初次议事情形》，《申报》1904 年 3 月 4 日，第一版。

② 《普济群生》，《申报》1904 年 3 月 11 日，第一版。

③ 《本馆特别广告》，《中外日报》1904 年 3 月 16 日，第一版。

④ 朱浒：《民胞物与：中国近代义赈（1876—1912）》，北京：人民出版社，2012 年版，第 208 页。

⑤ 朱浒：《从赈务到洋务：江南绅商在洋务企业中的崛起》，《清史研究》，2009 年第 1 期。

⑥ 参见冯金牛、高洪兴：《"盛宣怀档案"中的中国近代灾赈史料》，《清史研究》，2000 年第 3 期。

的典型案例。这次水灾号称"数十年来所未有",两江总督端方在奏折中称,"低处田庐悉遭淹没……灾民无可糊口,纷纷变售牛具四散觅食,甚至卖儿鬻女者日有所闻"[①]。为了应对这一灾难,上海各界人士陈作霖、席子佩、狄葆贤、汪诒年、汪汉溪、郁怀智、张韦承、朱佩珍、施则敬、曾铸等十人组成义赈公所,联合发布告白,表示徐州、淮安一带雨多水溢,汪洋一片,民众"荡析离居,旦夕将填沟壑",希望"达官显宦、志士仁人"能够"或慨解囊金,或指分义粟",救黎民于水火[②]。其中郁怀智、朱佩珍、曾铸为实业界人士,陈作霖为地方士绅,施则敬、张韦承出身官场,另外四人席子佩、狄葆贤、汪诒年、汪汉溪则是上海四大报纸《申报》《时报》《中外日报》《新闻报》的掌门人。换言之,官员、商人、报人、士绅四股势力的通力协作,承担起了救济社会弱者、维持秩序等方面的公共职能,"在国家与社会的关系中,主要代表社会一方,并沟通两者"[③],保证了义赈各项事务的有序开展。

在义赈事务中,《中外日报》出力甚多,一年之内总共收到各界人士捐款2万余元,其中包括经学大师孙诒让将六十寿辰的筵资一百元全数交给报馆以充赈款,商务印书馆同人高凤谦、庄俞、蒋维乔、沈颐等捐款62元,留德学生宋承铖在看到《中外日报》上的启事之后,在留学生中进行

　　① 端方:《截漕赈抚并展办各捐折》,光绪三十二年十月折,《端忠敏公奏稿》卷七,上海图书馆馆藏稿本。
　　② 《募捐江北义赈》,《申报》1906年8月30日,第一版。
　　③ [日]小浜正子:《近代上海的公共性与国家》,葛涛译,上海:上海古籍出版社,2003年版,第7—9页。

捐募活动，共筹善款 170 马克①。报馆还将湖南水灾义赈活动所筹集的善款移作淮徐海等处赈济之需②。《中外日报》收到的赈款经过统计之后，交由盛宣怀管理的广仁善堂等机构代收，汇解灾区③，笔者在盛档中找到一张内容为"中外日报馆，徐州二千元、淮安一千四百元，规元海州五百两"的汇款便条④。而广仁善堂的收款清单，也会定期在《中外日报》上登载，若出现刊登迟误的情况，报馆还会收到盛宣怀的催促信件，"敝堂筹办江南北义赈所有十月份收款清单，已承贵馆按旬照登，深为感动，刻查十一月上中旬收单两份送上，已有旬余，尚未登出，捐户时来询问，并有劝说载报支付报资者，敝堂并非省资，实因振孔殷用款，多支一千饥民即少活一命，贵馆素来担任义务，近复于附张内添刊善举一门，专登赈务，区区报费当不计较此，务祈速赐刊登，俾已捐者可以取信，未捐者阅而生慕，以后捐款踊跃，则百万灾黎悉沐仁人之赐矣"⑤。

---

① 均见《本馆特别广告》，《中外日报》1906 年 12 月 28 日、1 月 8 日、3 月 16 日、4 月 21 日、7 月 27 日，第一版。孙诒让在 7 月 27 日捐款之后的声明中称，"顷闻同里诸戚友猥以不佞六十生辰，议循俗例致贺私衷，惶愧无地。夫生日之有受贺，非古也，而以孤露余生称觞志庆，尤为非礼。顾亭林先生已痛斥之矣。窃以世变砖危，既非吾辈醵饮为乐之时，况衰年多病，索居鲜欢。每念人生有涯，彭殇同尽，既今幸跻耄期，亦复何足夸炫，何况未及中寿，祝延之典，更非可取，当诸君子强欲藻饰顽钝，而令上违古礼，下乖素心，谅亦非贤者之所乐也。藉令勉领盛贶，则设筵酬答，礼不容阙，刲羊□豕，馔具宜丰，不佞中年以后略涉梵典，颇信质点不灭，则性识永存，佛说无始以，历劫流传，一切众生皆尝为亲属，屠宰烹制之惨实为忍心害理，故平日非大宾祭不敢特设，今以贱辰一日之娱，而造万劫无量之孽，是亦不可以已乎？今谨先期广告，恭申谢困，届期凡烛幛礼物概不敢领，寒舍亦无筵会，即汤饼亦复不具，惟略备筵资墨银一百元，寄上海中外日报移充义赈，冀为诸君造福，藉答雅意，疏简之□，伏希原恕大雅，闳达幸垂鉴焉"。
② 《本馆特别广告》，《中外日报》1906 年 9 月 20 日，第一版。
③ 《本馆特别广告》，《中外日报》1906 年 11 月 18 日，第一版。
④ 《徐淮海水灾捐款便条》，上海图书馆馆藏盛宣怀档案，索取号 008646。
⑤ 《吕海寰、盛宣怀致〈南方报〉、〈中外日报〉函》，1907 年 6 月 1 日，上海图书馆馆藏盛宣怀档案，索取号 050414；《吕海寰、盛宣怀致志赞熙、汪诒年、汪汉溪函》，1907 年 6 月 12 日，上海图书馆馆藏盛宣怀档案，索取号 050455；《广仁堂致〈新闻报〉、〈中外日报〉、〈南方报〉报馆函》，1907 年 1 月 25 日，上海图书馆馆藏盛宣怀档案，索取号 008613。

《中外日报》积极参与义赈事务，通过新闻媒体的传播，将各地同胞的受灾状况进行通告①。在时人寄给报馆的函件中，亦有提到他们知道灾荒的信息，是由于"常阅申江各报……灾民受此苦况，伤亡无数，读之令人正堪痛怜"②，类似的信函不由得让人联想到金耀基先生的论断，"一百年来，特别是最近几个年代以来，由于教育之日趋普遍，报纸、无线电、电视之渐次出现，大多数的老百姓已参与到'庞大的沟通网'中。通过这个沟通网，全国社会已成为'半动员的社会'……一种'普遍参与'的现象已部分发生，每一个分子都自觉到是国家的一员，而形成'国家的认同感'"③。以报刊为媒介进行社会参与，"使得迅速增加的越来越多的人得以用深刻的新方式对他们自身进行思考，并将他们自身与他人联系起来"，产生一种"同时性"（transverse-time）的发展特点④。

由于义赈事务的组织者有不少官员及绅商，报馆投入这些活动，有助于增进与权势人物的互动，从中寻找可资利用的操作空间，藉此发展与官员、商人的私人关系，同样是一种寻求庇护的自保之道。如上文提及的淮徐海水灾，从两江总督端方、义赈核心人物盛宣怀、江苏巡抚陈夔龙、江宁布政使继昌，到郁怀智、朱佩珍等商人代表，都积极参与其间。通过义赈活动与官商之间形成人际关系网，在重要时刻也能起到正向作用。如1905年8月，《上海泰晤士报》散发消息，指称汪、张、夏、叶四人有将浙江铁路"私向日本领事商借洋款之事"⑤。浙江人连横以此散发传单，对四人进行指控。虽然日本领事松冈洋右迅即发布公告，表示该事"全属捏

---

① 因《中外日报》积极参与义赈事务，声名甚至高过盛宣怀。如1907年云南大旱，"承《中外日报》主笔汪颂谷暨盛杏孙、曾少卿等诸公及沪上各大慈善家提倡劝捐巨款赈济"，见中国社会科学院近代史研究所《近代史资料》编译室主编：《云南杂志选辑》，北京：知识产权出版社，2013年版，第694页。

② 《本馆特别广告》，《中外日报》1907年9月24日，第一版。

③ 金耀基：《从传统到现代》，上海：上海教育出版社，2002年版，第69页。

④ ［美］本尼迪克特·安德森：《想象的共同体：民族主义的起源与散布》，吴叡人译，上海：上海人民出版社，2005年版，第33页。

⑤ 《浙江同乡公鉴》，《中外日报》1905年8月16日，广告版。

造，仆断无与汪君晤商浙铁路之事"①，但风波并未就此平息。主持调查的是浙江商人代表严信厚、王存善、沈敦和、周晋镳②，除了周晋镳外，严、王、沈皆与汪康年、张元济有私交，严、沈亦是多次义赈活动的组织者。而且，由于义赈活动中与商部、上海道的官员多有交谊，因此商部在公函中严斥连横"不将实在凭据交出，又不肯自认诬陷……查此案该绅等以诬蔑贼害，势不干休，迭请切实剖析，似非劝解调停所能了结"，要求上海道"希即饬传连横到案证明曲直，迅速断结，并望电复商部"③。连横只得在《南方报》上刊登声明，"引咎自责"，愿为汪、张等人"广为洗刷"④。

三、端方和蔡乃煌："熟人"缘何"翻脸"？

如何防止报馆言论过激，官员的做法并不完全相同。张之洞的方式是双管齐下，在禁止传阅、封杀报馆的同时，也打过收买报馆的主意。1900年，张之洞给《中外日报》《申报》《苏报》《同文沪报》等报纸汇去钱款，其中《中外日报》得译书费二百金，以及七八两个月薪水共二百金⑤。不过，张之洞对报馆的收买只是浅尝辄止，真正收买报馆成功的是另一位担任过湖广总督、两江总督的端方，以及曾为汪氏兄弟"熟人"的上海道台蔡乃煌。

端方（1861—1911），托忒克氏，字午桥，号陶斋，满洲正白旗人。

①　《声明广告》，《中外日报》1905年8月17日，广告版。参见《在上海〈タィムス〉所載清國ノ将來卜云ヘル社說中事実無根ノ廉取消一件》，1905年，日本外务省文件，卷宗号 B03040811300。

②　《浙江同乡公鉴》，《中外日报》1905年9月6日，广告版。

③　《浙江同乡公鉴》，《中外日报》1905年12月11日，广告版。

④　张人凤、柳和城编：《张元济年谱长编》（上），上海：上海交通大学出版社，2011年版。第167—181页。有一个细节值得注意：1937年，为了给汪康年编写年谱，汪诒年专门给张元济去函，询问连横传单案"有无妨碍之处"，可见该事件的发展进程及最后的处理方式，似乎并非无可置喙，见张树年编：《张元济年谱》，北京：商务印书馆，1991年版，第439页。

⑤　《张之洞公文函电稿》，所藏档号：甲，182-216，转引自茅海建：《张之洞的别敬、礼物与贡品》，《中华文史论丛》，2012年第2期。

1882 年中举人。1900 年，八国联军占领北京，慈禧太后和光绪帝出逃陕西，时任陕西巡抚的端方因接驾有功，升任湖北巡抚，1902 年代理湖广总督。1903 年，"《苏报》案"发生，端方表现得非常活跃，除了诱捕蔡元培、吴稚晖，请《新闻报》老板福开森与上海领事团及工部局斡旋，通过张之洞邀请外务部出面与北京公使团交涉之外①，他还打算收买《申报》《新闻报》及《中外日报》，"能为运动，使之助力尤好"②。端方的亲信金鼎在致梁鼎芬的信函中称，"上海舆论以中外、新闻两报为归。《新闻报》论革命党用讽激之法，逆党果中计。有闰五月十一日答说一篇亲供，宛然自认。《中外报》不论不议，但即西报之或是或非译而录之，自以为守局外之例。《同文沪（报）》凡《新闻报》先一日议论，次日即随之。《申报》虽议论切实，然素以守旧，为人所恶，故其言亦不足重"③，可见端方所派出的密探，一直在严密监视各大报馆的动向。但派往上海的探员志赞希、赵竹君报告称，"《申报》持论甚正，《新闻（报）》亦然，《中外报》不易化导"，认为同时收买三个报馆甚是困难④。由于金鼎是《新闻报》主笔金煦生的兄长，福开森又与官方联系紧密，因此端方等人最终决定打通《新闻报》的关系，为清廷造舆论。关于端方收买报馆的情况，汪康年本人是清楚的。他在和徐兆玮聊天时谈到，"端则只有希荣固宠、钓誉沽名而已……端在湖北颇贪婪，喜收罗名士，重贿各报馆，故无一人言其非者"⑤。《中外日报》的一则告白也隐约提及贿赂一事，"昨有某君到馆，称有某大员嘱为招呼，愿按节馈赠节规若干元等语，敝馆定章，向不得收受陋规，敝同人谨守斯例，不敢稍逾，除已面告某君再三辞谢外，合再登

① 参见王敏：《〈苏报〉案研究》，上海：上海人民出版社，2010 年版，第 26—27 页。
② 《兼湖广总督端方致探员志赞希、赵竹君电》，1903 年 7 月 5 日，载中国史学会编：《辛亥革命》（1），上海：神州国光社，1953 年版，第 414 页。
③ 《金鼎致梁鼎芬书》，《近代史资料》，1956 年第 3 期。
④ 《探员志赞希、赵竹君致兼湖广总督端方电》，1903 年 7 月 7 日，载中国史学会编：《辛亥革命》（1），上海：神州国光社，1953 年版，第 452 页。
⑤ 徐兆玮：《徐兆玮日记》（一），1906 年 7 月 26 日，李向东、包岐峰、苏醒等标点，合肥：黄山书社，2013 年版，第 676 页。

报，奉闻远近诸公幸勿听信不根之言，致有致送节规之说"①。

1907年初，汪康年创办《京报》，因访事、主笔皆请新人，经费上颇多掣肘，需要多方寻找外援。而在此时，端方甫从外洋考察归来，刚刚接任两江总督，"锐意新政"，时人颇为瞩目。汪康年的好友严复在上海管理复旦公学，与端方多有合作，他的公学监督一职，即是由"复旦全体公举，并两江端制军檄派"②，复旦公学定期获得端方的拨款资助，端方还屡次接见严复，以师礼相待，甚为恭敬③。汪大燮对端方的印象也很好。他在致汪康年的函件中称，端方"亦颇与兄善……欲兄归国助其办事"④。因此在《京报》的股东名单上，出现了端方的名字，这引起了王慕陶的忧虑。他认为端方"既不可靠，其对朋友全系利用，为之出力，殊无益而有损"，"深恐用尽全力为他人作嫁，造成一有势力之大炮，反于国民有害，故劝公以敷演办法对付，彼等必以为佳，否则吃力绝不讨好"，因此希望"得商款则退去端、袁之款"。王慕陶忧虑的是1905年端方出洋之时，奏调熊希龄随同考察，据称熊在东京请梁启超为端方撰宪政折，事件泄露之后，端方回京即刻意疏远熊希龄，"到上海时又发电沪道，谓探闻梁潜迹沪上，属严拿……盖初用其人，继恐人播之有累，则力扑之，以示不与相通，似此手段，与之共事，未免可畏"。原先已经谈妥愿来北京协助办《京报》的杨守仁，也因"不识其中又是何等狡狯手段"，遂决计不来。王慕陶还提醒汪康年不要用他人所推荐的主笔人选⑤。不过，此时的汪康年

---

① 《本馆告白》，《中外日报》1903年5月5日，广告版。1904年11月，《中外日报》又言，10月23日11点，"有某甲某乙至本馆，面晤本馆经理，传王中丞之命，欲行贿于本馆，属本馆润饰粤汉铁路事，本馆当即婉辞之，因思中丞所办争回铁路之事名义至正，何所惮于报馆而多此一举，殆其中另有他故，抑或王中丞之意未必如此，则固本馆所深望也"。由此可见，收买报馆的行为长期存在，见《本馆告白》，《中外日报》1904年11月3日，第一版。

② 《几道启事》，《中外日报》1907年2月20日，广告版。

③ 《与甥女何纫兰书》（8），载王栻主编：《严复集》（3），北京：中华书局，1986年版，第832页。参见张仲民：《严复与复旦公学》，《历史研究》，2009年第2期。

④ 《书札》（一），汪大燮（153），第885页。

⑤ 《书札》（一），王慕陶（5）（6）（7），第110—114页。

急需资助，因此仍将端方的资本引入《京报》。

需要指出的是，端方入股《京报》，或许看重的是汪康年和瞿鸿禨的特殊关系。瞿鸿禨在担任浙江学政时就认识了汪康年，汪对瞿一直以"师座"相称。自1904年赴京之后，汪康年即长期出入瞿鸿禨的宅邸。瞿鸿禨升任大学士、军机大臣之后，时人视其为瞿的重要幕僚，甚至有传言称，瞿鸿禨"比年诸事"，皆由汪康年"成之"①。而端方对《京报》的入股，一是希望通过资助汪康年办报的行为，与瞿鸿禨发生关系；二是万一瞿鸿禨倒台，《京报》言辞激烈，则可用经济手段控制《京报》。

从现有史料来看，《京报》运营的半年之中，端方似乎未对《京报》的日常运作进行干预。这一时期，他还阅读《中外日报》，并对报纸中的某些内容发表意见，如1907年1月30日致上海道台瑞澂的电函中称，"阅本月初五日（1月18日——笔者注）《中外日报》有'记江督近来政见'一节，内称招募满人为卫队，实因存满汉之意见而然，殊为失实……鄙人本系主持破除满汉界限之人，今如该报所载窃恐以讹传讹，影响所及，于圣朝大公无我之怀，海内一体同心之意大有关系，不得不以方寸所存掬以相示，聊为吾弟一申言之"②。

"丁未政潮"爆发之后，瞿鸿禨下台。对瞿的抨击之一，是其对舆论界的支持，称"吴越两省名流以言论系时望者"皆自诩为瞿门弟子，"有知遇感者也"，其中的代表人物即是"门下士之夙邀赏拔者"汪康年③。其时，京师报馆渐兴，权贵多有不满，端方即表示"革命风潮，日以浸涨，消弭尤非易易耳。沪上各报宗旨不正者居多"，并斥责《中外日报》等报

<hr>

① 《书札》（一），汪大燮（184），第991页。
② 《两江端制军致上海道书》，《中外日报》1907年1月30日，第四版。
③ 朱启钤：《营造论——暨朱启钤纪念文选》，天津：天津大学出版社，2009年版，第159页。

纸"为路事日益激烈……排斥政府尤不遗余力"①。时任河南巡抚的张人骏也评论，"瞿亦小人，岑则无赖。汪康年系革命党魁（观《中外日报》所载即可见），而二人与之交接，其心术亦可知矣。近日西林所陈立宪折，其注意为革命党道地，疑即汪之手笔，盖与《中外日报》一孔出气也"②。最终以"私通报馆、授意言官"为名，将瞿鸿禨逐出官场。瞿去后，"报有群鸦惊飞之画，足见京中人心惶惶"，坊间更有"京中杀人"的传言③。事已至此，汪康年已无法在北京立足，只能回到上海继续经营《中外日报》，并开始抱怨与商务印书馆的合资妨害了他对报馆的控制，他又想到了端方，向端方及上海道台瑞澂借了一笔钱，将商务印书馆的股份全数退回，汪、端二人自此成为债务人与债权人的关系④。

1908 年，随着大规模政治事件接连发生，报纸批评时政渐成主流，各

① 《端方致载振函》（光绪三十三年），中国第一历史档案馆藏，端方档案，27-02-000-000068-001；《端方致蔡乃煌电》（光绪三十三年），端方档案，27-01-001-000157-0052，转引自石希峤：《官办商报：清末督抚控制舆论策略研究》，《近代史研究》，2022 年第 1 期。

② 《致张允言等》，1907 年 6 月 26 日，载张守中编：《张人骏家书日记》，北京：中国文史出版社，1993 年版，第 98 页。关于汪康年与革命党的交往，1898 年 1 月，汪东渡日本，据称与孙中山见过面。汪大燮在书信中称，汪康年曾跟他提过，孙中山"无能为"，且"遍喻于人"。但汪的这段经历遭到康有为一派的攻击，称其见孙中山之举"大坏时务报馆声名"。见《书札》（一），汪大燮（96），第 784—785 页；《书札》（三），邹代钧（68），第 2756 页。1900 年 8 月 29 日，孙中山抵达上海，次日上午，汪康年和宗方小太郎同乘马车至旭日馆与孙中山见面，见［日］宗方小太郎：《宗方小太郎日记（未刊稿）》（中），甘慧杰译，上海：上海人民出版社，2017 年版，第 511 页。1905 年 6 月，《北京报》提及，军机大臣得到来自日本的一封匿名信，指称革命党以孙中山为首领，有一副总办"驻在北京，运动官场。此总办以某枢臣为师，以外部某京堂为兄，故其势力之盘结者甚大，不可不防云云。所指某人即汪穰卿中翰也。闻王仁和令穰卿速回本籍，毋逗留京师及上海，免为他人所构陷"。见徐兆玮：《徐兆玮日记》（一），1905 年 6 月 25 日，李向东、包岐峰、苏醒等标点，合肥：黄山书社，2013 年版，第 501 页。

③ 皮锡瑞：《皮锡瑞日记》（5），1907 年 7 月 6 日，吴仰湘点校，北京：中华书局，2020 年版，第 1647 页。

④ 1908 年 4 月 16 日，身在日本的徐兆玮即听闻"《中外日报》午帅以十二万金直接盘下"，见徐兆玮：《徐兆玮日记》（二），李向东、包岐峰、苏醒等标点，合肥：黄山书社，2013 年版，第 857 页。

种激烈言论频现报端，令端方日感忧虑，遂要求新上任的上海道台蔡乃煌收买报馆。蔡乃煌（1861—1916），字伯浩，1891年中举，早年号称广东文坛"四大金刚"之一。他是一个能臣，直隶总督袁世凯、山西巡抚锡良、湖南巡抚俞廉三都很器重他，据称扳倒岑春煊的关键罪证，就是由蔡乃煌伪造提供。回溯蔡乃煌和汪康年的关系，两人相识已久。《中外日报》创刊之时，蔡乃煌出资购买了五十元新股①。在湖南候补道任上，他订购过《中外日报》三十份，转送湘省各衙门阅看，"各绅处均酌量分送，以期开通风气，如各处有欠报费，即为洋务局缴足，但求使阅报之人心悦诚服，即由局垫给报费，亦于地方公事有益"②。1902年，蔡乃煌联系《中外日报》，希望报馆寄售由其抄录成案的《中外约章分类辑要》，在《中外日报》的广告宣传之下，该书销售情况甚佳，短时间之内即在湖南售出三千部，1904年，该书由上海纬文阁书局出版增订本一事，亦由报馆全权代理洽谈③。1904年3月，因中俄密约事，汪康年与蔡乃煌多次函件来往，汪言，"去冬登《中外日报》之密约（此确，余皆伪），实有来历，询之外务部人员，云罢中编查不见，且庚子合肥与各国议和，亦绝未涉及此事，当是本无此物，弟又询外务部专事，亦为此说，复有亲见合肥稿件者，以告弟，乃知实然，且东三省诸□军衙门均有此件，而外交中人乃不知，可怪已极"④。

1908年7月，《中外日报》刊登通讯文章《金陵十日记》，报道江苏新兵枪毙平民的新闻，曝光了南京军政腐败不堪的事实，激怒了端方，密令接替瑞徵的蔡乃煌彻查。蔡乃煌要求《中外日报》承认所登论说确系错误，保证报中不再有讥讽南北洋之言论，并提出嗣后讨论政治问题时，须先将稿件交官方阅看，汪康年"坚执不可……谓报馆天职，不能如此"，

　　① 《书札》（三），蔡乃煌（2），第2934页。
　　② 《书札》（三），蔡乃煌（2），第2934页。
　　③ 《书札》（三），蔡乃煌（2）（4），第2933—2935页。
　　④ 《甲辰二月杪致蔡伯浩函稿》，载《〈刍言报〉访稿不分卷》，上海图书馆馆藏稿本。

表抗拒之意①。在致端方的信函中，汪康年声称，《金陵十日记》一文刊载之时，"因舍弟病痘未克成行，逮舍弟六月初十日到馆，而康年又续患疮，已而报馆中之波澜顿起，事变百端……时舍弟赴普陀养疴。而虐病继作，遂未及详审，文中所载诸事虽多指斥，特皆庶政中琐屑之事，如有所事，承其责任"②，但"此腕可断，此稿不能照缮也"③。端方接函之后"甚为忿怒"，要求报馆偿还之前所借股本七万元。7 月 26 日，蔡乃煌派人前往报馆，称合股之事次日截止，迫令汪氏兄弟离开报馆。汪康年以染病为由，希望宽限七日，不允。7 月 28 日，官府再度上门施压，"有道辕亲兵二名（唯未穿号衣）守门，势甚汹汹，馆内司事闻有逃避者"④。汪氏兄弟筹款不得，只得于 8 月 9 日签订退办合同，并在各大报纸上发布告白，表示"现因与股东宗旨不合，义当辞职"，所有办事人员全行告退⑤。

汪氏兄弟离馆之后不久，又发告白，称经过同人集议之后，"甚不欲使代表舆论之机关从兹失坠，陈论时政之天职竟成放弃"，因此将集股十万元，"先招六万元，余俟随后招集，刻已预备实股二万元，其余四万元专招商股"，创办《新中外报》，事务所专设望平街朝宗坊⑥，然而，创办新报之事阻力重重，应者寥寥，"各报皆以官场所运动，均以股东相争，非外人所能干涉为言"，作壁上观。汪氏兄弟拟办《新中外报》的告白，"各报皆相约不代登"，登载一次的《新闻报》还被蔡乃煌"诘责"⑦。汪氏兄弟不得已于 11 月又发启事，表示中止《新中外报》的出报计划⑧。汪康年离开《中外日报》之后，身心受创，在给友人的信中表示，"弟半生事

① 燃（吴稚晖）：《蛆虫全盛时代》，《新世纪》第六十七号，1908 年 10 月 3 日。
② 《致陶帅大人》，载《〈刍言报〉访稿不分卷》，上海图书馆馆藏稿本。
③ 汪诒年：《汪穰卿先生传记》，北京：中华书局，2007 年版，第 208 页。
④ 徐兆玮：《徐兆玮日记》（二），1908 年 8 月 4 日，李向东、包岐峰、苏醒等标点，合肥：黄山书社，2013 年版，第 879 页。
⑤ 《汪穰卿、仲阁广告》，《新闻报》1908 年 8 月 10 日，第一版。
⑥ 《汪穰卿、颂阁启事》，《新闻报》1908 年 8 月 12 日，第一版。
⑦ 燃（吴稚晖）：《蛆虫全盛时代》，《新世纪》第六十七号，1908 年 10 月 3 日。
⑧ 《汪穰卿、颂阁启事》，《申报》1908 年 11 月 14 日，第一版。

业已付漂萍，近且体羸多病，与时复多乖迕，遥对故人，良有不堪为怀者……心固可如死灰，身固可如槁木"①。此时他已罹患"膈疾"多年，"时觉心胸间有气横梗，哕噫作声"②。1911 年 11 月初，汪康年猝然离世，时人感慨其"不能展其经纶，以大用于世，徒抱磊落之才，坎坷以终，岂不悲哉！然而命随改玉，目不见扰攘之祸，又岂不幸哉？"③ 一个月后，名震一时的《中外日报》（《中外报》）悄然停刊，自此不复存在矣。

对于蔡乃煌的收购行为，时人多有抨击。根据江苏省咨议局《十月初四日议决革除官营商报案》显示，蔡乃煌收购《中外日报》等共付股本月费两项银 160741.98 两，这笔钱主要挪用自上海经理各省解到开浚黄浦江的经费，若以江海关道捐廉每年摊还一万两银计算，则要 17 年后方能还清。咨议局同时提出，官办商报不可行之理由，"官报由官负责，商报由商负责，官冒商名，行销售报纸，无此宪政；报馆营业，非国家行政经费，乃令本省强加负担，无此税则；营业必有盈亏，官营商报，乃令本省岁输数万两，比于天府正供，无此国法"，并要求将"官冒商名"的《中外日报》等报纸即日退还商人，停支官款，所有官入之垫款，勒令提还，若不能提还，应即查明原经受之员赔缴。如果仍然出版发行，则应将报更名为《苏松太道办中外日报》④。有人声言，"蔡一日不走，则上海一日可危"⑤，还有报纸宣称，"蔡乃煌之摧残舆论，收买报馆，久为天下所共愤。乃迟至今日，始有揭忝之案，始有查办之命，政府之重视蔡乃煌，于此可

---

① 吕顺长：《清末维新派人物致山本宪书札考释》，上海：上海交通大学出版社，2017 年版，第 371 页。

② 汪诒年：《汪穰卿先生传记》，北京：中华书局，2007 年版，第 189 页。最后几年，汪康年屡感肝肾不适，友人汪守正劝他，"痰核治法以缓收功，所云阳和汤、子龙丸皆治阴症而峻利者，断不可试。若以无动气事，不应有肝疾，其说谬矣。肝者，谋虑所出，用功过度即伤肝肾，不必郁怨色欲也"，见《书札》（四），汪守正（1），第 3793 页。"膈疾"，可能是心脏瓣膜狭窄一类的疾病。

③ 参见高拜石：《新编古春风楼琐记·第肆集》，北京：作家出版社，2003 年版，第 22 页。

④ 《上海报界之一斑》，《东方杂志》第六卷第十二号，1910 年 1 月 6 日。

⑤ 《书札》（三），魏勴（11），第 3133 页。

见……政府之视报馆，实较一广东流氓不如"，建议蔡既然"热心办报，维持公益"，不如自封为《中外日报》《申报》《舆论时事报》"三报馆总办"①。姚公鹤总结，"上海报界之有政治意味，当以前清季世某上海道购买某报始。继是而官僚购报之风盛行，其不能全部购买者，则又有津贴之名，报纸道德一落千丈矣"②。

不过，蔡乃煌对收购报馆的说法是"系奉杨晟、端、锡三督之委任而为之"，即指使其收购报馆的人是南洋商务交涉使杨晟、两江总督端方、云贵总督锡良③，而他对于报馆的收购价格，亦是经端方批准，所谓"江海关道蔡乃煌复迎合端意"④。可见蔡乃煌的收购并非个人行为，真正导致新闻业"官办化"的"罪魁"主要是端方等高级官员。至于蔡氏后世屡遭责难，首先由于端方位高权重，1909年又远赴四川任总督，因此蔡乃煌不幸成为"靶子"；其次，蔡乃煌在1910年爆发的"橡皮股票"风潮中处置不当，导致上海企业大量倒闭，民众颇有怨气，自然新老账一起算；其三，蔡乃煌缺乏报馆的经营能力，收购《中外日报》之后，派去报馆工作的黎伯奋、张笏卿、沈仲赫等毫无办报才能，使得报纸销量日趋下滑⑤，如此结果，无疑又会归咎于当初蔡乃煌的收购行为。

---

① 参见李卫华：《清末"官营商报"案研究》，《新闻与传播研究》，2016年第3期。
② 姚公鹤：《上海闲话》，上海：上海古籍出版社，1989年版，第129页。
③ 《书札》（三），魏勖（12），第3134页。
④ 《日报月报旬报星期报之始》，载徐珂编：《清稗类钞》（28），上海：商务印书馆，1918年版，第47—52页。
⑤ 1909年8月出版的《华商联合报》上，刊登了一篇《上海各日报之销额》的文章，提到《申报》每期销14 000份，《新闻报》销15 000份，《时报》销17 000份，《神州日报》销9000份，《舆论时事报》销9000份，而《中外日报》只有4000份。见《上海各日报之销额》，《华商联合报》第13期，1909年8月30日。1910年5月与1911年6月，日本外务省做了两次上海新闻界的秘密调查，第一次的结果是《时报》每期销16 000份，《神州日报》销8000份，《新闻报》销8000份，《申报》销10 000份，《舆论时事报》销6000份，《中外日报》则是3000份；第二次的结果是《时报》每期销15 000份，《神州日报》销10 000份，《新闻报》销14 000份，《申报》销12 000份，汪诒年、张元济参与组织的《时事新报》销6000份，由《中外日报》更名的《中外报》仍是3000份。见《清国ニ於ケル新聞紙ニ関スル調査》，1910年，日本外务省文件，卷宗号B02130558700；1911年，日本外务省文件，卷宗号B02130559300。

报馆与官员之间并不是两条互不相关的平行线，更不可能长期处于对立状态。对政府横加指责，鼓动满汉对立的言论虽然一直存在，但发表这些观点的报刊大多数出版于日本，以及中国的香港、澳门等地，言辞激烈的《苏报》《国民日日报》等又先后被清廷强行停刊，报人还遭到了关押、流放甚至杖毙的惩戒。对此情境，新闻从业人员不免人心惶惶。除了缓和言论之外，更需要构建报人与官员群体的私谊网络，获得官员的支持与庇护。如学者所言，"正是这种关系网络将个人的忠诚、制度角色的履行以及物质利益联系在一起。换言之，它是当时那种社会能够正常运作的一个不可缺少的机制。因此，在这种关系中，实际上存在一种交换，付予的报酬除提升外，还包括许多其他的物质的或非物质的好处"①。《中外日报》在民营的十年中，虽然遭遇过一些风波，也被张之洞等官员指名道姓地斥责过，但基本上没有遇到太多的外部压力，报馆的发展历程相对较为顺利，关系网在其中起到的作用功不可没。

尽管如此，像汪康年这样的报人，仍然希望"将办报与政治活动化为一体，实现知识分子的参政愿望"②，不仅希望在言论上影响舆论走向，更希望通过自身的实践，介入政治活动。汪康年政治地位的起落，也会直接影响《中外日报》的走势。当朝野之间皆将"丁未政潮"的责任部分归咎于汪康年身上时，《中外日报》遭受打压就成为必然发生的事件。报馆企图利用关系网络获取社会资本，以获得足够的政治回报，但这种功利导向极强的社会网络显得很不稳定，外部环境出现些许变化，都有可能导致关系网的失效，《中外日报》被官方收购成为官报、汪氏兄弟被迫离馆的结果，深刻地体现了这一点。

除此之外，关系网的作用，使得报人将大部分的注意力投入到构建与维系社会网络的方面，客观上忽视了报馆自身的经营管理。《中外日报》

---

① 孙立平：《"关系"、社会关系和社会结构》，《社会学研究》，1996 年第 5 期。
② 樊亚平：《中国新闻从业者职业认同研究（1815—1927）》，北京：人民出版社，2011 年版，第 84 页。

将发展路径与社会网络紧紧绑定，即使是派售书刊及合资活动等经济行为，均以关系网为旨归。关系网一旦失灵，掩蔽在网络之后的报馆显得脆弱而无力。诚然，一些较为开明的官员能够给予报纸较大的言论空间，不会横加干预，但如果受到各方压力、或是言论突破底线，官员一旦调转枪口，对报人进行打压，脆弱而渺小的报馆组织很难应对这种重压，遭遇"官办"或停刊的后果。

民国之后的报人总结经验，提出苦练"内功"建立严格的内部管理体系，优化资源配置，并进一步确立民营组织的身份，与官方保持距离，如张季鸾所言，"不党、不私"，"纯以公民之地位，发表意见，此外无成见，无背景。凡其行为利于国者，拥护之；其害国者，纠弹之……声明不以言论作交易，不受一切带有政治性质之金钱补助，且不接受政治方面入股投资，是以吾人之言论，或不免囿于智识及感情，而断不以金钱所左右"①，又如《申报》从创办之初，即确立所有权和经营权的分离结构，公开招募报馆经营人员，并通过规章制度对成员进行约束②。《新闻报》更是从一开始就建立起相对完善的组织结构，董事会、经理层相互独立，总经理以下设有编辑部、活版部、会计室等部门，负责编辑、校对、翻译、发行、订报、广告等业务，各司其职③。1911年之后，《申报》《新闻报》持续推进"报馆企业化"，按照商品生产和流通规律来经营报纸，使报馆成为具有雄厚资本的现代化企业，主要做法包括构建严密分工、机构众多的组织架构。如《新闻报》在董事会和总经理之下，设立印刷、营业、编辑三部，每个部门都下属若干科室，主要科室还下属股级部门等；运用市场手段积累基金，如向银行抵押借贷资金、设立专门的广告发行科室等④。通过科

---

① 张季鸾：《大公报一万号纪念辞》，载《季鸾文存》，《民国丛书》第一编（98），上海：上海书店出版社，1989年版，第30—31页。

② 罗国干：《美查时期〈申报〉的经营之道——媒介经营管理研究之一》，《广西大学学报（哲学社会科学版）》，2006年第3期。

③ 姚福申：《解放前〈新闻报〉经营策略研究》，《新闻大学》，1994年第1期。

④ 秦绍德：《上海近代报刊史论》，上海：复旦大学出版社，1993年版，第106—116页。

层化、专业化的正式制度建设，《申报》《新闻报》摆脱了经营者的关系网络对组织发展造成的负面影响，并形成了行业标杆，促使之后的新闻机构同样以"经营企业化""工作专门化"等作为管理结构的变革方向①。惜乎历史不会再给汪康年及《中外日报》第二次机会了。

以中外日报馆作为研究对象，主要原因是这一时期正值西方企业管理思想传入，对国内各类组织的经营方式逐渐产生影响。上文提到的申报馆、新闻报馆，就是按照西方的公司制度建立起来的新型传媒组织。与之相比，中外日报馆仍然有着传统"同人组织"的鲜明印痕。组织形态的"过渡"特征，导致各种非正式的人际交往充斥其间，这虽然可以降低组织运行的交易成本，但也存在风险，即组织行为缺乏有效的制度化约束。组织者的关系网络对组织发展所产生的正负作用，亟待研究者进一步论证总结。有研究者指出，"社会资本对企业经营能力的影响最主要的是外部经营，而非内部管理、技术水平或分配取向"②。换言之，过度将关注点放在构建关系网络上，容易忽视组织管理水平的提升。这提醒我们要重视社会资本和关系网络的双面效应，在充分利用网络资源的情况下，做好组织的正式制度建设，扩充对外合作的渠道，提升组织学习能力，打破路径依赖，从而为组织变革打下坚实基础。

---

① 肖同兹：《我怎样办中央通讯社》，《新闻战线》，1941 年第 11 期。
② 边燕杰、丘海雄：《企业的社会资本及其功效》，《中国社会科学》，2000 年第 2 期。

结　语

　　自 1898 年至 1908 年，民营的《中外日报》走过了整整十年历程，无论是销售业绩还是社会影响，都堪称是上海新闻界的翘楚，一度与《申报》《新闻报》《时报》相颉颃。那么，《中外日报》竞争报业市场的利器究竟是什么呢？

　　对于先行者的有意模仿，是《中外日报》经营活动的秘诀之一。《中外日报》借鉴《申报》的经验，在全国各地设立派报处，借此将报刊迅速地向广袤的内地空间拓展。同时，《中外日报》通过登载广告的形式得到商人的青睐，由此获得办报资金；将主要资源倾向于新闻报道，引发士人群体之外读者的阅报兴趣；论说相对中立保守，规避了官员的政治压力。此外，《中外日报》还模仿日本报纸，进行版面设计的变革，堪称"新闻界革新的先锋也"①。这些因素的叠加，保证了《中外日报》在清末新闻界风生水起，引领时代潮流。

　　不过，在商业类报纸的外表之下，《中外日报》内在的经营模式却是对《时务报》"同人报刊"的延续。无论在资金筹备、人员流动、销售渠道，还是与官员、读者、同行的互动过程中，皆可以看到同人活跃的身

---

　　①　包天笑：《我与新闻界》（上），《万象》第四年第三期，1944 年，第 13 页。

影。若干有着血缘、地缘关系的士人聚集在报馆之内,主持日常经营,把握言论走向,而一批与办报人有着血缘、地缘、业缘等关系的士人则群聚于报馆周围,不仅是报纸的重要读者,而且还不时为报纸撰稿,或将公启、章程等交由报纸对外刊布,形成了以《中外日报》为中心的社会关系网络。网络不仅向内推动报纸的发展,更是向外呈现出开放的态势,不少学堂、报馆、书局的经营者顺着网络渠道与报馆主持人取得联系,通过《中外日报》进行宣传及代售。而《中外日报》与商务印书馆的合资,亦是通过汪康年与张元济的私谊关系而展开。这种关系网甚至还延伸至官员群体,报人通过与官员的私人交往,为报纸的出版发行形成保护层,保障了报馆在政治势力的夹缝之中得以生存。上述社会交往所形成的层次清晰、结构紧密的关系网,有助于《中外日报》自身的资金筹集、日常运作及市场扩大,并带动周边的组织机构共同发展。

《中外日报》经营者以血缘、地缘为联结纽带,才能突出、活动能力强的报人通过个人魅力的释放,运用各种社会关系,团结了一批士人在其周围,成为办报活动能够倚仗的核心力量。基于人伦的亲疏关系,让这些深受传统观念熏陶的报人,本能地信赖同胞、同乡,再加上之前的社会交往基础,使得这些人很自然地结成一个关系网络,由此产生了组织内部所需要的信任感。汪康年在《中外日报》的发展过程中,有意识地将报馆经营者的身份限定在同乡群体之中,形成了"浙人办报"的格局,保证组织内部领导者对成员的信任。通过社会关系网络,报馆能够在短时间之内集聚各方资源,不仅能够获得足够的启动资金,而且还能引进得力的办报人才,迅速完成初始的筹备工作。同时,由于报馆内外皆是熟人,形成高度忠诚、值得信任的关系纽带,组织内部亦会保持稳定,不至于出现互相倾轧的状况,对于组织的稳定能够起到重要的作用。

与此同时,报馆对外进行关系网的编织,其主要目的在于获取社会资本。有学者指出,"社会资本可以减少经济交换中的成本,降低交易费用,从而促进一个社会的经济发展,社会资本可以为个人带来物质的或非物质的财富，从而提高个人的社会经济地位，社会资本可以减少冲突，增加妥协，增进公民对政治的、社会的参与"①。具体而言，清末报馆的创办往往不是以经济利益为目的的，而是以政治宣传、思想传播为导向，重在影响舆论，进而获取各种政治的、经济的信息和资源，在吸引读者关注的同时，提升报人的社会地位。从实际的经营过程来看，《中外日报》通过代派其他出版机构的书刊，促进了同行之间的交流，在整体的出版行业占据了重要位置，甚至出现出版机构主动寻求与报馆的合作以扩大销路的状况；同时，《中外日报》经由私人网络关系与商务印书馆实现合资，避免了资金短缺的困境；此外，《中外日报》通过与官员的人际交谊，不仅将报纸的影响力成功拓展到官员群体之中，还得到了官方一定程度的庇护与关照，由此赢得了对报馆的发展较为有利的外部环境。

当然，这种利用关系网进行组织发展的经营模式并非尽善尽美，报馆发展过程中所出现的种种问题也揭示了这一点。《中外日报》创刊之后，经营状况一直不佳，前三年靠着德文书局与《德文新报》的资助，勉强盈亏相抵，第四年方才盈利，待 1904 年与商务印书馆合资之时，报馆的资产仅相当于《新闻报》一年的广告收入。正如有学者指出，清末虽然出现了不少优秀报人，但一般以撰述论说为特长，在经营方面找不到几个出色的人才，更多的是在组织管理与制度建设方面表现得十分隔膜，"可惜都是一班文人，除了下笔千言的做做文章外，不明经营之术，因此经济发生困难，便渐渐地消灭"②。在笔者看来，《中外日报》在建构社会网络获取社会资本的方面花费了太多的工夫，却未能在经济收益方面有所增长，报馆既没有像《申报》《时报》那样进行多元化经营的实践，扩大资金的筹集渠道，也没有在版面设计及栏目设置方面进行深入的革新，而是停滞不前，逐渐出现了读者群体的流失。

----

① 马得勇：《社会资本：对若干理论争议的批判分析》，《政治学研究》，2008 年第 5 期。

② 张静庐：《中国的新闻记者与新闻纸》，载《民国丛书》第三编（41），上海：上海书店出版社，1991 年版，第 19 页。

同时，《中外日报》在制度层面上并未进行较为完善的设计与规范，报馆号称实行股份制经营模式，但股东会、董事会形同虚设。报馆高层虽然已经设置经理、主笔、翻译等职位，成员之间却远没有形成科层制的管理模式，"等级制的组织结构"所代表的"行政中的理性"并未完全建立。组织边界及内部认同已经出现，但工具理性的等级结构与制度设计仍然难见雏形。由此，报馆一直未能实现从"个人魅力型"支配模式向"理性基础型"支配模式的转变①。报馆的生存及发展维系于一两位报人的个人能力与声望，当报人因种种原因无力经营或无意经营时，报馆必然会因此歇业，清末报刊的经营生命普遍不长，原因与此紧密相关。

此外，报人倚重社会关系，将报馆的经营者与合作者的范围限定于一个小圈子中，形成组织网络的内部封闭局面。《中外日报》"浙人办报"的状况，使得当夏曾佑、叶瀚等核心经营者离开报馆之后，报馆主持人很难在短期之内获得有助于报纸发展的人才。更重要的是，报馆在"国家与社会"的夹缝中利用关系网络所得到的社会资本，在一定程度上属于风险投资，很难长期稳定地进行获取，而报人与官员保持私谊关系，甚至向官方借款的做法，客观上为官员涉足报馆事务提供了可能。《中外日报》在端方、蔡乃煌推动的收购风潮中成为较早落马的报馆，应该并不是一个意外的结果。

"社会资本对企业经营能力的影响最主要的是外部经营，而非内部管理、技术水平或分配取向。"② 从中外日报馆的案例来看，关系网络有助于提升组织的经营业绩，但对于组织内部的制度建设并不能带来积极后果。过度依赖关系网络来运作组织，反而会造成对组织成员的"约束难题"和对外部资源的"信任困境"，进而产生路径依赖与"网络反噬"，使经营者即使意识到危机的来临，也无力或不愿进行变革，产生组织惰性。这提醒

①　[德] 马克斯·韦伯：《经济与社会》，阎克文译，上海：上海人民出版社，2010年版，第318—323页。

②　边燕杰、丘海雄：《企业的社会资本及其功效》，《中国社会科学》，2000年第2期。

我们要重视关系网络的双面效应，更要在充分利用网络资源的情况下，做好组织的正式制度建设，扩充对外合作的渠道，提升组织学习能力，打破路径依赖，从而为组织变革打下坚实基础。

附录 《中外日报》经营大事记

1897 年 12 月 16 日，《申报》公布《时务日报》即将创刊的消息，招股活动由此展开。

1898 年 1 月，汪康年、曾广铨东渡日本，将《大阪朝日新闻》作为合作与模仿对象。

1898 年 3 月 3 日，《时务报》公布《时务日报》已租定馆址，一俟机器抵沪即行开办的消息。

1898 年 4 月 11 日，《时务报》公布《时务日报》招聘访事的消息。

1898 年 5 月 1 日，《时务报》预告《时务日报》将于"闰三月十五日出报"。

1898 年 5 月 5 日，《时务日报》正式创刊。汪康年、曾广铨、汪大钧为主要出资人，汪诒年为股东代表总理报馆事务。

1898 年 6 月上旬，《时务日报》经理王仁乾离开报馆。

1898 年 7 月下旬，《时务日报》卷入四明公所事件，销量猛增，同时遭到法国领事白藻泰的政治打压，上海道台蔡钧亦提出了批评。

1898 年 8 月 17 日，《时务日报》更名为《中外日报》。

1898 年 9 月 30 日，《中外日报》刊登汪康年、汪大钧启事，称《中外日报》自 8 月 21 日起，已经统归曾广铨一人经理，馆事"与康年等无涉"。

1898 年 10 月，曾广铨在香港将《中外日报》注册为有限公司，工部局总办濮兰德、律师威金生担任董事，曾广铨与老公茂洋行经理德贞担任董事会办事。

1899 年 1 月，《昌言报》因经营不善而停刊，汪康年准备重返《中外日报》，曾广铨的回应并不积极，双方就报馆的所有权展开纷争。

1899 年 3 月—5 月，《中外日报》进行版面改良，包括设立"紧要新闻""译报""来函"栏目，以及将直排版式改为横排。

1900 年 1 月，《中外日报》对"己亥建储"进行抨击，报馆主持人汪诒年参与上海士绅请愿活动，一度传出清廷准备逮捕汪诒年的传闻。

1900 年 2 月，因不满于《中外日报》的报道内容，湖广总督张之洞命令幕僚赵凤昌前往报馆斥责汪康年，并致电湖北留日学生监督钱恂，要求《中外日报》《国闻报》《苏报》等报纸"事事务须访实，勿信逆党讹言，刊报勿用康党主笔，万不可诋毁慈圣，有碍邦交"。

1900 年 4 月，《中外日报》与《德文新报》、德文书局进行合作，后者向报馆每月提供 500 元的补助，《中外日报》名义上归《德文新报》主持人芬克所有。

1900 年 7 月，汪康年在上海创建中国议会，主要参与者叶瀚、汪有龄、汪立元、胡惟志、孙宝瑄等多次在中外日报馆中聚会议事。

1900 年夏，义和团运动与八国联军侵华事件相继达到高潮，《中外日报》销量猛增，与《申报》《新闻报》渐成鼎足之势。

1900 年 12 月 7 日，汪康年在《中外日报》上发布告白，表示将把联络地址迁回中外日报馆。

1901 年 3 月，汪康年组织张园集会，抨击中俄密约，《中外日报》成为集会的主要联络方，负责传布信息与刊登演说。

1901 年 9 月，英敛之因筹备《大公报》事来到上海，多次至报馆拜访汪康年，汪康年一度打算前往天津担任《大公报》主笔，后向英敛之推荐方守六。

1901 年 12 月，传教士潘慎文在《教务杂志》上发表文章，称《中外日报》发行量已经超过《申报》，仅次于《新闻报》，每天销量近万份。

1902 年上半年，汪康年罹患"喉痧"，卧床不起，报馆事务完全交付汪诒年主持。叶瀚于此时进入《中外日报》，担任日文翻译。

1902 年 10 月，《中外日报》创刊四年之后，第一次向股东派给股息。

1902 年底，夏曾佑受汪康年之邀，进入《中外日报》担任主笔。

1903 年 3 月，《中外日报》盘下英大马路寿康里金粟斋译书处旧址，将永记发行所独立经营，主要派售《浙江潮》《日本变法次第类考》等出版于日本的书刊。

1903 年 6 月，《中外日报》刊载《革命驳议》一文，引发《苏报》的攻击，间接导致"《苏报》案"的发生。

1903 年底，汪康年前往北京补应朝考。

1904 年 2 月，因日俄战争爆发，《中外日报》特设"专电"栏目，及时公布前线战事最新信息。

1904 年 3 月，上海万国红十字会成立，《中外日报》成为主要捐款代收处，每日公布捐款者姓名及具体金额。

1904 年 8 月—9 月，商务印书馆入股《中外日报》，规定增添股本一万元，每五十元为一股，计共二百股，由张元济、夏瑞芳等人认付。

1905 年 2 月，《中外日报》再度进行版面改良，设立学务汇录、交涉汇录、乱事汇录、军政汇录、财政汇录、路矿汇录、实业汇录、官事汇录、民事汇录、杂事汇录诸门，以应对《时报》所带来的市场冲击。

1905 年 7 月—8 月，抵制美货运动爆发，《中外日报》主张不订美货，但允许已订美货的商户售卖商品，引发工商界的不满，抵制阅读《中外日报》的启事在市面流传，严重影响了报纸的销量。

1905 年 8 月，浙江人连横散发传单，指称汪康年、张元济、夏曾佑、叶瀚四人"于浙江铁路有私向日本领事商借洋款之事"，汪、张、夏、叶在《中外日报》上发布联合声明进行自我辩护，并打通官商各界关系，迫使连横公开道歉。

1905 年底，上海工部局警告《中外日报》等报馆不要公开发表煽动群众闹事的言论，否则报馆有被查封的可能。

1906 年初，《中外日报》主笔夏曾佑及翻译伍光建随同考察政治大臣使团出洋，报纸销量下滑，汪诒年一度产生停刊的念头，在张元济等人的劝阻下回心转意。

1906 年 4 月—5 月，《中外日报》参与旧金山地震及湖南水灾的赈济活动。

1906 年 8 月 30 日，因苏北发生水灾，汪诒年与席子佩、汪汉溪、狄葆贤、郁怀智、张韦承、朱佩珍、施则敬、曾铸等十人组成义赈公所，组织赈济活动。

1906 年 9 月 16 日，《中外日报》与《时报》《同文沪报》《申报》《南方报》在上海的味莼园联合召开预备立宪庆贺会。

1906 年 12 月，预备立宪公会在上海愚园召开，投票选出郑孝胥、张謇、汤寿潜等 15 名董事，叶瀚代表《中外日报》参加此次会议，并当选为会员。

1907 年初，王慕陶向汪康年推荐杨守仁担任《中外日报》主笔，但因汪诒年态度不够积极，以及于右任的求贤若渴，使得杨守仁选择加入《神州日报》。

1907 年 2 月 16 日，《中外日报》设立"新译小说"一栏，首先刊登的是伍光建以"君朔"之笔名翻译的三篇小说，即《母猫访道》（2 月 16 日—2 月 23 日）、《瓶里小鬼》（2 月 24 日—3 月 7 日）及《打皮球》（3 月 8 日—3 月 14 日）。

1907 年 3 月，汪康年在京创办《京报》。

1907 年 6 月，《德文新报》刊发了一篇名为 "Die Chinesische Press"（The Chinese Press，中国媒体）的文章，提到《时报》每日发行量为 13 000 份，《申报》为 11 000 份，《中外日报》为 9000 份，《新闻报》为

8000 份，《南方报》为 6000 份。

1907 年 8 月，因卷入"丁未政潮"，甫创半年的《京报》被迫停刊，汪康年回到上海，重新主持《中外日报》日常事务。

1908 年 4 月，因不满于商务印书馆干预报馆事务，汪康年向两江总督端方与上海道台瑞澂借款，赎回商务所购之股份，《中外日报增添股本合同》宣布作废，一切股本及股利归还投资人，《中外日报》与商务印书馆的合资关系就此中止。

1908 年 7 月，《中外日报》刊登《金陵十日记》一文，遭致端方的不满，上海道台蔡乃煌以股东的身份介入报馆事务，并斥巨资收购了《中外日报》。

1908 年 8 月 10 日，汪康年、汪诒年兄弟在《新闻报》上发布告白，表示辞职。

1908 年 8 月 12 日，汪康年、汪诒年发布告白，称将集股十万元，创办《新中外报》，事务所专设望平街朝宗坊。

1908 年 11 月 14 日，汪康年、汪诒年再发告白，中止《新中外报》的出版计划。

1908 年底，日本外务省调查了上海各大报纸的销量，《时报》每期发行 17 000 份，《中外日报》11 000 份，《新闻报》11 000 份，《申报》10 000 份，《神州日报》6000 份，《时事报》和《舆论日报》各 3000 份。

1909 年 2 月，汪诒年在张元济、夏瑞芳的介绍下加入商务印书馆编译所。

1909 年 8 月，《华商联合报》刊登了一篇《上海各日报之销额》的文章，其中谈到《时报》每期销 17 000 份，《新闻报》销 15 000 份，《申报》销 14 000 份，《神州日报》销 9000 份，《舆论时事报》销 9000 份，《中外日报》只有 4000 份。

1910 年 4 月，《中外日报》宣布进行版面改良。

1910 年 5 月，日本外务省再度调查上海各大报纸的销量，《时报》每期发行 16 000 份，《申报》10 000 份，《新闻报》8000 份，《神州日报》8000 份，《舆论时事报》6000 份，《中外日报》3000 份。

1910 年 8 月 13 日，《中外日报》在张园举行创刊十二周年纪念会。

1910 年 11 月，汪康年在京创办《刍言报》。

1911 年 2 月 28 日，《中外日报》更名为《中外报》。

1911 年 5 月 15 日，由《时事报》与《舆论日报》合并而来的《舆论时事报》更名为《时事新报》，汪诒年出任该报经理，张元济与高凤谦等参与组织。

1911 年 6 月，日本外务省又一次调查上海各大报纸的销量，《时报》每期发行 15000 份，《新闻报》14 000 份，《申报》12 000 份，《神州日报》10 000 份，《时事新报》6000 份，《中外报》3000 份。

1911 年 11 月 3 日，汪康年因病去世。

1911 年 12 月，《时事新报》与《中外报》发生笔战。不久之后，《中外报》停刊。

参考文献

（一）报刊资料

1. 《中外日报》（1898—1908），上海：上海图书馆缩微胶卷。

2. 《昌言报》（1898），北京：中华书局，1991 年影印。

3. 《大公报》（1902—1908），北京：人民出版社，1982 年影印。

4. 《东方杂志》（1904—1908），上海：上海书店出版社，2012 年影印。

5. 《俄事警闻》（1903—1904），载罗家伦主编：《中华民国史料丛编》，台北：中国国民党中央委员会党史史料编纂委员会，1983 年影印。

6. 《国闻报》（1898），上海：复旦大学新闻系资料室馆藏原件。

7. 《杭州白话报》（1908），载《中国早期白话报汇编》，北京：全国图书馆文献缩微复制中心，2008 年影印。

8. 《华商联合报》（1909），载《晚清珍稀期刊汇编》，北京：全国图书馆文献缩微复制中心，2008 年影印。

9. 《警钟日报》（1904—1905），载罗家伦主编：《中华民国史料丛编》，台北：中国国民党中央委员会党史史料编纂委员会，1983 年影印。

10. 《清议报》（1898—1901），北京：中华书局，2006 年影印。

11. 《申报》（1898—1911），上海：上海书店出版社，1983 年影印。

12. 《时务报》（1896—1898），北京：中华书局，1991 年影印。

13. 《苏报》（1903），载罗家伦主编：《中华民国史料丛编》，台北：中国国民党中央委员会党史史料编纂委员会，1983 年影印。

14.《〈外交报〉汇编》（1902—1904），北京：国家图书馆出版社，2009 年影印。

15.《湘报》（1898），北京：中华书局，2006 年影印。

16.《新民丛报》（1902—1907），北京：中华书局，2006 年影印。

17.《浙江潮》（1903—1904），载罗家伦主编：《中华民国史料丛编》，台北：中国国民党中央委员会党史史料编纂委员会，1983 年影印。

18.《知新报》（1897—1901），澳门：澳门基金会、上海：上海社会科学院出版社，1996 年影印。

19.《中国白话报》（1903—1904），载《中国早期白话报汇编》，北京：全国图书馆文献缩微复制中心，2008 年影印。

（二）文集史料

1. 包天笑：《钏影楼回忆录》，太原：山西教育出版社、山西古籍出版社，1999 年版。

2. 包天笑：《我与新闻界》，《万象》第四年第三期。

3. 蔡尚思、方行编：《谭嗣同全集》，北京：中华书局，1981 年版。

4. 陈庆年：《戊戌己亥见闻录》，载《近代史资料》总 81 号，北京：中国社会科学出版社，1992 年版。

5. 陈三立：《散原精舍诗文集》（增订本），李开军校点，上海：上海古籍出版社，2014 年版。

6. 陈无我：《老上海三十年见闻录》，上海：上海书店出版社，1997 年版。

7. 陈旭麓、顾廷龙、汪熙主编：《盛宣怀档案资料·第三卷　辛亥革命前后》，上海：上海人民出版社，2016 年版。

8. 陈义杰整理：《翁同龢日记》，北京：中华书局，1989 年版。

9. 陈铮编：《黄遵宪全集》，北京：中华书局，2005 年版。

10. 丁守和主编：《辛亥革命时期期刊介绍》，北京：人民出版社，1982—1987 年版。

11. 丁文江、赵丰田编：《梁启超年谱长编》，上海：上海人民出版社，1983 年版。

12. 端方：《端忠敏公奏稿》，上海：上海图书馆，1918 年铅印本。

13. 方汉奇主编：《中国近代报刊史参考资料》，北京：中国人民大学出版社，1982年版。

14. 方豪编：《英敛之先生日记遗稿》，载沈云龙主编：《近代中国史料丛刊续编》（21），台北：文海出版社，1972年版。

15. 高拜石：《新编古春风楼琐记·第肆集》，北京：作家出版社，2003年版。

16. 高平叔编：《蔡元培年谱长编》，北京：人民教育出版社，1999年版。

17. 顾忞斋：《庚辛顾氏日记》，载国家图书馆编：《历代日记丛钞》（149），北京：学苑出版社，2006年版。

18. 关豫：《关承孙先生日记残稿不分卷》，上海：上海图书馆馆藏稿本。

19. 国家图书馆善本部编：《赵凤昌藏札》，北京：国家图书馆出版社，2009年版。

20. 何凤圆译、黄绍海校：《井上雅二日记》，载《辛亥革命史丛刊》（第九辑），北京：中华书局，1997年版。

21. 贺葆真：《贺葆真日记》，载国家图书馆编：《历代日记丛钞》（131），北京：学苑出版社，2006年版。

22. 湖南省哲学社会科学研究所编：《唐才常集》，北京：中华书局，1980年版。

23. 胡适：《胡适文存二集》，载《民国丛书》第一编（94），上海：上海书店出版社，1989年版。

24. 胡思敬：《国闻备乘》，上海：上海书店出版社，1997年版。

25. 胡珠生编：《宋恕集》，北京：中华书局，1993年版。

26. 黄沅：《黄沅日记》，载广东省立中山图书馆、中山大学图书馆编：《清代稿钞本》（21），广州：广东人民出版社，2007年版。

27. 金梁：《光宣小记》，上海：上海书店出版社，1997年版。

28. 劳祖德整理：《郑孝胥日记》，北京：中华书局，1993年版。

29. 李天纲编校：《弢园文新编》，北京：生活·读书·新知三联书店，1998年版。

30. 李天纲编校：《万国公报文选》，北京：生活·读书·新知三联书店，1998年版。

31. 李维格：《思无邪斋日记》，上海：上海图书馆馆藏稿本。

32. 李廷江编著：《近代中日关系源流：晚清中国名人致近卫笃麿书简》，北京：社会科学文献出版社，2011年版。

33. 林盼、胡欣轩、王卫东整理：《蒋维乔日记》，上海，上海人民出版社，2021

年版。

34. 刘永文编：《晚清小说目录》，上海：上海古籍出版社，2008 年版。

35. 柳岳梅整理：《陈宝箴友朋书札》（3），载上海图书馆历史文献研究所编：《历史文献》（第五辑），上海：上海科学技术文献出版社，2001 年版。

36. 罗振玉：《雪堂自述》，南京：江苏人民出版社，1999 年版。

37. 鲁迅博物馆藏：《周作人日记》（影印本），郑州：大象出版社，1996 年版。

38. 吕顺长：《清末维新派人物致山本宪书札考释》，上海：上海交通大学出版社，2017 年版。

39. 吕思勉：《吕思勉遗文集》，上海：华东师范大学出版社，1997 年版。

40. 马勇编：《章太炎书信集》，石家庄：河北人民出版社，2003 年版。

41. 马叙伦：《石屋余渖》，载《民国丛书》第三编（87），上海：上海书店出版社，1991 年版。

42. 马叙伦：《我在六十岁以前》，北京：生活·读书·新知三联书店，1983 年版。

43. 宓汝成编：《中国近代铁路史资料》，载沈云龙主编：《近代中国史料丛刊续编》（392），台北：文海出版社，1972 年版。

44. 缪荃孙：《艺风老人日记》，北京：北京大学出版社，1996 年版。

45. 皮锡瑞：《皮锡瑞日记》，吴仰湘点校，北京：中华书局，2020 年版。

46. 荣孟源、章伯锋主编：《近代稗海》，成都：四川人民出版社，1985 年版。

47. 商务印书馆编：《商务印书馆九十年》，北京：商务印书馆，1987 年版。

48. 商务印书馆编：《商务印书馆九十五年》，北京：商务印书馆，1992 年版。

49. 商务印书馆编：《张元济全集》，北京：商务印书馆，2007 年版。

50. 上海图书馆编：《艺风堂友朋书札》，上海：上海古籍出版社，1981 年版。

51. 上海图书馆编：《汪康年师友书札》，上海：上海古籍出版社，1986、1987、1989 年版。

52. 上海图书馆整理：《盛宣怀档案》，上海：上海图书馆馆藏稿本。

53. 申报馆编：《最近之五十年》，载沈云龙主编：《近代中国史料丛刊三编》（893），台北：文海出版社，1989 年版。

54. 盛宣怀：《愚斋存稿》，载沈云龙主编：《近代中国史料丛刊续编》（392），台北：文海出版社，1972 年版。

55. 宋教仁：《宋教仁日记》，长沙：湖南人民出版社，1980 年版。

56. 苏舆编：《翼教丛编》，上海：上海书店出版社，2002 年版。

57. 孙宝瑄：《忘山庐日记》，上海：上海古籍出版社，1983 年版。

58. 孙应祥编：《严复年谱》，福州：福建人民出版社，2003 年版。

59. 孙应祥、皮后锋编：《〈严复集〉补编》，福州：福建人民出版社，2004 年版。

60. 汤志钧：《章太炎年谱长编》，北京：中华书局，1979 年版。

61. 汪康年：《〈刍言报〉访稿不分卷》，上海：上海图书馆馆藏稿本。

62. 汪康年：《汪穰卿笔记》，北京：中华书局，2007 年版。

63. 汪林茂编校：《汪康年文集》，杭州：浙江古籍出版社，2011 年版。

64. 汪叔子编：《文廷式集》，北京：中华书局，1993 年版。

65. 汪诒年：《汪穰卿先生传记》，北京：中华书局，2007 年版。

66. 王振声：《心清室日记》，载国家图书馆编：《历代日记丛钞》（152），北京：学苑出版社，2006 年版。

67. 王栻主编：《严复集》，北京：中华书局，1986 年版。

68. 王世儒整理：《蔡元培日记》，北京：北京大学出版社，2010 年版。

69. 王韬：《弢园文录外编》，上海：上海书店出版社，2002 年版。

70. 温州市图书馆编：《符璋日记》，陈光熙点校，北京：中华书局，2018 年版。

71. 温州市图书馆编：《林骏日记》，沈洪保整理，北京：中华书局，2018 年版。

72. 温州市图书馆编：《刘绍宽日记》，方浦仁、陈盛奖整理，北京：中华书局，2018 年版。

73. 吴恭亨：《对联话》，长沙：岳麓书社，2003 年版。

74. 吴汝纶：《吴汝纶全集》，施培毅、徐寿凯校点，合肥：黄山书社，2002 年版。

75. 伍蠡甫编：《伍光建翻译遗稿》，北京：人民文学出版社，1980 年版。

76. 夏东元：《盛宣怀年谱长编》，上海：上海交通大学出版社，2004 年版。

77. 萧穆：《敬孚日记》，上海：上海图书馆馆藏稿本。

78. 谢俊美编：《翁同龢集》，北京：中华书局，2005 年版。

79. 谢维扬、房鑫亮主编：《王国维全集》，杭州、广州：浙江教育出版社、广东教育出版社，2010 年版。

80. 谢荫昌：《演苍年史》不分卷，上海：上海图书馆 1929 年铅印本。

81. 解弢：《小说话》，上海：中华书局，1924 年版。

82. 新闻报馆编：《〈新闻报〉三十年纪念刊》，上海：新闻报馆，1923 年版。

83. 熊月之主编：《晚清新学书目提要》，上海：上海书店出版社，2007 年版。

84. 徐际元：《徐善伯先生日记》，上海：上海图书馆藏稿本。

85. 徐珂编：《清稗类钞》，上海：商务印书馆，1918 年版。

86. 徐载平、徐瑞芳编：《清末四十年〈申报〉史料》，北京：新华出版社，1988 年版。

87. 徐兆玮：《徐兆玮日记》，李向东、包岐峰、苏醒等标点，合肥：黄山书社，2013 年版。

88. 许宝蘅：《许宝蘅日记》，北京：中华书局，2010 年版。

89. 杨琥编：《夏曾佑集》，上海：上海古籍出版社，2011 年版。

90. 杨天石、王学庄编：《拒俄运动（1901—1905）》，北京：中国社会科学出版社，1979 年版。

91. 杨天石主编：《钱玄同日记（整理本）》（上），北京：北京大学出版社，2014 年版。

92. 姚公鹤：《上海闲话》，上海：上海古籍出版社，1989 年版。

93. 叶瀚：《块余生自纪》，载《中国文化研究集刊》（第五辑），上海：复旦大学出版社，1987 年版。

94. 叶景葵：《叶景葵文集》，上海：上海科学技术文献出版社，2016 年版。

95. 佚名：《懒懒生日记》，上海：上海图书馆藏稿本。

96. 虞和平编：《经元善集》，武汉：华中师范大学出版社，2011 年版。

97. 俞雄选编：《张棡日记》，上海：上海社会科学院出版社，2003 年版。

98. 郁慕侠：《上海鳞爪》，上海：上海书店出版社，1998 年版。

99. 袁家刚整理：《丁福保〈辛丑日记〉释注》（下），《上海档案史料研究》，2013 年总第 14 辑。

100. 苑书义、孙华峰等主编：《张之洞全集》，石家庄：河北人民出版社，1998 年版。

101. 张謇研究中心、南通市图书馆编：《张謇全集》，南京：江苏古籍出版社，1994 年版。

102. 张静庐编：《中国近代出版史料》，上海：上海书店出版社，2003 年版。

103. 张人凤、柳和城编：《张元济年谱长编》，上海：上海交通大学出版社，2011 年版。

104. 张人凤整理：《张元济日记》，石家庄：河北教育出版社，2001 年版。

105. 张树年编：《张元济年谱》，北京：商务印书馆，1991 年版。

106. 张守中编：《张人骏家书日记》，北京：中国文史出版社，1993 年版。

107. 张枬、王忍之编：《辛亥革命前十年间时论选集》，北京：生活·读书·新知三联书店，1977 年版。

108. 张之华编：《中国新闻事业史文选：公元 724—1995 年》，北京：中国人民大学出版社，1999 年版。

109. 赵树贵、曾丽雅编：《陈炽集》，北京：中华书局，1997 年版。

110. 郑观应：《盛世危言》，郑州：中州古籍出版社，1998 年版。

111. 郑园整理：《江瀚日记》，南京：凤凰出版社，2017 年版。

112. 中国第一历史档案馆编：《晚清创办报纸史料（一）》，《历史档案》，2000 年第 2 期。

113. 中国科学院历史研究所第三所编：《刘坤一遗集》，北京：中华书局，1959 年版。

114. 中国人民政治协商会议全国委员会文史资料研究委员会编：《辛亥革命回忆录》，北京：中国文史出版社，2012 年版。

115. 中国社会科学院近代史研究所《近代史资料》编译室主编：《云南杂志选辑》，北京：知识产权出版社，2013 年版。

116. 中国史学会编：《戊戌变法》，上海：神州国光社，1953 年版。

117. 中国史学会编：《辛亥革命》，上海：神州国光社，1953 年版。

118. 中国史学会编：《义和团》，上海：神州国光社，1953 年版。

119. 周松青整理：《1902 年中英商约会议纪要》，载上海图书馆历史文献研究所编：《历史文献》（第一辑），上海：上海社会科学院出版社，1999 年版。

120. 周星诒：《窳櫎日记》，石家庄：河北教育出版社，2001 年版。

121. 朱鄂基：《朱鄂生日记》，朱炯整理，南京：凤凰出版社，2021 年版。

122. ［美］鲍克思牧师：《中国报纸》，见方富荫译：《广学会报告》1898 年 12 月 22 日，《出版史料》，1992 年第 1 期（总第 27 期）。

123. ［日］内藤湖南：《禹域鸿爪》，李振声译，杭州：浙江文艺出版社，2018 年版。

124. ［日］中村义著并整理：《白岩龍平日记——アジァ主義実業家の生涯》，东京：研文出版，1999 年版。

125. ［日］樽本照雄编：《新编增补清末民初小说目录》，济南：齐鲁书社，2002 年版。

126. ［日］宗方小太郎：《宗方小太郎日记（未刊稿）》，甘慧杰译，上海：上海人民出版社，2017 年版。

127. Rev. A. P. Parker，The Native Press in Shanghai：Our Relation to It and How We Can Utilize It，*The Chinese Recorder*，Vol. XXXII，No. 12（1901）.

（三）学术专著

1. 白景坤：《组织超越——企业如何克服组织惰性与实现持续成长》，北京：经济管理出版社，2017 年版。

2. 白润生：《中国新闻通史纲要》，北京：中央民族大学出版社，2004 年版。

3. 曹南屏：《阅读变迁与知识转型——晚清科举考试用书研究》，北京：社会科学文献出版社，2018 年版。

4. 陈丹：《清末考察政治大臣出洋研究》，北京：社会科学文献出版社，2011 年版。

5. 陈业东：《夏曾佑研究》，澳门：澳门近代文学学会，2001 年版。

6. 陈玉申：《晚清报业史》，济南：山东画报出版社，2003 年版。

7. 程丽红：《清代报人研究》，北京：社会科学文献出版社，2008 年版。

8. 池子华：《中国红十字运动史散论》，合肥：安徽人民出版社，2009 年版。

9. 丁文：《“选报”时期〈东方杂志〉研究（1904—1908）》，北京：商务印书馆，2010 年版。

10. 樊亚平：《中国新闻从业者职业认同研究（1815—1927）》，北京：人民出版社，2011 年版。

11. 方汉奇：《中国近代报刊史》，太原：山西教育出版社，1981 年版。

12. 方汉奇主编：《中国新闻事业编年史》，福州：福建人民出版社，2000 年版。

13. 方平：《晚清上海的公共领域（1895—1911）》，上海：上海人民出版社，2007 年版。

14. 费孝通：《乡土中国·生育制度》，北京：北京大学出版社，1998 年版。

15. 高晞：《德贞传：一个英国传教士与晚清医学现代化》，上海：复旦大学出版社，2009 年版。

16. 戈公振：《中国报学史》（插图整理本），上海：上海古籍出版社，2003 年版。

17. 胡缨：《翻译的传说：中国新女性的形成（1898—1918）》，龙瑜宬、彭姗姗译，南京：江苏人民出版社，2009 年版。

18. 洪九来：《宽容与理性——〈东方杂志〉的公共舆论研究》，上海：上海人民出版社，2006 年版。

19. 侯杰：《〈大公报〉与近代中国社会》，天津：南开大学出版社，2006 年版。

20. 侯宜杰：《二十世纪初中国政治改革风潮：清末立宪运动史》，北京：中国人民大学出版社，1993 年版。

21. 黄天鹏：《中国新闻事业》，载《民国丛书》第三编（41），上海：上海书店出版社，1991 年版。

22. 贾树枚：《上海新闻志》，上海：上海社会科学院出版社，2000 年版。

23. 蒋国珍：《中国新闻发达史》，载《民国丛书》第三编（41），上海：上海书店出版社，1991 年版。

24. 金观涛、刘青峰：《观念史研究：中国现代重要政治话语的形成》，北京：法律出版社，2009 年版。

25. 金耀基：《金耀基自选集》，上海：上海教育出版社，2002 年版。

26. 赖光临：《中国近代报人与报业》，台北：商务印书馆，1987 年版。

27. 赖光临：《中国新闻传播史》，台北：三民书局，1983 年版。

28. 李滨：《中国近代报刊角色观念的发展和演变》，长沙：岳麓书社，2011 年版。

29. 李家驹：《商务印书馆与近代知识文化的传播》，北京：商务印书馆，2005 年版。

30. 李明伟：《清末民初中国城市社会阶层研究（1897—1927）》，北京：社会科学文献出版社，2005 年版。

31. 李仁渊：《晚清的新式传播媒体与知识分子：以报刊出版为中心的讨论》，台北：稻乡出版社，2005 年版。

32. 李细珠：《张之洞与清末新政研究》，上海：上海书店出版社，2003 年版。

33. 李孝迁：《西方史学在中国的传播（1882—1949）》，上海：华东师范大学出版社，2007 年版。

34. 李孝悌：《清末下层社会的启蒙运动》，石家庄：河北人民出版社，2001年版。

35. 李秀云：《〈大公报〉专刊研究：1927—1937》，北京：新华出版社，2007年版。

36. 梁元生：《晚清上海：一个城市的历史记忆》，桂林：广西师范大学出版社，2010年版，

37. 廖梅：《汪康年：从民权论到文化保守主义》，上海：上海古籍出版社，2001年版。

38. 林语堂：《中国新闻舆论史》，广州：暨南大学出版社，2011年版。

39. 刘墨簃：《报纸史之我闻》，载黄天鹏编：《新闻学刊全集》，《民国丛书》第二编（48），上海：上海书店出版社，1990年版。

40. 刘增兆：《清末民初的商务印书馆：以编译所为中心之研究（1902—1932）》，台北：花木兰文化出版社，2008年版。

41. 罗志田：《权势转移：近代中国的思想、社会与学术》，武汉：湖北人民出版社，1999年版。

42. 卢宁：《早期〈申报〉与晚清政府：近代转型视野中报纸与官吏关系的考察》，上海：上海科技文献出版社，2012年版。

43. 闾小波：《中国早期现代化中的传播媒介》，上海：上海三联书店，1995年版。

44. 马光仁主编：《上海新闻史（1850—1949）》，上海：复旦大学出版社，1996年版。

45. 茅海建：《从甲午到戊戌：康有为〈我史〉鉴注》，北京：生活·读书·新知三联书店，2009年版。

46. 茅海建：《戊戌变法的另面："张之洞档案"阅读笔记》，北京：生活·读书·新知三联书店，2021年版。

47. 孟悦：《人·历史·家园：文化批评三调》，北京：人民文学出版社，2006年版。

48. 牛海坤：《〈德文新报〉研究（1886—1917）》，上海：上海交通大学出版社，2011年版。

49. 庞菊爱：《跨文化广告与市民文化变迁：1910—1930年〈申报〉跨文化广告研究》，上海：上海交通大学出版社，2011年版。

50. 秦绍德：《上海近代报刊史论》，上海：复旦大学出版社，1993年版。

51. 瞿骏：《辛亥前后上海城市公共空间研究》，上海：上海辞书出版社，2009年版。

52. 桑兵：《庚子勤王与晚清政局》，北京：北京大学出版社，2004年版。

53. 桑兵：《晚清学堂学生与社会变迁》，桂林：广西师范大学出版社，2007年版。

54. 邵志择：《近代中国报刊思想的起源与转折》，杭州：浙江大学出版社，2011年版。

55. 史春风：《商务印书馆与中国近代文化》，北京：北京大学出版社，2006年版。

56. 宋军：《〈申报〉的兴衰》，上海：上海社会科学院出版社，1996年版。

57. 宋钻友：《同乡组织与上海都市生活的适应》，上海：上海辞书出版社，2009年版。

58. 孙藜：《晚清电报及其传播观念（1860—1911）》，上海：上海书店出版社，2007年版。

59. 汤志钧：《乘桴新获》，南京：江苏古籍出版社，1990年版。

60. 汤志钧：《康有为与戊戌变法》，北京：中华书局，1984年版。

61. 汤志钧：《戊戌时期的学会与报刊》，北京：商务印书馆，1993年版。

62. 汤志钧：《戊戌变法史》，上海：上海社会科学院出版社，2003年版。

63. 唐海江：《清末政论报刊与民众动员：一种政治文化的视角》，北京：清华大学出版社，2007年版。

64. 汪家熔：《近代出版人的文化追求：张元济、陆费逵、王云五的文化贡献》，桂林：广西师范大学出版社，2000年版。

65. 汪家熔：《商务印书馆史及其他——汪家熔出版史研究文集》，北京：中国书籍出版社，1998年版。

66. 汪原放：《亚东图书馆与陈独秀》，北京：学林出版社，2006年版。

67. 王尔敏：《中国近代思想史论》，北京：社会科学文献出版社，2004年版。

68. 王尔敏：《中国近代思想史论续集》，北京：社会科学文献出版社，2005年版。

69. 王汎森：《中国近代思想与学术的系谱》，长春：吉林出版集团有限责任公司，2010年版。

70. 王宏志：《翻译与文学之间》，南京：南京大学出版社，2011年版。

71. 王敏：《上海报人社会生活》，上海：上海辞书出版社，2008年版。

72. 王敏：《"〈苏报〉案"研究》，上海：上海人民出版社，2010年版。

73. 王栻：《严复传》，上海：上海人民出版社，1976 年版。

74. 王天根：《晚清报刊与维新舆论建构》，合肥：合肥工业大学出版社，2008 年版。

75. 吴其昌：《梁启超传》，南昌：百花文艺出版社，2004 年版。

76. 吴文莱编：《容闳与中国近代化》，珠海：珠海出版社，1999 年版。

77. 夏东元：《盛宣怀传》，上海：上海交通大学出版社，2007 年版。

78. 萧公权：《中国政治思想史》，沈阳：辽宁教育出版社，1998 年版。

79. 熊月之主编：《上海通史》，上海：上海人民出版社，1999 年版。

80. 熊月之：《异质文化交织下的上海都市生活》，上海：上海辞书出版社，2008 年版。

81. 徐松荣：《维新派与近代报刊》，太原：山西古籍出版社，1998 年版。

82. 徐新平：《维新派新闻思想研究》，长沙：湖南人民出版社，2010 年版。

83. 徐中煜：《清末新闻、出版案件研究（1900—1911）：以"〈苏报〉案"为中心》，上海：上海古籍出版社，2011 年版。

84. 许莹：《办报干政的另一种探索——汪康年报刊思想与实践研究》，北京：中国书籍出版社，2012 年版。

85. 严昌洪、许小青：《癸卯年万岁——1903 年的革命思潮与革命运动》，武汉：华中师范大学出版社，2012 年版。

86. 杨国强：《晚清的士人与士相》，北京：生活·读书·新知三联书店，2008 年版。

87. 杨扬：《商务印书馆：民间出版业的兴衰》，上海：上海教育出版社，2000 年版。

88. 杨早：《清末民初北京舆论环境与新文化的登场》，北京：北京大学出版社，2008 年版。

89. 杨朕宇：《〈新闻报〉广告与近代上海休闲生活（1927—1937）》，上海：复旦大学出版社，2011 年版。

90. 余英时：《士与中国文化》，上海：上海人民出版社，1987 年版。

91. 余玉：《上海〈时报〉新闻业务变革研究》，北京：人民出版社，2017 年版。

92. 袁新洁：《近现代报刊"文人论政"传统研究》，南昌：江西人民出版社，2009 年版。

93. 曾虚白：《中国新闻史》，台北：三民书局，1984 年版。

94. 张灏：《幽暗意识与民主传统》，北京：新星出版社，2010 年版。

95. 张静庐：《中国的新闻记者与新闻纸》，载《民国丛书》第三编（41），上海：上海书店出版社，1991 年版。

96. 张朋园：《梁启超与清季革命》，长春：吉林出版集团有限责任公司，2007 年版。

97. 张天星：《报刊与晚清文学现代化的发生》，南京：凤凰出版社，2011 年版。

98. 张运君：《晚清书报检查制度研究》，北京：社会科学文献出版社，2011 年版。

99. 张忠民：《艰难的变迁：近代中国公司制度研究》，上海：上海社会科学院出版社，2002 年版。

100. 张仲民：《出版与文化政治：晚清的"卫生"书籍研究》，上海：上海书店出版社，2009 年版。

101. 张仲民：《种瓜得豆：清末民初的阅读文化与接受政治》（修订版），北京：社会科学文献出版社，2021 年版。

102. 赵建国：《分解与重构：清季民初的报界团体》，北京：生活·读书·新知三联书店，2008 年版。

103. 赵君豪：《中国近代之报业》，载《民国丛书》第二编（49），上海：上海书店出版社，1990 年版。

104. 郑逸梅：《清末民初文坛轶事》，上海：学林出版社，1987 年版。

105. 周雪光：《组织社会学十讲》，北京：社会科学文献出版社，2003 年版。

106. 朱传誉：《报人、报史、报学》，台北：商务印书馆，1980 年版。

107. 朱浒：《民胞物与：中国近代义赈（1876—1912）》，北京：人民出版社，2012 年版。

108. 朱联保：《近现代上海出版业印象记》，北京：学林出版社，1993 年版。

109. 邹振环：《20 世纪上海翻译出版与文化变迁》，桂林：广西师范大学出版社，2000 年版。

110. 邹振环：《疏通知译史》，上海：上海人民出版社，2012 年版。

111. 邹振环：《晚清西方地理学在中国的传播与影响——以 1815 至 1911 年西方地理学译著为中心》，上海：上海古籍出版社，2000 年版。

112. 邹振环：《影响中国近代社会的一百种译作》，南京：江苏教育出版社，2007

年版。

113. ［德］斐迪南·滕尼斯：《共同体与社会——纯粹社会学的基本概念》，林荣远译，北京：商务印书馆，1999 年版。

114. ［德］哈贝马斯：《公共领域的结构转型》，曹卫东等译，上海：学林出版社，2004 年版。

115. ［德］朗宓榭、费南山主编：《呈现意义：晚清中国新学领域》，李永胜、李增田译，王宪明审校，天津：天津人民出版社，2014 年版。

116. ［德］马克斯·韦伯：《经济与社会》，阎克文译，上海：上海人民出版社，2010 年版。

117. ［法］戴仁：《上海商务印书馆（1897—1949）》，李桐实译，北京：商务印书馆，2000 年版。

118. ［法］费夫贺、马尔坦：《印刷书的诞生》，李鸿志译，桂林：广西师范大学出版社，2006 年版。

119. ［法］克罗戴特·拉法耶：《组织社会学》，安延译，北京：商务印书馆，2000 年版。

120. ［加］季家珍：《印刷与政治：〈时报〉与晚清中国的改革文化》，王樊一婧译，桂林：广西师范大学出版社，2015 年版。

121. ［美］本尼迪克特·安德森：《想象的共同体：民族主义的起源与散布》，吴叡人译，上海：上海人民出版社，2005 年版。

122. ［美］陈锦江：《清末现代企业与官商关系》，王笛、张箭译，虞和平审校，北京：中国社会科学出版社，2010 年版。

123. ［美］费正清主编：《剑桥中国民国史》，章建刚等译，上海：上海人民出版社，1991 年版。

124. ［美］高家龙：《大公司与关系网：中国境内的西方、日本与华商大企业（1880—1937）》，程麟荪译，上海：上海社会科学院出版社，2002 年版。

125. ［美］柯文：《在传统与现代性之间——王韬与晚清改革》，雷颐、罗检秋译，南京：江苏人民出版社，2003 年版。

126. ［美］罗伯特·达恩顿：《法国大革命前的畅销禁书》，郑国强译，上海：华东师范大学出版社，2012 年版。

127. ［美］罗纳德·伯特：《结构洞：竞争的社会结构》，任敏、李璐、林虹译，上海：格致出版社，2008 年版。

128. ［美］马克·格兰诺维特：《镶嵌——社会网与经济行动》，罗家德译，北京：社会科学文献出版社，2007 年版。

129. ［美］任达：《新政革命与日本——中国，1897—1912》，李仲贤译，南京：江苏人民出版社，1998 年版。

130. ［美］芮哲非：《谷腾堡在上海：中国印刷资本业的发展（1876—1937）》，张志强等译，郭晶校，北京：商务印书馆，2014 年版。

131. ［美］王冠华：《寻求正义：1905—1906 年的抵制美货运动》，刘甜甜译，南京：江苏人民出版社，2008 年版。

132. ［美］萧邦奇：《血路——革命中国中的沈定一（玄庐）传奇》，周武彪译，南京：江苏人民出版社，1999 年版。

133. ［日］山本文雄：《日本大众传媒史》（增补版），诸葛蔚东译，桂林：广西师范大学出版社，2007 年版。

134. ［日］社史编纂委员会编：《每日新闻七十年》，大阪：大阪每日新闻社，1952 年版。

135. ［日］小浜正子：《近代上海的公共性与国家》，葛涛译，上海：上海古籍出版社，2003 年版。

136. ［新加坡］卓南生：《中国近代报业发展史（1815—1874）》，北京：中国社会科学出版社，2002 年版。

137. ［新西兰］叶宋曼瑛：《从翰林到出版家——张元济的生平与事业》，张人凤、邹振环译，香港：商务印书馆，1992 年版。

138. ［英］白瑞华：《中国报纸（1800—1912）》，王海译，广州：暨南大学出版社，2011 年版。

139. Barbara Mittler, *A Newspaper for China？Power，Identity，and Change in Shanghai News Media*，1872-1912，Cambridge MA：Harvard University Press，2004.

140. Kai-Wing Chow, *Cynthia Joanne Brokaw，Printing and Book Culture in Late Imperial China*，Berkeley：University of California Press，2005.

141. Kai-Wing Chow, *Publishing Culture and Power Early Modern China*，Stanford：Stanford University Press，2004.

（四）参考论文

1. 边燕杰：《网络脱生：创业过程的社会学分析》，张磊译，《社会学研究》，2006年第6期。

2. 边燕杰、丘海雄：《企业的社会资本及其功效》，《中国社会科学》，2000年第2期。

3. 边燕杰、张文宏：《经济体制、社会网络与职业流动》，《中国社会科学》，2001年第2期。

4. 卞冬磊：《为致用而读：新闻纸在晚清官场的兴起（1861—1890）》，《新闻大学》，2019年第5期。

5. 曹南屏：《科举、出版与知识转型——以清末科举改制为中心》，上海：复旦大学历史系博士论文，2012年。

6. 陈长年：《从〈时务报〉看张之洞与维新派的关系》，《北京大学学报（哲学社会科学版）》，1989年第2期。

7. 陈大康：《晚清小说与白话地位的提升》，《文学评论》，2011年第4期。

8. 陈其泰：《夏曾佑对通史撰著的贡献》，《史学史研究》，1990年第4期。

9. 陈诗麒：《尴尬的自在——以〈汪穰卿笔记〉为中心看近代沿海市民对西方文化冲击的反应》，载孙逊主编：《都市文化研究》（第一辑），上海：上海三联书店，2005年版。

10. 陈业东：《夏曾佑小说理论探微》，《明清小说研究》，1995年第3期。

11. 崔志海：《论汪康年与〈时务报〉》，《广东社会科学》，1993年第3期。

12. 戴海斌：《"题外作文、度外举事"与"借资鄂帅"背后——陈三立与梁鼎芬庚子密札补证》，《近代史研究》，2011年第2期。

13. 戴海斌：《山根立庵、乙未会与〈亚东时报〉》，《复旦学报（社会科学版）》，2017年第3期。

14. 丁文：《"搜罗宏富"背后的"选择精审"——1904—1908年〈东方杂志〉"选报"体例初探》，《首都师范大学学报（社会科学版）》，2007年第2期。

15. 窦坤：《〈泰晤士报〉驻北京记者莫理循社交活动探析》，《北京社会科学》，2004年第1期。

16. 方平：《清末上海民办报刊的兴起与公共领域的体制建构》，《华东师范大学学报（哲学社会科学版）》，2001 年第 2 期。

17. 郭静洲、姚长鼎：《辛亥时期报坛先驱汪允宗》，《江淮文史》，1995 年第 3 期。

18. 郭卫东：《论丁未政潮》，《近代史研究》，1989 年第 5 期。

19. 郝岚：《从〈长生术〉到〈三千年艳尸记〉》，《外国文学研究》，2011 年第 4 期。

20. 洪震寰：《〈算学报〉与黄庆澄》，《中国科技史料》，1986 年第 5 期。

21. 黄旦：《耳目喉舌：旧知识与新交往——基于戊戌变法前后报刊的考察》，《学术月刊》，2012 年第 11 期。

22. 黄旦、詹佳如：《同人、帮派与中国同人报——〈时务报〉纷争的报刊史意义》，《学术月刊》，2009 年第 4 期。

23. 皇甫秋实：《"网络"视野中的中国企业史研究述评》，《史林》，2010 年第 1 期。

24. 江鸿：《〈时务报〉在维新报刊中的角色分析》，《新闻窗》，2010 年第 1 期。

25. 蒋建国：《清末报刊的大众化与发行网络的延伸》，《新闻大学》，2014 年第 4 期。

26. 蒋建国：《办报与读报：晚清报刊大众化的探索与困惑》，《新闻大学》，2016 年第 2 期。

27. 蒋建国：《维新前后商业报刊的时政报道与读者阅读》，《新闻大学》，2018 年第 4 期。

28. 蒋建国：《清末士绅的报刊阅读与观念世界》，《学术研究》，2019 年第 9 期。

29. 孔祥吉、村田雄二郎：《从中日两国档案看〈国闻报〉之内幕——兼论严复、夏曾佑、王修植在天津的新闻实践》，《学术研究》，2008 年第 7、9 期。

30. 黎仁凯：《论张之洞与维新派之关系》，《文史哲》，1991 年第 4 期。

31. 李洪岩：《夏曾佑及其史学思想》，《历史研究》，1993 年第 5 期。

32. 李里峰：《汪康年与近代报刊舆论》，《学术研究》，2001 年第 7 期。

33. 李里峰：《汪康年与政治权威的依违离合》，《福建论坛》，2000 年第 2 期。

34. 李仁渊：《晚清传播媒体与知识分子：以江南为例》，载许纪霖主编：《公共空间中的知识分子》，南京：江苏人民出版社，2007 年版。

35. 李仁渊：《新式出版业与知识分子：以包天笑的早期生涯为例》，《思与言》，

2005 年第 43 卷第 3 期。

36. 李卫华：《清末"官营商报"案研究》，《新闻与传播研究》，2016 年第 3 期。

37. 李文海：《晚清义赈的兴起与发展》，《清史研究》，1993 年第 3 期。

38. 李熠煜：《关系与信任：乡村民间组织生长成因分析》，《法制与社会发展》，2004 年第 5 期。

39. 李玉偿：《江南传染病史研究（1820—1953）》，上海：复旦大学历史地理研究所博士论文，2003 年。

40. 梁严冰：《丁未政潮与清末政局》，《历史档案》，2010 年第 2 期。

41. 廖梅：《汪康年与〈时务报〉的诞生》，载王元化主编：《学术集林·卷九》，上海：上海远东出版社，1996 年版。

42. 林盼：《汪诒年：勤勉聋翁商务路》，《出版博物馆》，2011 年第 1 期。

43. 林盼：《谁是〈中外日报〉的实际主持人》，《史学月刊》，2012 年第 2 期。

44. 林盼：《仰之几如泰山北斗——晚清中国报刊对英国〈泰晤士报〉的追崇与仿效》，《新闻大学》，2012 年第 1 期。

45. 林盼：《〈时务日报〉的创办与经营——私谊网络的襄助与商业经营的尝试》，《上海档案史料研究》，2012 年总第 12 辑。

46. 林盼：《旅日华商与清末新式媒体——以王仁乾、孙淦与〈时务日报〉为中心》，《侨易》（第一辑），北京：社会科学文献出版社，2014 年版。

47. 林盼：《商务印书馆与〈中外日报〉合作始末——清末书局与报馆互动的一个案例》，《上海档案史料研究》，2014 年总第 15 辑。

48. 林盼：《金粟斋译书处与〈中外日报〉的合作——清末上海报馆与书局互动的案例分析》，载林学忠、黄海涛编：《宗教·艺术·商业：城市研究论文集》，香港：中华书局，2015 年版。

49. 林盼：《失踪的"块余生"——辛亥之前叶瀚史事补述与考订》，《史林》，2016 年第 6 期。

50. 林盼：《组织惰性与"关系诅咒"的形成机制：以一个清末报馆发展历程为例》，《广东社会科学》，2023 年第 1 期。

51. 刘淼：《晚清苏沪民间资本组合与股份公司经营形态》，《史学集刊》，2004 年第 1 期。

52. 刘望龄：《张之洞与湖北报刊》，《近代史研究》，1996 年第 2 期。

53. 刘学照：《上海庚子时论中的东南意识述论》，《史林》，2001 年第 1 期。

54. 刘增合：《媒介形态与晚清公共领域研究的拓展》，《近代史研究》，2000 年第 2 期。

55. 马得勇：《社会资本：对若干理论争议的批判分析》，《政治学研究》，2008 年第 5 期。

56. 马勇：《黄遵宪与〈时务报〉内讧》，载中国史学会、中国社会科学院近代史研究所编：《黄遵宪研究新论——纪念黄遵宪逝世一百周年国际学术讨论会论文集》，北京：社会科学文献出版社，2007 年版。

57. 马勇：《近代中国知识分子的悲剧：试论〈时务报〉内讧》，《安徽史学》，2006 年第 1 期。

58. 茅海建：《戊戌前后诸政事（下）》，《中华文史论丛》，2012 年第 1 期。

59. 茅海建：《张之洞的别敬、礼物与贡品》，《中华文史论丛》，2012 年第 2 期。

60. 茅海建：《张之洞与〈时务报〉〈昌言报〉——兼论张之洞与黄遵宪的关系》，《中华文史论丛》，2011 年第 2 期。

61. 欧阳红：《张之洞与〈时务报〉》，《中山大学研究生学刊》，2000 年第 4 期。

62. 潘光哲：《〈时务报〉和它的读者》，《历史研究》，2005 年第 5 期。

63. 潘光哲：《追索晚清阅读史的一些想法》，《新史学》第 16 卷第 3 期，2005 年 9 月。

64. 潘喜颜：《清末历史译著研究（1901—1911）》，上海：复旦大学历史系博士论文，2011 年。

65. 潘喜颜：《〈中外日报〉广告的分类与价值初探》，《中国学研究》，2009 年第 12 辑。

66. 钱秀飞：《〈中外日报〉视野下的义和团运动》，上海：华东师范大学历史系硕士论文，2008 年。

67. 桑兵：《清末民初传播业的民间化》，《近代史研究》，1991 年第 6 期。

68. 邵绿：《略论〈申报〉的发行方式》，《新闻记者》，2012 年第 6 期。

69. 沈松华：《〈汇报〉的创办及其股份制尝试》，《国际新闻界》，2007 年第 6 期。

70. 沈松华：《民国报业的公司化进程》，《杭州师范大学学报（社会科学版）》，2009 年第 4 期。

71. 沈松华：《中国近代报业制度变迁研究——以报业公司制为中心》，杭州：浙江大学传媒与国际文化学院硕士论文，2007 年。

72. 石希峤：《官办商报：清末督抚控制舆论策略研究》，《近代史研究》，2022 年第 1 期。

73. 苏智良：《试论 1898 年四明公所事件的历史作用》，《学术月刊》，1991 年第 6 期。

74. 孙宏云、赵思维：《辻武雄的中国教育考察及其亚洲主义言行——兼论其考察记的史料价值》，《学术研究》，2017 年第 9 期。

75. 汤奇学、龚来国：《汪康年与梁启超关系变化与〈时务报〉兴衰》，《安徽大学学报（社会科学版）》，2000 年第 5 期。

76. 汤志钧：《论洋务派对〈时务报〉的操纵》，《江海学刊》，1964 年第 4 期。

77. 唐海江、吴高福：《晚清报业中民间资本的若干问题》，《新闻大学》，2002 年第 4 期。

78. 田中初：《游离中西之间的职业生存——晚清报人蔡尔康述评》，《新闻与传播研究》，2004 年第 3 期。

79. 汪守本：《菊老和他的科举朋友》，载海盐县政协文史资料委员会、张元济图书馆编：《出版大家张元济——张元济研究论文集》，上海：学林出版社，2006 年版。

80. 王笛：《清末新政与近代学堂的兴起》，《近代史研究》，1987 年第 3 期。

81. 王惠荣：《〈时务报〉内讧背后的学派与地域之争》，《南通大学学报（社会科学版）》，2013 年第 5 期。

82. 王树槐：《清季的广学会》，《中研院近代史研究所集刊》第 4 期上，1973 年 5 月。

83. 王敏：《政府与媒体——晚清上海报纸的政治空间》，《史林》，2007 年第 1 期。

84. 王儒年、陈晓鸣：《早期〈申报〉广告价值分析》，《史林》，2004 年第 2 期。

85. 王维江：《"清流"与〈申报〉》，《近代史研究》，2007 年第 6 期。

86. 王宪明：《解读〈辟韩〉——兼论戊戌时期严复与李鸿章张之洞之关系》，《历史研究》，1999 年第 4 期。

87. 武增锋、韩春英：《试论梁鼎芬与张之洞的关系》，《历史档案》，2005 年第 1 期。

88. 夏良才：《王韬的近代舆论意识和〈循环日报〉的创办》，《历史研究》，1990 年第 2 期。

89. 熊月之：《略论晚清上海新型文化人的产生与汇聚》，《近代史研究》，1997 年第 4 期。

90. 许纪霖：《重建社会重心：现代中国知识分子与公共空间》，载许纪霖主编：《公共空间中的知识分子》，南京：江苏人民出版社，2007 年版。

91. 许莹、王梅竹：《从自由到自律——〈卣言报〉"针报"栏目舆论思想分析》，载《华中传播研究》（第七辑），武汉：华中师范大学出版社，2018 年版。

92. 杨琥：《同乡、同门、同事、同道：社会交往与思想交融——〈新青年〉主要撰稿人的构成与聚合途径》，《近代史研究》，2009 年第 1 期。

93. 杨琥：《晚清报刊史上被遗忘的报人与政治家——夏曾佑报刊活动述略》，载《"报刊与近现代中国的知识再生产"工作坊论文集》，2015 年。

94. 姚福申：《解放前〈新闻报〉经营策略研究》，《新闻大学》，1994 年第 1 期。

95. 应莉雅：《网络化组织与区域市场交易成本——以天津商会为个案（1903—1928）》，《南开经济研究》，2004 年第 5 期。

96. 尤怡文、迟王明珠等：《金港堂与商务印书馆：中日近代教科书出版业的互动》，载吴伟明编：《从近现代中日交流史看现代性及身份认同》，香港：中文大学出版社，2012 年版。

97. 曾培伦：《近代商业报纸何以成为"技术新知"？——以中国活字印刷革命中的〈申报〉〈新闻报〉为例》，《新闻与传播研究》，2018 年第 12 期。

98. 张力群：《张之洞与〈时务报〉》，《复旦学报（社会科学版）》，2001 年第 2 期。

99. 张天星：《汪康年铅印林译〈茶花女〉考论》，《济南大学学报（社会科学版）》，2011 年第 4 期。

100. 张荣华：《引导舆论与权力制衡的追求——张元济与〈外交报〉》，《编辑学刊》，1996 年第 6 期。

101. 张仲民：《补脑的政治学："艾罗补脑汁"与晚清消费文化的建构》，《学术月刊》，2011 年第 9 期。

102. 张仲民：《晚清上海书局名录》，载复旦大学历史学系、出版博物馆编：《历史上的中国出版与东亚文化交流》，上海：上海百家出版社，2009 年版。

103. 张仲民：《严复与复旦公学》，《历史研究》，2009 年第 2 期。

104. 张仲民：《严复和熊季廉的"父子"之交》，《史林》，2013 年第 6 期。

105. 张仲民：《严复佚文简释》，《上海档案史料研究》，2013 年总第 14 辑。

106. 张仲民：《近代上海的名人医药广告——以文人谀药为中心》，《学术月刊》，2015 年第 7 期。

107. 章清：《省界、业界与阶级：近代中国集团力量的兴起及其难局》，《中国社会科学》，2003 年第 2 期。

108. 章清：《民初"思想界"解析——报刊媒介与读书人的生活形态》，《近代史研究》，2007 年第 3 期。

109. 周光明、邹文平：《论张之洞与近代报刊》，《武汉大学学报（社会科学版）》，2007 年第 5 期。

110. 周雪光：《西方社会学关于中国组织与制度变迁研究状况述评》，《社会学研究》，1999 年第 4 期。

111. 周育民：《从官制改革到丁未政潮》，《江海学刊》，1988 年第 4 期。

112. 朱浒：《从赈务到洋务：江南绅商在洋务企业中的崛起》，《清史研究》，2009 年第 1 期。

113. 朱妍、林盼：《权力代表性、地位竞争性与关系排他性——影响组织社会资本形成的因素》，《社会学评论》，2021 年第 4 期。

114. 朱至刚：《〈时务报〉内讧的传播分析——以汪康年和梁启超的相互想象为中心》，《国际新闻界》，2006 年第 10 期。

115. 朱至刚：《人脉与资金的聚合——从汪康年、黄遵宪合作看〈时务报〉的创立》，《近代史研究》，2011 年第 5 期。

116. 朱至刚：《"阅报"何以能成为中国人的日常行为：对清末新式中文报刊空间分布的社会学考察》，《学术研究》，2018 年第 9 期。

117. 邹振环：《金粟斋译书处与〈穆勒名学〉的译刊》，《东方翻译》，2011 年第 2 期。

118. 邹振环：《商务印书馆与金港堂——20 世纪初中日的一次成功合资》，《出版史料》，1992 年第 4 期。

119. 邹振环：《赞助者与清末新知识的传播——上海金粟斋刊行的译书及其影响》，载王宏志主编：《翻译史研究 2017》，上海：复旦大学出版社，2018 年版。

120. ［德］瓦格纳：《〈申报〉的危机：1878—1879 年〈申报〉与郭嵩焘之间的冲突和国际环境》，李必樟译，载张仲礼、熊月之、沈祖炜主编：《中国近代城市发展与社会经济》，上海：上海社会科学院出版社，1999 年版。

121. ［美］顾德曼：《民国时期的同乡组织与社会关系网络——从政府和社会福利概念的转变中对地方、个人与公众的忠诚谈起》，《史林》，2004 年第 4 期。

122. ［美］关文斌：《网络、层级与市场：久大精盐有限公司（1914—1919）》，载张忠民、陆兴龙、李一翔编：《近代中国社会环境与企业发展》，上海：上海社会科学院出版社，2008 年版。

123. ［日］松浦章：《清末大阪商船公司开设长江航路始末》，徐建新译，《近代史研究》，1992 年第 6 期。

124. ［日］增田武一郎：《〈時務報〉と情報管制體制》，《中國文學研究》，1995 年第 21 期。

125. Mary B. Rankin，"Public Opinion" and Political Power：Qingyi in Late Nineteenth Century China，*Journal of Asian Studies*，Vol. XLI，No. 3（1982）.

后　记

　　本书的初稿写于十年前。其时，在完成博士论文答辩之后，我进入复旦大学社会学系博士后流动站工作，一边学习最基本的社会学理论和方法，一边想着怎么换方向发表成果。晚清报刊史和《中外日报》，我从2009年就沉浸其中，整整花去四年的时间进行资料搜集和论文写作，既有些疲惫和厌倦，也觉得这个选题似乎没有太多延伸空间。因此，我"随心所欲"了一把，基本将《中外日报》研究搁置一边，而是投入到1949年之后的国营企业管理史领域之中，每周定期前往上海档案馆查阅档案资料，平日则花时间阅读组织社会学、经济社会学、经济史的主要文献。一晃三年之后，我进入中国社会科学院经济研究所，继续做着企业管理史的研究工作。其间，我也尝试着采用组织社会学的一些理论，对经营者的人际网络和报馆组织的经营状况之间的关系进行解释，但一直没有将其大改之后的出版计划。

　　直至2022年6月，受到叶隽教授的推荐，福建教育出版社周敏老师找到了我，表示愿意将我的这一书稿列入"文化中国：传承与汇通"系列丛书之中。周敏老师联系我的时候，上海刚刚从蔓延三个月的疫情之中走出来。我封控在家，手头也没有太多需要处理的任务，因此全身心地投入到书稿的写作和修改工作之中。随着工作的进行，我愈发感觉到，通过报馆经营者的关系视角，审视报馆组织的发展和衰落，既富有学术和理论意义，也具有一定的现实价值。汪康年、汪诒年兄弟治下的《中外日报》，运用关系网络的作用募集资金、寻找主笔；同人之间"闲谈""共饮"，谈笑之间决定报馆事务；汪康年和张元济的私谊关系，促成了中外日报馆和商务印书馆的深度合作。但是，关系网络的负面作用，又在报馆的经营过程中时时体现，例如夏曾佑、叶瀚等人的来而复往，汪康年和张元济闹翻之后导致组织合作崩裂，最终使《中外日报》成为被官方收购的最大报纸。当然，要将这些故事讲得自圆其说，对资料的丰富性和细节性提出了极高的要求。我在之前的基础上，又阅读了二十余种清末人士的日记、书信和笔记，比之当年大大扩充了资料库，然而许多方面仍然只能依靠猜测和推断。但是，这是用组织分析方法研究历史案例所不可避免的问题。我也希望，随着各种历史档案资料不断地被发现和开放出来，后续研究可以深入推进。

本书能够出版，除了向福建教育出版社表示谢意之外，还有三人需要着力感谢与感恩：

首先是我的博士论文导师邹振环教授。我和邹老师相识已近20年。那时，我在"明清以来中西文化交流"的课堂上，大言不惭地对某位学界前辈"自我复制"的现象进行批评，居然得到了邹老师的赞许，这对于我来说，是一次极大的激励。2009年9月，我第一次和邹老师就博士论文选题进行交流时，邹老师就提到《中外日报》，希望我能够完成对这一报纸的研究。可以说，没有邹老师的提议和指导，就没有这本书。我在进行《中外日报》相关研究时，也倍感这一选题带来的压力，不仅是每周几次前往上海图书馆查阅资料的时间及经济成本，更重要的是，我究竟想将《中外日报》做成怎样的研究成果，也经历过多次起伏和迷茫。此时鼓励我继续坚持下去的动力之一，就是对邹老师的感激，总想着能够不负使命，完成这个让邹老师多年以来都"耿耿于怀"的选题。最终呈现的这一成稿，或许仍然达不到邹老师最初的设想要求，但邹老师仍然拨冗作序，师恩如海，衔草难报。

其次是与我亦师亦友的叶隽教授。2012 年 6 月，在复旦大学历史系举行的"中华书局与中国近现代文化"研讨会上，我和叶老师相识。此后十年，我和叶老师多次在上海和北京见面，在我求职的过程中，叶老师不仅为我介绍中国社科院的有关情况，更在我求职不顺之时，帮我联系斯德哥尔摩大学东亚系的博士后项目，减少我的后顾之忧。他说："别担心，你总有去处，安心去找工作吧。"这给我带来的安慰和鼓励难以衡量。近些年，我又因为工作过程中的一些烦恼，和叶老师有过交流，得到了他兄长般的关心和勉励。这次书稿能够出版，也是叶老师居中联系、大力推介的结果。感谢叶老师多年来对我的帮助和支持。

其三是我的爱人、也是学术上的合作伙伴朱妍。十年前，在我找了数百万字的资料、却不知道如何动笔时，是朱妍的点拨和"方子"给我灵感，让我的那些零散思路逐步汇成框架，形成一个相对完整的体系。后来，在朱妍的推荐和鼓励下，我有幸跟随她的导师，复旦大学社会学系刘欣教授进行博士后研究工作。我能够"跨出舒适圈"，去北京找寻工作，也是在朱妍的全力支持下进行的。我经常会感到自己的不称职，毕竟一年的多数时间不在上海，对家庭的贡献太少；同时，我敏感、易怒，时常会为一些可笑的原因而上头。此时，朱妍就如同"主心骨"一般，维持家庭的秩序，容忍我的行为。有她在，生活便有了光。

《报人群体与组织生长：以清末〈中外日报〉为中心》这本书，是我十多年以来在学界努力投入的成果，也凝结了各位师长对我的帮助和教诲。复旦大学历史系金光耀教授、章清教授、巴兆祥教授、朱荫贵教授、高晞教授、张海英教授、陈雁教授、冯贤亮教授、黄敬斌教授、傅德华老师、李春博老师，社会学系刘欣教授、张乐天教授，史地所王振忠教授、李晓杰教授，华东师范大学邬国义教授、南京大学范金民教授、夏维中教授、北京大学杨琥研究员、南开大学侯杰教授、上海社会科学院马学强研究员、上海档案馆马长林研究员、江苏社会科学院潘清研究员、皮后锋研究员，台湾政治大学郑文惠教授，台湾大学蔡祝青教授，香港城市大学黄海涛教授、林学忠教授，美国伊利诺伊州立大学周启荣教授，巴德学院高哲一教授等，都不同程度地帮助和教导过我。特别感谢复旦大学历史系张仲民教授，不仅几次惠赐资料，还多次对我的研究提出宝贵的批评意见。此外，深深怀念英年早逝的司佳老师。

感谢各位学友。曹南屏副教授和我的友谊长达二十年，在他身上我认识到何为"诤友"。和"邹门"同窗黄修志、谢雨珂、赵莹、包晓嫱、林秋云、李惠源、马婉以及周永生在光华楼定期举行的"论文批评会"，是博士期间难忘的时光。师兄师姐高明、张祎琛、潘喜颜，本科同学张钰瀚、闫鸣，硕士同学丁修真、姚乐，博士同学段志强、罗毅、梁万斌、柯伟明、顾晓伟、成富磊、严宇鸣、宋青红、左敏，以及陈诗麒、蒋宝麟、白斌、李甜、皇甫秋实、林超超、唐云路、王慧、毛丽娟、钱云、潘星、金知恕等旧友，无论在学业上还是在生活上，都给予了我很多帮助。出版博物馆林丽成老师、张霞女士、王草倩女士等，复旦大学出版社王卫东先生、胡欣轩先生等，在我学术生涯中起到的推进与鼓励作用是难以估量的。

还要感谢我的家人。我在30岁之前一路攻关，从本科一直读到博士，却没有为家里赚取家计。我的父母从无怨言，而是支持鼓励我的求学之路，并为减轻我的压力默默付出。感谢母亲刘春香女士对我的关爱和照顾，把母亲的晚年生活安排好照顾好，是我未来人生最重要的事情之一。怀念我的父亲林治宝。怀念黄英伟。希望你们在那个世界一切都好。

我在修订这一书稿时，几次感到"停杯投箸不能食"，总是回想起十多年前的那个青年，奔走于复旦大学校园和上海图书馆之间，如老僧入定一般在胶卷阅读机前度过的整整三年。那时的岁月如此简单明快，不用考虑太多是非因果。也因为这种"无目的性"，我抄了一大堆没啥用的资料，看了很多本杂书闲书，和今天恨不得看过的每一篇文献、每一份资料都能写进论文里的情况迥然不同。有时也会为了那时忙于抄资料而罔顾室外的阳光而懊悔，但更会为那种简单和执着而自矜。但愿在未来的学术和人生旅程中，我仍然能够不忘初心，继续用心读着资料和文献，听着张国荣的歌曲，扮演好各种角色，实践一个研究者的本分。

林盼

2022 年 11 月 20 日